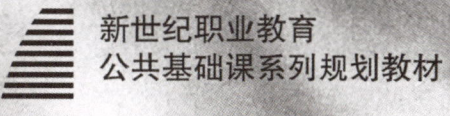

新世纪职业教育
公共基础课系列规划教材

大学美育

主 编 郭青春

DAXUE MEIYU

大连理工大学出版社

©2021 大连理工大学出版社

版权所有·侵权必究

图书在版编目(CIP)数据

大学美育 / 郭青春主编. — 大连：大连理工大学出版社，2021.11（2022.2重印）
新世纪职业教育公共基础课系列规划教材
ISBN 978-7-5685-3351-5

Ⅰ. ①大… Ⅱ. ①郭… Ⅲ. ①美育－高等职业教育－教材 Ⅳ. ①G40-014

中国版本图书馆CIP数据核字(2021)第221975号

出版发行：大连理工大学出版社
　　　　　（地址：大连市软件园路80号　邮编：116023）
印　　刷：大连图腾彩色印刷有限公司
幅面尺寸：185mm×260mm
印　　张：15.5
字　　数：352千字
出版时间：2021年11月第1版
印刷时间：2022年2月第2次印刷
责任编辑：欧阳碧蕾
封面设计：张　莹
责任校对：程砚芳
书　　号：978-7-5685-3351-5
定　　价：69.80元

发　　行：0411-84708842
传　　真：0411-84701466
E-mail：dutp@dutp.cn
URL：http://dutp.dlut.edu.cn

本书如有印装质量问题，请与我社发行部联系更换。

前 言

2018年8月30日，习近平在给中央美术学院老教授的回信中写道："美术教育是美育的重要组成部分，对塑造美好心灵具有重要作用。你们提出加强美育工作，很有必要。做好美育工作，要坚持立德树人，扎根时代生活，遵循美育特点，弘扬中华美育精神，让祖国青年一代身心都健康成长。"2018年9月10日，习近平在全国教育大会上发表讲话，再次明确了我们党的教育方针是坚持中国特色社会主义发展道路，培养德智体美劳全面发展的社会主义建设者和接班人。2019年《教育部关于切实加强新时代高等学校美育工作的意见》（教体艺〔2019〕2号）进一步指出："美是纯洁道德、丰富精神的重要源泉。学校美育是培根铸魂的工作，提高学生的审美和人文素养，全面加强和改进美育是高等教育当前和今后一个时期的重要任务。"当前的教育改革发展与满足广大青年学生对优质丰富美育资源的期盼还不相适应。为全面贯彻落实习近平关于教育的重要论述和全国教育大会精神，要切实加强新时代高等学校美育工作。

全面加强和改进美育，提高新时代大学生的审美素养和人文素养，是高等教育当前和今后一个时期的重要任务。大连理工大学出版社积极响应教育部关于加强高校美育的号召，策划出版本教材。编写组接到编写任务之后，认真学习了党和国家关于大学生美育工作的指导意见和具体要求，本着贯彻落实党的教育方针和立德树人的原则，结合几十年来从事美育工作的教学体会、经验和理论积累，编写了这本《大学美育》教材。

作为美育通识课程教材，编写组在教材编写过程中特别考虑了兼顾不同专业学生的学习基础和学习目标，力求知识内容的通用性，分析讲解的普适性，目的在于帮助学生掌握审美基础知识，培养自觉审美意识，将审美知识应用到审美实践中，增强审美鉴赏力，提升审美素养和人文素养。

本教材编写突出了不同美育领域的基础知识介绍、赏析示例、审美体验活动三部分，着重从自然美赏析、社会美赏析、艺术美赏析三个方面对学生开展审美教育，力图通过学生喜闻乐见的审美实践活动，结合大量的案例，帮助学生更好地理解审美知识，提高审美能力。

教材编写过程中，编者参考、引用了许多国内外同行的著作，参考书目均已列出，在此谨向各位作者和相关人员表示衷心感谢！由于水平有限，本书难免有疏漏、不当之处，敬请阅读本书的专家和读者批评指正。

编 者

2021年11月

目 录

第一章　绪论：什么是美育 …………………………………………… 1
　　第一节　美育的概念、历史发展、性质与特点 …………………… 2
　　第二节　美育的任务与核心 ………………………………………… 6
　　第三节　美育的实施途径 …………………………………………… 10

第二章　自然美 ………………………………………………………… 17
　　第一节　自然美基础知识 …………………………………………… 18
　　第二节　自然美赏析 ………………………………………………… 24

第三章　社会美 ………………………………………………………… 37
　　第一节　社会美基础知识 …………………………………………… 38
　　第二节　人的美赏析 ………………………………………………… 40
　　第三节　环境美赏析 ………………………………………………… 70

第四章　造型艺术之美 ………………………………………………… 91
　　第一节　造型艺术基础知识 ………………………………………… 92
　　第二节　造型艺术赏析 ……………………………………………… 107

第五章　表情艺术之美 ………………………………………………… 123
　　第一节　表情艺术基础知识 ………………………………………… 124
　　第二节　表情艺术赏析 ……………………………………………… 134

第六章　实用艺术之美 ………………………………………………… 145
　　第一节　实用艺术基础知识 ………………………………………… 146
　　第二节　实用艺术法则 ……………………………………………… 157
　　第三节　实用艺术赏析 ……………………………………………… 175

第七章　文学艺术之美 ………………………………………………… 183
　　第一节　文学艺术基础知识 ………………………………………… 184
　　第二节　文学艺术赏析 ……………………………………………… 193

第八章　综合艺术之美 ………………………………………………… 215
　　第一节　综合艺术基础知识 ………………………………………… 216
　　第二节　综合艺术赏析 ……………………………………………… 223

后　记 …………………………………………………………………… 240

第一章 绪论：什么是美育

> **导　入**
>
> 什么是美育？
> 这门课让我们学习什么？
> 为什么要开设美育这门课？
> 学习这门课有什么用？
> 面对这门课，估计不少同学都会提出这样的疑问。它不像我们通常所熟悉的一些通识课和专业课，开课前我们就很明确地知道要学什么，要做什么。这是因为我们在上大学之前对美育缺乏接触和了解。也有的同学会说：我知道，美育就是绘画、舞蹈、音乐、形体之类的综合训练，因为从幼儿园到中学老师就把这些课程统称为美育课。很多同学上大学之前都没有接受过系统的美育教育，只是对美育有朦胧、模糊的认识。因此，在正式开始这门课的学习之前，本章先带大家认识一下什么是美育。

> **学习目标**
>
> 1. 能够简要说明美育的概念、历史发展和性质；
> 2. 能够阐释美育的四个特点；
> 3. 能够说明美育的任务；
> 4. 能够阐述美育的实施途径。

习近平总书记在 2018 年 9 月 10 日全国教育大会上提出：各级各类教育都要全面贯彻党的教育方针，培养德智体美劳全面发展的社会主义建设者和接班人，强调"要全面加强和改进学校美育"。《教育部关于切实加强新时代高等学校美育工作的意见》（教体艺〔2019〕2 号）指出："学校美育是培根铸魂的工作，提高学生的审美和人文素养，全面加强和改进美育是高等教育当前和今后一个时期的重要任务。"美育被提升到一个非常重要的位置，成为各级各类院校人才培养过程中不可或缺的教育内容。通过美育全面提升学生素养也成为高等院校人才培养目标之一。那么，什么是美育呢？

第一节 美育的概念、历史发展、性质与特点

一、美育的概念

美育是审美教育的简称。美育在本质上是一种情感教育，是培根铸魂的教育。美育的根本目的，是使人树立正确的审美观，促使人成为具有审美意识和审美能力的人，促进人的全面和谐发展。

二、美育的历史发展

明确提出"美育"这一概念并且加以系统论述的，是近代德国美学家席勒。1793 年，席勒以书信体写成的《美育书简》一书，第一次在美学史上提出了比较系统和全面的美育理论，从理论上深刻阐述了美育的必要性和美育的意义，被后人称为"第一部美育的宣言书"，并成为审美教育形成独立理论体系的标志。

在这之前，虽然尚未提出美育的概念和体系，美育思想和美育实践却早已存在，人类早在两千多年前就已经产生了美育思想。在中国可以追溯到先秦时期的孔子、荀子等，在西方可以追溯到古希腊的柏拉图、亚里士多德等。

"兴于《诗》，立于礼，成于乐。"孔子大力倡导以"诗教"和"乐教"进行美育。他赞扬《韶》乐"尽美矣，又尽善也"，批评《武》乐"尽美矣，未尽善也"。孔子是把"尽善尽美"作为评价音乐艺术的标准，体现了美育与德育的统一思想。

荀子继承和发展了孔子的美育思想，他认为"性不能自美"，只有通过诗、书、礼、乐才能改造人性，使人去恶从善，强调了美育的道德教化作用。

虽然在我国古代社会中美育思想的发展有着漫长悠久的历史，但直到近代才明确提出"美育"的概念。我国近代最早系统地宣传美育，并把美育与德育、智育、体育相提并论的，是清末著名学者王国维。王国维把美育概念引入中国的同时，对美育本身的特点和独

特价值，以及美育与德育、智育、体育之间不可分割的联系进行了分析，对中国近代美育思想的发展具有开拓性的意义。我国近代美育思想的集大成者是著名教育家蔡元培。他在担任南京临时政府第一任教育总长和北京大学校长期间大力倡导美育，将美育纳入教育方针，并且对美育的实施提出了许多具体设想和措施。此外，蔡元培还提出了著名的"以美育代宗教"的观点，提倡将文学艺术作为人的精神家园。

西方美学史上，早在古希腊时期柏拉图和亚里士多德就十分重视审美教育。柏拉图认为音乐以最强烈的力量来深入人心、浸润人的心灵并使其得到美化。亚里士多德作为柏拉图的学生，他的美育思想大大前进了一步，他认为人的本能、情感、欲望等，都是人性所固有的，应当通过正当的途径给予适当的满足，才能使人性得到协调与和谐的发展。正是从这种基本观点出发，亚里士多德认为美育的目的与作用应当包括教育、净化心灵、精神享受三个方面。亚里士多德的这些看法，对欧洲美育思想的发展产生了重大影响。

古罗马时期的著名诗人贺拉斯在他的著作《诗艺》里，第一个明确地将文艺的娱乐作用与教育作用统一起来，提出了"寓教于乐"这一著名论断，对后来的审美教育产生了重大影响。

18世纪德国启蒙运动代表人物、著名剧作家和诗人席勒在美学史上首次明确提出"美育"这一概念。在《美育书简》中，席勒主张通过审美教育来克服人性的分裂。席勒认为，人身上用两种相反的要求（冲动）：一个是受感性需要支配的"感性冲动"，另一个是受客观规律限制的"理性冲动"。这两种冲动都是人的天性，完美的人性应当是二者的和谐统一。只不过在近代工业社会中，人性被这两种冲动分裂开了。因此，席勒指出，需要用第三种冲动即"游戏冲动"（审美活动）作为桥梁，将二者有机地统一起来。"游戏冲动"（审美活动）是人的一种自由自觉的活动，它既可以克服"感性冲动"从自然的必然性方面强加给人的限制，又可以克服"理性冲动"从道德的必然性方面强加给人的限制，使人具有真正完美的人性。席勒极力主张通过美育来培养理想的人、完美的人、全面和谐发展的人。席勒把美育提到培养全面发展的人的高度来认识，对后来世界各国的美育理论产生了很大影响。

自席勒提出美育理论以来，世界各地的美学家不断涌现，很多哲学家、人类学家、社会学家、艺术理论家都不断丰富了审美理论和美育理论。中华人民共和国成立以来，我国也先后出现了宗白华、李泽厚、叶朗等一大批研究美育的著名美学家。随着我国经济社会的发展，近年来全国成立了由美育工作者和专家学者组成的各种美育团体组织，美育理论研究和美育实践都得到了大力提倡和发展。

我们的美育教学以习近平新时代中国特色社会主义思想为指导，坚持以马克思主义立场和观点看待和分析美育问题，以培养德智体美劳全面发展的社会主义建设者和接班人为目标，在美育教学中落实立德树人根本任务，弘扬中华美育精神，遵循美育特点，引领学生树立正确的审美观念、陶冶高尚的道德情操、塑造美好心灵，以美育人、以美化人、以美培元。

三、美育的性质

关于美育的性质问题，当前国内外美学界、教育界尚在研讨之中，有各种不同的说法。概括起来，大致有以下几种不同的观点，如美育是美学理论的教育、美育是艺术教育、美育是关于审美价值的教育、美育是情感教育、美育是一种素质教育等，上述这些观点都从不同的角度提示了美育的性质。

我们认为，美育的主要性质是情感教育，致力于实现人类内在精神和外在形象的美化与和谐统一，塑造完美人格，培养高素质的全面和谐发展的人。

审美教育是审美与教育的融合。从这个意义上讲，美育活动既是一种教育活动，又是一种审美活动，二者兼而有之。

美育作为教育的组成部分，它与智育、德育、体育相区分。智育主要通过传授知识、开发智能，用以把握"真"；德育主要培养品德、锻炼意志，用以把握"善"；美育主要是指陶冶性情、净化心灵，用以把握"美"；体育主要培养强壮的体魄，激发身体的潜能，愉悦身心。在这四育中，德育是灵魂，但是其他三育也不可缺少，否则就会成为不完全的教育，培养不出全面和谐发展的人才。德育、智育、体育、美育互相联系、彼此渗透。美育既可以从德育、智育、体育中表现出来，又可以促进德育、智育、体育的深入发展，使人的情感得到陶冶，思想得到净化，创造力得到发挥，精神境界得到升华。

美育作为审美活动，主要是情感教育。蔡元培先生指出："美育者，应用美学之理论于教育，以陶养感情为目的者也。"[①]美育的本质就在于以情感人、以情动人。美育使受教育者在审美活动中受到强烈的感染，陶冶情感，净化心灵。在审美活动中，情感作为一种审美心理因素具有非常重要的地位与作用。强烈的情感体验，正是审美活动区别于科学活动与道德意识活动的一个最为显著的特点。但人的各种情感又是十分复杂的，并不是任何情感都值得提倡或肯定。正如梁启超所说：情感"好起来好得可爱，坏起来坏得可怕，所以古来大宗教家、大教育家都最注意情感的陶养。老实说，是把情感教育放在第一位"[②]。美育就是要通过情感的陶冶和心灵的净化，以高尚的情感取代庸俗的情感，使人的整个精神世界发生变化，实现人类自身美化，塑造完美人格，从感性的人升华为审美的人，进入至高的人生境界。

综上所述，美育通过陶冶人的情操、美化人的心灵，使人进入更高的精神境界，成为具有高尚情操的人。在这个意义上说，美育对于社会主义精神文明建设、对于全社会人文精神的高扬、对于全民族精神素质的提高，都具有不容忽视的重要意义。

四、美育的特点

美育主要具有形象生动、寓教于乐、灵活自由、需要熏陶积累四个特点。

---

① 蔡元培：《美育》，载朱经农等主编《教育大辞典》[M]. 北京：商务印书馆，1930：742.
② 梁启超：《中国韵文里所表现的情感》，载北京大学哲学系美学教研室编《中国美学史资料选编（下册）》[M]. 北京：中华书局，1981：419.

(一)形象生动

形象性是美育的首要特点。美育是从观赏美的形象开始,并且始终离不开美的形象,让受教育者通过美的形象来领悟美的内涵。美育总是通过具体可感的直觉形象和生动形式,调动人们的审美兴趣,激发人们的审美情感,满足人们的审美愿望,使人们获得审美享受。

无论是巍峨雄伟的东岳泰山,还是奇峰险峻的西岳华山,无论是湖泊如明镜的长白山天池,还是山水相辉映的秀美漓江,都是以千姿百态的自然美形象,激发人们对祖国山河之美的热爱。无论读鲁迅的小说《阿Q正传》还是《祝福》,都是通过鲜活的人物形象阿Q或祥林嫂,才能获得审美体验,产生审美情感。可见,美育是一种形象教育。

(二)寓教于乐

"子在齐闻《韶》,三月不知肉味"[①]。看电影、听音乐、跳舞或游览著名园林等审美活动都具有娱乐性,因而我们说美育的特点是寓教于乐。

周恩来总理曾讲道:"有人问我:文艺的教育作用和娱乐作用是否是统一的?是辩证的统一。群众看戏、看电影是要从中得到娱乐和休息,你通过典型化的形象表演,让教育寓于其中,寓于娱乐之中。"[②]因此,"寓教于乐"的这种娱乐性,正是美育的一个鲜明特征。

(三)灵活自由

美育最好采取自觉自愿的自由方式进行。人们走进电影院或是来到音乐厅,或是自己弹奏钢琴或是放声歌唱,或是流连于美术馆与展览厅,或是纵情游览祖国的大好河山,都是出自内心的愿望而不是由于外力的强制。事实上,人们总是怀着浓烈的兴趣自由自觉地从事审美活动,并且在潜移默化中不知不觉地接受美育。

同时,美育不需要像其他教育一样采用课堂说教或讲授的方式,最好采取灵活多样的方式。美的普遍性决定了美育的普遍性。美是无时不在、无处不在的,美育也就无时不可进行、无处不可进行。不只是在学校的课堂或校园中,人类生活的各个领域、方方面面,随时随地都可以成为美育的课堂。蔡元培先生曾颇有感触地指出:"名山大川,人人得而游览;夕阳明月,人人得以赏玩;公园的造像,美术馆的图画,人人得而畅观。齐宣王称'独乐乐,不若与人乐乐','与少乐乐,不若与众乐乐',陶渊明称'奇文共欣赏'。"[③]这都体现出美育灵活自由的特点。

同学们要学好我们这门课,也不能只学理论,而是要在课堂教学引导下,多在课下自觉自愿地接触各种艺术,亲近大自然,关注和体验社会美,参加灵活多样的审美活动,在日常生活中树立自觉审美意识,才能真正提高审美能力。

[①] 北京大学哲学系美学教研室.中国美学史资料选编(上册)[M].北京:中华书局,1980:16.
[②] 周恩来:《在文艺工作座谈会和故事片创作会议上的讲话》(1961年6月19日),载《文艺报》,1979(2).
[③] 蔡元培.蔡元培美学文选[M].北京:北京大学出版社,1983:221.

(四)需要熏陶积累

当我们阅读南宋诗人陆游《示儿》中"王师北定中原日，家祭无忘告乃翁"时，当我们看电影《林则徐》《鸦片战争》时，当我们看电视专题片《话说长江》《话说运河》时，实际上都在潜移默化地接受着爱国主义教育。美育对人们产生的影响，经过日积月累的长期作用，往往具有更强的稳固性和延续性，长远而深刻，并最终成为世界观、人生观中最核心的组成部分。

美育就是需要日积月累，不断接受各种美的事物的熏陶，才能达到美育的目的。当代社会的生活化趋势，使得人们在日常生活中也随时可以受到美的熏陶和教育，美育正在成为一种生活教育或人生教育。从个人来看，从胎儿躁动于母腹时，音乐"胎教"便已经开始了。可见，人的生命形成之初，美育就已开始进行了。从幼儿园、小学、中学直到大学，美育和艺术教育都在不间断地进行。当人们从学校毕业参加工作以后，不管他或她从事何种职业，都不可能不涉及艺术和审美，或者看电影，或者听音乐，或者上剧院，或者读小说。甚至步入老年之后，美育仍在继续进行，很多老人退休之后学习书法、绘画，或者唱歌、跳舞，在美的世界中颐养天年。从这个意义上讲，美育是实实在在的终身教育。

第二节 | 美育的任务与核心

一、美育的任务

美育的任务就是引导人们树立正确的审美观，帮助人们提高审美能力，培养人们的审美创造力，塑造完美的人格。具体说来，美育的任务主要包括以下几个方面：

(一)树立正确的审美观

审美观是人们对美的基本观点与看法，它是世界观、人生观的重要组成部分。人们对世界真、善、美三个方面的认识，分别构成真理观、伦理观、审美观，这三者既有区别又有联系。爱因斯坦曾经说过："照亮我的道路，并且不断地给我新的勇气去愉快地正视理想的生活，是善、美和真。"[①]与爱因斯坦一样，历史上许多伟人都是因为对于真、善、美的强烈热爱和执着追求，通过不断奋斗终于成就一生事业。审美观与真理观、伦理观一道，构成了人们对世界、对人生的总的看法。

所谓审美观，是指人们在社会实践活动中，特别是审美实践活动中所形成的关于美、美感、美的创造等问题的基本观点，是从审美角度对客观事物进行判断和评价的审美观念的系统化。审美观是在审美实践和审美创造中形成的，反过来又对人们的审美实践和审美

---

① 王涵等.名人名言录[M].上海：上海人民出版社，1983：21.

创造起着指导和制约作用。

审美观既有社会性又有个体性，既有共同性又有差异性。一个人的审美观，往往要受到时代、民族、社会、文化的影响，具有某些共同性和社会性的特点；与此同时，又要受到职业、学历、年龄、性格等个体因素的影响，从而具有差异性和个体性的特色。就拿人体美来说吧，不同时代对人体美有不同的审美情趣和审美标准。例如我国汉代是以瘦为美，汉代美女赵飞燕就是一位身材瘦削的美人。史书上记载赵飞燕当时可以"掌上舞"，就是讲赵飞燕身轻如燕，可以在一位力士伸出的手掌上跳舞。而到了唐代则是以胖为美，唐代美人杨玉环就是一位体态丰腴的美女，白居易《长恨歌》中曾讲到"温泉水滑洗凝脂"。"燕瘦环肥"的说法由此而来。可见，仅对于人体美，不同时代的审美标准就有如此明显的差异。甚至同一时代的不同阶级对人体美也有不同的审美标准。俄国的车尔尼雪夫斯基就讲过："丰衣足食而又辛勤劳动，因此农家少女体格强壮，长得很结实——这也是乡下美人的必要条件。'弱不禁风'的上流社会美人在乡下人看来是断然'不漂亮的'，甚至给他不愉快的印象，因为他一向认为'消瘦'不是疾病就是'苦命'的结果。"[①] 显然，审美理想、审美情趣和审美标准，确实具有时代性、民族性、阶级性、地域性的特点。但同时必须承认，审美理想、审美情趣和审美标准，又具有某些共同性特征。

（二）提高审美能力

审美能力是指审美过程中主体应具备的各种能力，包括审美感受能力、审美想象能力、审美理解能力、审美鉴赏力等。其中，最重要的是培养审美鉴赏力。人的审美能力不是天生的，而是长期实践的结果。作为历史发展的产物，人类的审美能力在不同的社会历史时期有不同的水平，鉴赏者个体的审美能力更需要在长期的审美活动与艺术实践中培养与提高。

审美能力的提高，首先离不开大量鉴赏优秀文艺作品的审美实践。多听音乐就能培养和提高耳朵的音乐感，多看绘画就能训练和发展眼睛的形式感，文学作品读得多了，艺术修养与鉴赏力自然就会得到培养与提高，正所谓"熟读唐诗三百首，不会作诗也会吟"。其次，要提高审美能力，还必须熟悉和掌握美学的基本知识与艺术的基本规律，包括熟悉和掌握各个艺术门类的审美特征和艺术语言。例如，绘画语言主要是线条、色彩和形体，音乐语言主要是旋律、和声与节奏，电影语言主要是画面、声音和蒙太奇等。审美能力或审美鉴赏力的提高，必须建立在感受力、想象力和理解力的基础上，俗话说："会看戏的看门道，不会看戏的看热闹。"只有真正具备了审美鉴赏力，才能看出"门道"来，特别是要领会和理解深藏在文艺作品之中的艺术意蕴，就必须具有相应的艺术修养与鉴赏能力。例如，叶圣陶先生在《文艺作品的鉴赏》中，曾经以唐代诗人王维的诗歌佳句"大漠孤烟直，长河落日圆"为例说，这两句话十个字简单得很，如果仅仅就字面来解释就无法理解其内在深刻的意蕴，必须充分调动感受力、想象力和理解力："像这样驱遣着想象来看，

---

① [俄] 车尔尼雪夫斯基. 艺术与现实的审美关系[M]. 周扬, 译. 北京：人民文学出版社, 1979：7.

这一幅图画就显现在眼前了,同时也就接触了作者的意境……现在读到这两句,领会着作者的意境,想象中的眼界就扩大了,并且想想这意境多美,这也是一种愉快。假如死盯着文字而不能从文字看出一幅画来,就感受不到这种愉快了。"①

(三)培养审美创造力

审美创造力是人所特有的一种高级能力,它是人的本质力量的充分发挥和展现。人类认识世界的目的在于能动地改造世界,同样,人们感受美和鉴赏美的目的也是为了表现美和创造美。人与动物的根本区别在于人具有创造力,正是人的这种创造力,使得社会不断发展,人类自身不断完善。美的创造活动是人类创造活动中的高级活动,所谓审美创造力,就是指人在审美实践的基础上按照美的规律创造美的事物的能力。

人的审美创造力是在实践中不断丰富和发展起来的,在审美实践活动与艺术创造活动中,人的爱美的天性、创造的天性可以得到充分的发挥。这方面有许多生动的例子。苏联著名作家高尔基,仅读过两年书,更没有进过学校专门学习写作,而是从10岁开始就干活谋生,做过装卸工人、面包师傅等,全凭做工之余勤奋自学,阅读了大量优秀的文学作品,培养和发挥了审美创造力,写出了许多优秀的文学作品。尤其是他的自传体小说三部曲《童年》《在人间》《我的大学》,更是记录了他自己的亲身经历,写出了童年的辛酸、人间的疾苦,以及他在社会这所大学里的种种感受。与此同时,审美创造力的培养与提高,也离不开熟练掌握审美创造的技巧。著名画家达·芬奇刚开始学绘画时,老师维罗基奥让他成天画鸡蛋,达·芬奇对此十分不满,但是经过一段时间的刻苦练习后,他很快悟出了其中的道理并崭露出艺术天赋。达·芬奇后来在维罗基奥所画的《基督受洗》一画的前景上,加画了一个跪着的小天使,小天使的形象如此绝妙,引起老师的惊叹和感慨,使老师从此放下画笔转而从事雕塑艺术了。

人的审美创造力的培养和提高,更离不开创造性思维的训练和培养。艺术与科学的一个重要共同点,就是二者都离不开创造性思维。科学的发展离不开创造性思维,有了创造性思维,哥白尼才敢于违抗教会提出"日心说";有了创造性思维,爱因斯坦才违反惯性思维提出"相对论"。艺术与审美同样离不开创造性思维,优秀艺术家甚至在一生的艺术实践中都在不断运用创造性思维进行艺术实践。好莱坞影后葛丽泰·嘉宝在《瑞典女王》这部影片的最后一个镜头中,以创造性思维设计出一种"无表演的表演"方式,成为世界电影史上的经典镜头,给观众留下了深刻难忘的印象,开启了一种新的表演方式。国画大师齐白石擅长画虾,他在60岁前画虾追求形似,但神韵不足;他在70岁时画的虾已有质感,堪称形神兼备;他在80岁以后画的虾,更是形神毕肖,仿佛不是画在纸上而是活在水中,艺术上达到了炉火纯青的地步。白石老人曾在自己的一幅作品上写道:"余之画虾已经数变,初只略似,一变逼真,再变色分深淡,此三变也。"②

---

① 叶圣陶:《文艺作品的鉴赏》,载龙协涛《鉴赏文存》[M].北京:人民文学出版社,1984:9.
② 力群.齐白石研究[M].上海:上海人民美术出版社,1959:138.

(四)塑造完美人格

塑造完美人格，促进人的全面和谐的发展，是美育最根本和最核心的任务。中外历史上的思想家、教育家们之所以特别重视美育，其主要原因就是美育在塑造完美人格上具有其他教育无法替代的重要作用。我国先秦时期的儒家就强调美与善的统一，主张通过"诗教"和"乐教"来培养和造就完美的人格，从而达到"仁者爱人"的精神境界。席勒极力主张通过审美教育来克服人性的分裂，恢复人的自由和完整的天性，培养理想的人和完美的人，培养全面和谐发展的人。现当代的人本主义心理学还提出了"健康人格"的概念。所谓"健康人格"，就是指人的诸种心理机能处于一种和谐平衡的状态，具有充沛的活力与丰富的情感，智商与情商协调发展，具有自我实现的追求和完美的人性。尤其是人本主义心理学创始人马斯洛，在其"需求层次论"中，将人的生理需求归纳为低级需求，将人的精神需求归纳为高级需求。在马斯洛看来，具有"健康人格"的人，更加重视"爱的需求""尊重的需求""认知的需求""审美的需求""自我实现的需求"，这种富有崇高理想的人完全可以超越物质需求或生理需求，坚持不懈地追求精神需求和高级需求，充分发挥人的价值和潜能。毫无疑问，美育的核心就是要培养全面和谐发展的健康人格。正如苏联美学家鲍列夫所说："审美教育的最佳成果应当是造就一个完整而和谐、具有自身价值和社会价值、具有能动创造性的人。"①

二、美育的核心

美育的核心是艺术教育。实施美育的主要途径也是艺术教育。现当代社会中，"艺术教育"这个概念有两种不同的含义和内容。从狭义上讲，"艺术教育"是指培养专业艺术人才或艺术家，如各种专业艺术院校就是如此。从广义上讲，"艺术教育"作为美育的核心与主要实施途径，它的根本目标是培养全面发展的人。因此，广义的艺术教育强调普及艺术的基本知识，通过对优秀文艺作品的鉴赏，来提高人们的审美修养和艺术鉴赏力，培养人们健全的审美心理结构。同时，作为美育的核心内容，艺术教育对人们道德的完善和智力的开发也会产生深远的影响，它可以丰富人的想象力，发展人的感知力，加深人的理解力，促进人的创造力。

在现当代社会中，这种广义的艺术教育显得更加必要和紧迫。特别是20世纪下半叶以来，科学技术与生产力以人类历史上前所未有的速度获得了巨大的发展。一方面造成了物质财富的极大丰富，人们在物质生活方面变得更加富有和舒适，有了更多的闲暇时间和消遣需要。另一方面，高科技社会又使社会分工更加专门化和职业化，激烈的竞争和高强度的工作节奏大大加重了人的精神压力，消费社会中的物欲横流更是给人类社会带来了深刻的危机和隐患，人们在精神生活方面反而变得更加焦虑和不安。席勒早在18世纪时发现的大工业社会中人性的分裂，即"感性冲动"与"理性冲动"之间的冲突，在当代社会

---

① [苏联] 鲍列夫. 美学[M]. 乔修业，常谢枫，译. 上海：上海译文出版社，1988：502.

中变得更加尖锐和突出。当代西方发达国家后工业社会中,人们被竞争所烦恼,被物欲所淹没,物质消费掩盖不住精神空虚,孤独、寂寞、颓废、悲观弥漫了精神领域。在这种情况下,艺术格外受到当代人的青睐。人们需要在艺术中恢复自身的全面发展,防止感性与理性的分裂,通过对艺术与美的追求达到个性的发展和人格的完善。著名物理学家爱因斯坦喜爱音乐,精通文学,他特别喜欢陀思妥耶夫斯基的小说和贝多芬的音乐作品,自己还经常拉小提琴和弹钢琴。爱因斯坦本人讲,在科学领域里和艺术领域里对真、善、美的不断追求,照亮了他的生活道路,激发了他的想象力和创造力。

从总体上讲,艺术教育的任务与目标同美育一样,都是培养全面发展的人才。具体来讲,艺术教育的任务又可以分为以下几个方面。

一是普及艺术的基本知识,提高人的艺术修养。艺术修养是人的文化修养的重要组成部分,也是人文精神的集中体现。现当代社会中的人,必须具有较高的文化修养与艺术修养,才能适应社会的发展与时代的需要。如前所述,当代社会中几乎人人都离不开艺术,但要真正具备较高的艺术修养,还需要掌握艺术的基本知识和基本原理,在艺术欣赏中不断提高鉴赏能力和审美能力。

二是健全审美心理结构,充分发挥人的想象力和创造力。艺术教育之所以在整个教育中具有特殊的地位与作用,是因为它可以培育和健全人的审美心理结构,培养人们敏锐的感知力、丰富的想象力和无限的创造力。我国著名物理学家钱学森十分重视美育和艺术教育,强调音乐艺术对启发人的创造性思维至关重要,他晚年甚至花费大量时间来研究美学与艺术方面的问题。哈佛大学校长尼尔·陆登庭1998年在北京大学发表演讲,谈到21世纪全世界高等教育面临的主要挑战和重要任务时,他首先提到了"人文艺术学习的重要性"。他着重指出,哈佛大学之所以重视人文艺术学习,是因为"这种教育既有助于科学家鉴赏艺术,又有助于艺术家认识科学。它还帮助我们发现没有这种教育可能无法掌握的不同学科之间的联系"。

三是陶冶人的情感,培养完美的人格。由于艺术是审美情感的集中体现,因而,艺术教育对于人的情感的培养与提高具有特别重要的作用。历来的思想家、艺术家们都十分重视艺术对于人的情感的陶冶和净化作用,强调通过艺术教育来培养人们美好、和谐的情感和心灵,从而实现完美人格的建构。艺术教育作为美育的核心内容和主要手段,正是通过以情感人、以情动人的方法,陶冶人的情操,美化人的心灵,使人进入更高的精神境界,成为一个具有高尚情操的人。

第三节 美育的实施途径

我国近代美育思想的集大成者蔡元培先生提出美育的实施途径主要包括家庭美育、学校美育和社会美育。除此之外,自然美育和艺术美育虽然已经渗透于以上三个方面,但由于其内容的丰富与影响的广泛，我们也将它们单独列出来加以介绍。

一、家庭美育

　　家庭美育是美育的起点。社会是由家庭组成的，家庭是社会的细胞，家庭是人生的起点，父母是孩子最早的教师。一个人最早接受美育，是从家庭开始的。家庭作为美的摇篮，甚至当一个胎儿在母腹之中时，就可以开始接受美育了。西方发达国家十分重视胎教，国际著名小提琴大师梅纽因建议孕妇经常轻声唱歌给胎儿听，使腹中胎儿受到母亲优美歌声的感染，对即将来临的这个世界充满亲切感与和谐感。现代科学研究表明，胎儿也有感觉，尤其是对音乐有明显反应，因此，音乐是胎教的主要手段。婴幼儿时期的美育也十分重要，研究结果表明，受家庭美育影响最大的是学龄前儿童即婴幼儿，因为他们所受到的教育大部分来自家庭。历史上许多著名文学家、艺术家的人生经历中，几乎都可以发现早期家庭美育对他们一生的巨大影响。鲁迅早在幼儿时期，就在他祖父的影响下背诵唐诗宋词，并且阅读了许多中国古典名著。郭沫若在 4 岁多进私塾之前，也跟着母亲学会了不少古典诗词。我国现代文学大师茅盾从 3 岁开始，祖父就教他背诵《三字经》《千家诗》，具有维新思想的父亲还自编新教材并由母亲执教，使茅盾获益匪浅。另一位现代文学大师老舍一生爱花草，热爱大自然的美，也是幼时母亲熏陶的结果。老舍曾说："从私塾到小学，到中学，我经历过起码有百位教师吧，其中有给我很大影响的，也有毫无影响的，但是我的真正的教师，把性格传给我的，是我的母亲。母亲并不识字，她给我的是生命的教育。"显然，家庭美育的影响是巨大而深远的，通过长时间的熏陶，可以在孩子们心中深深扎根，直接影响到他们的一生。从这个角度来讲，家庭美育开始得最早，持续时间最长，对人的影响最深。

　　家庭美育的实施途径和方式有许多种，从总体上讲大致可以分为家庭环境美育、家庭游戏美育、家庭艺术美育等。家庭环境美育，既包括家庭布置与装饰的审美化，也包括家庭日常生活氛围的审美化。也就是说，家庭环境的布置、摆设、装饰、设计等，都应该体现出美观、舒适、整洁、温馨，具有审美的情趣与氛围。与此同时，家庭成员的待人接物、言谈举止、穿衣打扮、生活习惯等，也应该体现出审美情趣，这会对儿童成长产生重大影响。因此，营造优美和谐的家庭日常生活环境，是家庭美育的首要任务。家庭游戏美育是通过各种游戏活动对儿童进行美育。游戏是人的天性，更是儿童之最爱。德国美学家谷鲁斯甚至认为，儿童在轻松愉快的游戏活动中，实际上在不知不觉地为将来的生活做准备或做练习。他认为小女孩喜欢抱着木偶玩游戏是练习将来做母亲，小男孩爱玩打仗的游戏是培养勇敢精神。游戏的方式多种多样，很适合儿童的特点，有利于儿童身心的健康发展，也是家庭美育的重要途径。家庭艺术美育是指通过各种艺术欣赏活动或艺术学习活动，培养儿童对艺术的兴趣爱好和基本能力。例如，讲述故事、练习画画、唱歌跳舞等，可以使儿童从小就参与艺术实践活动，参观美术馆、观看动画片、参加音乐会等，可以使儿童的心灵受到美的熏陶。

二、学校美育

学校美育是美育的重点。学校是从家庭到社会的中间环节,它对学生施行有计划、有组织的系统教育,因此,与家庭美育和社会美育相比,学校美育的时间更有保证、条件更加优越、美育更加系统、效果更加明显。尤其是当前,美育已经成为学校素质教育的重要内容,我们的教育方针也已经明确地将美育增列其中,就是要培养德智体美劳全面发展的人才。各级各类学校纷纷把美育与艺术教育纳入素质教育之中,列入教学计划,作为学校教育的重要内容。2002年教育部颁发的我国第一部《学校艺术教育工作规程》明确规定:"艺术教育是学校实施美育的重要途径和内容,是素质教育的有机组成部分。"通过美育和艺术教育,"使学生了解我国优秀的民族艺术文化传统和外国的优秀艺术成果,提高文化艺术素养,增强爱国主义精神;培养感受美、表现美、鉴赏美、创造美的能力,树立正确的审美观念,抵制不良文化的影响;陶冶情操,发展个性,启迪智慧,激发创新意识和创造能力,促进学生全面发展"。

学校美育的途径和方式包括课堂教学的美育、课外活动的美育、校园环境的美育三个方面。课堂教学的美育应当是学校美育的核心,因为学校教育主要是通过教学活动来完成的,课堂教学自然也是学校美育的主要方式。学校美育在课堂教学中主要包括两个方面:一方面是艺术类课程的教学,如中小学的音乐、美术、书法、手工和艺术欣赏课程等,以及高等院校开设的各种艺术类公共选修课或通识课程等。北京大学开设的艺术类选修课,每年选课学生多达数千人,常常是数百人的教室座无虚席,还有学生站着听课。另一方面是在非艺术类课程,如语文、历史、地理等课程中,融入语言美、意境美、人文美、自然美等因素;在数学、物理、化学等课程中,融入形式美、科学美、技术美等因素,将美育贯穿到课堂教学的各个方面。正如蔡元培先生所说:"学校所有的课程都没有与美育无关的。"[①] 课外活动的美育,形式多样,丰富多彩,深受广大青年学生的喜爱。课外活动是课堂教学的补充,是校园文化生活的重要组成部分,也是实施学校美育的重要形式。学校可以每年定期举行文化节、艺术节,以及各种文学艺术专题讲座,聘请社会上著名的艺术家或艺术院团到学校演出,也应当组织学生合唱团、舞蹈团、交响乐团、民乐团、戏剧社、文学社、书画社、影视协会等,让学生根据自己的兴趣爱好自由参加,丰富学生的课外生活。校园环境的美育,也是学校美育的重要方面。校园建筑要有艺术性,校园环境要美化、绿化,根据学校条件,还应有美术馆、音乐厅等文化设施,以及假山、凉亭、湖泊等,营造优美的育人环境。如北京大学有未名湖,武汉大学依傍珞珈山与东湖,厦门大学毗邻大海等,这些使大学校园显得格外美丽。

三、社会美育

社会美育是美育的大课堂。社会美育是指借助社会上各种专门的美育设施和环境所施行的美育。与家庭美育和学校美育相比,社会美育具有更广阔的范围和鲜明的特点。美育

---

① 蔡元培. 蔡元培美学文选[M]. 北京:北京大学出版社,1983:155.

是全社会的事业，要推进美育事业的发展就必须依靠全社会方方面面的共同努力。从这个意义上讲，广泛开展社会美育活动，对于提高全民族的文化修养和审美素质具有不可缺少的重要作用。社会美育具有广泛性，与家庭美育和学校美育不同，社会美育范围更大，是以全体社会成员为对象。尤其是社会发展到今天，随着物质生活水平不断提高，广大人民群众对精神文化生活也提出了越来越高的要求，可以说在人们日常生活的吃、穿、住、行等方面都提出了审美的要求。人们的生活环境与生活用品也日趋审美化，使得现当代社会美育范围更加广泛。社会美育也具有多样性，尤其是当代社会中，人们不但更加注意人体美、服饰美、居室美、环境美，而且随着审美与技术的结合，许多劳动产品与生活用品越来越注重审美因素，具有生活审美化、审美生活化的特点。

社会美育的途径和方式主要包括社会设施的美育、社会环境的美育和社会日常生活的美育三个方面。社会设施的美育是指由国家和社会建立起来的一些专门的美育设施和机构，如影剧院、美术馆、音乐厅、文化宫、博物馆、展览馆、动物园、植物园、公园、俱乐部以及相关单位。它们作为社会美育的重要阵地，通过群众性的文化娱乐活动，采取多种多样的形式和方法，使全体社会成员接受美的熏陶。社会环境的美育主要是指城市规划、市容村貌、景观美育、生态美育等。一个城市既要有优美的自然景观，如北京的香山、杭州的西湖、武汉的东湖等；也应有富于特色的人文景观，如北京的故宫、巴黎的埃菲尔铁塔、悉尼的歌剧院等。它们甚至成为这个城市的标志和象征，吸引着成千上万的游客前来参观游览。社会日常生活的美育是指人们在处理亲情、友情、爱情、婚姻、家庭等方面，完善人格塑造，实现人类自身美化。因为审美修养总是与道德修养相关，真正实现人的价值和美好人生，需要通过社会美育来培养全面和谐发展的人性。

四、自然美育

自然美育是美育的重要方面。自然美是指客观世界中自然事物与自然现象的美。自然美对人们陶冶情操、净化心灵、体验人生、激发情感都具有不可替代的美育作用。自然美具有象征性的特点，例如，人们常把梅、兰、竹、菊称为"四君子"，就是因为梅的冰肌玉骨、兰的清雅幽香、竹的坚韧挺拔、菊的斗雪傲霜，象征与隐喻着人们所崇尚的品德。又如，孔子用山、水来比喻仁者和智者，他说："知者乐水，仁者乐山。知者动，仁者静。知者乐，仁者寿。"（《论语·雍也》）自然美也具有多义性的特点，苏轼咏庐山诗就讲道："横看成岭侧成峰，远近高低各不同。"自然美随人观看的视角变化而变化。此外，自然美还随人观看的心情不同而不同。例如同样是枫叶，杜牧诗中"停车坐爱枫林晚，霜叶红于二月花"，火红的枫叶充满了生机；而在《西厢记》"送别"一场戏中，却是"晓来谁染霜林醉，总是离人泪"，又是一幅多么凄凉的画面。自然美还具有形式美的特点，因此名山大川便有了各自的特点，如人们常说的那样：泰山天下雄、峨嵋天下秀、华山天下险、黄山天下奇，使得人们观赏自然美时，更加直观地注意其外在形式美。

自然美有着自己独特的美育功能。首先，自然美可以陶冶人的情感，净化人的心灵。在现当代社会快速的生活节奏与激烈的竞争氛围中，特别是都市的喧嚣和单调的生活，使

人们渴望回归大自然。人们在享受物质文明的同时，精神上却感到孤独、寂寞、压抑、烦躁，非常希望在大自然的环境中感受生命的美好，体验生活的诗意，在对自然美的生动感受和深深眷念中，感悟人性的深度和生命的真谛，在恬静中与大自然和睦相处，修身养性，在山水田园间体会人生的至乐。其次，自然美可以点燃人们的求知欲，激励人们去探索自然的奥秘。大自然生生不息、变化万千，蕴藏着无穷的奥秘，古往今来人们常常由于观赏自然受到启迪，由于热爱自然产生顿悟，进而去探索自然的奥秘。著名科学家、进化论创始人达尔文，就是由于跟随海军考察船作了长达5年的环球旅行，在世界各地的自然奇观中，采集了大量的动植物标本和化石，激发了强烈的探索精神，写出了巨著《物种起源》，揭开了物种进化的奥秘。我国明代大旅行家徐霞客，一生游遍了祖国的名川大山，对于所到之处的地理风貌做了非常详细的描绘，留下了具有重要学术价值的《徐霞客游记》。最后，自然美可以激发人们热爱生活、热爱祖国、奋发向上的情感力量。自然审美是情感的抒发，也会唤起理想与激情。山河壮丽、景色迷人，人们对自己的祖国总是怀有一种深厚的情感，特别是许多著名风景区常常与特定的历史文化、人文景观紧密联系，使得祖国的大好河山成为爱国主义教育的课堂。

五、艺术美育

艺术美育是美育的核心与主要手段。艺术美育在审美教育中具有不可替代的特殊重要作用。艺术美育是美育的核心，也是实施美育的主要手段与途径。艺术美育之所以具有这样重要的地位与作用，是由艺术美的基本特征所决定的。艺术的基本特征之一是审美性，艺术的审美性是人类审美意识的集中体现，艺术的审美性也是真、善、美的结晶。艺术中的"真"并不等于生活真实，而是通过艺术家的创造性劳动，"化真为美"地使生活真实升华为艺术真实。艺术中的"善"也并不是道德说教，同样通过艺术家的精心创作"化善为美"，创造出生动感人、有血有肉的艺术形象。艺术的另一个基本特征是形象性，艺术形象是个性与共性的统一、内容与形式的统一、主观与客观的统一。凡是成功的艺术形象无不具有鲜明而独特的个性，同时又具有丰富而广泛的社会概括性；优秀的艺术作品往往又是深刻思想内涵和完美艺术形式的有机统一，使得这些艺术形象具有不朽的艺术生命力；任何艺术形象都是具体的和感性的，其中又渗透着艺术家的思想情感，表现为客观因素与主观因素的有机统一。正是由于艺术的这些重要的基本特征，使得艺术美育在美育中具有十分重要的地位与作用。

艺术作为人类审美意识的最高表现形式，它的多重社会功能始终是以审美价值为基础的，艺术美育也只有在审美价值的基础上才能真正发挥作用。艺术的美育功能，包括艺术审美认知功能、艺术审美教育功能和艺术审美娱乐功能。艺术审美认知功能，主要是指人们通过艺术美育可以更加深刻地认识自然、认识社会、认识历史、认识人生。恩格斯认为从巴尔扎克的系列小说中学到的东西，比从当时的历史学家、经济学家那里学到的全部东西还要多；列宁则把列夫·托尔斯泰的小说称作"俄国革命的镜子"，给予了极高的评价。艺术审美教育功能，主要是指人们通过艺术美育受到真、善、美的熏陶和感染，思想上受到启迪,实践上找到榜样,认识上得到提高。艺术美育不同于其他任何形式的教育活动,这是因为艺术的审美教育功能是以审美价值为基础,通过生动直观的艺术形象,以情感人,以情动人,使人受到强烈的感染和熏陶。艺术美育常常是在毫无强制的情况下,使欣赏者自由自愿、不知不觉地受到教育,在长时期的潜移默化中心灵得到净化。艺术美育往往又是寓教于乐,将思想教育有机融合到艺术审美娱乐之中。因此,艺术审美教育功能具有以情感人、潜移默化、寓教于乐三个特点。艺术审美娱乐功能,主要是指通过艺术美育使人们的审美需要得到满足,通过倾听音乐或观赏演出,使身心得到休息,愉心悦目,畅神益智,获得精神享受和审美快乐。美国著名人本主义心理学家马斯洛认为,人生的最高境界是一种"高峰体验",在这种时刻,人会感受到强烈的幸福、狂喜、顿悟、完美。马斯洛认为,不但诗人和艺术家在创作狂热时是处于"高峰体验"之中的,甚至聆听一首感人至深的音乐乐曲也同样可以产生"高峰体验"。艺术美育中的这种"高峰体验",正是艺术审美娱乐功能的体现。

综上所述,美育的途径主要是家庭美育、学校美育和社会美育,而自然美育、艺术美育则渗透其中并发挥着十分重要的作用。所有这些途径和手段只有一个共同的目标,就是培养高素质的、全面和谐发展的人才。

学习内容回顾

美育是审美教育的简称。美育在本质上是一种情感教育,是培根铸魂的教育。美育的根本目的,是促使人确立正确的审美观,促使人成为具有审美意识和审美能力的人,促进人的全面和谐发展。

美育主要具有形象生动、寓教于乐、灵活自由、需要熏陶积累四个特点。

美育的任务包括:引导人们树立正确的审美观;帮助人们提高审美能力;帮助人们培养审美创造力;塑造完美人格。

美育的核心与主要实施途径是艺术教育。

美育的实施途径包括家庭美育、学校美育、社会美育、自然美育和艺术美育等。

主要参考书目

[1] 仇春霖. 大学美育 [M]. 北京:高等教育出版社,1997.

[2] 杨辛等. 青年美育新编 [M]. 北京:北京大学出版社,1998.

[3] 蒋冰海. 美育学导论 [M]. 上海:上海人民出版社,1990.

[4] 顾建华. 美育新编 [M]. 北京:北京出版社,1991.

[5] 彭吉象,郭青春. 美学教程 [M]. 2版. 北京:国家开放大学出版社,2008.

[6] 涂途. 西方美育史话 [M]. 北京:红旗出版社,1988.

[7] 李范. 美育基础 [M]. 北京:中国人民大学出版社,1999.

自测题

一、填空题（共10分，每空2分）

1. 美育的主要性质是_____。
2. 美育的途径包括：家庭美育、_____、_____、_____、_____等。

二、选择题（共16分，每题4分）

1. 美育的主要途径是（　）。
   A. 家庭教育　　　　　B. 学校教育
   C. 艺术美育　　　　　D. 自然教育
2. 美育的首要特点是（　）。
   A. 形象生动　　　　　B. 寓教于乐
   C. 灵活自由　　　　　D. 需要熏陶积累
3. 美育的核心是（　）。
   A. 自然教育　　　　　B. 情感教育
   C. 艺术教育　　　　　D. 社会教育
4. （　）是美育的起点。
   A. 家庭美育　　　　　B. 学校美育
   C. 艺术美育　　　　　D. 社会美育

三、名词解释（共14分，每题7分）

1. 美育
2. 艺术教育

四、问答题（共60分，每题12分）

1. 简要说明美育的发展历史。
2. 美育的特点有哪些？
3. 美育的主要任务有哪些？
4. 社会美育的途径和方式包括哪些？
5. 家庭美育的实施途径和方式有哪些？

第二章 自然美

导入

  在人的成长过程中，会有很多产生美感的经历，我们遇到的很多事物和现象会给我们美的感受。比如我们看到大自然中的碧海蓝天、百花争妍时，会产生美感。当我们看到大批医护人员冒着生命危险奔赴疫情第一线抗击疫情、舍己救人时，会心生感动、生发出崇高的美感。一代代人会在传世的经典艺术作品前驻足凝视、联想、赞叹。美的世界蔚为壮观，博大精深。为了全面地了解、认识美的世界，美学家们将审美对象分为现实美和艺术美两大类。现实美是指现实世界中的各种事物的美，现实美包括自然事物的美和社会事物的美，即自然美和社会美。艺术美是指艺术家们创作的各种艺术作品的美。

  本章的教学内容是自然美赏析，在这一章的学习中，我们要了解和掌握关于自然美的基本知识，包括什么是自然美，自然美是如何分类的，自然美有哪些特征，欣赏自然美有什么样的意义等。还要学习欣赏自然美的方法，通过参与自然美赏析活动，提高我们对自然美的认识和欣赏自然美的能力，从对自然美的赏析过程中得到美的享受，增强对大自然之美的热爱之情。学会欣赏自然美，会打开我们发现自然美的慧眼，让我们在今后的生活中更好地与自然相处，更能够从大自然中吸取生命的力量和激情，更热爱大自然。

学习目标

1. 能够用自己的语言说明什么是自然美；
2. 能够结合实例说明自然美主要包括哪些类型；
3. 能够用自己的语言阐释自然美的特征；
4. 能够用自己的语言说明自然美的审美意义；
5. 能够应用所学的知识欣赏自然美。能够用自己的语言对泰山、都江堰等自然美景进行赏析。

第一节 自然美基础知识

一、自然美的概念与分类

（一）自然美的概念

什么是自然美呢？简单地说，自然美就是各种自然事物呈现出的美。客观世界中的大自然，既是我们的生存环境，也是我们的认识对象、审美对象。晨升夕落的太阳，皎洁澄明的月亮、耀眼的星河、多变的云彩、奔腾的江河、巍峨的山川都是大自然赐予我们的美。

我们为什么会觉得有些自然事物是美的，而另外一些自然事物是不美的呢？为什么自然事物仅凭其外在特征就能够引起我们的美感呢？这是因为人类社会在发展过程中，与自然事物产生了或亲密友好、或生疏惧怕的联系，自然美的根源其实不在于自然事物本身，而在于自然事物与人的联系，在于人类的社会实践。自然美是一定的社会实践的产物。为什么这么说呢？

首先，自然美的产生是以人类的社会实践为基础的。人类出现以前，大自然已经存在，自然事物不能自觉为美。朝霞的红艳和月光的朦胧原本不存在美与不美的意义。自然事物的美丑意义是人类赋予的。人类形成之初，由于生产力低下，生存环境恶劣，大自然更多地作为一种神秘力量存在，只有被征服、被捕获充饥的猎物让人类产生自豪感和愉悦感，因此，最早让人类产生美感的自然事物是这些被捕获的野生动物。原始狩猎部族，把猎物的形象画到原始壁画中，把猎物的声音编入原始歌舞中，把兽骨、兽皮、兽毛制成各种装饰品。随着人类在实践中不断与自然事物产生关系，自然美的领域也逐渐扩大。当人类脱离了狩猎时代进入农耕社会之后，植物进入了人类审美领域，成为人们认为美的自然事物。正如德国人类学家格罗塞所说："狩猎部族由自然界得来的画题，几乎绝对限于人物和动物的图形。他们只挑选那些对他们有极大实际利益的题材……于是我们就可以说明为什么在文明人中用得最丰富、很美丽的植物画题，在狩猎人的装潢艺术中却从不存在的理由了。"[①]我国秦汉以前以人物画为主，魏晋以后山水画才逐渐发展起来，这是因为之前人们不具备征服山水的能力，山水主要作为人们惧怕的自然事物而存在，当人的实践能力不断增强以后，人们看到山水才会感觉到更加亲切和愉悦，山水才变成了人的审美对象。一直到今天，人们对自然的审美领域依然在随着社会进步而不断扩大。

其次，人们之所以认为自然事物是美的，最初往往是因为人类在实践中发现了某些自然事物具有有利于人类生存的功利性。比如作为人类生存环境而被人类所认识的自然，因其为人类提供必不可少的东西而被人认为是美的。马克思说：自然是人的无机的身体，"自然界是人为了不致死亡而必须与之形影不离的身体"[②]。日月星辰、和风细雨、蔚蓝的天空、清澈的河水、森林草地都给人以美感，就是因为人类最初认识到它们能够为人的生存提供

---

① 格罗塞.艺术的起源[M].蔡慕晖，译.北京：商务印书馆，1984：162.
② 马克思.1844年经济学哲学手稿[M].刘丕坤，译.北京：人民出版社，1932：49.

良好的环境，具有功利性。只是随着人类社会发展，这种功利性沉淀为潜在的功利性，人们无须考虑它们的用途，只要一看到它们就直接产生美感了。

最后，某些自然事物被认为是美的，是因为自然事物的某些特征，和人类自由创造特性的某些特征具有相似性，与人的优秀品质有相似性。比如鲁迅多次赞美牛，在他的诗作《自嘲》中写道："运交华盖欲何求，未敢翻身已碰头。破帽遮颜过闹市，漏船载酒泛中流。横眉冷对千夫指，俯首甘为孺子牛。躲进小楼成一统，管他冬夏与春秋。"① 诗中"孺子牛"的形象是美的，因为它虽然力大无穷，却甘愿俯首帖耳地让小孩子骑而不逞强，这种品质与人甘愿为他人奉献而不恃强凌弱的品格相似。再如有着顽强生命力的白杨树，在土壤里还透着冰碴，春风中还夹着寒意时，它的枝头已经冒出翠绿的嫩芽，生长过程中，它的枝叶努力向上，绝不弯腰，秋风里，虽然脱尽了叶子，单薄的枝条依然透着精气神，枝干向上，高昂着头。不管遇到风沙还是雨雪，白杨树总是那么挺直，那么坚强，不软弱，不动摇。白杨树象征着人们倔强挺立、不折不挠的精神。

(二) 自然美的分类

自然美的现象可以分为两大类：一类是天然形成的、未经劳动改造的自然美景；另一类是经过劳动改造的自然美景。

第一类是天然形成的、未经劳动改造的自然美景。这一类自然景物，主要依靠其自然属性让人们感觉到美。比如高山流水、日月星辰等自然景观。李白的诗句"日照香炉生紫烟，遥看瀑布挂前川。飞流直下三千尺，疑是银河落九天"，表达的意思是香炉峰在阳光的照射下升起紫色的烟霞，从远处看，瀑布好似白色绢绸悬挂在山前。高崖上飞腾直落的瀑布好像有几千尺，恍惚间让人感到是银河从天上泻落到人间。这首诗形象地描绘了庐山瀑布雄奇壮丽的自然美景，也反映了诗人李白对祖国大好河山的无限热爱。

第二类是经过劳动改造的自然美景。这一类自然美景凝聚着人类的劳动，打上了创造的印记，充分体现了人类的智慧，是人类改造自然的直接现实。比如，碧绿的农田、金黄的麦浪、壮丽的梯田，再如，都江堰水利工程、三峡水利工程，都是经过人类劳动改造的自然美景。这类自然美景，还包括人类专门培育出来供人观赏的自然事物，如盆景、花卉、金鱼等。花卉原本是野生的植物，魏晋时期，人们开始欣赏菊花，后来梅花、兰花等逐渐进入人们的审美视野，到现代，人们培育出各种观赏花卉专门供人们欣赏。金鱼原本是鲤科的野生鱼类，在公元10世纪左右，人们发现鲤科金鱼有变色现象，于是开始进行人工饲养，培育出了专供人们欣赏的色彩斑斓、品种繁多的金鱼。这些人类改造过的、专门作为人类审美对象存在的自然事物，充分体现了人的智慧和力量。

经过劳动改造的自然景物，凝聚着人的劳动，是人类改造自然的直接现实，与生活的联系是直接的、明显的。因此，我们较容易理解这种自然美的根源是人的社会实践。而未经劳动改造的自然景物之所以能够成为人们的审美对象，其根源也在于人的社会实践。为什么这

---

① 鲁迅. 鲁迅散文诗歌精选集[M]. 昆明：云南人民出版社，2013：162.

么说呢？因为它们虽然没有直接打上人的意志的烙印，但它们具有自然美的特征，仍然是因为它们直接或间接地与人的社会实践与生活发生联系。这类联系主要包括三类情况。

一是作为人的生活环境出现，或者是为人们提供生活资料的来源。一些自然事物是人类生活、劳动所不可缺少的东西。如太阳为人类生活提供光和热，人们在阳光的照耀下，伴着蓝天、白云、花草、树木、高山、流水等生活，天空、陆地、海洋以及存在于其中的许许多多自然事物，构成了人类生活环境的必要组成成分，也是人类赖以生存的必要条件。人类会对构成生活条件的这些自然事物产生美感。

二是与社会生活发生以形式美为中介的间接联系。由于人们在审美活动中直接感受的是美的形式，经过千百次的重复，人们仅仅看到美的事物的形式而不必去考虑它的内容便能引起美感。于是，人们看到那些与美的事物具有相同或相似形式的事物时，也能产生美感。正因如此，未经劳动改造的一些自然景物，以其形式美为中介，与社会生活发生了间接的联系，成为人们的审美对象。

三是自然事物的某些特征（包括经过劳动改造的和未经劳动改造的自然美）与人的某些性格品质相似。人在认识自然和改造自然的过程中，发现了自然事物的某些特征与人的品质、个性具有相似之处，于是常常赋予客观对象以人的某些特性，借以激发斗志，抒发情怀，寄托理想、情思，从而使自然事物具有了美感。

二、自然美的特征

自然美具有以下几个主要特征。

（一）构成自然美的前提是自然事物本身具有的自然属性

没有这些自然属性（质料、色彩、形状等），也就没有自然美。例如，云南的哈尼梯田让我们感觉到美，就是基于元阳县特定的地形、地貌、气候等基本自然条件。元阳县位于云南省南部，云南省地形分布的特点是西北高、南部低，从滇西北到滇南，随着海拔下降，降雨量也越来越大，立体气候显著，这使当地梯田稻作文化发达，为哈尼梯田美景的形成奠定了基础条件。元阳县的地貌特征是山高谷深、沟壑纵横，鸟瞰全境，山地连绵，层峦叠嶂，这也是哈尼梯田神奇壮丽的重要原因。

（二）自然美偏重于形式

一般来说，美的事物总是体现为内容与形式两方面的统一，但不同的美侧重的方面有所不同。自然美主要表现在形式方面。美的内容往往是朦胧的、不确定的，而自然美的形式却是具体的、直接引发美感的，因此形式在自然美中占据突出和显要的地位。例如王维《使至塞上》中的诗句"大漠孤烟直，长河落日圆"，这句诗描绘的是一幅自然景象，并没有写出具体的内容，但可以激发起人的无限感慨，勾起人的无限遐思，生发出说不清、道不明的强烈美感，那种跃然纸上的肃穆、雄浑、辽阔、寂寥，是直接由诗中描写的自然景象生发出来的。

(三)自然美具有联想性

自然景物之所以给人美感,往往与人们由此产生的联想有关,而且联想越丰富、越奇妙,这种美感就越浓烈。比如,我国传统文化中以梅、兰、竹、菊等为美,是因为人们从这些自然事物的自然属性联想到人的高尚品德。梅,剪雪裁冰,一身傲骨;兰,空谷幽香,孤芳自赏;竹,筛风弄月,潇洒一生;菊,凌霜自行,不趋炎势。中国文人称梅、兰、竹、菊为"四君子",是因为文人在这些自然景物中负载了自己的一片真情,使它们成为一种人格品性的文化象征。梅兰竹菊,占尽春夏秋冬,也表现了文人对时间秩序和生命意义的感悟。

(四)自然美具有变易性

自然美的变易性是指自然美具有变动不居的特点。许多自然物的形态不是固定不变的,人们对自然物的观赏角度也是可以变化的,这就产生了自然美的变易性。例如,郭熙在《林泉高致·山水训》中写道:"春山淡冶而如笑,夏山苍翠而如滴,秋山明净而如妆,冬山惨淡而如睡。"这写的就是山川这一自然景物在不同时节的不同形态变化,表现出自然美的变易性特征。再如宋代诗人苏轼在咏庐山的《题西林壁》中写道:"横看成岭侧成峰,远近高低各不同。"意思是从正面、侧面看庐山山岭连绵起伏、山峰耸立,从远处、近处、高处、低处看庐山,庐山呈现各种不同的样子。这句诗反映的就是自然美"移步易景"的特性。自然美的变易性还体现为人们对同一自然事物的自然属性,在不同条件下可以看成是美的或丑的。例如,当我们说"苛政猛于虎"时,比喻老虎吃人的凶残和贪婪,是丑的;当我们说"龙蟠虎踞"时,比喻的是壮美的景象;说"生龙活虎"时形容的是矫健有力、充满活力的场面,是美的。造成这种现象的根源在于自然事物的属性和社会生活发生的联系不同。

三、自然美的审美意义

社会越发达,人类对自然美的审美需求越强烈,越从功利的人向审美的人转化。例如,现代人的环境保护意识大大加强,各国都纷纷建立了自然保护区,许多著名的自然景点被列为世界自然遗产,如我国四川九寨沟、新疆天山等。越来越多的人能够在参观游览这些自然景点的过程中感受到丰富的审美情趣。总的来讲,自然美的审美意义主要体现在四个方面。

(一)欣赏祖国大自然的美,可以激发人们热爱祖国的情感

热爱祖国的情感不是凭空产生的,而是在人们在祖国的生活经历、所见所闻以及对周围生活环境与日俱增的亲切感的基础上产生的。对周围环境以及人和事的切身感受、对祖国历史的了解、对祖国文化的深刻理解,都能够激发对祖国的热爱。如果我们不走出家门,不饱览祖国风光,就无从产生对祖国河山的热爱。因此,对自然美的欣赏是进行爱国主义教育的重要形式之一。

从古至今，对祖国大好河山的赞美和眷恋，都是爱国志士表达热爱祖国之情的重要形式。例如唐朝诗人杜甫在《望岳》中写道："岱宗夫如何？齐鲁青未了。造化钟神秀，阴阳割昏晓。荡胸生曾云，决眦入归鸟。会当凌绝顶，一览众山小。"一、二句写泰山山脉绵延辽阔；三、四句写泰山雄峻磅礴；五、六句写山中云气层出不穷，仿佛有归鸟入谷；七、八句想象登山所见景象，同时抒发自己的抱负。这首诗通过描绘泰山雄伟磅礴的景象，热情赞美了泰山巍峨的气势和壮丽的景色，表达了对祖国河山的热爱之情，也展现出诗人不怕困难、俯视一切的雄心气概，以及卓然独立、兼济天下的豪情壮志。美丽的大自然是爱国主义教育的大课堂，以热爱一山一水、一草一木的自然之美，来激励人们心灵深处的爱国主义热情，从而激发人们建设祖国、保卫祖国的决心和力量，这是进行美育的一个重要方面。

（二）对自然美的欣赏能够唤起人们对生活的热爱之情

万象纷呈的大自然，充满了勃勃生机。春夏秋冬，四时交替，大自然总是以它千姿百态的美丽景色，来唤起人们对世界和生命的热爱之情。春天柳丝吐绿，小草发芽，万物萌生；夏天百花盛开、争奇斗艳，生机盎然；秋天果实累累，麦浪金黄，一派丰收景象；冬天银装素裹，天高云淡，气象万千。大自然以其旺盛的生命力，呼唤着人们的生命热情，让人们珍惜生命，热爱生活，激励人们用自己的勤劳和智慧，创造更加美好的生活。自然美的独特作用，在于它能够使人赏心悦目，怡情悦性。在美丽的大自然的怀抱中，人能够得到充分的休息，消除紧张学习和工作后的疲劳，恢复精力。在对自然美的欣赏中，人们无比真切地感受到，人本来就来自大自然，是大自然的一部分，与大自然和谐相处是生活的一部分。也正是人与自然的这种亲密关系，使得自然美特别能够吸引人、打动人，深深触动人的心灵。

画家刘海粟曾多次上黄山游览作画，他说：黄山的"一泉一石，一松一壑，不仅触发你的诗思，惠你画稿，提供无限美景，或使你心旷神怡，或使你无言对坐，寝食皆废，终日忘饥，以至阔别数十年后，仍能保持极深印象，一朝念及，回忆便如飞流倾泻，纵然白发垂耳，心情也贴近生命的春天！"[①]刘海粟钟爱黄山，许多重要的作品也多以黄山为题材，可以说黄山是刘海粟艺术创作的源泉。革命领袖马克思也总是在繁忙、紧张的工作中抽出时间和家人去郊外领略大自然的风光。他在伦敦居住的时候，经常步行去汉普斯泰——一个长满小树丛和金雀花的小山幽谷游玩，以放松精神，恢复精力。

对现代人来说，欣赏自然美显得尤为重要。大城市中拥挤的人流、嘈杂的声音、喧嚣的街道，极容易使人产生紧张和不安的情绪。在工作、学习的余暇，呼朋唤友，登山涉水，投身到大自然的怀抱中，尽情享受美好的自然风光，不但是非常惬意的事情，使你的身心得到放松，消除疲劳和烦恼，还会得到许多人生的感悟和生活的启示，使你更加珍惜生活、热爱生活。王安石在游览杭州北高峰塔顶时，极目眺望，千里风光尽收眼底，激发起豪迈、

---

① 沈虎. 刘海粟艺术随笔[M]. 上海：上海文艺出版社，2001：152.

乐观的情感，于是写诗抒怀："飞来山上千寻塔，闻说鸡鸣见日升。不谓浮云遮望眼，自缘身在最高层。"（《登飞来峰》）

（三）自然美能够陶冶人的性情，培养人的高尚情操

我国古代的思想家早就注意到自然美对于陶冶人的性情、培养人的高尚情操的巨大作用。两千多年前，思想家孔子就说过："知者乐水，仁者乐山。"孔子认为，智者是有智慧的人，像清澈的流水一样明智，并且喜欢探究事物的无穷变化，世界上的事物就像川流不息的江河那样不停地发展变化，智者对事物的把握和探索也随之不断发展变化。而仁者是品德高尚的人，使人感到稳重可敬，犹如山峰一样巍然屹立，又像高山蕴藏丰富的山林、甘泉一样，总是施惠于人。

画家李可染喜欢画牛，他总是能够通过牛的形象寄寓人的优秀品质和高尚情操。他通过绘画作品，赞美勤恳劳作、只求奉献、不求回报的品格。徐悲鸿喜爱画马，他画的奔马大多神骏而壮美，活力四射的形象表现了坚毅、敏捷、勇往直前的品格。1939年，徐悲鸿应邀到印度讲学、举办画展，并随印度诗人泰戈尔游历了喜马拉雅山的大吉岭，在那里他看到了许多高颈、长腿、宽胸、皮毛闪亮的骏马。访问期间，他还经常骑着这些骏马远游，这使他更深入了解了马的剽悍、勇猛以及驯良、耐劳、忠实的双重性格，进一步掌握了马最美的神气和姿态。[①]之后，他笔下的马充分表现了他对马的审美观赏的感悟，他也在这种审美活动中进一步陶冶了个人的情操，成为一个刚直不阿、忠诚爱国、奋笔为人民作画的画家。自然美之所以具有陶冶性情和情操的作用，是因为人在欣赏自然美时，总是会产生丰富联想或者触景生情，将自然景物同人的美好情感、理想、品格、品质联系起来，从而对人产生潜移默化的影响。

（四）对自然美的欣赏能够开阔人的视野，增长人的知识

人们观赏自然美，不仅可以激发对祖国的热爱，培养高尚的情操，还可以增长风土人情、自然、地理、历史、文化、生物、物理等多方面的知识，开阔视野，启迪智慧，深化对客观世界的理解和认识。

游历和读书都是增长见识和才能的重要途径。历史上的许多著名人物，都有过畅游祖国名山大川、开阔自己的眼界与胸怀、增长自己的胆识与阅历的经历。例如西汉伟大的历史学家、文学家司马迁，游历了很多地方，足迹几乎遍及全国。游历过程当中，他探访古迹、采集传说、考察风土人情，积累了丰富的史料，为后来创作《史记》积累了坚实的基础。[②]俄国著名诗人普希金在流放时被俄国南方优美的自然景色和哥萨克风土人情所吸引，这些生活经历丰富了他的创作，使他的作品被别林斯基誉为"俄罗斯生活的百科全书"。[③]

自然美如此丰富，对自然美的欣赏无疑会增长我们的见识。自然景观的美不仅涉及事物的许多自然属性，还涉及许多人文知识，因为许多自然景观是和人文景观合而为一的。

---

① 韩其楼.借马抒情寄托信念[N].香港文汇报，2003-09-25(C3).
② 李长之.司马迁之人格与风格[M].北京：生活·读书·新知三联书店，1984：69-84.
③ 张铁夫等.普希金的生活与创造[M].北京：燕山出版社，1997：第四章至第六章.

比如当我们登临泰山时，既会欣赏它的自然之美，同时也会欣赏遍布于泰山的人文景观，如泰山封禅的历史遗迹，历代留下的石刻、碑刻、书画题记等。我们还会不由自主地联想到关于泰山的诗句，如"凭崖望八极，目尽长空闲""天门一长啸，万里清风来"（李白《游泰山六首》）等。

人只有眼界开阔，心胸才能够开阔；只有拥有丰富的知识，才能够拥有无穷的创造力。欣赏自然美，是我们开阔心胸、增长才能的重要途径。

第二节　自然美赏析

自然美是丰富多彩、千姿百态、时时刻刻存在于我们身边的。学会在生活中欣赏自然美，能够增加我们的生活情趣，丰富我们的精神生活，有益于提高我们对人生意义的理解，有助于我们身心的健康。自然美的根源在于人的社会实践，人之所以能够从自然中体验到美感，是因为自然特征中蕴涵着人生哲理和社会生活的某种特质。因此，只有用心体验生活的人，才能够欣赏自然美；越是具有丰富生活阅历、勤于思考的人，越能够欣赏自然美。同时，具有一定文化修养、知识修养的人更能领略自然景观的深刻内涵。因此，我们要注意从以下几个方面培养和提高欣赏自然美的能力。

第一，树立健康向上的人生观，热爱生活，热爱生命，热爱大自然。只有热爱生活的人，才能不断追求美，创造美；才善于捕捉自然与社会生活的联系，感受大自然的美。生命对于人只有一次，我们要珍惜它，让有限的生命创造出尽可能多的美好事物，让每一天的生活更有意义。一个经常以乐观向上态度用心体会生命和生活意义的人，会发现周围有许许多多的自然景物能够引发人的美好情感，给人精神上的审美愉悦。清晨日出朝霞、傍晚落日余晖、平日街头小景、大学校园的宁静、青山绿水、公路桥梁、花草树木，都是我们审美的对象，都蕴涵着美感——只要我们去发现。会生活的人，能够从欣赏自然美中得到享受、休息、慰藉、力量、勇气，同时，欣赏自然美也能反过来促使人树立达观、乐观的生活态度。

第二，从多方面丰富自己的想象力。自然美是以其鲜明的自然特征引起人的美感的，欣赏自然美时，我们首先注意到的是自然事物的自然属性和感性形式。但面对同一自然事物，有时甚至是面对世界著名的名山大川，有的人能够引发出丰富想象，从而产生极大的审美愉悦，而有的人却无动于衷，这是为什么呢？因为自然美的根源在于社会实践，在于社会生活。只有当人赋予自然事物以人类特性和社会内容时，才能引发人的美感。

因此，丰富欣赏自然美的想象力的基础是不断学习并掌握历史文化知识，加强艺术修养和美学理论修养，并不断积累生活体验；提高想象能力的关键是在实践中把握自然事物与生活体验的联系，多观察，勤思索，学会发现自然事物中与人类生活情理相关或类似之处，学会与自然事物"交流"，牢记作为生活环境存在的大自然是人类生活的一部分，学会在自然事物中发现我们的"朋友"——具有自然美特质的事物，并尽可能地"拜访"它们，与它们进行情感、思想的"交流"。

此外，还有一个提高想象能力的方法，就是在自己游览名胜古迹、参观自然景观时，注意阅读导游材料，增强对自然景观的了解和认识，通过借鉴别人的想象，体会审美感受，领悟如何通过想象欣赏自然美。

一、未经劳动改造的自然美赏析

（一）泰山（图2-1）

中国的"五岳"，分别是中岳嵩山、东岳泰山、西岳华山、南岳衡山、北岳恒山。俗语说"五岳归来不看山"，东岳泰山之雄、西岳华山之险、中岳嵩山之峻、北岳恒山之幽、南岳衡山之秀，常常被文人们颂赞。

绵亘于山东省中部的泰山，体积厚重，山势高耸，宏伟壮观，自古以来就是中国人崇拜的一座雄伟的大山，有"五岳之首"之誉。两千多年前，孔子在登上泰山后感叹登泰山而小天下，意思是登上泰山，天地一览无余。现代文化名人更将泰山比作中国文化史的一个局部缩影。

图2-1 泰山

泰山的基本美学特征是壮美，也可以被称为雄伟美。构成壮美的基本条件是景色壮丽、体积巨大且气势磅礴。泰山的地质构造十分复杂，南部上升幅度大，盖层被风化，露出大片基底——泰山杂岩，有25亿年的历史，是世界最古老的岩石之一。泰山的北部上升幅度小，盖层保存着典型的华北地台上发育的古生代地层。在空间形象上，由低而高，造成层峦叠嶂、凌空高耸的巍峨之势，形成多种地形群体组合的地貌景观。对泰山这一类壮美自然景观的欣赏，能够激发人们的澎湃激情和克服困难的无畏勇气。

泰山日出（图2-2）是泰山最壮观的奇景之一，不少游客去泰山旅游时都会看日出。黎明时分，太阳从地平线上冉冉升起，金光四射，群峰尽染，美丽的景色令人震撼，感叹大自然的神奇。

图 2-2　泰山日出

在中国传统文化中,有泰山安,四海皆安的说法。从秦汉到明清,历代帝王来到泰山或祭祀、或封禅,在山上建庙塑神、刻石题字。文人雅士也仰慕泰山,前来登山游历、作诗记文、绘画摄影。至今,泰山上仍有 20 多处古建筑群,2 200 余处碑碣石刻。泰山下的岱庙是祭祀泰山神的大庙,历代帝王登泰山,必先到岱庙祭祀瞻拜。从泰山脚下的红门至山顶南天门有六千多级石阶,峰回路转,步移景换,为历代帝王登山的御道。泰山的文物古迹多在山道的两侧,主要有红门宫、万仙楼、斗母宫、经石峪、中天门、十八盘、南天门等胜景。泰山之妙还在泰顶,上南天门漫步于天街玉兰石阶犹如遨游天府仙界,经碧霞祠、大观峰,就到了泰山极顶——玉皇顶。在极顶观日出、赏云海、听松涛,可以充分融入、体会大自然之美。

泰山是我国第一批成功申遗的单位,而且最终被评为"自然与文化双遗产",成为世界首例"双遗产",开创了"世界自然与文化双遗产"的先河。1987 年 12 月,在世界遗产委员会第 11 届全体会议上,联合国教科文组织正式批准泰山风景名胜区等六项文化和自然遗产列入《世界遗产名录》,泰山成为中国第一批世界遗产。随后,发言人泰勒代表联合国教科文组织宣布:"泰山既是世界自然遗产,也是文化遗产,并为世界综合遗产开了个先河,为全人类做出了贡献。" 在申遗过程中,北京大学杨辛教授负责论证泰山的美学价值,他先后十多次登泰山,全面阐述了泰山的美学特征,并创作了《泰山颂》诗文:"高而可登,雄而可亲,松石为骨,清泉为心,呼吸宇宙,吐纳风云,海天之怀,华夏之魂",这首荡气回肠的《泰山颂》刻画了泰山的精神肖像,成为经典之作。这首诗作现已成为去泰山游览的重要景观之一:1999 年,杨辛先生亲笔书写的诗作《泰山颂》(草书)(图 2-3)刻于南天门景区;2000 年,《泰山颂》(隶书)(图 2-4)刻于泰山天外村。

图 2-3　杨辛《泰山颂》(草书)

图 2-4　杨辛《泰山颂》(隶书)

(二)桂林山水 （图2-5）

广西桂林，地处湘桂走廊南端，是世界著名风景游览城市、万年智慧圣地，有丰富的旅游资源。桂林山水是对桂林旅游资源的总称。桂林山水是中国山水的一个典型代表，千百年来享有"桂林山水甲天下"的美誉。2014年，桂林山水被列为世界自然遗产。

桂林的山，平地拔起，千姿百态；漓江的水，蜿蜒曲折，明洁如镜；山多有洞，洞幽景奇；洞中怪石，鬼斧神工，琳琅满目，于是形成了"山青、水秀、洞奇、石美"的"桂林四绝"。从桂林乘船沿江而下，饱览两岸的山水风光，船如画中行，景色美不胜收，"江作青罗带，山如碧玉簪"。

桂林处处皆胜景，漓江山水堪称其中的代表，漓江风光尤以阳朔为最，常言道"阳朔山水甲桂林"。阳朔位于桂林市区南面，地貌以石山、丘陵为主，山地为辅。东北部和西南部两侧地势较高，山脉走向大致呈西北——东南，中部为一块山丘。自西北贯穿东南的宽阔地带属岩溶地貌，地势较低，且自北向南倾斜，东南太平洋暖湿气流经过时，地形抬升，容易形成降雨。阳朔石山林立，日照充足，雨量充沛，独特的地貌和气候条件为阳朔山水美景提供了基础。

图2-5 桂林山水

桂林山水的基本美学特征是秀美。构成秀美的基本条件是景色清新、柔和、恬淡、秀丽等。人们之所以对这类自然景观产生美感，是因为这类自然景观与美好的和平社会生活、和谐美好的人际关系与情感、充满生命活力的姣好人物形象等具有相似之处，从而使人们在欣赏中产生愉快的美感。我国历代艺术家都有对桂林山水的赞美之作，徐悲鸿在《南游杂感》中写道："世间有一桃源，其甲天下山水桂林之阳朔乎！……江水盈盈，照人如镜，紫回缭绕，平流细泻，有同吐丝。山光荡漾，明媚如画，真乃人间仙境也。"[①]我国著名山水画家吴冠中说："爬上桂林叠彩山，秀丽江山尽收眼底，看山前，看山后，层次分明，却亦朦胧。大山怀抱人家村落，藏鲜艳色块于黑压压的深谷中，景色宜人，风光如画。"[②]他多次到桂林写生、创作，留下了多幅描绘桂林山水的旷世之作。

---

① 徐悲鸿. 为人生而艺术——徐悲鸿自述[M]. 北京：文化艺术出版社，2015：59.
② 吴冠中. 画眼[M]. 上海：文汇出版社，2012：222.

(三) 奥弗涅火山群 （图2-6）

奥弗涅火山群位于法国中部城市克勒蒙菲朗城西侧，由数十个规模不等的火山锥组成，其中，有多个火山锥相对集中在火山带中北部的多姆高原上，南北绵延超过30千米，宽达到4千米，形成了奇伟瑰丽的多姆山脉。2018年，法国奥弗涅火山群被列为世界自然遗产。奥弗涅火山群的火山锥大都喷发过，至少在形成时喷发了一次，在山顶处可寻到喷发时留下的痕迹。在中央高地的中心，一些火山被证实约15 000年以前曾爆发过。这一片区域人烟稀少，这些火山还比较完好地保持着它们原始的形状。也正是因为如此，它们也被称作"火山教科书"。

奥弗涅火山群的基本美学特征是奇美。构成奇美的基本特征是变化多端，离奇曲折，令人感到惊异，玩味无穷。奥弗涅火山群中的火山锥，形态各异，景象万千，特别是它独特的火山性质、熔岩流景，更吸引了人们的关注。多姆高原平均海拔在1 000米以上，东部方向的利马涅海拔仅300米，两者中间由一条南北向大断裂相隔，形成一个大陆坡，坡面上遍布幽谷。高原火山的熔岩流沿峡谷奔泻而下，流入开阔平坦的利马涅地区。熔岩在流动过程中，随地貌形态变化，亦随自身性状变化，因而形成了千变万化的熔岩表面，奇妙非凡。群山形态千奇百怪，多姿多彩，连绵起伏，远看似一条飘带飞向天边。游览奥弗涅火山群，可以领略大自然奇异的魅力。

人们对奥弗涅火山群这一类奇美自然景观的欣赏，体现了对大自然鬼斧神工的赞叹以及人类对造型独特的事物的喜爱。同时，奇美景观的变换无穷，还能使人们产生丰富的联想，使热爱生活的人对这类景物也产生热爱之情。比如，有学者把奥弗涅火山群中集中在多姆高原的火山锥美景比作"撒开的珠玑宝石"。[①]

图2-6 奥弗涅火山群

(四) 科罗拉多大峡谷 （图2-7）

科罗拉多大峡谷是世界上最壮观的峡谷之一。它位于美国西部亚利桑那州西北部的科罗拉多高原上，大体呈东西走向，全长近350千米，平均宽度16千米，最深处约2 000米，

---

① 孙坦. 法国奥弗涅火山公园[J]. 地球，1985 (2)：21-22.

图2-7 科罗拉多大峡谷

平均深度超过1500米，科罗拉多河从谷底流过，两岸的垂直岩层无声地记录了20亿年来北美大陆地质形成发展的过程，从这些印迹中我们可以想象人类过去如何适应严酷的环境变迁。科罗拉多大峡谷是科罗拉多河的杰作，受到科罗拉多河的强烈下切作用侵蚀而成，这条河发源于科罗拉多州中北部的落基山脉，洪流奔泻，流经犹他州、亚利桑那州，由加利福尼亚州的加利福尼亚湾入海，全长2 320千米。

经过多年的变迁，科罗拉多大峡谷形成了美不胜收的景象。"科罗拉多"在西班牙语中意为"红色"，河中夹带大量泥沙，河水常显红色，故有此名。大峡谷山石也多为红色，从谷底到顶部分布着从寒武纪到新生代各个时期的岩层，层次清晰，色调各异，并且含有各个地质年代的代表性生物化石，被称为"活的地质史教科书"。在大峡谷中，有75种哺乳动物、50种两栖和爬行动物、25种鱼类和超过300种的鸟类生存。

大峡谷形状极不规则，两岸北高南低，蜿蜒曲折，迂回盘旋，峡谷顶宽为6~30千米，谷底最窄处仅120米，往下收缩呈"V"形。观者可以从陡立的悬崖边欣赏壮观的远古峡谷景色。峡谷景色奇特，气魄浩瀚。漫长的峡谷，百态杂陈，有的地方宽展，有的地方狭隘；有的地方尖如宝塔，有的地方堆如础石；有的如奇峰兀立，有的如洞穴天成。人们根据其形象特征，分别冠以神话名称，如狄安娜神庙、波罗门寺宇、阿波罗神殿等。尤其是谷壁地层断面，节理清晰，层层叠叠，就像万卷诗书构成的曲线图案，缘山起落，循谷延伸。

科罗拉多大峡谷的基本美学特征是险峻美。构成险峻美的一般自然特征是危崖峭壁耸立，比邻绝壑深渊。人类发展到今天，经历了无数的艰难困苦，不断绝处逢生，仿佛攀登了无数次险峻山峰。人们欣赏自然的险峻美，不但会被大自然的神奇所震撼，产生对大自然的敬畏，也能够感受到战胜困难的信心和胜利的喜悦。

二、经过劳动改造的自然美赏析

（一）都江堰（图2-8）

四川省成都市的都江堰是世界文化遗产、世界自然遗产、全国重点文物保护单位、国家级风景名胜区。都江堰建于公元前256年，是全世界迄今为止，年代最久、唯一留存、以无坝引水为特征的宏大水利工程。两千多年来，它一直发挥着防洪灌溉作用，使成都平原成为沃野千里的天府之国。都江堰水利工程位于成都平原西部都江堰市西侧的岷江上，

图 2-8 都江堰

在发挥防洪灌溉作用的同时,也产生了壮丽的自然美景。

成都平原曾经是一个水旱灾害比较严重的地方。这种状况是由岷江和成都平原的自然条件造成的。岷江是长江上游的一大支流,发源于四川与甘肃交界的岷山南麓,分为东源和西源,两源在松潘境内漳腊的无坝汇合,向南流经四川省的松潘县、都江堰市、乐山市,在宜宾市汇入长江。岷江水量非常大,都江堰以上为上游,都江堰至乐山段为中游,流经成都平原地区,乐山以下为下游。岷江有大小支流九十多条,主要水源来自山势险峻的右岸,大的支流都是由右岸山间岭隙溢出,雨量主要集中在雨季,因此岷江之水涨落迅猛,水势湍急。岷江出岷山山脉,从成都平原西侧向南流去,对于整个成都平原而言,是一条地上悬江。成都平原的整个地势从岷江出山口向东南倾斜,坡度很大。在古代,每当岷江洪水泛滥,成都平原就是一片汪洋;一遇旱灾,又是赤地千里,颗粒无收。岷江水患长期祸及西川,鲸吞良田,侵扰民生,成为古蜀国生存发展的一大障碍。

都江堰的创建,又有其特定的历史根源。战国时期,刀兵峰起,战乱纷呈,饱受战乱之苦的人民,渴望国家尽快统一。秦国名君贤相辈出,国势日盛,他们认识到巴、蜀在统一中国中特殊的战略地位,在战国末期,秦昭王委任知天文、识地理、隐居岷峨的李冰为蜀国郡守。李冰在上任后,下决心根治岷江水患,发展川西农业,造福成都平原,为秦国统一中国奠定经济基础。后来,都江堰工程经过各个朝代的整修、管理,有效运作至今。都江堰大型水利工程是造福人民的伟大水利工程,是世界水利文化的鼻祖。人们为了纪念为都江堰工程做出重要贡献的李冰父子,修建了李冰父子庙,称为二王庙。

当我们在欣赏都江堰工程产生的自然美景时,也会自然地感受到,两千多年来,中国劳动人民的智慧和力量在都江堰工程上得到了充分的体现。欣赏都江堰工程产生的自然美景,可以感受到人类辛勤劳动改造自然的魅力。

(二)哈尼梯田(图 2-9)

哈尼梯田地处云南省红河哈尼族彝族自治州元阳县,是以哈尼族为主的各族人民利用当地"一山分四季,十里不同天"的地理气候条件创造的农耕文明奇观,已有一千多年的历史。人们随着山势地形变化开垦了众多梯田,构成了奇丽的美景。2013 年,哈尼梯田被列入《世界遗产名录》。

哈尼梯田随山势地形的变化因地制宜,坡缓地大则开垦大田,坡陡地小则开垦小田,

图 2-9 哈尼梯田

甚至沟边坎下石隙之中也有开田。因而梯田大者有数亩、小者仅有簸箕大,往往一坡就有成千上万亩。哈尼梯田规模宏大,绵延整个红河南岸的元阳、绿春、金平等县,在漫漫云海的覆盖下,构成了神奇壮丽的景观。这里水源丰富,空气湿润,雾气变化多端,将山谷和梯田装扮得更加含蓄生动。

哈尼梯田的景色,无论是在清晨的朝霞里,还是在正午的阳光下,抑或是在傍晚的余晖中,都十分美丽和独特。哈尼梯田让我们感受到美,是因为千年以来一代又一代的人们将自己的创造性劳动融入其中,使它充分展现出劳动人民的勤劳与智慧。

(三) 普罗旺斯薰衣草花田 (图 2-10)

法国东南部的普罗旺斯是一个濒临地中海的蓝色海岸,是薰衣草的故乡,别名薰衣草园。薰衣草是自然界的植物,当它经由人们的成片种植和打理之后,显得更加绚丽优美。

普罗旺斯地区属地中海气候,夏季干燥,冬季温和,每年日照 300 天以上,阳光充足。这样的气候非常适宜薰衣草的成长。普罗旺斯薰衣草花田一年四季有着截然不同的景观。冬天,在收成切割后,只剩下短而整齐的枯茎,覆盖着白雪。春天一到,绿叶冒出。到了六月,随着夏天的艳阳愈来愈热,薰衣草也渐渐地转变成迷人的深紫色。七月、八月,薰衣草迎风绽放,绚丽迷人。紧接着,忙碌的采收工作就开始了,一般到九月底,花田就会采收完成。薰衣草花田为明年夏天的再一次盛放而做准备。

普罗旺斯地区独特的气候条件、当地居民对薰衣草的喜爱和对薰衣草花田的辛勤打理,

图 2-10 普罗旺斯薰衣草花田

让游客们在普罗旺斯可以看到遍地薰衣草紫色花海翻腾的迷人画面,美得如同油画一般。

(四)厄兰岛南部的农业景观 (图2-11)

厄兰岛南部的农业景观地处瑞典,占地五万多公顷,以拥有不同时代所遗留下来的独特文化和自然景观而闻名。人类自石器时代已经在此生活,历经五千余年,这里保存着大量人类自史前生活至今的证据,被赋予"千年之地"的美誉,至今仍然是繁荣兴旺的农业区。2000年,厄兰岛南部的农业景观被列为世界文化遗产。

厄兰岛是在上万年前从海底升出来的陆地,其主要组成部分为石灰岩和页岩。厄兰岛的南部主要是大草原,动植物资源丰富。春季和初夏,五颜六色的植物覆盖大地,成千上万的鸟儿聚集在这里,欢愉地歌唱。厄兰岛还有很多稀有植物,如岩石玫瑰,这是在世界其他地方没有的物种。风车是厄兰岛重要的标志,这里曾经有2 000多架风车,现存400多架,已经成为文化古迹,得到保护。

虽然早在数千年前,厄兰岛上的人们就已经开始耕作土地,但至今土地的使用基本没有太大变化,保留着传统的农业景观。除了农业,畜牧业也是该地区的支柱产业。石器时代初期,边缘土地就已经用于放牧。边缘土地被沼泽和矮化植被覆盖,有独特的气候条件及数千年放牧活动所遗留下的印记。耕地附近的沼泽地也被开发用于放牧和割晒牧草,可以看到保存完好的有着铁器时代特征的石墙和民居宅地。

厄兰岛南部的农业景观让人产生美感,与它的历史文化密切相关。在欣赏这里的农业景观时,人们会自然地联想到,这里已经有了数千年的历史,至今依然保留着传统的景观,在思维里跨越千年,感叹大自然的神奇和劳动人民的智慧。

图2-11 厄兰岛南部的农业景观

审美活动

本章提供了四个自然美教学活动，分为课堂教学活动和课外教学活动两大类。教师需至少组织学生完成其中一项活动。教师选定教学活动后，需提前制订具体的教学活动方案。在活动开始前，教师要对学生说明活动的目标、要求和具体活动过程安排，学生要根据教师的要求完成教学活动，提交相关材料。在完成教师统一组织的教学活动之后，学生也可以根据自己的兴趣爱好，选择体验其他教学活动，和教师、同学、家长、好友等进行交流。

（一）课堂教学活动

活动一：自然美景图片欣赏

活动目标：

让学生了解什么是自然美，体会自然美的主要特征，感受自然美的审美意义。

活动准备：

教师需提前准备一系列自然美景电子照片，也可以由学生根据自己的审美兴趣自行准备，提供给教师。

活动过程与要求：

教师向学生展示一系列自然美景电子照片，学生欣赏自然美景照片。教师可以根据学生人数将学生分组，每组学生需至少对一张照片进行审美和分析，说明这一自然美景体现出了自然美的哪些特征，通过欣赏照片，感受到了怎样的审美意义。小组交流之后，每组选择一名代表进行发言。

选择建议：

本教学活动引导学生感受自然美、欣赏自然美，适合各专业学生选择。教学活动的准备与实施比较简单、方便，适合不方便外出的学生。

活动二：对自然美景进行分类

活动目标：

使学生掌握自然美的分类，可以区分某一处自然美景属于哪一类自然美，能够结合实例说明自然美的类型。

活动准备：

教师需提前准备一系列自然美景电子照片，注意其中应包含经过劳动改造的自然美景和未经劳动改造的自然美景。

活动过程与要求：

教师展示自然美景电子照片，学生分辨教师展示的自然美景属于经过劳动改造的自然美景还是未经劳动改造的自然美景。

选择建议：

本教学活动帮助学生进一步理解和掌握自然美的分类，适合各专业学生选择。教学活动的准备与实施比较简单、方便，适合不方便外出的学生。

活动三：地理风光纪录片欣赏

活动目标：

让学生了解什么是自然美，体会自然美的主要特征，感受自然美的审美意义。

活动准备：

教师需提前准备地理风光纪录片。

活动过程与要求：

教师播放地理风光纪录片，组织学生集中观看。学生们将观看纪录片的感受写成一篇文章交给教师。学生重点围绕自然美的特征、自然美的审美意义、如何欣赏自然美撰写体会。

选择建议：

本教学活动引导学生感受自然美、欣赏自然美，适合各专业学生选择。本教学活动的准备与实施比较简单、方便，适合不方便外出的学生。关于地理风光纪录片，可以选择中国中央电视台播出的《五岳》《中国国家森林公园》《世界自然奇观之旅》等。

(二)课外教学活动

活动四:游览风景名胜

活动目标:

学生通过欣赏自然美景,体会自然美的主要特征,感受自然美的审美意义,能够综合所学知识,用自己的语言流畅地表达自己的审美感受。

活动准备:

教师需提前了解本地的风景名胜,为学生提供指导建议。

活动过程与要求:

教师需对学生进行分组,每组学生实地游览本地一处风景名胜,用电子设备拍摄照片或录像,学生结束实地游览后,组内先进行交流,选择一名代表介绍本组所游览的风景名胜,分享拍摄的照片、视频,交流审美体会。学生将审美感受写成一篇文章交给教师。学生重点围绕自然美的特征、自然美的审美意义、如何欣赏自然美、如何向他人介绍自然美等撰写文章。

选择建议:

本教学活动是综合性教学活动,建议旅游类专业(包括旅游管理、导游、旅行社经营管理、景区开发与管理等)学生选择。本教学活动适合方便外出的学生,外出游览需注意安全,遵守相关规定。

拓展资源

自然美重在形式,虽然自然事物能够给人美感的根源在于自然事物与人的社会生活体验及社会实践活动的联系,但人是通过可感的自然事物的外在特征直接产生美感的。尽管具有不同社会经历和生活体验的人对同一自然事物的感受不同,引发的思情、美感有许多具体差异,但人们对自然美现象也有基本认同的一面。尤其是对于文化修养相当、生活阅历相近的人,更容易对同一自然事物产生相近的美感。一般来说,自然美景带给我们的美感可以分为以下几种类型。

一、**壮美**。壮美也可以称为雄伟美。构成壮美的基本条件是景色壮丽、体积巨大且气势磅礴。如泰山、三峡的夔门、万里长城等。对壮美自然景观的欣赏,是人类在自然事物中直观自身巨大创造力的表现,能够激发人们的巨大热情和克服困难的无畏勇气。

二、**奇美**。构成奇美的基本特征是变化多端,离奇曲折,令人感到惊异,玩味无穷。如被誉为"天下奇"的我国黄山,其奇美主要表现为峰奇、石奇、松奇、云奇"四绝"上。人们对奇美自然景观的欣赏体现了人类对创造新的、独特的事物的渴望和追求,人类社会就是在不断创造新事物的过程中进步发展的。同时,奇美自然景观的变换无穷,还使人产生对丰富的社会生活的联想,使热爱生活的人对这类景物也产生热爱之情。

三、**秀美**。构成秀美的基本特征是景色清新、柔和、恬淡、秀丽。如我国的峨眉山、漓江、西湖等。人们之所以对这类自然景观产生美感,是因为这类自然景观与美好和平的社会生活、和谐美好的人际关系与情感、充满生命活力的姣好人物形象等具有相似之处,从而使人们在欣赏中产生愉快的美感。

四、**幽美**。构成幽美的基本特征是崇山深谷,古木浓荫,寂静幽深。幽美的景观一般视域狭窄,光亮微弱,景深而有层次,空气清新,气氛凝重。如位于我国四川的青城山,当游客们三五成群地行进在茂林掩映的狭长小路中,或坐在听寒亭小憩时,会不由得被周围的幽静氛围所感染,以至于放轻脚步,轻言慢语,生出一种欲静心松之感。这是由于这种自然的幽深仿佛一种使人大彻大悟的深奥的人生哲理,仿佛人在安然沉睡时刻的美好。因此，置身于幽美的大自然之中，能够抚慰心灵的创痛，启发人们对生活哲理的遐思，给人以特殊的美感。

五、旷美。构成旷美的基本特征是视域开阔，美景无边。比如我国云南的滇池，一眼望去，水面坦荡浩渺，微波荡漾，云水相接；乘舟其上，如在天空。这种景观能够直观人的宽阔胸怀和豪迈气魄，能够直观人对自由的无限向往。因此，欣赏这种自然美，能够使人顿感心胸开阔，意志高昂，激发人们去尽情驰骋的愿望。

六、险峻美。构成险峻美的基本特征是危崖峭壁耸立，只有险道比邻绝壑深渊。如华山。人类经历了无数的艰难困苦，不断绝处逢生地战胜似乎难以战胜的自然灾害、疾病、战争等，就仿佛攀登了无数次看起来难以登顶的险峻山峰。人们欣赏自然的险峻美，攀登险峻的山峰，能够从中得到战胜困难的信心和取得胜利的喜悦。

学习内容回顾

现实美是指现实世界中各种事物的美。

现实美分为自然美和社会美两大类。

自然美是指各种自然事物呈现出的美。

自然美分为经过劳动改造的自然美和未经劳动改造的自然美两类。

自然美的主要特征包括：构成自然美的前提是自然事物本身具有的自然属性；自然美偏重于形式；自然美具有联想性；自然美具有变易性。

自然美的审美意义主要体现在四个方面：欣赏祖国大自然的美，可以激发人们热爱祖国的情感；对自然美的欣赏能够唤起人们对生活的热爱之情；自然美能够陶冶人的性情，培养人的高尚情操；对自然美的欣赏还能够开阔人的视野，增长人的知识。

应从以下两个方面培养和提高欣赏自然美的能力：

第一，树立健康向上的人生观，热爱生活，热爱生命，热爱大自然。

第二，从多方面丰富自己的想象力，学习、掌握历史文化知识，加强艺术修养和美学理论修养，并在生活中不断积累审美体验。

主要参考书目

[1] 仇春霖. 简明美学原理 [M]. 北京：高等教育出版社，1987.

[2] 杨辛，甘霖. 美学原理新编 [M]. 北京：北京大学出版社，1996.

[3] 周宪. 美学是什么 [M]. 北京：北京大学出版社，2002.

[4] 顾建华. 美育新编 [M]. 北京：北京出版社，1991.

[5] 彭吉象，郭青春. 美学教程 [M]. 2 版. 北京：国家开放大学出版社，2008.

[6] 王晓旭. 美学原理 [M]. 上海：上海人民出版社，2000.

自测题

一、填空题(共10分,每空2分)

1. 自然美的前提是自然事物本身具有的_____、_____、_____等自然属性。
2. 自然美的现象分为两大类,一类是_____的自然美景,另一类是_____的自然美景。

二、选择题(共16分,每题4分)

1. 自然美的根源在于( )。
   A. 人的社会实践　　　　　B. 自然事物本身的美
   C. 自然事物的自然属性　　D. 自然美育
2. 美的事物一般体现为内容与形式两方面的统一,但不同的美侧重的方面有所不同。自然美主要侧重于( )。
   A. 内容方面　　　　　　　B. 形式方面
   C. 内容和形式两方面
3. 以下名山中( )不属于中国"五岳"。
   A. 泰山　　　　　　　　　B. 黄山
   C. 衡山　　　　　　　　　D. 华山
4. 以下美景中( )不属于经过劳动改造的自然美。
   A. 哈尼梯田　　　　　　　B. 伊路利萨特冰湾
   C. 普罗旺斯自然美景　　　D. 三北防护林工程的绿化林带

三、名词解释(共14分,每题7分)

1. 现实美
2. 自然美

四、问答题(共60分,每题12分)

1. 自然美分为哪两大类?三峡工程产生的景观属于哪一类?
2. 自然美的一个重要特征是具有联想性,自然美的联想性是什么意思?请举例说明。
3. 欣赏自然美有哪些意义?
4. 怎样欣赏自然美?
5. 结合所学知识,选择一处你喜欢的风景进行赏析。

第三章 社会美

导入

　　现实美分为自然美和社会美。自然之美，是外在于人类、而被人类感知的美的存在；而社会之美，是人类在自我改造过程中自身呈现的美，以及由于人类运用自我力量改造环境创造出来的美。人类在征服和利用自然的过程中，自身也处于不断完善的过程，从而使人自身也成为审美的对象，人的美既有外部形态呈现的外在美，也有美好品德体现的内在美。人类在改造自身的同时，也在改造外部环境，从而使环境也成为审美的对象，从微观到宏观，环境之美也成为重要的审美领域。本章，我们首先来了解和认识人的美。什么是人的美？人的外在美和内在美分别有哪些内涵？然后我们学习环境美，分析不同层次环境美的基本内涵，赏析从微观到宏观不同层次的环境美。

学习目标

1. 能够用自己的语言阐述什么是人的外在美；
2. 能够用自己的语言阐释人的内在美的主要内涵；
3. 能够运用人的美的主要标准对自身的内在美、外在美进行分析评价；
4. 能够用自己的语言说明环境美的不同层次；
5. 能够应用所学的环境美知识，有意识地创造、欣赏美的环境。

上一章我们已经了解了，美可以分为现实美和艺术美，现实美包括自然美和社会美，自然美就是自然物的美，比如日月星辰，山川草木，花鸟鱼虫等。社会美是社会领域中的美，是人类社会生活的美，经常表现为各种积极肯定的生活形象。本章我们重点探讨社会美的领域和审美特征。人类社会的历史就是不断改造和征服自然的历史，也是不断创造社会美的历史。凡是有人类活动的地方就有社会美的存在。社会美是人类创造性劳动实践的结果。

第一节 | 社会美基础知识

一、社会美的内涵

马克思说："社会生活在本质上是实践的。"实践是人类社会的发源地，实践创造了人和自然的关系以及人与人的全部社会关系。社会美自然也是人类创造性劳动实践的结果。在漫长的人类进化过程中，人类通过自己的勤奋努力、聪明才智，在征服和利用自然的过程中，不断实现合目的性与合规律性的统一，不断改善外部环境，实现更高品质的生活。这个进程中的每一次提升和进步，都代表着人类生活理想的实现，都会给人们带来美感。社会美与人类生活理想具有密切联系，所有能够体现人类生活理想的社会存在都会给人们带来美感，所有的社会美都表现着人类的生活理想。俄国哲学家车尔尼雪夫斯基提出著名的"美是生活"命题，认为"任何事物，我们在那里面看得见依照我们的理解应当如此的生活，那就是美的；任何东西，凡是显示出生活或使我们想起生活的，那就是美的"。社会美的内涵十分丰富，包括人的美、生活环境的美、生产劳动过程的美、劳动产品的美等。远古时期，尽管生产力水平低下，人们还是制作石器、陶器、玉器、岩画等，通过雕塑、绘画、彩陶、音乐、舞蹈和神话等，记录日常生活，庆祝节日，祈求民族昌盛，表达图腾崇拜等。人类最初的审美活动，是与实用性紧密联系的。在制造工具的过程中，尽量使其锋利、均衡，目的是为了使用方便快捷，提高效率，但工具所具有的均衡、对称等形式因素，也促进了人类审美能力的萌芽。人类还歌颂那些为氏族部落的生存、发展做出突出贡献的英雄，对其动物化以增添英雄的神秘色彩。比如伏羲是中华民族的始祖，在民间传说中伏羲是蛇身人首，被尊为龙的传人。在大禹治水的传说中，禹会幻化成熊，凿山开道。进入文明社会以后，随着人类活动在世界范围的拓展，社会美存在于人类社会生活的一切领域，从人类最基本的生产实践到人类日常生活，处处都有美的存在。人类文明的发展史就是人类不断探索外部世界、不断认识自身的历史。期间的伟大发现不胜枚举：哥伦布发现美洲大陆，打破了世界各民族的隔离状态，使完整的世界历史开始形成；卡尔·本茨发明了世界第一辆内燃机汽车、莱特兄弟发明了飞机，彻底改变了人们出行的基本方式；达尔文的生物进化论揭开了人类进化的奥秘；爱迪生发明的灯泡，把人类从黑夜的限制中彻底解放出来……所有这些探索发现都体现了无所畏惧的勇气、坚定不移的执着、无与伦比的智慧，都体现了高级的社会美。社会美不仅通过伟人的丰功伟绩来体现，普通人的正直诚实、追求真理、谦虚和善、助人为乐、热爱生活等，也都闪耀着美的光辉；人与人之间互相尊重，团结友爱，谦恭礼让，与人为善，形成良好的社会风尚，也是社会美的重要体现。人类文明进入当代社会，在物质极大丰富的背景下，人们对生活有了更高标准的追求，社会美呈现出艺术与生活高度融合的趋势，日常生活审美化日益明显。

二、社会美的本质

人类运用其智慧、意志、创造力等征服自然、改造自然和变革社会。在此过程中，人的力量不断得到发挥，人类实践的巨大力量得以充分展现，人们认识到人类实践力量的崇高与伟大，由这种对自身才能与力量的积极肯定而产生的一种愉悦情感，就是社会美的本质。因此，马克思在《1844年经济哲学手稿》中提出"美是人的本质力量对象化"。人与动物的根本区别在于人的活动是有意识的、自由自觉的生命活动。毛泽东说："人与蜜蜂不同的地方，就是人在建筑房屋之前早在思想中有了房屋的图样。"人的这种有目的有意识的自觉活动，是人之外的所有动物都无法做到的。这就是人的活动的合目的性。

另一方面人的活动又要符合客观规律。人类在生产活动中逐渐地了解自然的现象、自然的性质、自然的规律性。人们掌握了四时变换的规律，懂得了何时播种、何时收获时，"季节"和"播种"的规律便成为人所掌握的规律。这就是人的活动的合规律性。人的活动体现为合目的性与合规律性的统一，就是社会美。人的实践活动在遵循客观规律的基础上不断达成预期的目的，人从中感受到自身力量、智慧的作用，从而产生美感，社会实践活动也成为审美对象。

三、社会美的特征

社会美具有功利性，与一定的社会功利性密切相关。与自然美相比社会美在内容和形式的关系上更偏重于内容。判断社会事物美丑的主要标准主要看它是否有益于人类社会的进步，是否有益于增进人类生活的幸福。别林斯基说："美都是从灵魂深处发生的，因为大自然景象不可能具有绝对的美，这美隐藏在创造者和观察者的灵魂里。"劳动创造了人类赖以生存和发展的生活资料，人在劳动中发展了自身的智慧和创造力，因此自古以来劳动就被认为是美的。劳动的人、劳动的活动、劳动的产品，就是社会美的基本形态。勤劳的人物，即使其形象并不整齐漂亮，但依然被认为是美的。铁人王进喜浑身泥浆、不辨眉目，没有西装革履，谈不上风流潇洒，但仍然代表大庆人的崇高形象。劳动产品被认为是美的，丰收的图景不仅因为其外观好看，更在于它对人类有用。社会美最初都与对人的实践有用、有利的事物相联系，对人的实践无用、有害的事物本质上是不能成为美的。在社会美的高级阶段，其重点不在于经济实用，而是通过愉悦人的身心、陶冶人的情操、净化人的心灵，达到提高生活质量，促进个体自由、全面发展的目的。

社会美有阶级性，与人的社会地位、政治理想、道德观念等相联系。不同社会阶层的人，因其政治立场、道德观念不同，对社会事物的审美判断也会有不同。鲁迅说：《红楼梦》小说里贾府的焦大绝不会爱上林妹妹，而在贾宝玉眼里，林黛玉是"天上掉下来"的仙女。作为劳动阶层的焦大，与贾府少爷贾宝玉，对于女性美丑的审美判断标准是有巨大差异的，他们的审美标准会优先考虑健壮的身体、能劳动、能生育等因素，而林黛玉的多愁善感、多才多艺等品质，不是焦大愿意欣赏的；而对于贾宝玉来说，虽然黛玉体弱多病，但对她的一颦一笑、一喜一怒，都能心领神会，引起共鸣。同样一个林黛玉，焦大与贾宝玉的审美判断是不同的，原因就在于他们有不同的社会地位、不同的审美标准。

社会美有时代性，与一定的社会历史条件相联系。与自然美相比，社会美更直接依赖于社会历史条件，因为社会美的内容直接就是人们在当时当地的社会生活，人们的审美判断必然受制于物质条件、政治条件和其他精神条件，并随这些条件的变化、发展而变化、发展。《后汉书》记载："楚王好细腰，宫中多饿死。"楚灵王偏好腰细的女子，不少宫中女子为争宠而饿死。中国古代有给妇女缠足的陋习，以小脚为美。女子从小被裹住脚，使得脚不能正常发育，被裹成"三寸金莲"。唐朝时期国力强盛，经济繁荣，社会推崇以胖为美，宽额圆脸被认为体现了优越的家庭条件，而清瘦的脸庞则被视为是家境贫寒、吃不饱饭的表现。当今社会物质极大丰富，人们也认识到肥胖是不健康的表现，因而不再以胖为美，减肥几乎成了全民追求。

另外，不同的现实条件也会影响人们的审美观。例如，不同的民族具有不同的语言、地域、文化传统、生活方式和心理特征，因而具有不同的审美观。有的民族以白皮肤为美，有的民族以黑皮肤为美；西方民族以挺直的鼻梁为美，塔希提人却以之为丑。

第二节 人的美赏析

人是社会实践的主体，是审美创造、审美感受的主体。同时，人也按照美的规律创造着自身。人在实践过程中认识和改造了客观世界，同时也认识、完善了自身，进而把人的美作为审美的客体。人的美是社会美中最重要的内容，在社会美中占有核心地位。没有了人的存在，也就没有了社会美的存在。

人的美可分为外在美和内在美两个方面。外在美是人的静态外观形象的美，包括五官、身材、肤色和穿着等外在形象的美。内在美是指人的精神世界的美，包括思想、品德、情操、性格等心理文化素质的美。

人的外在美与内在美，既对立又统一，人的内在美需要通过外在美来显现，而人的内在修养则可以丰富和深化外在美，使外在美更加持久。契诃夫说，人的一切都应该是美丽的：面貌、衣裳、心灵、思想。就是说，人的外在美和内在美都是有价值的，并且外在美和内在美的和谐统一是美的理想境界，是社会美的最高形态，也是现实美的最高形态。

孔子在《论语》中说，质胜文则野，文胜质则史，文质彬彬，然后君子。意思就是说，质朴多于文采，就像个乡下人，流于粗俗；文采多于质朴，就流于虚伪、浮夸。只有质朴和文采配合恰当，才是君子。这段话贴切地说明了外在美与内在美的对立统一，二者相互依存、不可分离、同样重要，以此比喻理想的君子人格模式：文质彬彬。

同时，二者又有相互的独立性。内在美与外在美并不总是统一的。现实中有一些人，外在形象很光鲜，穿着时髦，但是言语粗鲁，举止轻浮，常常把好的形象破坏殆尽。而有的人虽然外表并不出众，甚至很丑，但是内心善良，乐于助人，反而在人们心目中树立美的形象。这是因为在人的美中，内在美是更根本、更持久的美。俄国作家列夫·托尔斯泰在《战争与和平》中写道：一个人不是因为美丽而可爱，而是因为可爱而美丽。外在的美会随时间而消退，内在的美却随着时间沉淀升华。《巴黎圣母院》中的敲钟人加西莫多，生来独眼，驼背跛足，形象不可谓美，但他对自己仰慕的人怀着高贵、圣洁的爱，当她身处危险的时候奋力抢救，并勇敢地把坏人推下塔楼摔死。加西莫多外貌的丑陋丝毫也没有损害其形象的光辉，他感动人心的心灵美给人留下了更加深刻的印象。

一、外在美

（一）外在美概说

人的外在美是一个人的容貌、体态、打扮、举止等外部特征所呈现出来的美。一个人长相的黑白美丑、身材的高矮胖瘦，很大程度上由遗传决定，但后天的锻炼、修饰也可以使一个人的外观得到显著改善，而得体、适当的打扮与礼仪则更有助于一个人树立受人欢迎的形象。

1. 外在美的重要性

人类对于外在美的追求是一种本能。美拥有强大的力量，每个人都会不自觉地向往美、追求美、获取美，美可以给人带来感官上的快乐，也可以给人带来心灵上的愉悦。这里说的美，通常是外在美。叔本华说：任何对象都不能像最美的人面和体态这样迅速地把我们带入纯粹的审美观照，一见就使我们立刻充满了一种不可言诠的快感，使我们超脱了自己和一切烦恼的事情。对外在美的积极态度是人的天性。

外在美是一个人内在素质的体现。外表是内心的镜子。透过一个人的外表，可以看到他的很多内在因素：一个人皮肤红润白皙、光滑有弹性，是其健康的表现；一个人身材匀称，体态控制合理，是一个人自我管理能力突出的表现；而一个人的表情，是其心理状态的直接表现，正所谓"相由心生"，通过对其心理状态的分析，就可以大致判断其基本能力和生存状态。日常生活中，人们对于接触到的每一个人，都会仔细观察他的相貌，试图从他的外在特征隐秘地发觉到他的道德品性和智力才能。美国总统林肯也曾"以貌取人"，他的朋友向他推荐了一位优秀的人才，但他却因为相貌的因素拒绝了。朋友愤怒地抱怨："任何人都无法为自己的天生脸孔负责。"林肯回应道："一个年过四十的人，应该为自己的面孔负责。"行为学家迈克尔·阿盖尔也曾做过一个实验：他本人以不同的装

扮出现于同一地点，结果却截然不同：当他穿戴整齐，以绅士的模样出现时，向他打听消息的陌生人大多彬彬有礼，颇有教养；当他衣衫褴褛、形容落魄时，接近他的人以流浪汉居多，甚至有人来找他借钱。这说明，形象表现着人的身份、地位，从而影响外部对这个人的基本判断。

外在美可以使人获得好的第一印象，而第一印象则在很大程度上决定了外界对一个人的判断。研究表明，人们在初次会面前30秒的表现，给对方留下的印象最为深刻，也就是通常所说的第一印象。第一印象，基本上是由一个人的外表决定的。这种第一印象在对方的头脑中形成并占据主导地位的效应，就是心理学上的首因效应。首因效应可能源于人类的审美本能，但也有一定的逻辑，也就是依据一个人的外表做出判断，具有一定的合理性。一个人如果不修边幅，连最基本的外貌形象都不注重，怎么能指望他会对自己负责、认真对待他人呢？外表的美比内在的美容易被发现，只有外在的形象得了别人的认可，才有机会向别人证明自己内在的价值。人有了外在美，才有更多的可能创造机会让别人发现你的内在美；没有外在美，那内在美也就有更大可能被埋没。一个人的外在形象是否漂亮整洁，是否让人感到舒服，对事情的发展有巨大影响，因此外在美很重要，不要不修边幅，要学会修饰自己。

2. 塑造外在美

外在形象主要源于天然，但是一个人外观的整体状态是可以控制、可以改变、可以塑造的，每个人都可以从容貌、体态、穿着等方面修饰自己，营造良好的外部形象。首先，要做到自律，坚持合理的作息时间和科学的饮食习惯，保持健康的身体、匀称的身材，保持明亮、润泽的气色。其次，可以通过合理的锻炼，有针对性地塑造体形，近年来，随着生活水平的提高，人们对健身的关注度越来越高，不少人通过科学的塑身运动，达到了美化体形的目的。最后，可以通过得体的装饰对外表进行修饰，取得美观的效果。女生可以适当化妆，根据出席的场合选择对应妆容，男生也要做到外表整洁。得体的穿着打扮，也可以提升自己的气质，提升自己的外在美。

旧时天津南开中学对学生的形象提出具体要求："面必净，发必理，衣必整，纽必结；头容正，肩容平，胸容宽，背容直。气象勿傲勿暴勿怠，颜色宜和宜静宜庄。"（图3-1）

周恩来总理在这里就读时，就将这些要求作为

图3-1　旧时天津南开中学行为规范

自己的行为准则,并长期坚持,注意自身修养、规范举止仪表,形成了举世公认的秀外慧中的优美风度,被誉为"20世纪最杰出的外交家",凡与他接触过的人,无不被他的光辉形象所吸引,被他的人格魅力所征服。一位西方记者这样撰文回忆与周总理初次见面的情景:"他是一个眉清目秀极其英俊的人,仪表堂堂,风度优雅,浑身上下透出一股吸引人的魅力。那张脸上永存着善意的微笑,令人感到亲切和蔼;然而剑眉炯目间又流露着刚毅和英气,使人觉得凛然生畏。他才思敏捷而又待人谦逊,睿智机警而又不乏含蓄幽默,言谈举止间总是有着一股磁性的吸引力……和他相处,是件令人十分愉快的事情,时间会在不知不觉中飞驰而过。"

鉴于外在美对一个人的重要影响,而外在形象可以通过各方面的努力加以改善,随着生活水平不断提高,人们对外在美的追求日益专业化,形象设计不再是上流阶层、社会名流的专利,成为百姓生活不可或缺的部分。形象设计逐渐发展成为一门专业,综合运用美学、心理学、社会学等诸多学科的理论,培养人们的审美眼光,锻炼人们对色彩、材料的运用能力,通过化妆、发型、服饰等方面的创意训练,使人们具备较强的人物造型设计能力。同时,商品的实用性不再是人们消费的唯一目的,审美消费成为日常生活中的重要组成部分。

有需求就有供给,巨大的社会需求催生了形象设计产业,通过专业诊断工具,针对个体的年龄、职业、肤色、面相、发质、体型以及活动场景等因素,对设计对象进行全方位的设计,找到最合适的发型、妆容和服饰搭配,帮助人们通过美的仪表、美的举止,展示健康、美好的个人形象。

3. 外在形象设计原则

美丽的形象离不开设计。一个人就是一幅流动的风景,一座活动的雕塑。形象设计就是创造美的过程。这种美的创造过程,需要合理利用主客观因素,形成视觉优化,从而引起美感。

(1)自然原则。美的最高境界是自然美。形象设计不是要彻底改变本来面目,而是在本来状态的基础上适当地加以优化,扬长避短,创造一个自然得体的新形象。例如:服饰和妆容的搭配要协调,要有赏心悦目的感觉;人物形象设计与自身所处社会地位、生活习惯保持一致,才能实现和谐美。刻意改变自己去迎合某种流行的时尚,追求不适当的奇异怪诞、夸张变形,不仅不能美化自己的形象,反而会失去自己的特点和优势。形象的自然美传达平易、真诚的情感,具有怡人的亲和力,使人感到真实、舒适、亲切。通过各部分的配合,达到整体的和谐。

(2)整体原则。人物形象设计中要注意整体把握,不要忽视局部,同时要注重各部分之间的配合。整体的美感源于细节,要准确把握自己的五官、脸型、体形等外在特征和心理特质、思维方式、行为风格等内在特征,在充分了解自己的基础上,结合自身特点和身份角色定位,选择恰当的化妆、发型、服装、仪态,形成完整、鲜明、统一的个人风格。

(3)个性原则。人的个性主要是指个人的独特外表、性格、气质、风格等特征,个性可以是先天生成的,也可以是后天通过训练形成的。个性是个人魅力的核心。个人形象

越个性越容易引起他人的注意，越容易让别人记住。在设计个人形象时要注意突出强化自己的个性，善于发现和挖掘属于自己的独特的形体特征、独特的肢体语言、独特的思考方式、独特的生活方式等。

(二) 容貌美

容貌美指人的五官和脸庞的均衡、协调、和谐，是各部分之间比例的适度，是形式美法则在人体美中的集中反映。容貌集中体现一个人的美的个性，是识别个体形象的标志，也是一个人生命活力的体现，是展示心灵、情感及个性流露的窗口，是评价人整体形象的主要部分。古今中外，容貌美是每个人都十分看重的，每个人都受着容貌魅力的吸引。

1. 正确认识容貌美

容貌美是每个人都看重的，容貌的魅力对每个人都有莫大的吸引力。古代文学里对美貌的赞美比比皆是：诗经里就有"窈窕淑女，君子好逑""巧笑倩兮，美目盼兮""桃之夭夭，灼灼其华"这样对女性的赞美；西汉诗人李延年在《李延年歌》中用夸张的手法形容佳人的巨大魅力：一顾倾人城，再顾倾人国；赞美容貌的成语更是不胜枚举，天生丽质、国色天香、风姿绰约、风华绝代、花容月貌……中华文明数千年，能够青史留名是非常不容易的事情，但是西施、貂蝉、王昭君、杨玉环则因为有"沉鱼落雁之容，闭月羞花之貌"而被称为中国古代四大美女，流传千古。

然而，在中国社会，人们对容貌常常有负面评价。美貌主要源于遗传，不取决于个人努力，会给人不劳而获的感觉。并且由于人们不能正确对待美貌，反而导致悲剧。历史上有很多美貌误国的经典故事。西周后期，周幽王为了讨宠妃褒姒的欢心，竟让士兵点燃边防线上的烽火。各路诸侯看到烽火，以为有敌人入侵，火速率兵出击。后来发现平安无事，才知道上当受骗了。后来敌军果真进犯，周幽王派人点燃了火，然而诸侯们望见烽烟，却以为是周幽王故伎重演，个个按兵不动。结果周幽王被杀，褒姒被俘，西周从此灭亡。历史上类似的故事屡见不鲜，也常有人把这些悲剧的起因归结为红颜祸水，民间还有"色字头上一把刀"的说法。现实生活中也确实常常有人自恃容貌出众而不学无术、好吃懒做、游手好闲，给人造成不好的印象。因此，正确对待美貌十分重要。容貌出众对每个人而言都是巨大的优势，但不能走向极端，指望美貌解决所有问题，把美貌当作"畅通无阻的通行证"。

2. 容貌美的标准

人们对美的评价常常存在分歧，"萝卜白菜各有所爱"就是对这种判断差异的通俗表达。从总体来看，人们对于容貌美的标准，通常会有大体一致的看法，一条街上长相好看的人，人们会有基本相同的判断；学校里容貌出众的女生，常常在私下里被一致选为"校花"；甚至在许多国家，会有定期的选美比赛，那些在众多竞争者中杀出重围名列前茅的，都是容貌得到大多数人认可的。

长久以来人们努力探寻美的规律，试图解答美的奥秘。关于美貌的标准，我国古代有三庭五眼的说法：成人面部标准的长宽比例应该是把面部的高度分为三等分，从发际线到眉间连线，眉间到鼻翼下缘，鼻翼下缘到下巴尖，上、中、下正好各占三分之一；面部的宽度一般为本人眼睛宽度的五倍，从一侧发际边缘到另一侧发际边缘，把面部分为五等分，每一份都是一个眼睛的长度。不难发现，这个标准体现了对称、均衡等形式美的基本法则。图 3-2 为三庭五眼比例示意图。

西方人崇尚黄金分割律。古希腊毕达哥拉斯提出了黄金分割的概念，他认为，如果一条线段的某一部分与另一部分之比为 0.618，那么，这个比例会给人一种美感。这一神奇的比例关系被古希腊哲学家柏拉图称为"黄金分割律"。黄金分割律应用在现实中有神奇的魔力，精致的五官在很多方面都符合黄金分割律，在面部轮廓上，以眼水平线的面宽为宽，前发际线到下巴底部为长，比值越接近 0.618，就越完美；在鼻部轮廓上，鼻翼为宽、鼻根至鼻下点间距为长，之间的理想比例也是 0.618（图 3-3）。

现代心理学研究表明，越接近平均化的脸，容貌的吸引力就越大。为了研究平均值与面部吸引力之间的关系，1990 年，心理学家选择 192 张面孔的照片，每个都经过计算机扫描并数字化，然后选择数量不同的图像进行计算机合成，按像素平均。由 300 名评委对这些合成的画面进行吸引力评估，结果显示，两个面孔经过数字化平均合成，结果图像比单个的图像有更大的吸引力，基于数量最多图像复合生成的图像是所有面孔中视觉上最吸引人的。这一结论在其后的基于不同人群的研究得到反复验证，甚至在针对婴儿的测试中，这一规律依然成立。说明这种平均值偏好不是源于文化影响，而是一种天然的本能。这种对平均值的偏好，源于人类进化过程中自然选择的记忆。在进化过程中，如果一个生物在外表、功能、行为等方面呈现偏离主流的怪异特性，常常是对发展不利的。在利害前景不清晰的时候，选择主流而放弃变异在进化逻辑上是更优选择。久而久之，人类就形成了对平均值的偏好，表现在对容貌的评价上，接近平均值的面孔就成了最美的面孔。

3. 对容貌美的追求

无论是东方的"三庭五眼"，还是西方的"黄金分割律"，还是现代人发现的平均脸，美貌的标准都有一定的比例关系。人类的美丑，其实是比例的细微变化。但是，基本上没有人的面部能够完全吻合这些比例关系，对局部进行调整和修饰，可以较好地塑造形象。

为了追求理想的比例，人们想到的最简单粗暴的办法就是整容，通过外科手术来改变自己脸部外观，包括割双眼皮、隆鼻、造酒窝、矫正牙齿、除皱、除痘、种睫毛、脱毛等。整容术也确实创造了不少美容奇迹，不少娱乐明星通过整容术大幅提升了颜值，进

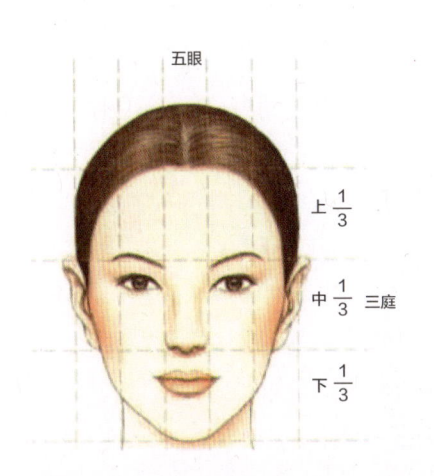

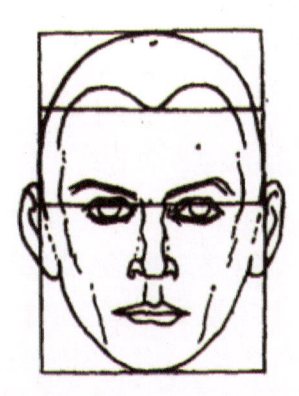

图 3-2 三庭五眼比例示意图
图 3-3 面部黄金分割律

而在演艺事业上大获成功。但是整容术却不是一个值得提倡的选项。一是因为整容术存在潜在的风险，不少爱美之人不仅没通过整容获得完美的形象，反而在手术后严重感染、鼻歪脸斜，甚至骨骼永久变形无法修复。二是整容术造就的人工美缺乏个性，常常相互重复，与自然美不可同日而语。容貌美的创造，必须是在一定规律基础上的个性化艺术创造，而不是按照同一模式千人一面地复制。因此很多娱乐明星都努力证明自己的形象是天生的，不是整容的结果。最重要的是，一个人的容貌美，并不简单地由比例关系决定，得体的修饰、内心世界的丰富将在更大程度上影响一个人的外部形象。

（1）通过发型设计调整面部形态。人的脸型复杂多样。就像世界上没有两片完全相同的叶子一样，也没有两张完全相同的脸。对各种脸型的特点加以归纳和概括，用几何图形来表示，可以归纳为三角形、倒三角形、菱形、圆形、长方形五种。

不同的脸型有不同的修饰调整的方法，特别是有的面部形态并不理想，需要进行针对性矫正。形态调整的方法很多，对于普通人而言，结合发型设计进行面部形态的调整是最简便易行的方法。发型是面部造型设计的重要组成。通过选择与自身匹配的发型，人们可以掩盖自己的面部缺陷，凸显自己的面部优势，同时还可以增加自己的个人特色，让自己变得更有辨识度。一个成功的发型设计需要考虑个人的面部特征、肤色状况、个性要求、适用程度等多个因素，其中脸型是需要重点考虑的因素。

三角形脸是额头较窄，下巴宽大，呈现沉重、下垂的形态，容易给人衰老的感觉。可以考虑斜向下造型刘海，两侧区增加两边的宽度，留些发丝遮盖下颚宽阔的地方，使脸型变得轻盈。头发的分路宜采用中分或侧分，把两边头发向两侧展开，减弱下颌骨宽大的视觉印象。

倒三角形脸，又称瓜子脸，其特点是额宽，下巴尖，给人清秀甜美的感觉，是比较漂亮的脸型，但是底部支撑小，给人不稳定的感觉，需要缩小上部宽度加大下部宽度。造型时两侧头发要向后拉紧，在耳背两侧留碎发向前自然下垂，以增加脸部两边的宽度。

菱形脸的特点是颧骨高，上额窄，下巴尖，给人刻板、不柔和的印象。因此，造型时应尽量选择柔和的手法，耳背两侧留碎发向前自然下垂，以增加脸型下方的宽度感，额角留小发条连接颧骨位置，以形成两侧饱满柔顺的效果，消除颧骨凸起和两侧凹下的感觉。

圆形脸又称鹅蛋脸，是最标准的脸型，特点是额角及下巴比较圆，显得脸型比较短。圆脸形给人活泼可爱的感觉，显得小于实际年龄。但圆脸型的人常透出一种稚气，缺乏成熟的魅力。设计造型时，两侧头发尽量拉近，发量向头顶集中，形状要略尖略高，有凹凸感。刘海两边留些小发条自然下垂遮盖脸部宽的位置。可考虑在头部两侧留些碎发条下垂，起到拉长脸型的视觉效果。

方形脸的基本特征是脸型轮廓带直线，而且有广阔的前额和方形的颧骨，给人的印象是坚毅刚强、庄重老成，是男性比较理想的脸型，不足之处是女性的妩媚温柔的气质不足，缺乏细腻、温柔等女人特有的风韵。造型时刘海要遮盖额头，头顶造型要控制高度，要增加脸型的视觉宽度。但两侧发丝不能太长，尽量不要遮盖脸部。

（2）通过化妆设计调整面部形态。个体之间的面部构造是千差万别的，而化妆正是一个放大面部优势、掩盖面部劣势的有效手段。传统观念认为化妆是女性专属的事情，特别是随着年龄的增加，身体的胶原蛋白流失更快，皮肤的老化现象浮现在面部，注重容貌美的女性更加关注化妆问题。随着生活水平的提高，有爱美之心的男性也开始尝试面部的保养与美容。一个符合时代潮流、适合自己职业特性的妆容，不仅是个人审美的选择，还是现代社会人际交往中必不可少的重要手段。得体的妆容与服饰、发式的和谐统一，将更好地展示自我、表现自我，提升自信与个人魅力。与发型选择一样，化妆也要结合个人面部具体情况，有针对性地扬长避短。

按照"三庭五眼"的标准，面部纵向的理想格局是三个等分，发际线到眉毛的范围应当占脸长度的三分之一。如果不到三分之一，可以通过修剪头发简单地调整；如果超过三分之一，显得前额过大，可以在发际线的边缘加一些深色进行渲染。鼻子的长度决定着面部中间部分的范围，过短或过长都会带来不协调的感觉。如果鼻子过短，整个脸就会显得扁、平，缺少灵气；可以在鼻子的两端适当加亮，使鼻根部提高，鼻尖下移，使鼻子显得修长，面部显得舒展。如果鼻子过长，不仅破坏面部的整体格局，而且容易使面部呈现出冷漠、生硬的表情。可以在鼻尖处增加亮色，或者在鼻尖底部用深色渲染，通过色彩的变化形成观感的起伏。同样的，如果下巴的长度不符合比例，也可以通过亮度的变化，形成观感的修正。眼睛的宽度及距离决定了脸部横向的格局，同时眼睛又是心灵的窗户，在化妆时需要特别关注。如果眼睛的距离过近，化妆时就应当往两侧勾画眼线和眼影，使过于紧凑的双眼相对舒展；如果两眼距离过宽，则需要相反的操作。外眼角到发际线的宽度，可以通过亮度的变化或发型的调整进行修正。

三角形的脸型上窄下宽，容易给人沉重、下垂甚至是压抑的感觉，可以在前额两侧进行提亮，下部用深色渲染，起到上放下收的效果。倒三角形脸由于底部支撑面小给人不稳定的感觉，可以在前额两侧用深色渲染，在下颌部提亮，营造均衡的整体效果。菱形脸边角多角度尖锐，立体感强，显得机敏、精明、理智，但容易造成刻板、锋利的感觉，缺乏亲和力，可以在上下偏窄的部位加亮，两侧突出的部位用深色渲染，通过明暗对比的调节柔化面部的线条。圆形脸给人可爱、明朗、有朝气的感觉，缺点是显得稚气、缺乏鲜明的魅力，化妆时着重修饰轮廓，用浅色在前额上部和下颌处进行提亮，同时可以用发型配合，梳高且干净利落的发型，强调颈部曲线，强调成熟感。方形脸容易给人坚毅、刚强、可靠、端庄的印象，是男性理想的脸型，但对女性而言，则少了一份细腻和温柔。宜用高光色提亮额中部、颧骨上方、鼻骨及下颌，使面部中间部分突出，额角、下颌角两侧用暗色，使面部看起来圆润柔和，也可借助刘海和发带遮盖额头棱角，眉毛和眼部的修饰都强调线条柔和流畅。

（三）形体美

1. 形体美的内涵

形体美就是人的形体结构的美，是人体在四肢、躯干、头部及头部五官的合理配合下显示出的姿态美、线条美，是由健美体格、完美体型和良好气质融汇而成的和谐整体美。

人类的进化发展走过了漫长的道路：爬行→直立行走→手脚分化，每一次的发展都引起身体结构的变化，人体的构造与机能不断完善。在自然规律、生物规律的支配和制约下，特别是在劳动的作用下，人体成为自然界最精密、复杂也最具生命力的生物构造体。雕塑家罗丹说：没有比人体的美更能激起富有感官的柔情了。不论是男性的强悍的壮美，还是女性的秀丽的柔美，都居于最高地位。马克思认为人体生动柔和的线条、美的轮廓、有力的体魄、匀称的形态是大自然中最完美的一部分，它标志着我们这个星球上最高级生命的尊严。

人类对自身形体美的推崇由来已久。远古时期，人类就开始关注自己的身体，受外部条件的限制，人们更多地从实用和功利的目的出发，突出表现乳房、生殖器等与生育相关的人体器官，形成原始社会特有的生殖崇拜。

古希腊时期是追求形体美的一个高峰。在当时人眼中，"理想的人物不是善于思索的头脑或者感觉敏锐的心灵，而是血统好，发育好，比例匀称，身手矫健，擅长各种运动的裸体"。古希腊雕塑家米隆的《掷铁饼者》（图3-4）生动地表现了掷铁饼者在投掷前用力的一瞬间的形态美，作品静中寓动，双臂的弓形与身体的曲线完美地结合在了一起。

文艺复兴时期，随着资产阶级个性解放思想的传播，人体美再次成为艺术中长盛不衰的主题，诞生了达·芬奇、米开朗琪罗等伟大的艺术家。米开朗琪罗的男性雕像《大卫》（图3-5）展现了少年英雄大卫战斗前的形象，雕像双目凝视左前方，健壮而丰硕的肌肉展现一种强劲的力量，成为经典的传世之作。

进入现代社会，对人体美的追求催生了风靡各国的健美运动。19世纪晚期，德国人尤金·山道首创了通过各种姿态来展示人体美，为现代健美运动的发展奠定了基础，他被公认为"国际健美运动的创始人"。20世纪40年代，加拿大人韦德兄弟创建了"国际健美联合会"。人们通过健美活动，追求健壮的肌肉、丰满的身体、匀称的四肢、流畅的线条、对称的造型、均衡的比例，努力实现健、力、美结合的形体美。

2. 形体美的标准

形体美是一种综合的整体美，体现在体格、体型、姿态三个方面。体格主要指人的身高、体重、胸围、腰围、臀围等指标；体型指身体各部分的比例，如上、下身长的比例、几个围度之间的比例等；姿态指人坐、立、行走等基本活动的姿势。形体美既包含外表形状、轮廓的美，也包含人体在活动中

图3-4 米隆《掷铁饼者》
图3-5 米开朗琪罗《大卫》（局部）

表现出来的体态美。

（1）评价体格的常见指标。BMI 指数（Body Mass Index）是目前国际上常用的一个用体重与身高的比例衡量人体胖瘦程度以及是否健康的指标。具体的计算方法是用体重千克数除以身高米数平方得出身体质量指数。中国成年人的指数标准是，比例在 18.5～23.9 属正常范围，小于 18.5 为过轻，大于等于 24 为超重，大于等于 28 为肥胖；比如一个身高 1.70 米体重 60 千克的人，其 BMI 指数就是 60 除以 1.7 的平方，结果约为 20.76，符合正常标准。

体脂率是衡量人体肥胖程度的直接标准。体脂率就是人体内脂肪重量在人体总体重中所占的比例。身体的肥胖程度对形体美的效果影响极大，臃肿肥胖的人很难体现美感，因此有"一胖毁所有"的说法。肌肉和脂肪决定着人体的曲线，均衡饱满的肌肉使人体具有千姿百态的动态美，脂肪的衬垫作用也能为形体美增色。正常的体脂率，不仅是健康的表现，而且增进形体美。反之，体脂率过高或过低，不仅影响美感，而且会带来健康问题。成年人的体脂率正常范围分别是女性 20%～25%，男性 15%～18%。在生活水平不断提高的背景下，体脂率过高的问题日益突出，不仅破坏人们的形体美，而且带来高血压、糖尿病等疾病隐患。

"三围"是常见的评价女性身材的标准。胸围、腰围和臀围合称"三围"，是凸显女性身材的视觉因素。关于"三围"标准众说纷纭，可以参考的标准有：胸围＝身高（厘米）×0.535，腰围＝身高（厘米）×0.365，臀围＝身高（厘米）×0.565。针对中国人种特点，三围尺寸的标准一般为胸围 84 厘米，腰围 61 厘米，臀围 90 厘米。

（2）关于体型的比例关系。形体美主要源自适当的比例形成的和谐匀称之感，苏联美学家舍斯塔科夫说：人体的美就是构成相互间关系以及对整体关系的各部分之间的对称。比如人的头长是身高的八分之一，是公认的身体最美的比例。古希腊雕像中大量出现 1∶8 的头身比例。在达·芬奇的《维特鲁威人》（图 3-6）中，男子头长是身高八分之一，肩膀宽度是身高的四分之一，两臂伸展的宽度等于身高。男子被置于一个正方形中，正方形被包围在一个圆圈里，男子伸展四肢可以沿人体做一个圆形，他的肚脐就是圆心。素描中所画的男子形象被公认为最完美的人体黄金比例。

图 3-6 达·芬奇《维特鲁威人》

（3）姿态的形体美。人体的美不仅取决于静态的比例匀称和谐，更在于动作的姿态美。正确的坐、立、走姿态也可以形成赏心悦目的美感。美的动作应该是挺拔端庄、敏捷舒展；含胸斜肩、行走晃体、步伐拖沓等，就不可能引起美感。

中国古人用"站如松、坐如钟、行如风"概括姿态的美。优美的站姿，能展示一个人的健康和自信。正确的站姿是：面容平和自然，双目平视，躯干挺直，挺胸收腹，双臂紧靠躯干自然下垂，或双手握于腹前，双腿并拢直立，两眼平视前方，嘴微闭，微收下颌，表情自然，给人以挺拔、舒展之感。正确的坐姿是：落座轻缓，入座后上身挺直，头部端正，两眼平视，挺胸收腹，双肩平正放松，两臂自然弯曲放在膝上，也可放在椅子或沙发扶手上，双膝自然并拢，双腿自然弯曲。正确的走路姿势是：双目平视，双肩平稳，两臂前后自然摆动，腰背平直收腹，上身挺直，收腹立腰，重心稍前倾，前脚掌蹬地使重心前移，两臂前后自然摆动，有节奏地前移重心。避免含胸耸肩、弯腰驼背、左右摇摆等不良习惯。良好的步态，能给人留下美好的印象：步履矫健、轻松敏捷，给人以健壮活泼、精力充沛的感觉；步履稳健、体态端庄，给人以庄重文雅的感觉。

3. 塑造形体美

人体的高矮胖瘦很大程度上受遗传影响，但后天的努力也能起到明显的修正作用。即使是身高这个看起来天然的指标，也能通过科学的锻炼、合理的营养进行调整，体重、腰围更是具有很大的可塑性。根据科学的规律，选择一些适合自己实际的训练内容、手段和方法，长期地、系统地、有目的地、有针对性地进行形体训练，通过控制肌肉和脂肪两个变量，消除多余脂肪，刺激肌肉生长，可以使身体协调匀称；一个人的姿态也有较强的可塑性，通过一定的训练，可以改变不良体态，达到塑造完美形体的目的。

有氧运动是锻炼体格的基本方式。常见的有氧运动有慢跑、健美操、游泳和跳绳等，也可以借助划船机、跑步机、自行车等器械进行有氧运动。有氧运动可以燃烧体内多余的脂肪，形成理想的体脂率；可以增加活力、舒缓压力、放松心情；可以将充满氧气的血液送到全身，减少心脏疾病及高血压的发生。有氧运动要选择适合自己承受能力的负荷，心率控制在150~180次/分钟，坚持中等强度运动可促使人体内的脂肪消耗。要循序渐进，时间要慢慢增加，每次最好持续30分钟以上。

拉伸运动是又一种有效的训练形体的方法。长期坚持拉伸，可以有效地拉伸自己的韧带，使身体关节变得灵活，全身变得柔软；可以促进血液循环和新陈代谢；可以疏通经络，消除疲劳和酸痛，预防各种关节和肌肉疾病。需要拉伸的关节和部位很多，因此，对应的拉伸动作也很多，不一而足。有一种拉伸动作被称为最伟大拉伸，因为同时拉伸全身各大主要肌肉群，能有效提高身体柔韧性和灵活性，是必备的训练动作之一。动作要领是，弓步大跨步向前，后腿尽量打直，同侧手肘触地，然后向对侧转体，再拉伸大小腿后侧。

坐、立、走等基本姿势正确与否，直接影响形体运动的美。日常生活中，有些人忽视坐、立、走的姿态，经常出现身体不正、弓背含胸、端肩缩脖等不健康的体态，严重破坏形体美。从实际出发，通过有针对性的形体训练，养成良好的坐、立、走习惯，就会练就端正挺拔的形体姿态。

形体美的训练，面临训练的科学性和持久性两大挑战。科学的形体训练涉及健身、营养、美学等多方面的知识，需要综合的知识储备。网络时代获取信息的方式很多，可以在网上搜索完整的形体训练攻略，特别是手机应用，不仅提供科学的锻炼方法和技巧，并且可以根据每个个体的条件设计有针对性的训练过程，记录训练过程的细节和训练结果，通过及时的提醒和鼓励，帮助练习者坚持训练，提高训练效果。有条件的情况下，还可以到健身俱乐部接受专业指导，利用体操、舞蹈、芭蕾、瑜伽等方式，训练优雅姿态，进而提升气质和风度。

（四）服饰美

1. 服饰美的内涵

服饰美指通过适宜、得体的服装佩饰所呈现的美。服饰美的内涵包括服饰本身的色彩协调、服饰造型与人的形体、气质和谐统一、服饰与周围环境和谐统一等。服饰美的内涵可以分为表面和深层两个层面，表面的服饰美指服饰的色调、图案、面料、款式等外部形态的特性，给人直观的视觉印象，通过色彩、花纹等对比搭配，形成整体的协调美感；深层的服饰美指透过显性形态传达出的美学、心理学意蕴以及隐性的性格特征和价值观等。以色彩为例，不同的色彩能够在色彩之外传达丰富的含意，红色给人积极、乐观的感受，令人兴奋；粉色给人文雅、随和的感受，让人放松；蓝色体现坚定、权威，警察的制服常采用蓝色。因此，服饰美不纯粹是外在美，还体现一个人内在的品质。一个人的服饰能够体现其身份、地位和涵养，展示其内心对美的追求、体现自我的审美感受。高级的服饰美是外在美和内在美的统一。

衣食住行，"衣"摆在第一位，"人靠衣裳马靠鞍""三分人才，七分打扮"，可见服饰的重要性。服饰在个人外部形象中占了最大的比例，给人带来直接的视觉印象。注重穿着、搭配得体是展现个人魅力的基础和前提，也是体现个性特征的重要手段。服饰的造型、色彩、材料和工艺，给穿着者带来的显性的外在美，可以被人们直接感知，并产生审美愉悦。巧妙得体的服饰打扮，为形象增添风采。服饰的最初功用是为了保暖、遮羞。现代社会，服饰的作用主要是美化自身，根据自身的体型特色、着装风格，来选择适合的着装种类，扬长避短，使自身更具有魅力。着装不仅展示一个人的外表，还是展示内心的一面镜子，每个人的穿着打扮，都展示着自己的审美，以及身份、教养、感情、嗜好等丰富的个性特征。

在等级社会里，服饰还是地位的象征，"见其服而知贵贱，望其章而知其势"。中国古代统治者信奉"五行"理论，黄色构成万物基础的元素土，成了代表华夏的正色。宋人王楙在《野客丛书》中写道："天子常服黄袍，遂禁士庶不得服，而服黄有禁自此始。"从唐朝开始，"黄袍加身"就意味着登上龙座，黄袍就是皇权的象征。五代后周时，赵匡胤在陈桥兵变，部下诸将给他披上黄袍，拥立他为天子。此后"黄袍加身"成为一个成语，比喻发动政变获得成功。

服饰不仅能展示一个人的外在形象，体现一个人的内在个性，对服装的改良甚至会带来深层次的改革，带来国家实力的巩固与提升。战国时期赵国国君赵武灵王是一个雄才大略的君主，他看到北方少数民族服饰在军事上的长处：穿窄袖短袄，生活起居和狩猎作战都比较方便；作战时用骑兵、弓箭，与中原的兵车、长矛相比，具有更大的灵活机动性。

他冲破守旧势力的阻拦，发布了"胡服骑射"的政令，将少数民族服饰作为赵国军队的服装，减轻了士兵们的作战负担，士兵们在作战过程中的活动幅度变大，灵活性更高，赵国军队的战斗力显著提升。"胡服骑射"的改革不仅直接为赵国赢得了赫赫武功，而且对军队历史的发展演化进程产生了重大影响，开创了我国古代骑兵史上的新纪元。因此，梁启超称赵武灵王为商、周以来四千余年中的第一伟人。图 3-7 为战国赵武灵王胡服骑射示意图。

2. 服饰美的原则

服饰直接体现一个人的素质、品位、涵养，影响外部对他的评价，对其所从事的事业也有重要影响。虽然每个人在穿着打扮上有个性化的偏爱，但是也存在服饰搭配的普遍原则，每个人在设计自己的服饰的时候，都应当在表达个性的同时严格遵循通用原则，从而树立良好的形象，为自己的事业发展创造良好的外部环境。

（1）整洁原则。整洁原则是指一个人的服饰应当干净、整洁，这是穿着打扮的最基本的原则。穿着整洁是一个人自我管理能力的体现，也使人呈现积极向上的精神风貌。穿着整洁也表示对交往对方的尊重，对社交活动的重视，是一种社交礼节。整洁原则并不要求服饰高档奢侈，只要求保持服饰的干净、整齐、合体。

（2）个性原则。个性原则是指穿着打扮应有自己的风格，通过服饰塑造出独特的个人形象，展示出个性美。不同的人有不同的风格和气质，在进行服饰穿搭时，要突出个人的气质，展示自己气质美好的一面。选择服装要充分考虑自身的条件，每个人的体型都会或多或少存在缺憾，可以通过巧妙的打扮着装扬长避短。要注意避免从众心理，避免被动地趋从和模仿，不能忽略自己特有的个性和气质盲目追逐时尚，以免弄巧成拙。要依据自己的体型、身材、肤色、职业、年龄、性格等因素，巧妙地打扮自己，才能拥有个性化的形象美。

（3）和谐原则。服装的选择不仅要与自身的体型、肤色、年龄、职业相协调，还要与自己参加的活动、出席的场合相配。T.P.O 原则表达了同样的意思，T.P.O 分别是英语 Time、Place、Occasion 三个词的字头，即着装要注意与时间、地点、场合相协调的原则。人们参与社会活动时，总是会处于特定的时间、地点和场合中，这些特定的场景暗含着对着装的要求。在婚礼等喜庆、欢乐的场合，宜选择款式活泼、色彩明快的服装。在出席庆典、宴会等庄重的场合，如参加外事活动，应遵守穿着规范，男子穿西装、系领带，衣服要熨平整，皮鞋应上油擦亮。在参加追悼会等悲哀的场合，应选择黑色或其他深色、素色的服装，与庄重、肃穆的气氛相协调。即使是一件被认为很漂亮

图 3-7 战国赵武灵王胡服骑射示意图

的服饰，也不一定适合所有的时间、地点、场合。要在不同的环境、场合展示出不同的形象美，着装要随着环境、场合而变化，不能千篇一律。遵循环境对着装的要求，有助于赢得周围人的认可，为下一步的成功奠定良好的基础。

3. 追求服饰美

（1）服饰的颜色选择。色彩对人的视觉刺激是最敏感、最快速的，因此，色彩美是最引人注目的。服饰色彩的搭配应遵循一般的美学常识，做到色调和谐、层次分明。服饰的色彩搭配，可以选择同色搭配，即由色彩相近或相同、明度有层次变化的色彩进行搭配，上浅下深、上明下暗，整体上就有一种稳重踏实之感。也可以选择一种起主导作用的基调和主色，配以各种辅助的颜色，造成一种互相陪衬的效果。

年龄因素。不同年龄的人有不同的着装要求，着装要与年龄相协调。年轻人的穿着，可以鲜艳、活泼，体现年轻人朝气蓬勃的青春美；而中老年人的着装则要庄重、含蓄，体现端庄的成熟之美。

体形因素。明亮的色彩有一种扩张感，会使着装者显得更高更大。因此高大的人，宜选择深色、单色的服饰，身材较矮的人宜选择色彩明快、柔和的服饰，可以造成修长之感。较胖的人服饰应以冷色调为主；偏瘦的人服饰则以明亮、柔和为好，太深或太暗的色彩反而显得瘦弱。

肤色因素。一般认为，皮肤颜色偏深的人在选择服饰颜色时应慎重，服饰颜色过深，会加深肤色偏黑的感觉；反之，色调过浅的服饰会反衬出肤色的黝黑。最适宜选用的是与肤色对比不强的粉色、蓝绿色，忌色泽明亮的黄色、橙色、紫色或色调过暗的褐色、黑色等。

性格因素。性格内向的人，一般倾向于较为沉着的颜色，如灰色、蓝色、黑色等；性格外向的人，一般偏好暖色，如红色、橙色、黄色、玫瑰红色等。

职业因素。不同的职业有不同的着装要求。如法官的服饰颜色一般为黑色，以显示出庄重、威严；银行职员的服饰颜色一般选用深色，这会给客户以可靠、信任的感觉。

（2）服饰的款式选择。每个人的形体都可能存在不同程度的缺陷，掌握扬长避短的着装方法，选择适当的款式，即使形体欠佳，也能穿出美的效果。比如，体型肥胖的人，服装款式要力求简洁、朴实；衣服要宽紧适度，不宜穿过分紧身的服装；服装色彩宜用深色，富有收敛性。身材矮小的人，宜穿带有竖线条的服装，不宜穿大花图案的衣服。肩部过宽的女性，不宜穿挑檐式肩袖的服装。腰部粗壮、腹部突出的女性，不要穿太紧身或太宽松的衣服，过分紧身或过于宽松的衣服都会突出腰、腹部的缺点。

二、内在美

（一）内在美概说

内在美是指人的内心世界的美，是人的思想、品德、情操、性格等内在素质的具体体现，所以内在美也叫心灵美。正确的人生观和人生理想，高尚的品德和情操，丰富的学识和修养，构成一个人的内在美。

俄国作家契诃夫说:"人的一切都应该是美丽的:容貌、衣裳、心灵、思想。"对于一个人来讲,真正的美,应当是内在美与外在美的统一。如果只有光鲜的外表,但是没有文化、没有修养、思想堕落,就是古人所说的:"金玉其外,败絮其中。"

一个人对社会的贡献决定了其内在美。从美感形成的机制分析,人的美感源于客观事物对其需求的满足程度。同样的原理,社会对一个人美丑的判断,最终是以这个人是否对社会的物质文明和精神文明的进步有积极作用为标准的。人的美的价值存在于为社会、为人类所做的贡献之中。从这个意义上讲,一个人的外表是否美对社会而言并不重要,重要的是这个人对周围人的贡献。一个人的思想、行为愈有利于他人、社会,其社会价值就愈大,其形象就愈高尚、愈美。一个人如果心地善良、乐于助人,他身边的人就能在他的身上体验到美感;一个人如果以天下为己任,先天下之忧而忧,后天下之乐而乐,则全社会都会认为他是美的。

个体的内在美汇合在一起构成整个国家的竞争力。19世纪英国道德学家塞缪尔·斯迈尔斯曾说:"一个国家的前途,不取决于国库的殷实,不取决于城堡的坚固,也不取决公共设施的华丽,而取决于这个国家国民品格的高下。"一个国家的整体实力,如看得见的基础设施、武装力量,如看不见的国民生产总值等统计数据,都是无数具备内在美的国民创造的,是他们的勤劳、智慧、奉献等美德的外在体现。

内在美比外在美所形成的美感更强烈、更持久、更深刻。美丽的容貌、光鲜的服饰、匀称的形体,都能给人以美感,但这些外在的美都是肤浅而短暂的,只有高尚的道德、完美的修养、超凡的能力、动人的品格才具有深入人心的感染力,具有超越时光的永恒魅力。正如伏尔泰所言,外表的美只能取悦于人的眼睛,而内在的美却能感染人的灵魂。罗曼·罗兰说:"唯有心灵能使人高贵。所有那些自命高贵而没有高贵的心灵的人,都像块污泥。"在外在美和内在美的辩证关系上,内在美是矛盾的主要方面,内在美比外在美更重要。

(二)社会主义核心价值观要求的内在美

党的十八大提出,倡导富强、民主、文明、和谐,倡导自由、平等、公正、法治,倡导爱国、敬业、诚信、友善,积极培育和践行社会主义核心价值观。其中富强、民主、文明、和谐是我国社会主义现代化国家的建设目标,自由、平等、公正、法治是社会层面的价值取向,爱国、敬业、诚信、友善是公民个人层面的价值准则,是评价公民道德行为选择的基本价值标准。

1.爱国之美

(1)爱国的内涵。爱国主义是指个人或集体对祖国的一种积极和支持的态度,是基于个人对自己祖国依赖关系的深厚情感,也是调节个人与祖国关系的行为准则,要求人们以振兴中华为己任,促进民族团结、维护祖国统一、自觉报效祖国。爱国主义是中华民族的光荣传统和崇高美德,是我们民族赖以存在、发展的情感纽带与精神支柱。战争年代,当国家面临生死存亡的危机,爱国主义表现为以"天下兴亡,匹夫有责"为信条,为国家的独立、尊严而英勇奋战,甚至牺牲自己的生命;林则徐的名言"苟利国家生死以,岂因祸福避趋之"是这一精神的生动表达。和平年代,爱国主义表现为刻苦学习、勤奋工作,为自己、为家人、为社会创造美好幸福的生活。现阶段,爱国主义的基本要求就是巩固最广泛的爱国统一战线,为维护祖国统一、加强民族团结、构建和谐社会、实现中华民族的伟大复兴做出自己的贡献。

(2)爱国英雄千古传诵。中华民族有悠久的爱国主义传统,历史上的爱国英雄灿若繁星,他们都青史留名、流芳百世。关于爱国的故事,民间流传最广的就是宋朝时的岳母刺字:岳飞抗金不利,心情郁闷,私自回家探母。岳飞的母亲促其回营抗敌,并在岳飞背上刺"精忠报国"四字。岳母刺字时,先在岳飞脊背上用毛笔书写,再用绣花针刺就,然后涂以醋墨,使之永不褪色,使其永以报国为志,终身报效祖国。岳母刺字的故事只是民间传说,没有正式的历史文献佐证。历史上的岳飞是南宋杰出的军事统帅、抗击北方金国入侵的英雄。他在抗金斗争中苦撑危局,连战连捷,止住了金人南下的步伐,保住了南宋半壁河山,使南宋人民免遭金人的蹂躏。他治军赏罚分明,纪律严整,又能体恤部属,以身作则,他率领的"岳家军"号称"冻死不拆屋,饿死不打掳"。金军有"撼山易,撼岳家军难"的评语,以示对岳家军的由衷敬佩。岳飞后来遭奸臣陷害身死,但是他的爱国英雄形象永远留存人们心中,他的爱国词作《满江红》表达了慷慨壮烈的英雄气概,激励着一代代后人。岳飞之后的南宋名臣文天祥也是在国家生死存亡之际,挺身而出,不怕牺牲,毅然率兵抗元。他兵败被俘后被押送大都(今北京),囚禁四年,经历种种严酷考验始终不屈,写下千古名句"人生自古谁无死,留取丹心照汗青",于1283年从容就义,年仅47岁。

中华民族在抗日战争期间经历了近代史上最大的劫难,侵华日军烧杀抢掠、无恶不作。中国人民不畏强暴、奋起反抗,更有无数爱国英雄为了人民的安全、国家的尊严,英勇奋战直至献出宝贵的生命。杨靖宇在东北组织抗日联军,率领东北军民与日寇血战于白山黑水之间,在冰天雪地、弹尽粮绝的紧急情况下,最后孤身一人与大量日寇周旋,战斗几昼夜后壮烈牺牲。杨靖宇死后日本人剖开了他的肚子,发现他的胃里除了尚未消化的草根和棉絮,连一粒粮食都没有,不禁感叹其为壮烈的英雄。杨靖宇将军被评为100位为新中国成立做出突出贡献的英雄模范之一。

钱学森则是当代爱国知识分子的杰出典范。1947年,年轻的钱学森因为在火箭研究领域的卓越才能被美国麻省理工学院聘为终身教授,这是一个很高的荣誉,也预示着优厚待遇和远大前程。当钱学森得知中华人民共和国成立的消息后,毅然决定放弃美国的优越条件,要为建设新中国贡献自己的力量。他的决定引起美国有关方面的恐慌。他们认为钱学森的专业技术如果带回去,中国的科学技术将实现飞跃,有人甚至表示:"宁可把钱学森枪毙了,也不让他离开美国!""钱学森至少值5个师的兵力。"尽管美方百般阻挠,钱学森依然没有屈服。经过五年的斗争,在中国政府的支持下,钱学森终于回到祖国。他以对祖国、对人民的无限热爱与忠诚,满腔热情地投入我国国防尖端科学研究工作,为我国火箭、导弹和航天事业的创建和发展,做出了历史性的卓越贡献,被誉为"中国航天之父""中国导弹之父""中国自动化控制之父""火箭之王"。

（3）爱国是必然的选择。爱国是一种自然而朴素的情感。就像俗话说的那样，"儿不嫌母丑，狗不嫌家贫"，对于生于斯长于斯，并且用自己的双手辛苦建设的祖国，即使并不完美，人们依然会有感情。科学家李四光说："我是炎黄子孙，理所当然地要把学到的知识全部奉献给我亲爱的祖国。"因此，也就可以理解诗人艾青写下的诗句："为什么我的眼里常含泪水？因为我对这土地爱得深沉。"

国家是国民的庇护所。国家对外建立牢固的国防，保护国民的生命财产安全。当国力下行，每次异族入侵都导致山河破碎、生灵涂炭。抗日战争中日本侵略者在中国犯下滔天罪行，给中国人民带来了深重灾难，使中国军民伤亡3 500余万人，经济损失达6 000亿美元以上，仅在南京一座城市就制造了一次屠杀三十万人的惨案。和平年代，有的人不能认识到爱国主义的深刻意义，仅仅是因为他们对和平生活习以为常了。事实是，只有在强大的包括军事实力在内的国家综合实力庇护下，人民才可以安享幸福美好的生活。因此，嘲笑爱国主义是认识能力存在严重问题的表现，正如英国诗人拜伦所说的，凡是不爱自己国家的人，什么都不会爱。

中国是一个值得国人自豪的国家。中华文明是世界最为悠久的文明，世界最早出现植物、动物驯化的地区就包括中国，中国是最早脱离原始社会进入农业文明的国家之一。中国在两千多年前就实现了国家的统一，并维持统一的状态直到当今。几千年来，在这片土地上繁衍生息的人民有着同样的血统，说着同样的语言，传承着同样的文化，这种独一无二的文明传承体现了无与伦比的文化生命力。在几千年的历史中，中华文明在绝大多数的时间里都处于世界领先地位。仅仅是在工业文明出现之后的两三百年进入了暂时的发展低潮。但是，有识之士并不因此失去对中国的信心。拿破仑在两百年前曾说："中国是一头沉睡的雄狮，当这头睡狮醒来时，世界都会为之颤抖。"如今，经过四十年的高速发展，中国已经再次站到了世界的前列，在经济、军事、科技、文化等各个领域都成为不可忽视的力量。特别是中国的经济发展创造了世界奇迹：中国生产的商品行销世界各国，为全世界提供物美价廉的生活物资；中国的基础设施建设能力冠绝全球，被誉为"基建狂魔"，中国的建筑公司正在世界各地建设高铁、桥梁、体育场馆……生活在这片土地上的人们，有充分的理由热爱这个国家。

在这特殊的历史时刻，中国人更要团结爱国，要认识到所有中国人是利益共同体，要自觉地把自己的利益与国家的利益统一在一起，为国家、也为自己争取更好的发展空间。当然，正确的爱国方式，并不是盲目地吹捧、歌颂，而是要发挥自己的聪明才智，为国家的发展做出自己的贡献，成为中华民族伟大复兴的推动力量。

2. 敬业之美

（1）敬业的内涵。敬业可以通俗地理解为做好自己分内的工作，完成自己的任务，更主要的是指一个人对自己所从事的工作负责的态度。劳动和工作是人类社会存在和发展的基础。生产劳动的重要性决定了敬业的重要性，敬业是人存在与发展的本质所在。敬业，是每个人立足于社会的基础，决定一个人的成就进而决定其对社会的价值。一个人的价值，不是以其生命的长度计算的，而是以其成就的事业决定的。一个人的敬业之美，常常是通过尽职尽责体现出来的，忠于职守，克己奉公，服务人民，服务社会，体现职业精神，是一个人内在美的首要体现。每个人承担责任，完成好自己的工作，是社会顺畅运转的基础，也是和谐社会、幸福生活的基础。个人成就的大小与价值的实现，团队事业的成功与组织目标的实现，国家的发展与社会的进步，都有赖于每个人的敬业。

（2）敬业的人们是社会的脊梁。任何一个国家想要实现稳定发展，都离不开国民的敬业工作。国民如果敬业，尽一切努力履行自己的责任，则国家强盛，社会进步；国民如果消极应付工作，则社会必然陷入衰退。因此，在任何一个国家，敬业都是全社会共同推崇的美德。

中华民族是敬业的民族，敬业之美具有深厚的历史积淀。在几千年的历史中，中国绝大多数的时间都处于世界的前列，甚至是长期居于世界最发达国家的地位，创造了古老而又卓越的文明。其中的奥秘就在于中国人民的勤劳苦干。诸葛亮是我国历史上著名的政治家、军事家，被视为中华民族智慧的化身，也是敬业之美的典型代表。东汉末年，魏、蜀、吴三国鼎立，面对蜀国国小人少、实力薄弱的现实，诸葛亮对内充实国家力量，安定人民生活，注重选拔人才，任人唯贤；对外建立吴、蜀联盟，全力对付魏国。诸葛亮一生不辞辛苦，兢兢业业，为国为民，呕心沥血，践行了他在《后出师表》中所说的："鞠躬尽瘁，死而后已。"

改革开放以来，我们同样依靠敬业奉献，缔造了中国经济发展的奇迹。2009年，一群来自深圳的普通工人成为美国《时代》周刊的年度人物。美国《时代》杂志每年年底都会评选年度风云人物（Person of the Year），评选的宗旨是"对新闻和人们生活影响最为重大的人"。这些日常生活中默默无闻、不受人关注的平凡劳动者，却成了《时代》杂志眼里"影响最为重大的人"。这些普通的劳动者，通过自己的勤劳和智慧，不仅改变了自己的命运，实现了梦想，而且推动了国家的发展，成就了中国经济腾飞的奇迹。2019年我国GDP总量接近100万亿人民币，稳居世界第二，人均GDP超过1万美元，所有这些财富的创造，都是无数劳动者艰苦奋斗、勤奋敬业、拼搏奉献的结果。习近平指出："幸福不会从天而降，梦想不会自动成真。实现我们的奋斗目标，开创我们的美好未来，必须紧紧依靠人民，始终为了人民，必须依靠辛勤劳动、诚实劳动、创造性劳动。" 中华民族的伟大复兴，需要14亿中国人都在自己的岗位上尽职尽责。

（3）主动、勤奋、严谨、钻研是敬业之美的四要素。

① 主动。敬业之美首先体现在对工作任务的主动承担。阿尔伯特·哈伯德的作品《把信送给加西亚》讲述了一个"把信送给加西亚"的传奇故事。1898年，美西战争一触即发，美国总统麦金莱迫切需要与古巴岛的起义军首领加西亚将军取得联系，以便结成同盟共同对抗西班牙。可是加西亚正在古巴的丛林中作战，没人知道他的具体方位。危急时刻，年轻中尉安德鲁·罗文挺身而出，承担起将这封具有战略意义的书信送给古巴盟军将领加西亚的任务。他没有任何推诿，不讲任何条件，历尽艰险，徒步三周穿过危机四伏的古巴丛林，以其英勇无畏的精神、强烈的责任感和创造奇迹的主动性完成了这件"不可能的任务"，把信交给了加西亚。罗文的可贵之处在于主动承担任务，忠实履行自己的职责。尽管送信

的对象行踪难觅，送信的路途危机四伏，要完成这项任务无疑是困难重重，但是他不以任何理由为借口，尽自己最大的努力，出色地完成了任务。因此，不推诿，积极主动地勇挑重担，是敬业之美的首要要素。

②勤奋。业精于勤，无论是学习还是工作，要想取得成功都离不开勤奋。只有勤奋，才能提高能力弥补自己的不足，在机遇到来时做好充足的准备，克服工作中的困难迎来事业的成功。因此，勤奋是一切事业成功的必要条件。爱因斯坦说："人们把我的成功归因于我的天才，其实我的天才只是刻苦罢了。"科比·布莱恩特是美国职业篮球联赛洛杉矶湖人队的超级巨星。一次，记者问他："你为什么能如此成功？"科比反问道："你知道洛杉矶凌晨四点钟是什么样子吗？"科比在篮球上的巨大成功，秘密就在于他超出常人的勤奋。他对自己的训练要求极其严格，每天必须投进1 000个球才结束训练，甚至经常在大家结束训练以后继续在黑暗中练习投篮，右手受伤了就用左手继续练习，长期的艰苦训练使他从一个普通球员成长为世界顶尖的篮球运动员。2020年初，科比·布莱恩特意外去世，全世界的球迷都深切地悼念他。人们悼念他，不仅仅因为他是一个优秀的篮球运动员，更因为他对自己职业的执着追求。科比去世了，但是他的敬业之美激励着全世界的青年人全力追求自己的事业。

③严谨。任何事情，要取得成功，都必须做到严谨认真，不能投机取巧，要高标准完成每个细节，不回避任何一个问题，尽最大努力追求完美。荀子说："凡百事之成也，必在敬之；其败也，必在慢之。"著名的企业家王永庆，从不名一文的农家子弟发展为亿万富豪，靠的就是一丝不苟的敬业精神。20世纪30年代的台湾，农业生产技术还很落后、粗糙，稻谷收割后都是铺在马路上晒干后再脱粒，因此大米里会掺有不少沙粒、小石子等杂物。人们在做饭前要反复淘洗，非常麻烦。但是因为这种现象很普遍，所以无论买家还是卖家都习以为常，见怪不怪，甚至有人故意往米里掺沙子，以次充好。但王永庆不能容忍这些，他会将掺杂在大米里的杂物统统清理干净再出售，因此，他店里米的质量明显优于其他米店，这个情况一传十、十传百，王永庆的米店生意也一天比一天好起来，每天都要加班加点地处理顾客的订单。清除米里的杂物，是谁都会做的不起眼的事情，但是这个简单的事情背后，体现的却是严谨的敬业精神，正是这种严谨的敬业精神，使王永庆在小生意的竞争中胜出，后来又支撑他创办台湾塑胶工业公司，成为台湾的"塑料大王"，并被誉为中国台湾的"经营之神"。

④钻研。敬业不是单纯地完成任务，敬业除了要兢兢业业、任劳任怨外，还要不断地加强学习，掌握最前沿的知识，积累最丰富的经验，精选最适用的方法，成为工作方面的行家里手，进而锲而不舍、努力奋进，在恪尽职守的基础上大胆尝试，勇于探索，锐意进取，通过不断地创新追求更高的目标。全国劳动模范许振超是青岛港的吊车司机。他爱说的一句话就是："干活不能光用力气，还要动脑筋；干一行，就要爱一行，精一行。"这位只有初中文凭的桥吊专家，通过刻苦钻研，从普通工人迈进了技术主管的行列，并且多次刷新世界集装箱装卸纪录。他的事迹告诉人们，每个具有敬业精神的人，都要积极探索，努力创新，不断在自己的工作岗位上绽放出全新的光彩。

3. 诚信之美

（1）诚信的内涵。诚信即诚实守信，诚实就是为人真诚、坦率、不口是心非；就是忠于事物的本来面貌，不隐瞒自己的真实思想，不掩饰自己的真实感情，不说谎，不作假，不为不可告人的目的而欺瞒别人。守信就是在人际交往中恪守承诺、决不食言，忠实于自己的义务，做到言必信、行必果，一言九鼎。诚信是一个人待人接物、立身处世的基本准则，说老实话、办老实事、做老实人是人的基本要求，一个人只有诚实守信才能得到周围人的认可。诚信也是企业的灵魂、生命，是企业生存和发展的永恒动力，失去了诚信，企业必将衰亡。诚实守信也是对政府的要求，政府公布的信息应当全面、准确、真实，非因法定事由并经法定程序，行政机关不得撤销、变更已经生效的行政决定。诚信是一种社会道德资源，在社会生活中扮演着极其重要的角色，是社会存续发展的基础。

（2）诚信之美是照亮人生道路的明灯。诚信是人类共同珍视的美德，诚信文化源远流长，无论是东方文明还是西方文明，都将诚信置于极其重要的地位。孔子强调：民无信不立，"人而无信，不知其可也"。莎士比亚认为，"没有一种遗产能像诚实那样丰富的了"。歌德说，"始终不渝地忠实于自己和别人，就能具备最伟大才华的最高贵品质"。

《伊索寓言》里"狼来了"的故事在民间广为流传：一个孩子经常用"狼来了"去糊弄人，让大家都放下手中的工作去救他，但是到后来大家都不信任他了，当有一天，狼真的来了的时候，没人相信他，他的许多羊都被狼咬死了。东西方的人们都用这个简单的故事教育孩子要诚实，不要撒谎。

中国历史上，因诚信而流传的故事比比皆是。曾子杀猪践诺就是一个经典的诚信教育的故事。曾参，孔子门生中七十二贤之一，他博学多才、德行高尚。有一次，他的妻子要到集市上办事，年幼的儿子吵着要去。曾参的妻子为了安抚儿子，便哄他说："你在家好好玩，等妈妈回来，将家里的猪杀了煮肉给你吃。"不料，曾参却真的把家里的一头猪杀了。他说："孩子没有辨别能力，都跟父母学，哄骗他，等于是在潜移默化地教他学习欺骗。"当今社会，诚信依然是人人推崇的最重要的美德，许多人因为坚持诚信而被全社会颂扬。孙水林、孙东林兄弟，湖北省武汉市黄陂区建筑商人。2010年2月9日（农历腊月廿六），在京、津做建筑工程的孙水林，驾车带着妻子、三个儿女和26万元现金从天津出发，准备赶回老家过年，同时给先期回汉的农民工们发放工钱。次日凌晨行至南兰高速开封陇海铁路桥路段时，由于路面结冰，发生重大车祸，20多辆车连环追尾，孙水林一家五口遇难。孙东林为了完成哥哥的遗愿，顾不上安慰年迈的父母，在腊月二十九将工钱送到60多名农民工手中。由于哥哥的账单多已找不到，孙东林让农民工们凭着良心报领工钱。"新年不欠旧年账，今生不欠来生债"，孙水林、孙东林兄弟20年信守承诺，被人们誉为"信义兄弟"，并入选感动中国2010年度人物。

西方世界同样不乏类似的美谈。格兰特将军是南北战争时期北方军统帅、美国十八任总统，他的陵墓位于纽约的河边公园，旁边还有一座小孩子的陵墓，在墓碑旁边的一块木牌上，记载着一个感人至深的关于诚信的故事：1797年，这片土地五岁的小主人，不慎从悬崖上坠落身亡。其父伤心欲绝，将他埋葬于此。数年后，家道衰落的老主人被迫将这

片土地转让。出于对儿子的爱，他提出一个奇特的要求，他要求新主人把孩子的陵墓作为土地的一部分，永远不要毁坏它。新主人答应了，并把这个条件写进了契约。这样，孩子的陵墓被保留了下来。沧海桑田，一百年过去了。这片土地不知道被辗转出售过了多少次，但孩子的陵墓仍然还在那里，依据当初的约定，被完整无损地保存了下来。到了1897年，这片"风水宝地"被选中作为格兰特将军陵园。政府成了这块土地的主人，无名孩子的陵墓在政府手中依旧被完整无损地保留下来，成了格兰特将军陵墓的邻居。又一个一百年以后，1997年，是格兰特将军陵墓建立一百周年，也是小孩去世两百周年，人们把这个动人的故事刻在木牌上，立在无名小孩陵墓的旁边，让这个关于诚信的故事世代流传。

（3）诚信之美是企业良好发展的基石。企业的天性就是逐利，然而诚信往往是获取利益的前提。一个讲究诚信的企业，往往可以在经济上得到长远的、丰厚的收益；反之，不讲诚信的企业不仅会受到道德的谴责和法律的严惩，而且在经济上也只能获得一时的好处而不能获得长久的利益。西方经济学鼻祖亚当·斯密说："一个人如果常常和别人有生意上的来往，他就不盼望从一次交易契约来图非分的利得而宁可在各次交易中诚实守约。一个懂得自己真正利益所在的商人，宁愿牺牲一点应得的权利，而不愿启人疑窦。"诚实守约是经营活动继续进行的前提。

我国历史上很早就已经有了相当成熟的"诚信经营"的观念，不仅有富商子贡货真价实、吕不韦诚信经商的故事流传，《史记·货殖列传》《后汉书·食货志》等古籍都有关于"诚实经营""童叟无欺"的阐述。然而在我国重启市场经济的初期，一些人不能理解市场信用的真谛，在经营活动中试图通过不正当手段赚取额外收益，有的以次充好、缺斤少两；有的言而无信，视合同为儿戏，甚至订立虚假合同；有的甚至在食品、药品生产中偷工减料，谋财害命，引发公众对食品安全的担忧。

当然，利欲熏心的失信者是少数，诚实经营的守信者是主流。经过多年的市场经济发展，人与人之间的相互信任关系逐步稳固，全社会的信用体系逐步完善，为经济活动的开展创造了优越的外部环境。以人们已经习以为常的数字经济为例，网上交易的一大特点就是改变了"一手交钱一手交货"的传统交易习惯，买方付费之后需要等待送货，而这个等待的过程中理论上存在不能收到或者收到的货物质量不合格等风险，但是参与网上交易的所有人都接受这样的安排，这种行为的背后逻辑就是信任交易方，相信网上交易的安全性。这种创新的交易方式不仅降低了经济活动的成本，提高了效率，更重要的是潜移默化地培养了人们之间的相互信任，对信用社会的建设大有裨益。

（4）诚信之美是社会正常运转的支柱。在《论语·颜渊》篇中有一段对话叫作"子贡问政"，就是子贡向孔子请教治理国家的办法。孔子说，只要有充足的粮食，充足的战备，以及人民的信任就可以了。而子贡问道，如果迫不得已要去掉一项，三项中先去掉哪一项？孔子说，去掉军备。子贡又问，如果迫不得已还要再去掉一项，两项中先去掉哪一项？孔子说，去掉粮食。如果没有人民的信任，什么都谈不上了。可见在这段对话中，孔子强调了一个"信"字。"信"是根本，没有了"诚信"一个政府就不可能存在。

商鞅立木的故事，形象地证明了信用对政府施政的重要性。战国时期商鞅在秦国实施变法，推出新法令，为了取信于民，商鞅命人放了一根木头在城墙南门，贴出告示说，如有人将这根木头搬到北门就赏十金。所有民众都不信。直到将赏金提升至五十金时，才有一位壮士将木头搬到了北门，商鞅如约给了他五十金。此举帮助商鞅取得了民众的信任，使改革措施得以顺利地推行。

当代社会，政府在社会管理中扮演着更重要的角色，政府诚信更加重要，是社会诚信的基石和灵魂，应发挥示范和表率作用，成为社会诚信的典范。诚信政府的建设，一方面体现为政府自己守信。依据中华人民共和国国务院印发的《全面推进依法行政实施纲要》的规定，诚实守信是行政管理必须坚持的基本原则："行政机关公布的信息应当全面、准确、真实。非因法定事由并经法定程序，行政机关不得撤销、变更已经生效的行政决定；因国家利益、公共利益或者其他法定事由需要撤回或者变更行政决定的，应该依照法定权限和程序进行，并对行政管理相对人因此而受到的财产损失依法予以补偿。"诚信政府的建设的另一方面体现为政府能够提供诚信制度保障，为社会提供诚信的环境，曝光各种造假欺诈和诚信缺失行为，提高社会主体的失信成本，让那些失信的人为自己的行为付出惨痛代价，让失信者无利可图，形成全民守信、全民颂扬诚信之美的社会氛围。

4. 友善之美

（1）友善的内涵。友善是指人与人之间亲近和睦的关系。要形成亲近和睦的关系，每个人都应当心存善念，对身边的人、环境保有一个友善的基本态度，像对待自己那样对待周围的人。在与别人相处过程中，始终保持友善的态度；在对别人不充分了解的情况下，不轻易评论，特别是不轻易做出对别人不利的结论；在别人处于困境的时候，积极提供力所能及的帮助；当与他人形成分歧、甚至是形成矛盾的时候，在坚持自己的基本原则的基础上，尽量谦让，尽量缓和矛盾；对他人的缺点，持一种宽容的态度，不应一味地指责、批评，而应先着眼于问题的解决，同时以一种建设性的态度，帮助他人改正错误，弥补缺点。

友善是中华民族千百年保持的传统美德，传统文化中有大量关于友善思想的论述。《论语》中说，"礼之用，和为贵"，强调以一种和谐友善的态度来对待自然、社会和他人，以一种宽广的胸怀来处理各种关系。与其他美德不同，友善被理解为是人的一种与生俱来的天赋，《三字经》开篇就是"人之初、性本善"。孟子说："所以谓人皆有不忍人之心者，今人乍见孺子将入于井，皆有怵惕恻隐之心……由是观之，无恻隐之心，非人也。"他表达的意思是："每个人都有怜悯体恤别人的心情，如果今天有人突然看见一个小孩要掉进井里面去了，必然会产生惊惧同情的心理……由此看来，没有同情心，简直不是人。"孟子是儒家的重要代表人物，儒家思想里首先就强调仁爱，提倡博爱，提倡将心比心，推己及人。"老吾老，以及人之老；幼吾幼，以及人之幼。"儒家思想是中国古代的主流意识，对中国社会有深远的影响，儒家倡导的"仁爱"观念也成为中国人共同奉行的准则。在新的历史阶段，友善的传统美德得到了传承和发扬。2001年的《公民道德建设实施纲要》中就把"团结友善"作为公民应当遵守的基本道德规范。2012年党的十八大报告将友善确立为社会主义核心价值观的重要内容。作为公民应当坚守的社会主义核心价值观，友善在化解社会张力、调整社会心态、营造社会和谐的实践中具有基础性地位。

（2）友善之美的不同层面。友善首先是一种个体的道德修养，表现在对道德价值的追求，是自我完善的达成。友善的行为是我们内在友爱和善的理念的外化。一个内心阴暗的人是不会有友善的态度和友爱的精神的。生活中一些人不能做到友善，根源恰恰在于其内心没有仁爱的观念。友善地对待他人、对待社会、对待自然，根本在于自己修养的提升。友善要求要像对待自己、对待朋友那样善良地对待每一个人。要做到这一点，就要求人们内心有爱，然后才能善良地给人提供帮助。因此，友善的动力来自内心的仁爱。子曰："仁者爱人。"只有自己内心有仁爱之心，才能够把这种爱传递给他人。友善是爱心的外化，只有宅心仁厚，才能关爱他人。

友善更加体现在人际关系中。友善首先体现为助人为乐，成人之美。孔子将善作为区别君子与小人的标准：成人之美是君子的标志，损害他人则是小人的特点。道家更是把友善作为一种人生智慧，老子在《道德经》里说："上善若水。水善利万物而不争……"最高的善就像水那样，具有滋养万物生命的德行，使万物得到它的利益，而不与万物争利。要发扬助人为乐的美德，把别人的困难当成自己的困难，给予热情的帮助和关怀；应有恻隐之心，对他人的遭遇报以真诚的同情。人际关系中的友善还体现为宽容他人，理解他人，体谅他人，拥有宽阔的胸怀。清康熙年间，张英在朝廷任文华殿大学士、礼部尚书。老家桐城的老宅与吴家为邻，两家府邸之间有个空地，供双方来往交通使用。后来邻居吴家建房，要占用这个通道，张家不同意，双方将官司打到县衙门。张家人还写了一封信，给在北京当官的张英，请求张英出面干涉此事。张英收到信件后，给家里回信中写了四句话：千里来书只为墙，让他三尺又何妨？万里长城今犹在，不见当年秦始皇。家人阅罢，主动让出三尺空地。邻居吴家见状，深受感动，也主动让出三尺房基地，这样就形成了一个六尺的巷子。两家的礼让之举传为美谈。

友善是社会生活的润滑剂。友善首先是一种利他的表现，友善的人对其周围的人都有帮助的作用。同时，友善不仅是与人为善，不仅是有利于其他人，也是一个有利于自己的选择，最终会形成一个双赢的理想局面。个人形成友善的价值观，就更容易与其他人建立善意的情感联系，有利于其积极地参与社会交往，形成社会认同。《周易》里说，积善之家必有余庆，积不善之家必有余殃。这并不是盲目的、没有依据的迷信，而是一个符合逻辑的结论。爱人者，人恒爱之。如果每个人都以友善对人，就会形成一个相互友好、相互支持的美好环境，正如歌里唱的那样，"只要人人都献出一点爱，世界将变成美好的人间"。鼓励公民的团结合作，通过制度建设在公民之间构筑互利互惠的渠道，倡导公民之间的平等、友爱、互助关系，让所有社会成员共享社会合作体系的成果，将对社会主义和谐社会的构建起到有效的促进作用。

（三）其他内在美

社会主义核心价值观中的爱国、敬业、诚信、友爱，是对全体公民的要求，同时也是一个相对普通的要求。这些美德是内在美的基础部分，但并不是内在美的全部。人的内在美有丰富的内涵，所有超越主客观束缚而有所成就、造福自己同时造福社会的人和事以及其体现的内在力量，都能给人精神上的美感。除社会主义核心价值观之外，还有其他类型的内在美，很多人或者以其对人类、对社会的突出贡献，或者以其自身完美的修养，或者以其攻坚克难、积极进取的努力，展现人性之美的光辉。

1. 崇高之美

（1）崇高之美的内涵。崇高是雄伟、高大的意思，进而引申出宏伟、壮阔、雄浑、豪放等含义。崇高又是一个美学范畴，首先是自然美的一种类型，自然事物以其粗犷、伟岸的外部姿态、雄伟的气势，使审美主体受到震撼，如奔腾咆哮的黄河、高耸入云的雪山等，都呈现一种力量的美、阳刚的美，一种震撼人心的崇高之美，使人们产生敬仰和赞叹的情感；社会美中同样存在崇高之美，许多人物和事迹也具有崇高的审美属性。社会生活中那些推动历史前进的代表人物，他们的丰功伟绩常在民族危亡的关键时刻救黎民于水火、解百姓于倒悬，或者通过百折不挠的努力，为人类拓展更大的生存活动空间；还有一些普通人，他们的能力并不出众，生活状态也很平凡，但为了坚持正义以相对弱小的力量与强大敌对势力抗争，或者在生死关头以大无畏的勇气力挽狂澜，展现出崇高的精神力量。

（2）伟人的崇高之美。北宋思想家张载有一段名言："为天地立心，为生民立命，为往圣继绝学，为万世开太平。"每个民族都有自己的民族英雄，在本民族面临发展波折的时刻挺身而出，带领大家克服困难、渡过危机，他们的领袖风范闪耀着崇高之美。

《圣经·出埃及记》讲述了犹太人在其民族英雄摩西带领下重返故乡的故事。约公元前1720年，犹太人为逃避饥荒从故乡迦南来到埃及，开始了四百多年寄人篱下、受人奴役的苦难史。公元前14世纪，一个杰出的犹太人摩西决定拯救处于水深火热中的犹太民族，他说服族人一起返回千里之外的故乡，并经过不屈的斗争，争取到埃及法老准许犹太人以和平方式离开。约公元前1290年，摩西率领犹太部族踏上返回故乡的征途。但法老自食其言，亲领军队追赶。摩西率领同胞成功地逃脱了法老军队的追击，出埃及，越红海，重返故乡迦南，为犹太人带来了新生，揭开了犹太历史的新篇章。摩西是犹太人公认的伟大领袖和民族英雄。这段故事在《圣经·出埃及记》有记录，并且在不同时期多次被拍成电影，1960年的电影《出埃及记》主题歌曲气势恢宏，震撼人心。

大禹则是中华民族历史上做出巨大贡献的伟大人物。他生活在约公元前2200年。当时，黄河泛滥，大禹受命治水。大禹率领民众，与洪水斗争，最终获得了胜利。面对滔滔洪水，大禹从前人治水的失败中吸取教训，改变了"堵"的办法，对洪水进行疏导，体现出他因势利导的聪明才智；大禹为了治理洪水，长年在外与民众一起奋战，置个人利益于不顾，"三过家门而不入"。大禹治水13年，耗尽心血与体力，终于完成了治水的大业。大禹通过治水改变了华夏民族生存的环境，使人民安居乐业，奠定了华夏民族繁衍发展、繁荣昌盛的基础。

沧海横流方显英雄本色，当一个民族、一个国家面临险境的时候，往往也是英雄人物辈出的时候。第二次世界大战是人类历史上范围最大、造成损失最惨重的武装斗争，是对人类物质文明一次巨大的摧残，对各国人民来说都是深重的灾难。同时，各个国家都有自己的国家英雄，在极端困难的条件下带领全国人民艰苦作战，拯救自己的国家免于法西斯

的奴役，挽救世界文明的毁灭。时任英国首相的丘吉尔在第二次世界大战中发挥了中流砥柱的作用，他坚决抵抗德国纳粹的进攻，避免了英国沦陷，迫使德国陷入两线作战；他用富有感染力的演讲激励英国人民，使他们对争取战争胜利充满希望；他顶住了国内外压力与苏联结盟，同时积极说服美国加入盟军，使同盟国与轴心国的力量对比发生根本的变化，为取得第二次世界大战的全面胜利奠定了坚实的基础。2002年，英国广播公司（BBC）进行了一个"最伟大的100名英国人"的调查，结果丘吉尔被选为有史以来最伟大的英国人。在中国，毛泽东是抗战胜利的伟大领袖。他最早提出抗击日本侵略者，号召全国人民动员起来、武装起来，建立最广泛的抗日民族统一战线，反对日本帝国主义的侵略。他发表长篇演讲《论持久战》，透彻地分析了中日双方的国家性质、强弱、大小和战争的性质，明确指出抗日战争要经过艰难的历程，经过长期抗战，胜利最后属于中国。他主导制定了正确的战略战术，开辟了敌后根据地，使日本侵略者陷入地雷战、地道战等人民战争的汪洋大海之中。毛泽东领导的中国共产党、人民军队取得了全民族抗战的全面胜利，洗刷了中华民族的百年耻辱，实现了中国由衰败走向振兴的伟大转折。

（3）普通人的崇高之美。鲁迅说，"我们从古以来，就有埋头苦干的人，有拼命硬干的人，有为民请命的人，有舍身求法的人……这就是中国的脊梁。"历史由伟人和普通人共同创造。伟人通过卓越的丰功伟绩展现崇高之美，普通人也可以因为在平凡生活中的超凡表现而闪现崇高之美。

日常生活中常常有这样的事情：意外突然发生，一个不起眼的普通人挺身而出，冒着生命危险将危机化解。比如，一辆卡车在加油站突然起火，随时可能爆炸，司机没有自顾自逃跑，而是镇定自若地将车开到无人的安全地带……再比如快递员不顾个人安危，徒手爬上六楼，解救身陷险境的孩子……默默无闻的普通人，一瞬间爆发出巨大的能量，克服具有毁灭力量的外部危险，同样展现令人敬佩的崇高之美。

图3-8　西班牙阿维拉的圣·特雷莎修女雕像

危急时刻纾忧解困的英雄，因为其戏剧性的事迹获得较多的关注，其崇高之美具有爆发的感染力。还有更多的普通人，长期坚持扶贫济困，经过长年的积累，他们平淡无奇的善举发展成为令人赞叹的壮举，这些普通人身上也闪耀着炫目的崇高美。

天津的白方礼老人，从1987年开始，连续十多年，靠自己蹬三轮车的收入，累计捐款约35万，帮助三百多个贫困孩子实现上学的梦想，直到他年近90岁。2009年8月10日，在中央宣传部、中央组织部等11个部委联合组织的评选活动中，白方礼光荣当选全国100位新中国成立以来感动中国人物。

出生于科索沃的圣·特雷莎修女（图3-8），远赴印度加尔各答，一生致力于消除贫困，照顾饥饿的、无

家可归的人，关心社会最底层不受欢迎的人。1952年，她开办了垂死者收容院"静心之家"，给垂死者医疗照顾，让他们有尊严地死去；其后相继开办了麻风病人收容院"和平之城"，孤儿收容院"无暇之心"，她救助了无数苦难的人们。1979年她获得诺贝尔和平奖，1999年她以压倒性的优势被美国人民投票选为二十世纪最受尊敬人物。

2. 进取之美

（1）进取是人类的天性。进取就是不满足于现状，坚持不懈地追求新的目标。进取是人类的天性。人类如果不思进取，安于现状，就不可能从动物界脱颖而出。从走出非洲、驯化各种植物动物到现代的无数科学发明，无不体现了人类不断进取开拓创新的天性。整个人类发展的历史，就是一部不断进取、开拓创新的历史。

积极进取，努力追求新的高度，是每代人、每个人不可推卸的责任。《易经》中说，"天行健，君子以自强不息"，意思是君子应当效法天体运转不息，自强不息，进德修业永不停止。人生的意义，就在于确立远大的理想和抱负，从眼前做起，向最高目标努力，造福社会，实现个人价值最大化。每个人的条件不同，事业目标必然有所不同。不以成败论英雄，进取的努力程度才是评价一个人成功与否的标准。海伦·凯勒是美国盲聋女作家和残障教育家，她在19个月的时候因猩红热失去了视力、听力和语言表达能力。然而就在黑暗而又寂寞的世界里，她学会了读书和说话，成为一个学识渊博，掌握英、法、德、拉丁、希腊五种文字的著名作家和教育家。她在作品《假如给我三天光明》中热情地赞美了养育了人类的大自然，歌颂了人类往昔的历程与现代的文明、灿烂的文化和沸腾的生活，她的成就也许并不引人注目，但她奋斗进取的精神感动了无数的人。

（2）进取是国家繁荣昌盛的保证。中国的历史发展充分说明进取的重要意义。由于中国人的勤奋进取，中国在数千年的历史上长期居于世界领先地位，向其他国家输出物资、技术和文化。但是，工业革命后欧洲科学技术高速发展，中国却陷入了停顿。马可·波罗游记描绘的中国景象在西方人心目中形成了虚幻的繁荣印象。因此，英国第一次派出使团访问中国的时候，来访的使者都惊讶于中国的贫穷与破败。比贫穷与破败更可怕的是乾隆皇帝的傲慢、固执、封闭。英国使团提出的互通贸易的要求被拒绝，赠送的礼物被封存，几十年后第二次鸦片战争英法联军洗劫圆明园时，意外地在仓库里发现当年马戛尔尼使团献给乾隆的火炮，不仅原封未动，而且处在随时可以发射的良好状态。在那个历史时期，中国失去了进取精神，直接导致了贫穷落后。经过一段低潮，进取再次成为中国的主旋律。尤其是改革开放的几十年里，全国人民昂扬向上，开拓进取，综合国力迅速上升，并且有诸多领域实现突破，具备领先世界的实力。基础设施建设成就尤其突出，2020年，全国高速公路里程达到15.29万千米，铁路运营里程达14.6万千米，"复兴号"时速达到350千米，中国成为世界高铁商业运营速度最快的国家；发电量相当于美国、日本、俄罗斯三国的总和，位居世界第一。进取，则繁荣，不进取，则落后，进取之美同样是一个国家必备的气质。

（3）学习是进取的重要基础。要进取，首先要加强学习。进取不仅是一种精神，更是一种能力。不断攀登新高度，达到新境界，就需要解决越来越复杂的问题，会对人提出

越来越高的要求。通过学习提升自己是实现进取目标的第一步。

中国古代有无数勤学上进的故事。"头悬梁、锥刺股"常常被人们用于形容勤奋学习。"头悬梁"的故事说的是汉朝人孙敬，年少好学，常常通宵达旦，为了防止打瞌睡，他找来一根绳子，一头拴在房梁上，另一头跟自己的头发拴在一起。每到困了打瞌睡时，只要头一低，绳子就会猛地拽一下他的头发，疼痛就会赶走睡意。他就用这种办法发奋苦读，最终成为一名博学多才、通晓古今的大学问家。"锥刺股"讲的是战国时期苏秦的故事，他年轻时由于学问不深，到很多地方做事都不受重视，家人对他也很冷淡，他很受刺激，决心发奋读书。他常常读书到深夜，想睡觉时，就拿一把锥子，在大腿上刺一下，让猛然的疼痛使自己清醒，坚持读书，最终成为战国时期著名的外交家、谋略家。

学习中的常见问题是，虽然感觉自己已经刻苦学习，付出的努力已经不少，但是成绩并不如人意，从而怀疑自己的能力，怀疑自己的智商。宋濂在《送东阳马生序》里说："其业有不精、德有不成者，非天质之卑，则心不若余之专耳，岂他人之过哉？"学习成绩不理想，不是天资不够好，也不是别人的过错，只是努力程度不够。爱因斯坦是著名的科学家，创立了相对论，获得过诺贝尔物理学奖。但他小时候并不聪明，甚至被认为是一个笨小孩。有一次上手工课，爱因斯坦交的作业是一个制作得很粗糙的小板凳。教师十分不满，嘲笑地说："我想，世界上不会再有比这更坏的凳子了。"爱因斯坦红着脸肯定地说："有，老师，还有比这更坏的凳子。"然后从书桌下拿出两个更为粗糙的板凳，说："这是我第一次和第二次制作的，刚才交给老师的是我做的第三个板凳，虽然它并不令人满意，可是比起前两个要强一些。"天赋的差异并不能决定学习结果，最终决定学习结果的是勤奋。勤奋学习的程度，在一定程度上影响一个人进取的高度。

（4）进取意味着克服困难。进取的过程，就是克服困难的过程。克服困难是成就事业的必由之路，没有人可以随随便便成功。所有取得巨大成就的人，都是在进取之路上克服重重困难之后才获得成功的。

姚明是我国最杰出的篮球运动员，是第一位在世界最高水平的美国职业篮球联赛（NBA）取得巨大成功的中国球员。他初到NBA的时候表现并不突出，第一场比赛只抢到2个篮板，没有得分，前7场比赛中，他累计只得到了30分。这样的表现无法获得尊重，队里的老将让他帮忙系鞋带，退役明星球员巴克利在电视节目里打赌他不能在一场比赛里拿到19分。但是姚明通过积极的学习和刻苦的训练，在赛场上证明了自己，8年NBA生涯场均得到19.0分，9.2篮板，1.9盖帽，成为联盟顶级巨星。2016年2月13日，姚明入选代表篮球最高荣誉的奈史密斯名人堂。姚明后来因应力性骨折提前结束了自己的运动生涯。应力性骨折是一种过度使用造成的骨骼损伤。可想而知，他为了争取成功，付出了多大的努力和辛苦。

克服眼前的困难是每一个人积极进取必须面对的问题。前一代人年轻时所面临的困难，可能比后一代人大；但他们取得的成绩、享受的条件不是凭空而来的，都是他们努力创造的；他们所创造的环境和条件尽管并不完美，依然为后一代人的发展奠定了坚实的基础。已故国学大师季羡林说，人生的意义与价值就在于对人类发展的承上启下，承前启后的责任感。后浪在前浪的基础上继续进取，创造属于自己的辉煌，也是完成自己的历史使命。

3. 修养之美

修养有两方面的意思，一是指在理论、知识、艺术、思想等方面的水平，比如说一个人有很高的理论修养。另一个意思是指待人处事的正确态度。修养之美主要指正确处理人际关系。现代社会，一个人的修养如何，能否与周围的人、事、物和谐相处，在一定意义上对个人成功起决定性作用。一个对修养之美有深刻理解的人，在与人相处的时候，让人感觉如沐春风，自己也很容易获得他人的支持。卡耐基指出："一个人的成功，只有15%靠专业知识，85%要靠良好的人际关系和处世能力。"这种说法虽然缺乏充分的论证，但在一定程度上说明了人际关系的重要性。

（1）修养的外在规则。在人际交往实践中，人们之间互相表达尊重的意愿，逐渐形成一整套公认的、可以具体操作并卓有成效的行为规范，这就是礼仪。礼仪是个人内在修养的外在显露，可以塑造良好的个人形象；礼仪指导人们按礼仪规范的要求协调人际关系，创造良好的生存与发展的环境。

① 问候礼仪。见面问候虽然只是简单招呼、寒暄，却代表着对他人的尊重。正式的问候以直接问好作为主要内容，如："您好""大家好""早上好"等。熟人之间的非正式问候可以结合交往的场景，比如："最近过得怎样""忙什么呢"。问候应当积极主动，热情友好，要面含笑意，与对方有正面的视觉交流，以做到眼到、口到、意到。问候要讲究次序，身份较低者或年轻者首先问候身份较高者或年长者。在图书馆、会议室等肃静场合，可以点头致意，不必用语言问候。对不熟悉的人，也可以点头致意。

② 握手礼仪。在遇见认识的人，与人道别或被介绍认识他人的时候，应当与人握手。握手时应当先问候再握手，握手时间3秒左右；与多人握手时，按照先长后幼、先尊后卑、先女后男的顺序；握手时注视对方，不可旁顾他人他物；用力适度，忌手脏、手湿或用力过大，不可戴着手套握手；与女性握手应用力轻、时间短；为表示格外尊重和亲密，可以双手握手。

③ 交谈礼仪。交谈的内容应尽量选择历史、艺术、风土人情等文明、优雅的话题，避免低级庸俗的内容；选择轻松愉快的内容，避免乏味或悲伤的话题；要注意回避隐私等对方忌讳的话题。交谈时要吐字清晰，让对方听清自己的话；用语明确，不能有歧义让对方产生误解；交谈时，视线落在对方的鼻间，偶尔可以注视对方双眼，为表示尊重和重视，不可斜视对方，避免让对方感到非礼，也不可目光游移，左顾右盼，让人感觉心不在焉；交谈过程中要注意倾听，让对方充分发表观点和看法，谨慎插话，确实需要打断，也要提前打招呼，并简短地陈述自己的意见。尤其不能在交谈过程中玩手机，确实有情况需要处理应表示抱歉。

④ 电话礼仪。现代生活中，电话日益成为人们沟通的重要渠道，掌握正确的、礼貌待人的打电话方法非常必要。接听电话时，首先要尽快接听，要面带微笑，让对方在电话中也感受到你的热情；热情问候并报出公司或部门名称和自己的身份姓名；与话筒保持适

当距离，保证声音大小适度，公众场合打电话要控制音量，避免打扰他人；嘴里不含东西，保证自己语音清晰；确认对方信息，询问来电事项并做必要记录；扼要汇总确认来电事项，承诺尽快处理，然后礼貌地结束对话。对外打电话时，要事先做好准备，整理好思路和措辞；电话接通后先做自我介绍，询问和确认对方姓名、工作部门；简要说明来电目的和事项，记录对方谈话内容；如果对方是代接电话，可以请对方记录电话内容或留下联系方式；结束对话时要感谢对方接听，并礼貌地说再见。

礼仪适用的范围十分广泛，除上述内容外，吃饭、就座、进电梯等场合，都需要遵循一定的行为规范，以便在相互之间形成亲切、友善的氛围，建立良好的人际关系。

（2）修养的心理机制。显性的行为规范，蕴含着内在的逻辑。只有深刻理解了礼仪规范背后的原理，才有可能在人际交往实践中准确地坚持礼仪规范。礼仪规范的基本目标是在人与人之间营造和谐、积极的氛围。要实现这一目标，就需要每个人在思想上正确认识自己，正确地保持个人与他人之间的界线，本着团结、合作、向上的态度建设人际关系。

① 认识自己。在希腊圣城德尔斐神殿上铭刻着一句著名的箴言："认识你自己！"中国也有一个词叫"自知者明"。这些语言都表明正确认识自己的重要性，一个人如果不能正确认识自己就不能建立良好的人际关系。很多矛盾冲突的根源都在于当事人没有正确地认识自己。要正确认识自己，首先要经常地反省自己，检视自己的言行举止。《荀子·劝学》里说："君子博学而日参省乎己，则知明而行无过矣。"意思是说君子经常把学到的东西拿来检查自己的言行，（遇到事情）就可以不糊涂，行为也就没有过失。旁观者清，以人为镜可以明得失。在认识自己的过程中，还要主动向他人了解自己，虚心听取他人的评价，多角度认识自己。正确认识自己还要特别注意处理好自重感。戴尔·卡耐基《人性的弱点》里提到自重感这个概念，卡耐基指出每个人都有渴望被重视的心理需要，甚至有夸大自身重要性的倾向。这种心态常常是不符合客观事实的，但却是普遍存在的人性的弱点。要正确认识自我，就要对自重感保持警惕，尽量客观地进行自我评价。

② 严以律己，宽以待人。要建立良好的人际关系，适当地保持相互的界线是一个重要的方面。契约社会，按照清晰的标准开展活动是人们的基本从事原则。但是经济学的研究表明，即使是最细致的合同约定，也会有模糊地带。如果每个人都在模糊地带针锋相对，寸土不让，势必会激化矛盾，破坏和谐的人际关系。这就需要每个人选取一个较为严格的标准要求自己，在细节问题上尽量克制忍让；要控制情绪，不为鸡毛蒜皮的小事轻易动怒；遇到情绪激动的情形，要注意保持冷静。在对待他人时，则要选取尽量宽大的标准。要换位思考，照顾别人的感受，体谅别人的难处，做事替他人着想，为他人留有余地。要充分考虑每个人都有自尊这一点，给他人最大可能的尊重，以争取对方的信任。

③ 建设积极的人际关系。维护人际关系，不仅是要创造一个温暖、和谐的氛围，更是要为推进事业奠定基础。在人际关系的建设中应当采取积极的态度，从建设性的角度考虑问题，特别是在出现问题的时候不指责、不抱怨，而是积极思考解决的办法，突出推进事业的目的。这样，在事情得以顺利进展的同时，也容易争取到他人的理解。

★ 社会美之人物赏析：雷锋

1962年8月15日，雷锋不幸因公殉职，年仅22岁。1963年3月5日，《人民日报》发表毛泽东主席题词："向雷锋同志学习"，从此，每年3月5日便成了全民学雷锋的日子，每个小学生都在"学习雷锋好榜样"的歌声中长大，一代代青年在雷锋精神的激励下，在学习上积极进取，在生活中热情助人，在工作中敬业奉献，形成推动社会进步的巨大动力。

雷锋精神体现了向上的生活态度，始终以饱满的热情投入到学习、生活和工作之中。在学习上积极向上，就是发扬刻苦钻研的"钉子"精神。雷锋说："要学习时间是有的。问题是善不善于挤，愿不愿意钻。一块好的木板，上面一个眼都没有，但钉子为什么能钉进去呢？一个是'挤'劲，一个是'钻'劲。"发扬"挤"和"钻"的钉子精神，学而不厌，锲而不舍，就可以练就为人民服务的本领，成为社会主义建设的有用人才。生活上积极向上，就是勤俭节约、艰苦奋斗，把有限的资源投入到对国家和社会发展有意义的事情上。雷锋曾说："我们的国家还穷。穿破了的衣服补好了再穿，省下衣服交给国家。"在社会财富增长、物质生活丰富的新时代，可以科学合理地消费，要反对铺张浪费的奢侈风气。工作上积极向上，就是要发扬"螺丝钉精神"，服从分配，忠于职守，敬业奉献。

雷锋精神体现了向善的精神境界。雷锋的向善，突出体现在他大爱无疆的精神，做好人好事不留名，舍己为人不求回报。学习雷锋，首先就是学习他乐于助人，做好事不计报酬，随时随地帮助一切需要帮助的人。"如果人人都献出一份爱，世界将变成美好的人间"，人与人之间不经意的善意，汇聚在一起，就能在全社会形成合作互助的人际关系和良好的道德风尚。雷锋的向善，更体现在他对国家、对社会的无私奉献。从中华人民共和国成立前一无所有的孤儿到中华人民共和国成立后新社会的主人，雷锋始终对中国、对社会心存感激，进而转化为全心全意为人民服务的行动。他说："一滴水只有融进大海才不会干涸，一个人只有把有限的生命投入到无限的为人民服务之中去才能充分体现自身价值。"

雷锋精神集中体现了社会主义核心价值观对个人的要求：爱国，他将国家利益放在首位，先人后己，大公无私，为实现国家繁荣、民族振兴、人民幸福而努力奋斗；敬业，他像永不生锈的螺丝钉，以高度的责任感和使命感对待自己的工作，脚踏实地，求真务实，努力做好本职工作；诚信，他言必信，行必果，无论是工作中的任务，还是生活中与社会人员的交往，他都严守承诺，说到做到；友善，他短暂的一生中做好事无数，随时随地都热心帮助他人，对待同志更是如春天般的温暖。习近平说："雷锋精神是永恒的，是社会主义核心价值观的生动体现。"

毛主席说："学雷锋不是学他哪一两件先进事迹，也不只是学他的某一方面的优点，而是要学他……一切从人民的利益出发，全心全意为人民服务的精神。"雷锋精神的实质和核心是全心全意为人民服务，为了人民的事业无私奉献。在短暂的一生中，雷锋始终全力帮助他人，无私奉献社会，他在日记里提出了"雷锋七问"：如果你是一滴水，你是否滋润了一寸土地？如果你是一线阳光，你是否照亮了一分黑暗？如果你是一颗粮食，你是否哺育了有用的生命？如果你是一颗最小的螺丝钉，你是否永远坚守在你生活的岗位上？如果你要告诉我们什么思想，你是否在日夜宣扬那最美丽的理想？你既然活

着，你又是否为未来的人类的生活付出你的劳动，使世界一天天变得更美丽？我想问你，为未来带来了什么？在雷锋生活的年代，国民经济和社会发展极端困顿，推崇集体主义、强调个人奉献，是社会进步、国家发展的需要。在市场经济快速发展、物质生活日益丰富、价值取向趋于多元的今天，这种奉献精神依然具有现实意义，任何一个社会的运转和发展，都离不开个体的努力和奉献。当然，市场经济社会，个人利益是无法回避的问题。即使是追求个人价值实现，依然可以从雷锋精神汲取有益的启示，个人价值的实现与奉献精神并不冲突，个人价值是在对外价值输出的过程中实现的。无论是微观的人际交往，还是在宏观的与社会的关系中，努力追求、积极奉献，个人的价值、个人的利益自然而然就同时实现了。反之，如果只考虑个人利益，而忽略对他人、对社会的奉献，则个人价值的实现必然是困难重重。

第三节　环境美赏析

环境是指人们生活、劳动的具体场所，包括自然环境和社会环境，自然环境指天然存在的环境，包括大气、水、土壤和生物等要素。社会环境是人类创造的物质与非物质的成果的总和。物质的成果指设施、建筑、园林、器具等有形的制造物；非物质的成果指社会风俗、语言文字、文化艺术、法律制度等无形的文化产物。

人与环境是相辅相成、相互作用的关系。人类既是环境的产物，又是环境的创造者与改造者。人的生长过程受环境的制约和影响，必须努力使自己的思想、行为适应周围的环境；同时也要有意识地按照一定的意图去规划和改造环境，努力实现人与环境的和谐统一、共同发展。环境塑造人，人有意识地改造环境，人与环境的关系是基于实践的、不断生成的关系。由于人与环境是相互影响的关系，因此，人的身上会有环境的印记。同时，环境呈现的状况也是人本身品质的外在表现。完美的环境体现人的高水平自我管理以及适应环境的能力，环境脏乱差的根本原因是人自我管理能力的欠缺。

环境美是指人对自身所生活的宏观环境与微观环境的自觉美化。狭义的环境美即人们生活、学习、工作的具体环境场所的美。广义的环境美包括山川草木、气候风物等自然环境的美和社会风俗习惯、社会制度以及人与人的关系等社会环境的美。人生活的环境，从微观到宏观分为不同的层次，依次为建筑内部的居室环境、居室所处的社区或村庄环境、城市范围的环境和国家范围的环境。环境美的建设可以从微观着手，从细节做起，在不同层面做出努力，最终形成从微观到宏观的、整体的环境美。

然而，人类活动对环境的危害已经成为一个越来越严重的问题。工业革命以来，随着工业化和现代化进程的加快，人类对环境的掠夺和破坏力度逐步加大，破坏了自己的生存环境，导致生态危机频繁发生造成严重损失。1952年10月的伦敦烟雾事件在5天内就导致4 000多人死亡，两个月内又有8 000多人死去。环境问题日益成为人们关注的焦点。

在这样的背景下，人们对环境美的追求有了全新的理解。在人与环境的关系上，人们不再把环境作为外在的对象，而是将人与环境融为一体，人与环境不再是征服与被征服的关系，而是和谐相处；包括自然、乡村、城市在内的整个人类生存环境都被置于审美的视野中。这种理念也暗合中华文化中"天人合一"思想。老子说："人法地，地法天，天法道，道法自然。"人和自然在本质上是相通的，一切人和事均应顺乎自然规律，达到人与自然的和谐。

一、美丽居室

（一）美丽居室的内涵

外部环境从微观到宏观，依次会有居室环境、乡村（社区）环境、城市环境，乃至整个国家和世界的环境。对个体的人而言，每个层次的环境都不可或缺，因此也就对每个层次的环境负有建设和保护的义务。区别在于，宏观的环境虽受个体行为的影响，但每个人的行为并没有决定性作用。而微观的居室环境，则完全取决于居住者个人的努力。因此，营造好居室的美，是每个人为环境美做出贡献的关键环节。

居室环境的美对人们至关重要。居室空间不仅是一个放松身心的休息空间，更是一个表达创意与构思的场所。好的居室环境能够净化人的心灵，提升愉悦度，陶冶人的情操，让人心旷神怡。美国心理学家马斯洛认为，居住者的需求是由低到高分成5个层次：（1）生理需求；（2）安全需求；（3）依赖和爱的需求；（4）尊重需求；（5）自我实现。在每个心理需求层次，居住都是贯穿始终的基础性条件。居室环境，既体现了一个家庭的生活状况，又体现了主人的精神风貌和心态，更重要的是直接关系到人的身心健康。居室环境不仅影响人们的休息质量，而且会进一步影响人们在社会上活动的状态。同时，古人说，一屋不扫何以扫天下，对居室的管理水平也是一个人综合素质的体现。

人们在建设居室后就认识到了居室环境的重要性。出土文物表明，远古时期人类就对自己的居住空间进行装饰美化。居室审美的风格和标准随着人类文明的不断发展产生了各种变化，秦汉时期人们欣赏古朴大气的风格，居室环境的布置往往比较简单；唐代形成了奢华繁复的审美观，室内采用精美纹饰，光滑明亮，用壁画或者悬挂字画装饰墙面，体现华丽的家居装饰风格。当今社会，人们的审美标准多元化，对居室美的理解也呈现多样化的特点，如中式的古典、欧式的奢华、现代的简约，没有固定的标准，只有最适合居住者需求的审美风格。

（二）居室美的设计（图3-9）

居室美的设计虽然没有统一的标准，但无论是何种风格的居室空间，都是由形态、色彩、光线和材质等基本要素所共同结合而成。在居室设计中把握各要素之间的关系尤为重要，要依据其功能需求确立主次关系，每一个要素的运用要符合自身的特质，要在兼顾功能性的同时进行艺术性的创意，注重居室设计的整体性和个性展现。

图 3-9 居室美的设计

1. 居室美设计的要素

（1）形态。室内形态的变化可以起到组织空间、划分空间等作用。事物的形态、造型、排列、布置方式，能创造出不同的氛围和效果，使人获得不同的视觉和心理感受。通过点、线、面等元素的灵活运用，可以实现或活跃、灵动，或质朴、柔和的效果。比如，室内空间较为狭小时，利用线立体处理的穿透性，可以产生宽敞而轻盈的感觉；相反的，采用面立体甚至块立体为主的空间，则可以收到厚重充实的效果。同时，形态的设计可以带来视觉享受，表达居室主人的审美追求。

（2）色彩。不同的色彩带给人不一样的视觉感受，使人产生不同的情绪。比如，红色令人情绪高亢，蓝色让人情绪平稳。色彩可分为冷、暖两个色系，夏天人们酷爱凉爽，倾向于选择冷色调，而冬天暖色调更受青睐。室内设计要符合室内使用者的视觉要求和心理感受，办公的空间适合冷色，而居室环境更适宜温馨的暖色。色彩的合理搭配也能带给人们不一样的视觉感受和空间氛围，要结合室内空间的功能进行色彩选择，追求统一的整体效果。

（3）光线。光线不仅是照明的条件，也是居室美化的基本要素。光线可以作为一种辅助手段，装饰居室的造型，产生多样的表现力，带来不同的心理感受，赋予空间特别的氛围。光线与居室空间的功能相关联，不同的空间要进行相应的光线控制和分配。

（4）材料。居室环境主要由不同的材料组成。每种材料都具有特殊的特性。正确把握材料的特性，必能创造完美的室内环境美。丹麦设计师卡雷克林特指出："用正确的方法去处理正确的材料，才能以率真和美的方式去解决人类的需要。"材料的运用，要在无污染、质地性能、经济实惠的基础上，力求新颖美观，用适当的材料界面，配合光线、色彩和形态等视觉条件，创造符合居室功能的装饰效果。

（5）绿化。居室内植物不仅可以消除和防止室内空气污染，净化空气，而且可以美化室内环境。植物本身就具有观赏性，其色彩、形态和芳香，体现生机和活力。植物与室内环境恰当地组合，通过色彩、形态的对比，打破室内装饰直线条的呆板与生硬，形成美的环境。在大门入口、楼梯转折处、通道尽端等视觉中心位置布置植物，可以引起人们注意，起到填充、强化空间、重点突出的作用。

2. 居室美设计的原则

（1）功能性原则。美感的产生以具体的需求满足为基础。居室美的实现以满足人们最基础的需求为首要目标，要提供一个健康舒适的生活环境，为人们的工作和生活提供一个良好的氛围。居室设计要充分地考虑居室主人的特点，结合具体的需求进行个性化的设计。如果是儿童房，室内物品的棱角尽量要设计成圆形，避免对小孩产生伤害；如果是老人房，要对地面进行防滑设计，减少老人摔倒的伤害。居室美的设计，要优先考虑空间的功能，能够满足人们人性化的需要。

（2）艺术性原则。随着生活水平的提高，人们对于室内环境的要求不仅停留在实用层面，艺术层面的需求也不断提高。在居室环境美的设计过程中，要充分考虑审美需求。例如，卧室不仅要适合人们休息，而且要在色彩、墙壁布置、物品放置等方面进行设计，突出艺术性，在满足人们的物质需求的同时，满足人们的精神需求。

（3）整体性原则。居室环境的美需要实用和美观结合，居室美的设计要对室内的各种环境和空间要素进行组合和再创造，讲求整体性。对居室空间的设计，不仅要对建筑、设备、灯光、陈设等实体要素进行合理组合，还要综合考虑材料、色彩、照明、家具与陈设等对人的心理感受的影响，创造出实用与美观相结合的空间。

（三）居室美的保持（图3-10）

居室环境的美，不仅依靠营造环境时的设计，更要靠居住的人进行有效的维护。居室环境美的营造，是在客观居室格局的基础上，居住者与设计者、施工者合作的结果。居住者的审美情趣可在居室的设计中得到一定程度的体现，但有赖于其他人的合作和支持。而居室环境的美更需要在使用过程中的保持。通过对居室环境的维护，人们可以直观地体验和享受环境美。

1. 清洁

清洁是居室环境美的首要要求。清洁不仅是卫生健康的要求，更与人的精神面貌有着千丝万缕的联系。无论是家庭还是工作场所，其卫生状况都会对每个人的行为和状态产生深远的影响。整洁的家庭环境令人舒适放松，整洁的工作环境有助于人思路清晰、精神振奋，甚至创新思维也会显著提升。打扫房间卫生，不仅会使房间变得整洁干净，有助于我们解决烦恼、吸收正能量。通过彻底打扫、清理室内卫生，可以对生活、工作状态带来立竿见影的变化。许多企业都把办公、生产环境的整洁作为员工立足岗位、干好本职工作的基础要求。因此，维持居室环境美的第一步就是保持室内清洁卫生。

2. 收纳

现代生活，空间越

图3-10 居室美的保持

来越拥挤。室内塞满东西，不仅影响视觉效果，也影响心情，这是破坏居室环境美的最常见因素。因此，保持居室环境，一个重要的工作就是选择，放弃那些现在不用、未来也不太可能使用的东西，只保留有确定用途的物品。在物品选择过程中，最大的困难在于总有一种心理负担，觉得未来可能会派上用场，轻易放弃物品是一种浪费。但是事实上多数物品现在不会用上，未来也不可能用上。有人做过测算，如果一个物品在过去的一年没有被使用过，那么，未来也极大可能不会被使用。因此，觉得未来可能会用上的东西，事实上更多的可能是不会被使用。另外，物品的筛选并不意味着丢弃，可以通过二手物品转让，出售给真正需要的人，现在网上有专门出售二手物品的平台，可以方便地进行处置，让有用的物品流转到真正需要的人手里，或者可以捐献给真正需要的人，让物品真正发挥作用。人们总是希望物品不要被浪费，而真正的不浪费，是让物品发挥它的作用，实现它的价值。如果仅仅是保留在家里而没有使用，其实也是一种实质性的浪费。让它们在新的环境里得到利用，才是真正实现这些物品的价值。最重要的是，我们为了不浪费，保留一些物品，给我们一种错误的心理暗示，觉得我们没有浪费，然后在下一次购买物品的时候就没有心理负担，又会购买许多并不真正需要的物品从而导致新的浪费。因此，保留那些看起来有用，但最终并不需要的物品，是一个错误的选择，真正明智的选择是在达到确定的标准的时候就要把闲置的物品处理掉。只保留必要的物品，不让多余的东西破坏居室秩序是维持居室环境美的又一重要环节。

3. 整理

整理室内空间可以带来直观的好处。比如节约时间，如果个人物品没有经过系统的管理，每天多花 10 分钟找东西，一年就会浪费 60 个小时；再比如节约空间，如果经过整理，房间多出一平方米，相当于凭空多出来几个月的工资。并且，管理环境的活动能够激发人审视自己的动力，在为物品找到合适位置的同时，也对自己是一种心理暗示，提醒自己在社会生活中找到适当的位置。日本作家近藤麻理惠的《怦然心动的人生整理魔法》，对整理术进行了全面总结：真正的人生始于整理之后；房子不会自己变乱，是住在里面的人让它变乱。整理、收纳不是小技巧，是系统的方法论，需要进行专门的学习；要按照物品的类别进行整理，要在短期内一次性进行彻底整理，等等。这本书出版后在世界范围产生了广泛影响，作者 2015 年被美国时代周刊评为影响世界 100 人。

二、美丽乡村

根据国家统计局数据，2019 年我国仍有将近 40% 的人口生活在乡村。建设美丽乡村是改善农村人居环境，提升新农村建设水平的需要。同时，建设美丽乡村不仅仅是农村居民的需要，也是城市居民的需要。农村所有问题，如水土流失问题、水的污染问题、沙尘暴问题等，不仅影响农村人口的生产生活，也从各方面影响城市居民的生活。另外，乡村是许多城市居民的故乡，自然环境对所有人都有莫大的吸引力，建设美丽乡村是城乡居民的共同愿望。

(一)美丽乡村的内涵

美丽乡村建设是一项集乡村建设、环境改善、产业发展、文化繁荣、社会管理等多种要素为一体的复杂而庞大的系统工程。建设美丽乡村,既包括外在的乡村风貌美,也包括内在的文化内涵,要从自然、社会、人文三个层面协调推进,实现自然环境整洁、社会环境良好、人文环境优越的统一。美丽乡村建设的总体目标就是要通过合理规划和改造建设改善农村人民生活环境、发掘农村环境的自然生态美、提高农村人民的生活水平。

建设美丽乡村,首先是保持环境优美。乡村要突出山清水秀的田园风光特点,保持优美的生态环境,重视和治理土壤污染、生活垃圾污染、工业污染等。同时,以怡人的自然景观为基础,加强整体规划,实现村落合理布局,保持传统文化风格,形成特色鲜明的居民院落。良好的生态环境不仅有利于村民生产生活,更为良性持续发展提供后劲与动力。

美丽乡村还要完善基础设施,合理规划乡村道路,建设村民服务中心、室外活动场地、幼儿园等公共服务设施,加强社会保障,推进公共服务;在村庄入口、道路两旁、重点建筑周围进行景观优化和绿化,实现美化环境、丰富生活的目标。

美丽乡村建设要统筹协调经济发展与环境保护的关系,强调资源的科学开发,发展绿色经济,实现可持续发展。农村经济的高速发展是美丽乡村建设的基础,有了雄厚的经济基础,才可能有良好的基础设施建设,才有可能建设环境、社会、人文协调发展的美丽乡村。

乡村的环境美受自然条件、历史传统、经济发展等诸多因素影响。但中国是一个农业大国,农村的发展历来是国家政策关注的焦点。2005年10月,党的十六届五中全会对农村建设提出了"生产发展、生活宽裕、乡风文明、村容整洁、管理民主"的建设目标。2013年中央一号文件首次提出建设"美丽乡村"的奋斗目标。同年,中华人民共和国农业农村部在全国启动美丽乡村创建活动。美丽乡村建设逐步成为关注人与自然和谐相处、关注生态环境资源保护和利用、关注农村可持续发展的综合性国家政策。

2015年,《美丽乡村建设指南》国家标准发布实施。该标准将美丽乡村定义为经济、政治、文化、社会和生态文明协调发展,规划科学、生产发展、生活宽裕、乡风文明、村容整洁、管理民主,宜居、宜业的可持续发展乡村。从多个方面对美丽乡村建设进行了具体规定:关于村庄规划,规定了村庄建设、生态环境治理、产业发展、公共服务等方面的系统规划要求;村庄建设方面,规定了道路、桥梁、引水、供电、通信等生活设施和农业生产设施的建设要求;生态环境方面,规定了水、土、气等环境质量要求,对农业、工业、生活等污染防治,森林、植被、河道等生态保护,以及村容维护、环境绿化、厕所改造等环境整治进行指导;经济发展方面,规定了乡村农业、工业、服务业三大产业的发展要求;公共服务方面,规定了医疗卫生、公共教育、文化体育、社会保障、劳动就业、公共安全、便民服务等方面的要求。该标准还对乡风文明建设、基层组织建设、公众参与、保障与监督等内容提出了明确要求。该标准对村庄建设、生态环境保护、公共服务等方面制定了量化指标,如路面硬化率达100%;村域内工业污染源达标排放率为100%;农膜回收率达80%以上;农作物秸秆综合利用率达70%以上;病死畜禽无害化处理率达100%等。

(二)美丽乡村的典范

1. 环境美——广西红岩村（图3-11）

2014年2月，农业部发布中国"美丽乡村"十大创建模式，为全国的美丽乡村建设提供范本和借鉴。广西桂林恭城瑶族自治县莲花镇红岩村作为环境整治型的代表入选中国"美丽乡村"。红岩村用生态的办法、本土的材料和传统的工艺来改造村庄环境，努力探索一种投入少、见效快、易推广的乡村建设模式。

图3-11 广西红岩村

通过乡村建设和风貌改造，改善基础设施建设，按照交通便利化、村屯绿化美化、道路硬化、住宅舒适化、厨房标准化、厕所卫生化、饮水无害化、生活用能低碳化、养殖良种化、种植高效化标准建设，修建停车场、公共厕所、一体化生活污水处理站等基础设施；新建瑶族特色风雨桥、滚水坝、过坝梅花桩、环形村道、观景亭台和观光小道等特色景观。同时建立卫生管护制度，聘请专门的清运公司运送垃圾，要求每家每户实行"门前三包"，实现村民对村庄环境的高度自治。通过环境整治，红岩村改善了人居环境，又通过人居环境的改善发展了旅游产业，实现了以生态产业发展促进人居环境到以生态环境改善实现兴村富民的跨越，成为后发展欠发达地区改善农村人居环境的典范。

2. 生活美——浙江高家堂村（图3-12）

浙江省安吉县高家堂村是生态保护型中国"美丽乡村"的代表。高家堂村青山绿水环抱，被誉为"画卷里的村庄"。高家堂村生态优美，自然条件优越，

图3-12 浙江省高家堂村

环境污染少,水资源和森林资源丰富,具有传统的田园风光和乡村特色,生态环境优势明显。

高家堂村有意识地加强特色环境打造。从1998年开始,对3 000多亩的山林实施封山育林,2003年投资130万元修建了环境水库——仙龙湖,还配套建设了休闲健身公园、观景亭、生态文化长廊等。

高家堂村将自然生态与美丽乡村完美结合,立足于"生态立村",大力发展以生态农业、生态旅游为特色的生态经济。着重竹产品开发,将竹材应用到住宅的建筑和装修中,开发竹围廊、竹地板、竹栏栅等产品。同时积极鼓励农户进行竹林培育、生态养殖、开办农家乐,并将这三块内容有机地结合起来,使村民走上了致富的道路。

3. 产业美——江苏永联村 (图3-13)

江苏省张家港市南丰镇永联村是中国"美丽乡村"十大模式中产业发展型的代表,位于东部沿海经济发达地区,产业化水平高,产业优势和特色明显。改革开放后,永联村通过挖塘养鱼、开办水泥预制品厂、家具厂、枕套厂、轧钢厂等小工厂逐步实现了脱贫致富。随后,以工业反哺农业,强化农业产业化经营,积极发展以农业观光、农事体验、生态休闲、自然景观、农耕文化为主的休闲观光农业,初步形成了以农耕文化园、鲜切花基地、苗木公司、现代粮食基地、特种水产养殖基地、垂钓中心为一体的休闲观光农业产业链。

在经济发展的基础上,永联村加强了生态环境建设,推进工业区与生活区分离,通过拆迁安置,300户村民搬离工业区;建设了节能环保项目,实现了清洁生产;美化村庄环境,通过竞争机制选择物业公司,对村庄实行城镇化环卫管理。

物质文明为精神文明建设奠定了坚实的基础。永联村成立社会文明推进联合会,全面提升村民文明素养;设立文明家庭奖,从自主创业、敬业奉献、孝老爱亲、互帮互助、慈善公益、勤学优学等六个方面,加强正向激励,弘扬社会主义核心价值观。

4. 人文美——河南平乐村 (图3-14)

河南省洛阳市孟津县平乐镇平乐村作为文化传承型模式的典型获评中国"美丽乡村"。平乐村地处汉魏故城遗址,文化积淀深厚,因公元62年东汉明帝为迎接大汉图腾筑"平乐观"而得名。

图3-13 江苏永联村(网络)

图3-14 河南平乐村(网络)

农民牡丹画创作、平乐水席、郭氏正骨是平乐村三大特色传统文化项目。该村自古就有种牡丹、爱牡丹、画牡丹的风尚，以农民牡丹画闻名全国。平乐村成立牡丹画院，建设牡丹画创意园区，打造集培训、绘画、装裱、销售、接待、外联于一体的产业链。

平乐水席（图3-15）是由古代皇家盛宴演变而来的、具有独特乡土风味的农家水席。李白对此盛宴盛赞有加，在《将进酒》中写道："陈王昔时宴平乐，斗酒十千恣欢谑。"如今，平乐村有专业水席师近百人，常年活跃在周围农村，在小孩满月、老人大寿、婚丧嫁娶、节日家宴等场合，提供上门水席家宴"一条龙"服务。

平乐村将牡丹绘画、平乐水席、乡村旅游整合于一体，规划占地600亩的"平乐农民牡丹画创意园区"，游客可以现场观赏牡丹，观看农民画师作画，参观牡丹画装裱过程，观看平乐民间艺人印章篆刻艺术表演，可以现场购买画作和印章，品尝平乐水席。平乐村以牡丹画产业为经济发展的龙头，整合其他传统文化项目，在传承和发展乡村文化、保留乡村记忆的同时，实现经济发展，探索出了一条依靠文化传承建设"美丽乡村"的发展模式。

图3-15 平乐水席

三、美丽城市

城市化是人类文明发展的产物，是人类社会发展的必经阶段。经济、社会发展水平高的国家，城市化水平都很高。发展中国家向发达国家迈进，也必然会经历城市化的过程。2019年，我国城市化率突破60%。马克思说："城市本身表明了人口、生产工具、资本、享乐和需求的集中。"城市的基本特点就是集聚。由于人口的集中，学校、医院、水电等公共设施都可以高效利用；各种要素的汇聚也有利于经济的发展，从而创造更多的就业机会，提升经济效益。经济、社会发展水平高的国家，城市化水平都很高。发展中国家向发达国家迈进，也必然经历城市化的过程。

（一）美丽城市的内涵

城市的美丽程度，取决于城市满足人类各种需要的能力。人类更好的生活体验是城市发展的归宿。美丽城市是一个以人为本的城市，具体体现为以生活环境良好为外部特征、以经济发展为基础、以生活舒适性为核心要素的，人民生活富足、人与自然和谐的美好城市。联合国教科文组织在1984年提出生态城市规划的五项原则：生态保护、生态基础设施、居民生活标准、历史文化保护、自然城市相融合。美丽城市的内涵也应当包括这些。

1. 美丽城市首先是指环境优美

城市通过房屋的造型和色彩、花草树木的点缀和装饰，给人美好的视觉感受；具有卫生、整洁的城市空间，人均公园绿地面积达到领先水平；应当有科学的城市规划，不同功能的区域得到合理的布局。同时，工业生产中的废水、废气、废料等和居民生活垃圾等都应得到科学的分类处理和及时的清洁化处置，二氧化碳、烟粉尘等污染物排放得到有效控制，大气、水流、土壤得到有效保护，环境污染指数控制在合理范围。

2. 美丽城市需要强大的经济实力支撑

"仓廪实而知礼节，衣食足而知荣辱"，城市创造财富的能力决定着美丽城市建设的水平。城市通常都是在交通便利、自然条件优越的地方发展起来的。以自然条件为基础，美丽城市应当形成清晰的主导产业以及与此相配合的产业体系，进而对人才、技术、资本等生产要素产生的聚集和整合作用，保持经济规模稳步发展，人均GDP水平稳步提高；同时降低能源等资源消耗，实现经济持续健康发展。

3. 美丽城市以人为本，追求美好生活是终极目的

美丽城市要形成舒适的人居环境：城市要有完善的基础设施，道路、绿地、医疗服务等硬件设施要齐备，生活在城市的居民能够享受高质量的城市服务，享受高品质的城市生活。

城市的美，不仅包含外在的物质层面的美，还包含内在的精神层面的美。美丽城市应当注重历史文化的传承，保护古建筑、古街区等文化遗产符号；同时以提升市民文化素质为核心提升城市的文化品位，通过图书馆、博物馆、艺术馆等公共文化设施的建设，让市民通过文化消费提高文化涵养，形成浓郁的城市文化氛围。

（二）美丽城市的典范

1. 历史文化名城——杭州（图3-16）

杭州自秦朝设县，有2200多年的历史，自古就有"人间天堂"的美誉。杭州是国家历史文化名城，全国重点风景旅游城市，获过国际花园城市、全国绿化先进城市、全国

图3-16 杭州

园林城市、全国城市环境综合整治优秀城市、中国人居环境奖、国家环境保护模范城市、国家卫生城市等称号；至2019年，杭州连续13年被评为"中国最具幸福感城市"。

杭州有江、河、湖、山交融的自然环境。钱塘江天文大潮气势磅礴，被称为天下奇观。京杭大运河是中国古代劳动人民创造的一项伟大工程，2014年入选世界文化遗产。西湖则以秀美的湖光山色和厚重的人文积淀被评为国家5A级风景区。

杭州的城市建设以美丽城市为目标，不断提升城市颜值、改善人居环境。统筹推进治水、治气、治废和土壤修复，建成3 000多千米城市绿道，森林覆盖率达66.83%，实现市民出行300米见绿、500米见园，努力实现城在林中、路在绿中、房在园中、人在景中的现代城市景观。

杭州以"城市大脑"为主要举措建设"数字杭州"，通过大数据、云计算、人工智能等手段推进城市治理现代化。在公共卫生领域，"城市大脑"已接入全市245家公立医疗机构，患者可以在就诊结束后在院内一次性自助付费，也可以回家通过手机支付医药费；在公共交通领域，"智慧治堵"使杭州在路面通行面积减少20%的情况下，通行速度提升15%；在公共安全领域，在线警务自动巡检20秒内可发现12项不同类型的警情；在旅游领域，实现旅游产业服务的精准、高效与便捷，让游客在杭州逗留时间不增加的情况下增加游玩时间。

杭州最美丽的莫过于西湖（图3-17）。西湖山水秀丽，景色宜人，晴天水潋滟，雨天山空蒙，春天"花满苏堤柳满烟"，夏天"红衣绿扇映清波"，秋天"一色湖光万顷秋"，冬天"白堤一痕青花墨"。苏堤春晓、曲院风荷、平湖秋月、断桥残雪、柳浪闻莺、花港观鱼、雷峰夕照、双峰插云、南屏晚钟、三潭印月构成享誉古今的西湖十景。同时西湖古迹遍布，是"自然与人类共同的作品"，是人类与自然和谐相处的产物。西湖有白居易、苏东坡、杨万里、欧阳修、辛弃疾、林和靖、柳永等诗人留下的诗词。"欲把西湖比西子，淡妆浓抹总相宜。""毕竟西湖六月中，风光不与四时同。"不同时期的文人留下了无数赞美西湖的名句。西湖还流传着《白蛇传》《梁山伯与祝英台》《苏小小》等民间传说和神话故事。《白蛇传》中的"断桥相会""白娘子被压雷峰塔"等情节还与断桥残雪、雷峰夕照等具体景物相联系。

图3-17 西湖

图3-18 威海

2."美丽城市"建设试点——威海（图3-18）

威海是山东省地级市，位于山东半岛东端，北、东、南三面濒临黄海。1984年威海成为中国第一批沿海开放城市，1990年被评为中国第一个国家卫生城市。2017年入选第五届全国文明城市。

（1）优美的自然风光。威海是一座美丽的滨海城市，有绵延的海岸线和优质的沙滩，拥有优良的空气和碧海蓝天。旅游资源丰富，有海岛海岸、城市园林、历史遗迹、民俗风情等多种类型，著名旅游景点有刘公岛、成山头、赤山、银滩等。

刘公岛（图3-19）位于威海湾口，面临黄海，素有"不沉的战舰"之称。岛上植被茂密，郁郁葱葱。1894年，中日甲午海战就发生在该岛东部海域。战争以中国战败、北洋水师全军覆没告终。中国清朝政府被迫签订了丧权辱国的不平等条约——《马关条约》，在近代史上留下了屈辱的一笔。但是北洋水师将士在力量对比悬殊的不利局面下浴血抗敌、为国捐躯，谱写出悲壮的爱国主义篇章。如今，刘公岛甲午战争纪念地成为爱国主义教育基地，岛上有北洋水师提督署和丁汝昌寓所旧址，北洋水师铁码头和古炮台，纪念甲午英烈的北洋水师忠魂碑等；甲午战争博物馆收藏大量珍贵文物，通过文物、图片、蜡像、沙盘、模型等多种形式，生动再现了当年北洋水师及甲午战争的历史面貌。

成山头（图3-20），又称"天尽头"，位于中国海岸线最东端，是最早看到海上日出的地方，自古就被誉为"太阳启升的地方"。《史记》记载，姜太公助周武王平定天下后，曾在此拜日神迎日出，修日主祠。秦始皇两次驾临此地，拜祭日主、修长桥、求寻长生不老之药，留下了"秦桥遗迹""秦代立石""射鲛台"等历史遗迹和人文景观。

（2）精致的城市建设。威海重视生态园林城市建设，加强城市绿化的科学研究，推广先进技术和科技成果，提高城市绿化的科技水平，至2017年底，威海市建成区

图3-19 刘公岛

第三章 社会美

81

图 3-20 成山头

绿化覆盖面积为 8 928 公顷，园林绿地面积为 8 553 公顷，建成区绿化覆盖率为 45.98%，公园绿地面积为 2 546 公顷，人均公园绿地面积 26.43 平方米。

2019 年，威海市成为全国首个获批"美丽城市"建设试点的城市，聚焦生态宜居、城市特色、交通便捷、生活舒适、多元包容、城市活力、安全韧性等城市建设内涵，以创建人与人、人与自然和谐共处的优良人居环境为主要目标。2021 年，初步建成具有影响力的"美丽城市"样板。

3. 世界美丽城市——威尼斯（图 3-21）

威尼斯风景如画，历史悠久，文化氛围深厚。威尼斯是意大利闻名世界的水城，由 118 个小岛组成，通过 401 座桥梁相连。由于地势低，城市的大部分区域在涨潮的时候偶尔会被水淹没。威尼斯"因水而生，因水而美，因水而兴"，是世界上唯一没有汽车的城市。贡多拉游船是游览这座美丽城市特有的交通方式。贡多拉是一种古老的游览船，船身狭长，首尾翘起，适宜在狭窄的水巷中穿行。乘坐贡多拉，在悠扬的手风琴音乐声中穿行于古色古香的水城，欣赏两旁古老的建筑，是威尼斯独具特色的旅游体验。

威尼斯以其独特的建筑风格而闻名，城内历史古迹比比皆是，全城有教堂、钟楼、修道院、宫殿、博物馆等艺术及历史名胜 450 多处，是一座风景如画的历史名城。在 139 座教堂中，圣马克大教堂是威尼斯最著名、最美丽的教堂，由 85 000 平方英尺的多彩瓷砖和 500 根廊柱组成，充分体现了拜占庭和哥特式的艺术风格。位于市中心的圣马克广场，面积超过 1 万平方米，从东到西呈梯形，是威尼斯举行盛大的节日庆典、政治活动、宗教

图 3-21 威尼斯

节日庆典的重要地点,被称为"欧洲最高雅的客厅"。

威尼斯是一座文化艺术名城,与佛罗伦萨和罗马并列称为三个文艺复兴中心。威尼斯曾是意大利重要的商业贸易中心,历史上曾经与多种文明有过接触,成为不同文化的汇合中心,形成多元化的艺术风貌。威尼斯绘画艺术和歌剧艺术在欧洲享有盛名。1932年,威尼斯创办了世界上第一个电影节——威尼斯国际电影节,该电影节现在每年8—9月举办,与戛纳、柏林并称世界三大国际电影节。威尼斯狂欢节是另一特色文化活动,每年2月中旬到3月上旬举办,是一场全世界游客参与的化装舞会,是全球四大狂欢节之一。

每年到访的游客人数2 200万~3 000万,这种"过度旅游"给威尼斯的生态系统造成了压力。过多的游客使圣马克广场等受欢迎的景点在旺季拥挤不堪,无法行走,还对历史遗迹造成污染,当地已经开始采取限制大型旅游船进入中心区域、向进入中心区域的游客收取特别费用等措施进行保护。

四、美丽中国

人与自然是生命共同体,人类在同自然的互动中生产、生活、发展。生态环境是人类生存和发展的根基,生态环境变化直接影响文明兴衰演替。中华文明强调要把天、地、人统一起来,按照大自然规律活动,取之有时,用之有度。党的十八大提出:"把生态文明建设放在突出地位,融入经济建设、政治建设、文化建设、社会建设各方面和全过程,努力建设美丽中国,实现中华民族永续发展。"美丽中国首次成为国家治理理念的重要内涵。

(一)美丽中国的内涵

习近平指出:"我们既要绿水青山,也要金山银山……绿水青山就是金山银山。"绿水青山就是金山银山,阐述了经济发展和生态环境保护的关系,保护生态环境就是保护生产力、改善生态环境就是发展生产力。良好的生态蕴含着无限的经济价值,能够源源不断创造综合效益,实现经济社会可持续发展。因此,经济发展不应是对资源和生态环境的无节制开发,而是要坚持在发展中保护、在保护中发展。

对人的生存来说,良好生态环境具有比经济发展更重要的价值。金山银山固然重要,但绿水青山是幸福生活不可缺少的重要内容,没有清净的空气、合格的饮用水,幸福无从谈起。同时,发展经济的目的是为了民生,如果为发展经济而牺牲生态环境,则是舍本求末,发展目标无法最终实现。

要兼顾经济发展与生态环境环境,必须贯彻绿色发展理念,形成节约资源和保护环境的生产方式、生活方式,把经济活动、人的行为限制在自然资源和生态环境能够承受的限度内。在经济活动中坚持节能环保的发展方式,培育清洁生产产业,守住生态保护红线、环境质量底线、资源利用上线。在日常生活中弘扬生态文明理念,增强环保意识、生态意识,倡导简约适度、绿色低碳的生活方式,反对奢侈浪费和不合理消费,把美丽中国建设转化为全体人民自觉行动。

在具体实践中，一是要着力解决突出环境问题。从源头开始防治，实施大气污染防治，加快水污染防治，强化土壤污染管控和修复，加强固体废弃物和垃圾处置。二是要加大生态系统保护力度。实施重要生态系统保护和修复重大工程，开展国土绿化行动，推进荒漠化、石漠化、水土流失综合治理，强化湿地保护和恢复，加强天然林保护，有计划地实施退耕还林、还草，耕地、草原、森林、河流、湖泊休养生息等专项行动。三是要完善生态环境管理制度，明确自然资源资产管理的责任，统一行使生态保护修复职责，统一行使污染排放监管职责，构建完善的生态环境保护体系。

（二）美丽中国建设的典范

1. 治沙英雄石光银

在陕西省定边县，有一位名叫的石光银的农民，他与沙漠斗争37年，带领村民不懈努力，总结出一套行之有效的治沙方法，在漫天风沙下将树木成功栽活，将沙漠变成绿洲；他先后承包治沙22.8万亩，栽种2 000万多株杨树、红柳等树木，在毛乌素沙地的南部边缘，造了近100千米长的绿色屏障，为阻挡黄沙南侵，改善当地生态环境做出了重大贡献，成为全国治沙面积最大且治沙效果显著的承包户。他将他的治沙模式和技术辐射到周边乡村，无偿为群众提供树苗50万株，种子4 000多千克，打水井160多眼，帮助他们走上致富之路；还将股份制引进治沙事业，组织207户农民，成立了全国第一个农民治沙公司，探索出一条"公司+农户"，综合开发，多业并举，以治理促开发，以开发保治理的产业化治沙新路；石光银先后荣获全国劳动模范、全国十大绿化标兵、全国绿化奖章获得者、全国人大代表等诸多荣誉，曾两次受联合国邀请参加防治沙漠化会议。

2. 为子孙后代留下青山——尕布龙

尕布龙是青海本地成长起来的少数民族干部，1926年出生的他从小给牧主头人家放过羊，被抓去干过苦力。解放后他放下牧羊鞭走进党政机关，成为党的干部，从民政干事干起，一步步走上县委书记、副省长等领导岗位。1992年，66岁的尕布龙从省人大常委副主任的职位上退了下来，他并没有在家安享晚年，而是担任绿化专职副总指挥，绿化西宁城郊的南山和北山。

西宁市位于湟水河谷地，城市是一个东西走向的条块，两边分别是南山和北山（图3-23）。山上植物稀少，当遇到大风天气时，两边荒山上的沙土横扫西宁，市民饱受风沙之苦。退休后的尕布龙一心扑在植树造林的工地，10年从未间断。他每天早晨7点前就背着水壶和干粮步行上山，挖坑、栽树、浇水。在他的带领下，共造林3.75万亩，栽植乔木554万株、灌木2 452万株，平均成活率为80%以上。南山和北山的森林覆盖率从7.2%上升到75%。西宁成为西北地区唯一被评为国家森林城市和国家园林城市双项荣誉的省会城市。

接受记者采访时，尕布龙说："我本来是个放羊娃，是共产党把我培养成了一个省级领导干部，我不能躺在家里消磨时间，浪费生命。利用自己的晚年，我要给子孙后代留下一片青山。"

图 3-23 青山环抱的西宁

3. 塞罕坝的"绿色故事"

占地 9.3 万公顷的塞罕坝林场位于河北省承德市，历史上曾经是一处水草丰沛、森林茂密的地方。但是由于历史上的过度采伐，这里土地日渐贫瘠，北方沙漠的风沙可以肆无忌惮地刮入北京。

1962 年，数百名造林人开始在这一地区种植树木，在极其恶劣的自然条件下建成了世界上面积最大的人工林，创造了沙漠变绿洲、荒原变林海的绿色奇迹。经过三代造林人的不懈努力，塞罕坝的森林覆盖率从 11.4% 提高到 80%。目前，这片人造林每年向北京和天津地区供应 1.37 亿立方米的清洁水，同时释放 545 000 吨氧气。2017 年 12 月，塞罕坝林场建设者在联合国环境大会获"地球卫士奖"。

2017 年 8 月，习近平对塞罕坝林场建设者感人事迹做出重要指示，他指出，55 年来，河北塞罕坝林场的建设者们听从党的召唤，在"黄沙遮天日，飞鸟无栖树"的荒漠沙地上艰苦奋斗、甘于奉献，创造了荒原变林海的人间奇迹，用实际行动诠释了绿水青山就是金山银山的理念，铸就了牢记使命、艰苦创业、绿色发展的塞罕坝精神。他们的事迹感人至深，是推进生态文明建设的一个生动范例。

4. 即将消失的沙漠——毛乌素

毛乌素沙漠是中国四大沙地之一，位于陕西省榆林地区和内蒙古自治区鄂尔多斯市之间，面积达 4.22 万平方千米。古时候这片地区是水草肥美的牧场，后来由于不合理开垦、气候变迁和战乱，地面植被逐渐消失，形成沙漠。蒙语中"毛乌素"意为"寸草不生之地"。

中华人民共和国成立后，当地大力兴建防风林带，开始了改造沙漠的浩大工程，除政府有针对性地规划统筹治沙外，民间的民众和企业也自发投入治沙。经过持续不懈的努力，到 21 世纪初，在沙漠腹地营造起万亩以上成片林 165 处，建成了总长 1500 千米的 4 条大型防护林带，造林保存面积 1629 万亩，实现毛乌素沙漠流沙止步，饱受风沙侵害的城市榆林成为塞上绿洲（图 3-24）。2020 年 4 月 22 日陕西省林业局公布榆林沙化土地治理率

图 3-24　变成绿洲的毛乌素沙漠

已达 93.24%，这意味着这片形成于唐代、存在了上千年的毛乌素沙漠即将从陕西版图"消失"，成为世界上第一个被消灭的沙漠。

（三）美丽中国建设的成就

我国已成为全球生态文明建设的重要参与者、贡献者、引领者，与世界各国共同呵护地球家园，同走绿色发展之路，坚持以改善生态环境质量为核心，推动污染防治攻坚，加强森林生态系统、湿地生态系统、荒漠生态系统建设和生物多样性保护，美丽中国建设不断取得进展。

多年来，我国投入巨额资金持续开展全民义务植树活动，大力发展林产工业，实现了森林资源和林业产业协调发展，《中国森林资源报告（2014—2018）》显示，中国森林覆盖率达 22.96%。来自美国国家航空航天局（NASA）的卫星资料显示，世界上人口最多的两个国家也是绿叶植物增加最多的国家。中国与印度的国土面积加起来也只占全球陆地面积的 9%，但是对全球绿化面积增加的贡献却高达世界的三分之一。

通过实施风沙源治理、石漠化治理，启动沙化土地封禁保护区和沙漠公园建设，我国荒漠化和沙化治理成效显著。2012 年至今，治理沙化土地面积超过 1400 万公顷，封禁保护面积 174 万公顷。三北工程区沙化土地面积年均缩减 1183 平方千米。我国荒漠化和沙化面积连续 15 年实现"双缩减"。

中国近年来大力治理大气污染，2013—2017 年，全国空气中 PM2.5 平均浓度下降 1/3，二氧化硫平均浓度下降 54%，一氧化碳平均浓度下降 28%。中华人民共和国生态环境部 2019 年发布的《中国空气质量改善报告（2013—2018 年）》指出，2013 年以来，我国在经济持续增长、能源消费量持续增加的情况下，环境空气质量总体改善。2018 年，全国 GDP 相比 2013 年增长 39%，能源消费量和民用汽车保有量分别增长 11% 和 83%，多项大气污染物浓度实现了大幅下降。2019 年《世界空气质量报告》显示，近年来中国城市的空气质量总体上有了明显改善，从 2018 年到 2019 年，污染物平均浓度下降了 9%。过去 10 年，中国首都北京的年度 PM2.5 水平下降了一半以上。

★ **社会美之环境赏析：安徽黟县宏村**（图 3-25）

安徽黟县有一个美丽的古村庄——宏村。在群山环抱里，灰瓦白墙此起彼伏，绿水青山相映成趣，风景美不胜收，俨然一幅天然的水墨山水画卷。宏村还有深厚的历史文化积淀，人文景观与自然景观相得益彰，历史文化与现代文明交相辉映，被中外建筑专家称为"中国传统建筑的一颗明珠"。电影《卧虎藏龙》里令人神往的青山、碧水、民居就在此处取景。宏村被评为国家4A级旅游景区，被中华人民共和国住房和城乡建设部、国家文物局评为第一批中国历史文化名村。2000年，宏村被联合国教科文组织列入世界文化遗产。

（1）宏村的自然美。宏村三面环山，坐北朝南，东有东边溪、东山，西有西汐、黟北古道、石鼓山；北有黄山余脉黄堆山、学堂山、雷岗山，成背山向水之势。走进宏村，村口有两棵古树，一颗为银杏，一颗为红杉，秋天会结出累累硕果。绕过两棵树，沿着蜿蜒曲折的小径往前走，旁边是清澈的小溪。顺着小溪逆流而上，眼前豁然开朗：放眼望去，群山环绕，碧空如洗，徽派建筑特有的青瓦白墙点缀其间，重重叠叠的马头墙错落有致，汇成一幅美丽的画卷。

（2）宏村的设计美。宏村在建设的时候，就仿照牛的结构进行整体设计，前部的雷岗山是牛头，村口的两棵古树是牛角，由东而西错落有致的民居群构成牛的身体，村中溪水上四座桥是牛腿，村中的月形池塘是牛胃，一条小溪贯穿全村即为牛肠，最后注入牛肚南湖。村中人工水系的规划设计尤其巧夺天工。古代宏村人规划并建造了以水圳、月沼、南湖为主要水系的水利设施，这三大水系相互通联，相互循环，保证宏村人在洪涝成灾的时候也能安全用水。山泉水被引流至宏村，流经每家每户的门前，最后注入村前水塘，即使地处偏僻的门户也有溪水经过。几百年间，设计者的智慧让甜美的山泉在宏村的家家户户一刻不停地流淌。整个村落选址、布局和建筑形态，强调天人合一、尊重自然、利用自然的理想境界，村落的整体轮廓与地形、地貌、山水等自然风光和谐统一。

（3）宏村的建筑美。宏村的建筑是典型的古徽州民居，有精雕细刻的入口门槛、高耸的马头墙、曲折的墙面，建筑上大量使用木雕、砖雕、石雕进行装饰，檐角飞翘，增加了空间的层次感，屋脊高低错落有致，房舍鳞次栉比，形成村落内井然有序的空间形态。

图3-25 安徽黟县宏村

承志堂是其中宏伟精致的代表作,被誉为"民间故宫"。整栋建筑为木结构,总占地面积约2 100平方米,正房堂高且宽,耳房巧而通联,堂内堂外都是磨砖对缝,工匠们对每个细节都精雕细琢,内部砖、石、木雕装饰富丽堂皇、栩栩如生。徽商为人本分,诚信经营,几个世纪以来享誉海内外,他们经商致富以后常常是荣归故里,大兴土木。宏村现存明清时期的民居建筑138幢,被誉为"古民居建筑博物馆",承志堂、三立堂、乐叙堂、南湖书院等是其中的典型代表。

（4）宏村的文化美。古村落不仅是满足生活需求的物理场景,更是一个充满文化意义的生活环境。宏村人有深厚的宗族观念,人们居住也是以家族为单位形成相对封闭的空间;并且注重对祖上遗留资源的继承,房屋的使用上,大多在保存先人遗留的基础上加以改动,几乎家家都有家谱传世。宏村的砖雕、石雕、木雕具有独特的艺术价值,雕刻图案题材内容广泛,包含着历史故事、风俗民情、成语典故等,应用在天井、花园、房梁、屏风、家具上惟妙惟肖,栩栩如生,体现出劳动人民的勤劳与智慧。宏村农产品种类丰富,日常以小麦、玉米为主要食材,咸肉烧春笋、臭鳜鱼、臭豆腐等民间家常菜,是外来游客喜爱的特色美食。

审美活动

以居室美的内容为指导,参考活动方案模板,制订班级文明宿舍评比活动方案;以宿舍为单位,开展文明宿舍评比活动。

文明宿舍评比活动方案模板(参考)

活动主旨：
为更好地组织学生宿舍文化生活,使同学们养成干净整洁的卫生习惯,锻炼同学们的团结协作能力,决定举办"××"宿舍文明、创新主题评比大赛。

活动主题：
和谐宿舍,温馨氛围,整洁卫生。

参赛要求：
1. 参赛对象：各学生宿舍。
2. 宿舍评比重点要求宿舍卫生整洁干净,无安全隐患,并以一定的创新凸显大学生的青春活力和宿舍文化。

评比细则及活动标准：
1. 卫生情况（40分）
（1）室内、阳台地面无垃圾,20分；
（2）门窗干净、明亮,无灰尘,10分；
（3）室内死角无遗留垃圾,无灰尘,10分。

2. 安全情况（20分）
宿舍无安全隐患,20分。
3. 整洁美观情况（20分）
（1）室内装饰物品美观大方,10分；
（2）桌上、床上、阳台物品摆放整洁合理,10分。
4. 宿舍创新情况（20分）
宿舍有个性设计,有创新装饰,有创新元素,20分。

活动时间及安排：
1. 活动时间：××年××月××日9：00。
2. 活动安排：
（1）准备：××月××日××日。各宿舍认真准备。
（2）评比：××月××日××点进行评选,由班主任等教师和学生代表参加评分。根据整洁情况确定获奖宿舍得分及名次。
（3）颁奖时间：××月××日进行,表彰获奖宿舍

学习内容回顾

社会美是社会领域中的美，是人类社会生活的美，是人类创造性劳动实践的结果，是合目的性与合规律性的统一。

社会美具有功利性，对人的实践无用有害的事物本质上是不能成为美的。社会美有阶级性，与人的社会地位、政治理想、道德观念等相联系。不同的现实条件也会影响人们的审美观。

人的美分为外在美和内在美。

人的外在美是指一个人的容貌、体态、打扮、举止等外部特征所呈现出来的美。

内在美是指人的内心世界的美，是人的思想、品德、情操、性格等内在素质的具体体现。一个人对社会的贡献决定了其内在美。内在美比外在美所形成的美感更强烈、更持久、更深刻。社会主义核心价值观要求的内在美包括爱国、敬业、诚信、友善。此外，崇高、进取、修养等品质也是值得努力追求的内在美。

环境美是指人对自身所生活的宏观环境与微观环境的自觉美化，从微观到宏观分为不同的层次，依次为美丽居室、美丽乡村、美丽城市、美丽中国。绿水青山就是金山银山，良好的生态蕴含着无限的经济价值，能够源源不断创造综合效益，实现经济社会可持续发展。

主要参考书目

[1] 李泽厚. 美的历程 [M]. 北京：生活·读书·新知三联书店出版社，2014.

[2] [美] 凯勒. 假如给我三天光明 [M]. 合肥：安徽教育出版社，2015.

[3] [美] 阿尔伯特·哈伯德. 把信送给加西亚 [M]. 南昌：江西人民出版社，2015.

[4] [法] 弗雷德里克·皮耶鲁齐，马修·阿伦. 美国陷阱 [M]. 北京：中信出版社，2019.

自测题

一、填空题（共 10 分，每空 2 分）

1. 第一印象在对方的头脑中形成并占据主导地位的效应，就是心理学上的_____。

2. 外在形象设计的原则包括自然原则、_____、个性原则。

3. 如果一条线段的某一部分与另一部分之比为 0.618，那么，这样的比例会给人一种美感。这一神奇的比例关系被古希腊哲学家柏拉图誉为"_____"。

4. _____是目前国际上常用的一个用体重与身高的比例衡量人体胖瘦程度以及是否健康的指标。

5. 社会主义核心价值观对公民个人层面的要求是爱国、_____、诚信、友善。

二、选择题（共20分，每题4分）

1. 在蒙语中"（　　）"意为"寸草不生之地"。但是，以它命名的沙漠将成为第一个被消灭的沙漠。
   A. 腾格里　　　　　　B. 塔克拉玛干
   C. 毛乌素　　　　　　D. 巴丹吉林

2. 赵武灵王发布了（　　）的政令，将少数民族服饰作为赵国的军队服装，赵国军队的战斗力显著提升。
   A. 尊王攘夷　　　　　B. 胡服骑射
   C. 问鼎中原　　　　　D. 卧薪尝胆

3. 在达·芬奇的（　　）中，男子头长是身高的八分之一，该男子形象被公认为最完美的人体黄金比例。
   A.《维特鲁维式的人》　B.《基督渡海》
   C.《蒙娜丽莎》　　　　D.《拾穗者》

4. 2019年，（　　）成为全国首个获批"美丽城市"建设试点的城市。
   A. 威海市　　　　　　B. 杭州市
   C. 北京市　　　　　　D. 深圳市

5. 岳飞的爱国词作（　　）表达了慷慨壮烈的英雄气概，激励着一代代后人。
   A. 小重山　　　　　　B. 破阵子
   C. 念奴娇　　　　　　D. 满江红

三、名词解释（共10分，每题5分）

1. 社会美
2. 诚信

四、问答题（共30分，每题10分）

1. 简述人的外在美与内在美的关系。
2. 服饰美的和谐原则是什么？
3. 敬业之美的要素有哪些？

五、思考题（30分）

一位父亲在高速公路开车打电话，旁边的孩子一再提醒父亲不要拨打电话，可是父亲不听劝阻，最终孩子选择报警。警察赶来后对父亲进行批评教育，此事引起社会争议。

以此为内容，写一封信500字的信。可选择写给违章当事人、孩子或警察。

造型艺术之美

第四章

导入

  人类的艺术史非常古老，人类的艺术活动伴随着人类社会的发展历程。艺术是人类文明的重要部分。随着人类社会的不断发展，人类的艺术活动越来越丰富，艺术实践领域也越来越广泛，中外艺术史上涌现出许多杰出的艺术家与优秀的艺术作品。正是在人类艺术宝库中的这些优秀作品之中，凝聚着艺术美。艺术作品以物态化的方式传达出艺术家的审美经验和审美意识。根据艺术形态的物质存在方式与审美意识物态化的内容特征，我们将艺术分为五大类别，即造型艺术（绘画、雕塑、摄影、书法等）、表情艺术（音乐、舞蹈等）、实用艺术（建筑、园林、实用工艺等）、文学艺术（诗歌、散文、小说、剧本等）、综合艺术（戏剧、电影、电视等）。本书的第四章至第八章，带大家一起来认识这五大类艺术的审美特征，学习如何在这五类艺术的欣赏和创作过程中加强美育，提高审美能力。本章，我们先来认识造型艺术之美。

学习目标

1. 能够用自己的语言阐述和说明造型艺术、绘画艺术、雕塑艺术、摄影艺术、书法艺术的概念；
2. 能够结合实例说明造型艺术的主要类型；
3. 能够用自己的语言阐释绘画艺术、雕塑艺术、摄影艺术、书法艺术的审美特征；
4. 能够用自己的语言说明造型艺术的审美意义；
5. 能够应用所学的知识欣赏造型艺术。能够用自己的语言对达·芬奇《蒙娜丽莎》、秦始皇兵马俑、解海龙希望工程纪实系列摄影作品、王羲之《兰亭集序》等造型艺术作品进行赏析。

第一节 造型艺术基础知识

一、造型艺术的概念与分类

（一）造型艺术的概念

造型艺术是指运用一定的物质材料（如颜料、纸张、泥石、木料等），通过塑造静态的视觉形象来反映社会生活、表现艺术家思想情感的一种空间艺术，也是一种静态的视觉艺术。造型艺术主要包括绘画艺术、雕塑艺术、摄影艺术、书法艺术等。

在造型艺术中，绘画艺术是人类文化史上最古老的艺术种类之一。在西班牙阿尔塔米拉洞穴所发现的壁画，属于旧石器时代的作品，距今已有上万年的历史。在阿尔塔米拉洞穴的洞顶上，画有各种动物，如野牛、野马、野鹿等，它们或伫立，或奔跑，或躺卧，或怒吼，千姿百态，栩栩如生，跃然壁上。这些壁画工整精致，风格统一，尤以各种姿态的野牛形象最为生动。其中很有代表性的是《受伤的野牛》（图4-1），它以黑、红等色渲染，间以线条，把野牛躯体的起伏结构表现得准确、生动。阿尔塔米拉洞穴壁画，以写实、粗犷和重彩的手法，生动地刻画了原始人所熟悉的各类动物形象，达到了史前艺术的高峰，具有很高的历史价值和艺术价值。

图4-1 阿尔塔米拉洞穴壁画《受伤的野牛》

湖南省出土的战国楚墓帛画《人物龙凤图》（图4-2）是我国现已发现的最古老的帛画之一，画中描绘的是一条龙和一只凤在上方飞舞，下方有一位侧面站立的女性，正在双手合十进行祈祷。这位女性头后挽着一个垂髻，上面系有装饰物，长衣拖地，服饰庄严华丽，体态婀娜。考古学家认为，这位女性是一名盛装打扮的巫女。这幅画作的主题是描绘这名巫女为死者祝福，愿神化的龙与凤引导死者的灵魂登天升仙。

雕塑艺术，也是人类文化史上最古老的艺术种类之一。无论在东方还是西方，雕塑艺术都有着悠久的历史。早在旧石器时代，就已经有了石制的雕刻。

古代的绘画和雕塑作品在研究人类审美和艺术的起源时占有重要的地位，它们作为人类最早的美术遗物，能够具体而形象地展现艺术产生与发展的漫长历史。

图4-2 战国楚墓帛画《人物龙凤图》

随着人类社会的发展，雕塑和绘画艺术日益成为众多艺术门类中最丰富多彩的艺术类别，逐渐演化出多种形式和流派。

书法艺术是建立在汉字书写基础上的一门中国独有的艺术，承载着中国独有的文化和精神。

随着现代科技的发展，摄影艺术作为一门新兴的纪实性造型艺术的诞生，使造型艺术更加广泛普及。

（二）造型艺术的分类

一般来讲，造型艺术主要包括绘画艺术、雕塑艺术、摄影艺术、书法艺术等。

1. 绘画艺术

绘画艺术是使用一定的物质材料，运用线条、色彩和块面等艺术语言，通过构图、造型和色调等手段，在二维空间（平面）里创造出静态的视觉形象或情境的艺术。绘画艺术在造型艺术中处于基础地位。

绘画艺术范围广泛，种类繁多，根据不同的分类角度和分类标准，可以将其划分为不同的种类。从体系来划分，绘画艺术可以分为东方绘画和西方绘画两大体系。根据使用材料、工具和技法的不同，绘画艺术可以分为中国画、油画、版画、水彩画、水粉画等；根据表现对象的不同，绘画艺术可以分为肖像画、风俗画、风景画、静物画、历史画、宗教画、动物画等；根据作品形式的不同，绘画艺术可分为壁画、年画、连环画、宣传画、漫画等。

从世界绘画的两大体系来看，以中国画为代表的东方绘画和以油画为代表的西方绘画，由于各自的基本特征和历史文化背景的不同，形成了各自不同的表现形式与审美特色。

（1）东方绘画。东方绘画具有悠久的历史。战国时代的帛画、汉代的画像砖与画像石，都已经具有了很高的艺术水平。自魏晋南北朝以来，更是涌现出了许多著名的画家和流派，具有各自鲜明的艺术特色和风格。唐宋时期是中国绘画艺术达到高峰的时代，这个时期的著名画家，有被后世尊称为"画圣"的吴道子、擅长历史画和肖像画的阎立本、擅长山水画的荆浩等。元明清时期是中国绘画艺术承前启后的时代：元代著名画家黄公望、王蒙、倪瓒、吴镇等人对传统水墨山水画的发展起了重要作用；明代"吴门四家"沈周、文徵明、唐寅和仇英也对中国画的发展做出重要贡献；"扬州八怪"则是清代康熙中期至乾隆末年活跃于扬州地区的一批风格相近的书画家的总称，他们的画作强调个性，不落俗套。近、现代中国画坛更是人才辈出，涌现了赵之谦、吴昌硕、齐白石、徐悲鸿、张大千、林风眠等画家，他们为继承和发展中国绘画艺术做出了卓越贡献。

东方绘画体系的代表是中国画。中国画，简称"国画"，是我国传统的造型艺术之一。

中国画在古代没有统一确定的名称，一般被称为丹青。中国画在世界美术领域中自成体系，在内容和艺术创作上，主要体现了古代的中国人对于自然、社会及与之相关联的政治、哲学、宗教、道德、文艺等方面的认识。

中国画分为工笔画和写意画。工笔画，用笔细致工整，结构严谨，无论人物或景物都刻画得十分细致入微；写意画，笔墨简练，高度概括，洒脱地表现物象的形神和作者的主观情思。不论是工笔画，还是写意画，在处理形神关系时都要求"形神兼备"，在造型和意境的表达上都要求"气韵生动"。虽然中国画有许多分科，从基本画科来看就包括人物、山水、花鸟等，但无不追求"气韵生动"和"形神兼备"，追求"传神"或"意境"。在画人物画时，画家能够传神、生动地表现出人物的神气，即人物的精神气质和性格特征。在画山水和花鸟时，画家也可以寓情于景或寓情于物，赋予它们人格化的精神气质，赋予它们活泼的生命灵气。正是这种植根于民族文化的美学理想，形成了中国画的基本特征和艺术特色。

中国画有以下几个主要特点。

①工具材料独特。在工具材料上，中国画一般采用中国特制的毛笔、墨和颜料，在宣纸或绢帛上作画。由于采用特制的毛笔来作画，使得"笔墨"二字成为中国画技法和理论中的重要术语。所谓"笔"，是指运用毛笔的方法，中国画运用钩、勒、皴、点等不同技巧和方法，表现出变化无穷的中国画意趣；所谓"墨"，是指用墨的方法，中国画以墨代色，运用烘、染、泼、积等墨法，使墨色产生丰富而细微的色度变化，也就是常讲的"墨分五彩"（指墨色的焦、浓、重、淡、清等五种不同的色度）或"六彩"（上述"五彩"再加上宣纸的白色），使得以墨代色的中国画具有独特而丰富的艺术表现力。

②在构图方法上多采用散点透视法。中国画的第二个重要特点，是在构图方法上不受焦点透视的束缚，常采用散点透视法（从多个角度表现事物），使得构图灵活自由，画面视野宽广辽阔，不受焦点透视的局限。

中国画经常基于散点透视的方法，使用全景式构图，如五代后梁画家荆浩创作的绢本墨笔画《匡庐图》（图4-3）。这幅画作的布局是全景式的，画中的山峰高耸入云，山巅树木丛生，崖间瀑布倾泻而下，远处和天色相连接，体现的是"大山大水，开图千里"的局面。画作不满足于局部山水的描绘，而是放眼于广阔空间，表现气势磅礴的自然景观。整幅画面描绘出巨峰凌空、飞瀑如练的雄伟气势。全景式的构图给人以旷远、峻拔、雄壮的审美感受。再如我们熟知的北宋画家张择端的名作《清明上河图》，以散点透视法把汴河两岸数十里的繁华景象描绘在一个完整的画面中，以全景方式展现了北宋都城汴京从城郊农村到城内街市的热闹情景。

中国画在构图时，还可以将不同时间和不同空间的事物安排在一个画面中，把不同的场面集中到一起。比如五代南唐画家顾闳中的名作《韩熙载夜宴图》，就是以五段连续的画面来构成一幅长卷，韩熙载这个人物在不同的画面中多次出现。

③具有独特的内容美和形式美。中国画将绘画与诗文、书法、篆刻四者有机地结合在一起，讲究诗、书、画、印的结合，形成了中国画独特的内容美和形式美。现存的许多传

图4-3 [五代] 荆浩《匡庐图》(局部)

统国画都有题画诗或款书,将画意、诗情、书法融为一体。题画诗常是画家本人或其他人所题之诗,大多出现在画幅的边角空白处,其内容或指明画意,或增加画趣,或抒发观感,或品论画艺,诗中有画,画中有诗,具有独特的艺术魅力。中国画中的款书也是中国传统绘画特有的形式。款书一般包括作画的时间、地点和画家的姓名、字号,以及标题、诗文、印章等。一些著名的画家同时也是诗人和书法家,比如王维、唐伯虎、苏轼、郑板桥等人,这类画家更是将诗、书、画、印的结合推向更完美的艺术境界。

传统中国画充分体现出其深深地扎根于民族传统文化的丰厚土壤。从根本上讲,中国画的特点正是源于中华民族悠久的传统文化和丰富的美学思想。

除了中国画之外,东方绘画还有一个重要类别,是日本的浮世绘。浮世绘主要是指日本的风俗画,它是日本江户时代兴起的一种独特的民族艺术,题材广泛,有社会时事、民间传说、历史典故、戏曲场景和古典名著图绘等。浮世绘在世界美术史中呈现出独特的风姿,也具有很高的艺术价值。

(2)西方绘画。西方绘画的历史也十分悠久,从古希腊、罗马开始,经历了中世纪的基督教艺术时期,在文艺复兴时期达到高峰。意大利文艺复兴初期的著名画家、雕塑家乔托,创作了《逃亡埃及》《哀悼基督》等许多具有现实生活气息的宗教画,被认为是欧洲绘画之父和现实主义画派的鼻祖。文艺复兴时期的"画坛三杰"——米开朗琪罗、达·芬奇和拉斐尔,分别创作了《创世纪》《蒙娜丽莎》《西斯廷圣母》等不朽杰作。17—18世纪,西方绘画进一步摆脱宗教的束缚,肖像画、风景画、风俗画等都获得了极大的发展,涌现出一批杰出的画家,如荷兰的伦勃朗(作品有《夜巡》等)、尼德兰的鲁本斯(作品有《阿马松之战》等)、西班牙的委拉斯贵支(作品有《教皇英诺森十世肖像》等)、英国的透纳(作品有《战舰归航》等)。18—19世纪,西方绘画进一步发展,出现了许多新的美术流派和著名画家,其中有新古典主义的代表人物雅克·路易·大卫(作品有《马拉之死》等),浪漫主义美术的代表人物籍里柯(作品有《梅杜萨之筏》等),批判现实主义的代

表人物库尔贝（作品有《石工》等）和米勒（作品有《拾穗者》等），印象派代表人物莫奈（作品有《日出·印象》等）和雷诺阿（作品有《包厢》等），以及后印象派的代表人物塞尚（作品有《苹果和橘子》等）、高更（作品有《塔希提的妇女》等）、凡·高（作品有《星空》《向日葵》等）。法国、英国、荷兰、美国、瑞典、丹麦等都出现了一批优秀的艺术家，特别是俄国"巡回画派"集中了一批杰出的画家，其中最为著名的是列宾（作品有《伏尔加河上的纤夫》《不期而至》等）和苏里柯夫（作品有《近卫军临刑的早晨》《女贵族莫洛佐娃》等）。随着19世纪后期印象派的出现，油画的绘画观念发生了变化，强调个人印象的表现，形体和色彩带有更多主观因素。20世纪以来，西方画坛出现了现代主义美术的各种思潮和流派，包括野兽派、未来派、立体派、抽象主义、表现主义、超现实主义、构成主义、超前卫艺术、波普艺术等。

西方绘画种类繁多，有油画、版画、水彩画、水粉画等。其中，油画是西方传统绘画的代表，具有极高的表现力，对世界绘画的发展产生了极大影响。

油画因使用油质颜料而得名。油画作品是用油质颜料在布、木板或厚纸板上画成的。油画颜料色彩丰富、鲜艳，能够充分表现事物的质感，真实生动地描绘一切有形事物，具有很强的艺术表现力。同时，油画颜料有较强的覆盖力，易于修改，为画家提供了艺术创作的便利条件。

版画也是西方绘画的一个重要画种。版画的特点是采用笔画和刀刻的方法，在不同材料的版面上进行刻画，然后印制出多份原作。根据所用版面材料和性质的不同，版画可分为三大类：木刻和麻胶版画的"凸版"类，铜版画等的"凹版"类，以及石版画等的"平版"类。木刻和麻胶版画的"凸版"类是在木板或麻胶上刻制而成；铜版画等"凹版"类，是用酸性液体腐蚀铜版形成各种凹线，从而构成具有独特艺术效果的画面；石版画等"平版"类，是在石印术基础上采用特殊药墨制成。

水彩画大约产生于15世纪末文艺复兴时期，18世纪起在英国发展为独立画种。水彩颜料是用胶水调制而成的，颜料透明而单纯，作画时用水溶解颜料于纸上，利用画纸的白底和水、颜料的相互融合渗透，能表现出一种特殊的透明感觉，以及滋润晕化等效果。水彩画虽然较难构成鸿篇大作，但使用方便，能充分发挥水分淋漓酣畅、善于晕化渲染之特点，使作品具有明快柔和、轻松抒情等独特的艺术魅力。

水粉画同水彩画一样，都是用水调和颜料而作画的，但水彩颜料非常透明，没有覆盖力，水粉颜料则一般不透明，不同程度地含有粉质，具有一定的覆盖力。如果运用得当，水粉画作品就能兼有油画的厚重感和水彩画明朗轻快的透明感，加之绘画过程比较短，制作较为方便，水粉画在宣传活动中被运用得最为广泛。我们一般看到的宣传画基本是用水粉绘制的。

除以上画种之外，还有用铅笔、木炭、钢笔作画的素描等。

西方绘画主要有以下几方面的特点。

①以块面、色彩和明暗为基本造型手段。西方艺术突出写实性，油画的传统是重视对于绘画对象的忠实模仿，块面、色彩和明暗是西方艺术家用来描写真实的艺术手段。

为了更好地再现对象，要创造出视觉的立体感。绘画是二维空间的艺术，需要在平面中塑造出假设的三维空间来。基于这一目的，西方艺术中建立了一切形体皆由面构成的观念。比如，人脸是立体的，但是可以随着骨骼肌肉的起伏被分析为无数个面，这些面最终构成了具有立体感的空间体积。基于形体由无数个面构成，每个面会受到不同光线的照射，形成深浅不等的明暗关系。因此，明暗是塑造立体的重要手段。色彩也是重要的造型手段。不同的色彩会直接影响到审美主体的情绪。比如，亮红色会给人冲击感，暗灰色常常给人一种沉稳感。

②在构图方法上多采用焦点透视法。西方绘画常常会用到焦点透视法。表现物体近大远小逐渐缩减而退向远方的所有线条，都汇聚于一点，这一点称为焦点。焦点透视是以人眼观看事物的原理为依据，将视角固定在一个位置上，才能看到稳定的形象，不同距离的物体可以在同一画面上体现近大远小的关系。比如达·芬奇的名作《最后的晚餐》（图4-4），就是焦点透视的典范之作，达·芬奇在一个平面上创造出了立体的空间感。西方绘画的空间观念是科学的、物理的空间概念，可以说，如果没有焦点透视法，就没有西方的写实性绘画。

图4-4　[意]达·芬奇《最后的晚餐》

③具有写实性和理性精神。西方艺术的一个重要特点是强调写实性，艺术创作偏重于对审美对象的再现。西方文化中，强调逻辑思维和理性思维，不少艺术家在进行绘画创作时，常常以追求艺术的真实性为出发点，强调观察对象，客观地、科学地模仿对象，力求真实地再现对象。绘画艺术的写实性和理性精神正是源于西方艺术家理性的逻辑思维方式。

西方绘画的审美趣味在于写实性，追求对象的真实、环境的真实。而东方绘画，更追求写意性，重视情感和表现，东西方绘画形成鲜明差异，成为世界美术领域的两大体系。

2. 雕塑艺术

雕塑作品是用一定的物质材料制作出来的具有实体形象的艺术品，由于制作方法主要是雕刻和塑造两大类，故被称为雕塑。雕塑艺术，是一门直接利用物质材料，运用雕刻或

塑造的方法，在立体空间中创造出具有实体形象艺术品的艺术。雕塑艺术是一种立体的空间艺术和视觉艺术，属于造型艺术。

在造型艺术中，雕塑艺术与绘画艺术、摄影艺术、书法艺术最大的区别就在于雕塑是在三维空间里用物质材料创造出实体形象，其他几类是在二维空间中创造平面形象。基于雕塑艺术的立体性，我们在欣赏雕塑作品时，可以从多个视角观看，不但可以通过视觉观看，还可以通过触觉感受，这使得雕塑作品更富有生动逼真的艺术魅力。

雕塑艺术种类繁多。从表现手法和形式来区分，雕塑主要分为圆雕、浮雕、透雕等类型。

圆雕，又称"浑雕"，是不附在任何背景上，可以从四面观赏的立体雕塑。圆雕的特点是立于空间中的实体形象，在创作时必须考虑它的体积感与厚重感，在塑造形象时还必须照顾到人们从不同的角度进行观赏。如东汉的击鼓说唱陶俑（图4-5），说唱者眉开眼笑，手舞足蹈，活泼诙谐，人们似乎看到了在说唱者的前面，听众们正在兴致勃勃地观看他的出色表演。击鼓说唱陶俑是一件富有浓厚民间气息和地方风貌的优秀雕塑作品，被称为"汉代第一俑"。

图4-5 ［东汉］击鼓说唱陶俑

浮雕，又称"凸雕"，是在平面上雕出凸起的艺术形象。根据表面凸起程度的不同，浮雕又分为高浮雕（高低起伏大，凸起程度深）和浅浮雕（高低起伏小，凸起程度浅）。比如刘开渠创作的《人民英雄纪念碑浮雕·胜利渡长江》（图4-6）就是极具代表性的浮雕作品。

透雕介于圆雕和浮雕之间，它是在浮雕的基础上，镂空其背景部分，但又不脱离平面，犹如一件附着在平面背景上的圆雕。

雕塑还可以从其他角度进行分类。从制作工艺来看，它可以分为雕和塑两大类。雕，有石雕、木雕、玉雕等；塑，有泥塑、陶塑等。铸铜像时是先塑后铸，这些都属于制作方式和材料的不同。从体裁来区分，雕塑又可以分为纪念性雕塑、城市园林雕塑、宗教雕塑、陈列性雕塑等。从样式来区分，雕塑还可以分为头像、胸像、半身像、全身像、群像等。

图4-6 刘开渠《人民英雄纪念碑浮雕·胜利渡长江》

雕塑艺术有着悠久的历史。早在旧石器时代，就出现了石制的雕刻工具。后来，陶器的出现更促进了雕塑的发展。商周时期，青铜器铸造达到鼎盛，雕塑也随之发展。到了秦汉时期，雕塑艺术发展水平达到一个高峰，秦始皇兵马俑正是这个时期雕塑艺术的代表。魏晋南北朝和唐宋时期，宗教雕塑发展迅速，随着云冈石窟、龙门石窟、敦煌石窟、麦积山石窟等的修建，雕塑艺术进一步繁荣起来。元明清时期，小型玩赏性的雕塑日趋繁荣，民间雕刻工艺迅速发展。中华人民共和国成立后，我国雕塑艺术更有了长足的发展。

在西方，古希腊、古罗马时期，雕塑作品也已经达到了很高的艺术水平。欧洲文艺复兴时期，出现了很多优秀的雕塑家。米开朗琪罗创作的大理石雕像《大卫》（图4-7）是人文主义思想的具体体现，它对人体的赞美，表示着人们已从黑暗的中世纪桎梏中解脱出来，充分认识到了人的巨大力量。19世纪的法国雕塑，是西方雕塑艺术的又一高峰，这一时期出现了吕德（作品有《马赛曲》等）、罗丹（作品有《思想者》《地狱之门》等）等一大批优秀的雕塑家。20世纪以来，西方雕塑艺术向多元化发展，多种流派并存，不断探索新的时空观念和艺术语言。

图4-7 ［意］米开朗琪罗《大卫》

3. 摄影艺术

摄影是指摄影师用照相机作为基本工具，根据创作构思将人物或景物拍摄下来，再经过工艺处理，塑造出可视的艺术形象的过程。摄影作品一般用来反映社会生活与自然现象，并表达艺术家的思想情感。

摄影艺术是一门现代的纪实性造型艺术，是指采用摄影手段塑造可视画面、反映现实生活、表现主体审美情感的艺术。

摄影是现代科技发展的产物。自从1839年法国人达盖尔发明摄影术以来，摄影在技术与艺术两方面都有了迅速发展，逐渐成为一门科学与艺术相结合的独立的艺术门类。摄影技术作为一门实用技术，被广泛地应用于人类现代生活的各个领域，如新闻报道、科学实验、太空探险和教育卫生等。摄影艺术的发展，主要是为了审美的需要而非实用目的，它将技术性与艺术性相结合，形成了自己独特的审美特征和艺术表现手法。

摄影艺术特别注重纪实性。许多优秀的摄影艺术作品，是抓拍或抢拍出来的，这种形式给人一种身临其境的感觉，具有很强的表现力和感染力。摄影艺术的主要造型手段是画面构图、光线和影调（色调）。构图就是取景，是指将主体、陪体、背景等组织起来构成艺术整体。摄影构图方式有很多，比如水平式构图、垂直式构图、对角线构图、十字构图等。摄影用光有正面光、侧面光、逆光、顶光、脚光等，主要用于加强画面的空间感和立体感，具有营造氛围、烘托主题的效果。影调和色调也是摄影艺术的重要造型手段，影调是指黑白照片上所表现的明暗层次，色调是指彩色照片上色彩的对比与和谐。影调和色调通过艺术处理，可以产生影调层次、影调对比、影调变化和色彩变化、色彩反差、色彩和谐等艺术效果，使摄影作品具有浓郁的情感色彩。

摄影艺术的样式和体裁繁多。按感光材料和画面颜色，可分为黑白摄影和彩色摄影；按摄影器材和技术，又可分为航空摄影、水下摄影、全息摄影、红外线摄影等；按题材来分，还可以分为新闻摄影、肖像摄影、风光摄影、舞台摄影、体育摄影、生活摄影、建筑摄影等。

新闻摄影是最重要的摄影类型之一。它以及时地反映和报道现实生活中的重要事件为基本任务，把生活中真实、直观的景象呈现在人们眼前，具有很强的说服力和感染力。新闻摄影以图像为传播媒介，突破了文字的障碍，成为世界性的语言，在社会生活中发挥着重大作用。凡是具有新闻价值的事物都可以作为新闻摄影的题材。新闻摄影的重要原则是真实性，必须由摄影者在具有新闻价值的现场进行实地拍摄。可称为摄影艺术作品的新闻摄影作品，是指那些具有深刻思想、典型形象和充沛情感的作品，这些作品不仅记录和揭示了生活中的重要事件，具有现实意义和长远的历史价值，而且具有较高的审美价值。

肖像摄影又称人物摄影，是以表现人物形象为主的摄影，包括特写镜头、头像、半身像、全身像和群像等。人像摄影一般通过人物的姿态、动作、外貌和面部表情，来揭示人物的思想感情、性格特征和精神气质。肖像摄影可以通过抢拍、摆拍等方式来完成，摄影者要善于观察，捕捉最佳时机。

风光摄影是指以自然风光为拍摄对象的摄影作品，其主要特点是将自然美转化为艺术美，它不能仅仅停留于再现自然景物，必须寓情于景，使作品情景交融、意趣盎然，在富有诗情画意的自然风光中，表现艺术家的思想情感和美学追求。

舞台摄影是指以舞台演出为拍摄对象的一种摄影艺术形式。它一般需要较高的摄影造型技术，还需要摄影师对所拍摄的艺术表演有较全面的了解，能充分掌握舞台演出的风格样式、艺术特征，以及演员的表演特色，充分展现舞台艺术的风采和演员高超的表演水平。

体育摄影是以各种体育运动或竞赛中运动员的技术水平、健美姿态和优异成绩为拍摄对象的一种摄影艺术形式。为了适应体育运动一般在快速中进行的特点，体育摄影多采用抓拍的方式，并用较高的快门速度抓取动态，使作品具有高度的真实感和强烈的现场感。

生活摄影是指以人们的日常生活为题材，广泛深入地反映人们的生存状态、精神面貌、风俗习惯、趣味和情操的摄影艺术形式。这类作品具有很高的欣赏价值和认识价值，并能对不同地域之间思想文化的沟通交流发挥重要的作用，这类作品还具有社会学和民俗学的意义。

建筑摄影也是摄影艺术的一个品种，它是摄影师运用一定的摄影技术和手段，专门拍摄精心挑选出来的建筑物，将摄影美和建筑美结合起来的一种方式。建筑摄影需要摄影师懂得建筑艺术的基本规律和历史，认真观察和研究建筑物的特点，选择最理想的拍摄位置、角度和光线，通过建筑物的形体、质感和色调等特征，充分体现建筑物特有的社会文化内涵和科学技术水平，形象地展现建筑美。

虽然摄影艺术自诞生以来仅有一百多年历史，但它发展迅速，在世界各国出现了各种不同的风格和流派，其中最主要的有绘画主义摄影、纪实主义摄影、印象主义摄影、超现实主义摄影等。绘画主义摄影于19世纪中叶起源于英国，很快传遍世界各国，成为摄影艺术史上最早形成、影响最广的一个流派。它在创作上追求绘画效果，作品形式从构图布局到用光影调都有极严谨的法则，该派曾风行一时。纪实主义摄影至今仍是摄影艺术中最重要的一个流派，它强调摄影的纪实性，注重直接而逼真地再现客观现实生活，崇尚质朴无华的艺术风格。印象主义摄影是美术上的印象主义思潮在摄影艺术领域的反映，主张摄影艺术应当表现摄影者的瞬间印象和独特感受，讲究形式美和装饰性，追求在摄影作品中达到一种朦胧模糊的画意效果，尤其注重色彩与光线的表现。超现实主义摄影是现代主义摄影流派之一，其美学思想与超现实主义绘画基本相同，在创作时以剪贴和暗房技术为主要的造型手段，采用叠印叠放、多重曝光、怪诞变形、任意夸张等手法，将"超现实的神秘世界"作为表现对象。除此之外，西方现代派摄影还有抽象派摄影、前卫派摄影等流派。

4. 书法艺术

书法艺术是中华民族特有的一种传统艺术形式，通过用笔用墨、点画结构、行次章法等进行文字书写，结合字义造型，来表现人的气质、品格和审美情操。

书法艺术建立在汉字的基础上，源于人们书写文字的日常活动，发展到后来逐渐成了独立的艺术门类。迄今为止，世界上只有汉字的书写真正成了一门艺术。关于汉字的起源，历史上有许多种传说。一般认为，汉字的产生是以象形为基础演化来的，在象形的基础上，汉字继续发展，形成了一定的形式法则和规律，这是书法艺术的生命所在。中国书法，是中华民族审美经验的集中表现形式之一，在中国艺术史上占据特殊地位，也影响到亚洲一些国家。

书法艺术的发展与汉字的发展密不可分。三千多年前殷代的甲骨文是目前发现的最早的以象形为基础的汉字，它奠定了书法艺术的一些基本要素。商周至战国时代的金文脱胎于甲骨文。秦代统一文字，由大篆变为小篆，所见书迹有泰山、琅琊、碣石、会稽等地的刻石，以及竹简、刻符等。汉代出现了隶书和草书。魏晋时期是书法艺术繁荣发展的时期，楷书、行书、草书等各种书体更加齐备和完善，出现了王羲之、钟繇等著名的书法大家。唐代是书法艺术发展的鼎盛时期，各种书体都有了进一步的发展，尤其是楷书。唐代著名的书法家有欧阳询、张旭、颜真卿、柳公权等。宋代书法家更注重情感的发挥，追求自由的个性表现，故有"宋人尚意"之说，宋代成就卓越的书法家有苏轼、黄庭坚、米芾、蔡襄等。元明清时期书法艺术进一步发展，书法家的个人风格更加鲜明多样。书法艺术的发展源远流长，如今出现了振兴局面，并且逐渐走向世界。

可见，书法艺术随着时代的发展体现出各种书体不断发展演变的过程。总体上讲，书法可以分为五种书体，分别是篆书、隶书、楷书、行书和草书。

篆书分为大篆、小篆。广义的大篆指甲骨文、金文、籀文，小篆又叫"秦篆"，秦统一天下后在全国推行。小篆字形整齐，转角处多呈弧形。

隶书是在汉代时由篆书简化演变而成的，隶书横笔首尾方中带圆，转角处多呈方折。所见作品有泰山、琅琊、碣石、会稽等地的刻石以及竹简、刻符等。

楷书也叫正楷或正书，最早出现于魏晋时期，特点是字形方正，笔画平直，风格古雅，

整齐端庄。唐朝时，楷书的成就达到高峰。

行书在魏晋时期得以完善，其特点是字形流畅飞动，刚柔相济，富有很强的表现力。其中，侧重于楷法的行书叫"行楷"，侧重于草法的行书叫"行草"。

草书始于汉代，最早是由隶书演变而成的"章草"，后来又发展成为一般所指的草书，即"今草"。唐代张旭、怀素更创造了独具风格的"狂草"。

书法艺术的基本技法和表现形式，主要是用笔、用墨、结构、章法、韵律、风格等几个方面。书法的"用笔"是指行笔的方式、方法及其所产生的效果。中国传统书法艺术主要用尖锋毛笔在宣纸上进行创作，书写时，执笔和运笔的方法稍有不同，书写的效果就呈现明显差异。执笔的高低、轻重，运笔的急缓、方圆，笔锋的藏露、顺逆，点画的长短、粗细，笔法的力感、质感等，都需要书法艺术家以精湛的技艺加以掌控，才能创作出理想的书法艺术作品。书法的"用墨"是指墨的着色程度，如浓淡、枯润等，使墨色富有变化，表达不同情感色彩。书法的"结构"包括字的结构以及每个字的大小、疏密、斜正、呼应对比等。由于书法家风格不同，字体不同，因而书法结构也变化无穷。但无论何种书体或风格，其结构都应当合乎比例，遵循平衡、对称等基本规律。书法的"章法"是指作品的总体布局，即整幅字在行次布局中应当错综变化，疏密得当，具有节奏韵律，从而体现出整幅作品的神韵。书法的"韵律"主要指笔画和线条的动静、起伏、枯润等变化，这种韵律来自书法作品中线条整体形成的生动气韵。书法的"风格"是指作品的整体的艺术特征，以及由此表现出来的书法家不同的艺术追求，它是由用笔、用墨、结构、章法、韵律等共同形成的艺术效果。书法艺术的风格类型多种多样、不胜枚举，包括含蓄、古朴、豪放、雄浑、秀丽、稚拙等多种风格。人们常说的"颜筋柳骨"，就是对唐代著名书法家颜真卿和柳公权书法作品不同风格的评价。前者笔画刚直、浑厚丰筋，具有整齐大度的美；后者结构紧凑、骨力劲健，具有刚健有力的美。

书法与文学、绘画等有密切的联系。各种诗文常常是书法的主要书写对象和内容，因而书法家必须具有很高的文学修养，历史上许多著名书法家同时也是著名的文学家。书法与绘画也联系密切，人们常讲"书画同源"，正说明了二者之间这种"血缘"的联系，加之书法与中国画都用毛笔进行线条造型，更有许多相通之处。人们普遍认为，书法艺术对陶冶人的情操具有巨大的作用。在创作或欣赏书法作品时，不仅能给人带来愉悦和满足，而且常常使人们潜移默化地受到熏陶，使审美情趣得到陶冶与提高。

二、造型艺术的审美特征

（一）绘画艺术的审美特征

绘画艺术的审美特征可以概括为以下几个方面。

1. 追求视觉形式

绘画是一种具有直观性的视觉艺术形式，视觉艺术能够相对独立地呈现形式美。在绘画中，一切精神性的内涵都需要通过独具个性的视觉形式来表现。绘画作品的形式是确定的，而内容可以是不确定的，形式可以有相对的独立性，而除去形式，绘画就不存在了。无论是东方绘画还是西方绘画的发展，都是形式变幻的历史。中国绘画总结出用线的多种描法（如柳叶描、竹叶描、蚯蚓描、琴弦描等），山水画绘制的多种皴法（皴法，指中国画中涂出物体纹理或阴阳向背的一种技法，如披麻皴、雨点皴、卷云皴、斧劈皴等），以及各种运用水墨的技巧（如泼墨法、积墨法、焦墨法、没骨法等），此外还有行笔的快慢、轻重、顺逆、侧正等方法。西方绘画艺术历经数千年，也在形式创造方面形成了明暗法、色彩学、艺术解剖学、透视学等。

2. 具有瞬间延展性

绘画艺术的语言是线条、色彩和形体块面，由它们构成的艺术形象是静态的，但绘画艺术常常以这种瞬间的、凝固不动的形象来表现丰富的内涵，使观赏者从绘画所表现的瞬间，联想到瞬间前后的延续情节、情感等。绘画作品在表现动作时必须寓动于静，选取动作发展的某一瞬间，能使人想象出更多的情节。最佳的一瞬间应当是最能让想象自由活动的那一刻。比如，俄国19世纪巡回画派的重要成员列宾的代表作品《不期而至》（图4-8），描绘的是一个革命者从流放地逃亡回到家中的情景。列宾选择了革命者刚刚踏入家门的一刹那，母亲惊呆地站起来凝视着儿子，坐在钢琴旁的妻子不敢相信自己的眼睛，革命者的儿子站起身来看着父亲，女仆不解地望着这个不速之客。这一瞬间，各个人物的不同神态、表情将不期而至的情景表达得淋漓尽致，能够使欣赏者想象出这一刹那前后的许多情景。

图4-8 ［俄］列宾《不期而至》

3. 具有形神兼备性

绘画艺术总是通过可见的艺术形象表现丰富的精神内涵。绘画既有再现性和写实性的一面，同时又有写意性和表情性的一面。绘画受到空间领域和时间延伸方面的限制，只能从广阔的社会历史和生活现实中择取瞬间，使之成为一幅静态的画面。绘画作品往往不能像文学、影视那样多层次、多角度、全方位地表达人物、事物或事件，但绘画艺术也不仅仅是对客观世界的简单重复，它能够充分地、深层地渗入哲学的、经济的、政治的、伦理的、宗教的、科学的内涵。绘画的丰富意味还表现为对艺术家的思想情感和审美理想的传达。黑格尔认为："艺术作品比起任何未经心灵渗透的自然产品要高一层。例如一幅风景画是根据艺术家的情感和识见描绘出来的，因此，这样出自心灵的作品就要高于本来的自然风景。"[①] 如中国画提倡"以形写神""形神兼备"，提倡"传神""神似"，强调在创作中把握对象的精神特征，表现人物的性格气质，乃至于扩大到为花、鸟、虫、鱼传

---

① 黑格尔. 美学[M]. 朱光潜, 译. 北京：商务印书馆，1979：37.

神。南宋著名人物画家梁楷的《太白行吟图》，全画只用寥寥数笔就画出了人物的精神气质，将李白那种傲岸不驯、才华横溢的风度神韵描绘得活灵活现。清代书画家郑板桥通过画兰、竹、石来体现人的气节。法国画家高更的作品《我们从何处来？我们是谁？我们向何处去？》用黄色和蓝色构成整幅画面的主体色彩，充满了原始神秘的情调，体现了高更对人类社会和人类命运的思考，是画家本人内心世界的反映。

（二）雕塑艺术的审美特征

雕塑艺术的审美特征可以概括为两个方面。

1. 雕塑材料直接影响艺术形象的美感

雕塑艺术对物质媒介具有较强的依赖性。物质材质对于雕塑艺术具有很强的艺术规定性，在较大程度上制约着作品的审美效果。传统的雕塑材料有石、木、金属、石膏、黏土以及象牙、贝壳等，在现代，一些新型的材料也开始用于雕塑艺术。在雕塑艺术中，材料本身是构成艺术形象的一部分，有时甚至是具有相对独立的审美意义的一部分。雕塑家在创作中常常需要充分考虑材质是否适合特定创作追求，保持物质材料原有的质素和特征，利用材料本身的特点传达艺术内容。木类不如石类材质坚硬和光洁，但木类线条流畅，且易于加工。同是石类，大理石显得高洁华贵、细腻典雅，花岗岩则显得粗犷坚硬、庄重敦厚。有的石料适于表现崇高，有的适于呈现悲壮，有的则适于营造和谐之美。要在物质材料的基础上创作出优秀的雕塑作品，雕塑者还必须精心挑选材料，把握其特性，运用各种工具潜心造型，其中既有与绘画相通的艺术功力，也有制作性的技术能力。材料与技艺的有机统一是从事雕塑艺术最基本的条件。从我国殷商时代的人面鼎、战国时代的青铜器物架、秦始皇陵的兵马俑，到我国魏晋南北朝、隋唐以后的各种石窟塑像等都能充分体现这一特点。

2. 以单纯的造型表现丰富的内涵

雕塑艺术是对事物的瞬间性形象的凝固造型，这种造型是凝练的和单纯的。一些不以表现人的形象为主题或抽象的雕塑品，在造型上更加凝练和单纯。雕塑的这一特性虽然决定它难以对形象进行多层面的复杂表现，却能够给人以深刻、恒久的印象。雕塑在其凝练的造型中，可以通过洗练的构图和轮廓显现出节奏和韵律，凝聚特定的寓意和象征意味，可以通过造型体量或体积的变化，以及观赏距离、角度的设置，产生丰富的艺术表现力。在高度凝练的雕塑造型中，虽然不可能蕴涵系统的观念，但雕塑作品可以而且应该具有比较深刻的观念性和精神性因素。事实上，一件优秀的雕塑品，在其将生动、传神的形象凝定于瞬间之时，同时也就将深刻的精神内涵蕴于其中了。雕塑作品之所以能够传世、给人以永恒的精神震撼和美的启迪，不仅在于其扣人心弦的造型，还在于这一形象蕴涵的社会和历史的精神，以及人生的哲理与审美理想。如埃及金字塔门前的狮身人面像就体现了造型与观念的统一，人面代表法老，狮身代表沙漠中的权威。19世纪下半叶罗丹的名作《思想者》，展现了思想者认真思考、探索的姿态，成了努力学习、刻苦钻研、寻求真理的精神象征。

（三）摄影艺术的审美特征

摄影艺术的审美特征可以概括为两个方面。

1. 直观纪实性

摄影艺术运用科学技术手段，直接面对被摄对象进行现场拍摄，反映现实生活中实际存在的事物，如实地将被摄对象再现出来，给人直观的感受。同时，摄影艺术需要在真实性的基础上具有艺术性，这需要摄影者熟练运用画面构图、光线和影调或色彩来表现出自己的主观情感，营造出理想的造型效果。比如，2016年9月，在成都大熊猫繁育研究基地，新出生的大熊猫宝宝们被工作人员抱出来集体亮相，吸引了众多游客和摄影师。活泼的熊猫宝宝到处爬，其中一只不慎摔下"舞台"，饲养员赶忙上前，这生动的一幕被摄影师张磊捕捉下来。照片定格在熊猫宝宝脸部着地的一瞬间，饲养员匆匆从侧面赶来，伸出双手，迈开双腿，熊猫宝宝萌态十足，让人忍俊不禁。这幅摄影作品色彩明亮，布局充满动感，入选路透社2016年度图片，也被美国《时代周刊》评为2016年度动物类照片50佳之一。

2. 光影造型性

摄影用光简称用光，指拍摄时采用各种光源对被摄对象进行照明，以达到理想的光影造型效果。摄影用光包括正面光、侧面光、逆光、顶光、脚光等，具体拍摄时或变换拍摄角度，或灵活运用人工光源，加强画面的空间感和立体感，创造氛围，烘托主题，使作品具有感人的魅力。影调和色调是摄影艺术的一个重要造型手段。影调是指黑白照片上所表现的明暗层次，色调是指彩色照片上色彩的对比与和谐。影调和色调通过艺术处理可以使摄影作品具有浓郁的情感色彩和丰富的表现力。摄影的艺术性还表现在摄影师主观情感的熔铸，摄影作品应当通过光、色、影来体现艺术家的思想情感和艺术创造力，因此摄影师对拍摄的人物和景物必须满怀深情，充满创作的激情，只有这样拍摄出来的作品才能具有感人的艺术魅力。比如我国著名摄影师陈复礼，拍摄了《千里共婵娟》《西湖春晓》等许多贯注了深厚家国情怀的风景摄影佳作。他曾经说，"我带着相机走过很多国家，对于外国的风景，总没有对自己国家的风景那么有感情，看到祖国的山山水水，像什么东西吸引着我，照了还想照！"

（四）书法艺术的审美特征

概括而言，书法艺术主要有以下审美特征。

1. 造型的规定性与创造性

作为一种造型艺术，书法的造型受到汉字字形的形状、结构制约，但创作主体可以在规定性的基础上，创造出独具个性的艺术形象。不同的书法家在书写同一个汉字时，会有不同的写法。比如书法家颜真卿、赵孟頫所书写的"美"字。颜真卿《颜勤礼碑》中的"美"字（图4-9），是楷书字体；赵孟頫《天冠山诗帖》中的"美"字（图4-10），是行书字体。

图4-9 [唐]颜真卿《颜勤礼碑》中的"美"字
图4-10 [宋、元]赵孟頫《天冠山诗帖》中的"美"字

2. 形象意义的规定性与独创性

书法艺术的形象本身具有固定的字面意义，同时，在创造主体通过独特的艺术造型创造的具体书法形象中，又融汇了创造主体的特殊情感和意义，体现着书法家个人的独到见解和思想情感。书法艺术不同于实际的文字书写的根本原因，在于书法中充满了作者的主观情感和创造精神。书法创作是书法家运用这一特定的表现形式，将自己的思想情感、精神气质外化到作品中的实践过程。人们常说书如其人，就是因为以文字为表现对象的书法艺术，由于将形式和内容结合在一起，可以比其他艺术更充分地表现人的精神面貌。颜真卿的行书《祭侄文稿》，是他为追祭以身殉国的侄子所写的一篇祭文，对亲人的悲痛哀思和对奸臣的愤慨怒斥，形成了这篇书法作品特有的艺术风格。王羲之的《兰亭集序》，被称为天下第一行书，其笔势流畅，神态飞扬，淋漓畅快，含蓄有味，给人以变化莫测而有法度、清俊典雅而又活泼的美感，将艺术家的人格与书法的风韵融为一体。书法家还通过线条的长短与粗细、走势的刚柔、节奏的急缓、着墨的浓淡、结构的变幻等抒发浓烈的主观情感。同时，书法家通过对字体、字形的精心加工和演化，使书法作品成为书法家内心世界的象征，蕴涵丰富的情趣和意境。正如汉代文学家扬雄所说的"书者，心画也"，这就是讲书法艺术作为写意的艺术，应当在作品中表现出书法家的情感、情绪和审美理想。因此，笔意应当是书法艺术的灵魂。所谓笔法，则是指用笔的方法，包括正确的执笔和运笔的方法，尤其是表现笔意的具体手法。只有熟练掌握了精到的笔法，才能真正传达和表现出书法家独到的风格、气质和笔墨情趣。例如，清代"扬州八怪"中郑燮、金农、黄慎三人的书法形式与风格都极端个性化。在艺术旨趣上他们都提倡写真人、真情、真事，反对温柔敦厚的文风和书风，崇尚个性，有意惊世骇俗，主张标新立异。加之，他们又都兼通诗、书、画三艺，能融会贯通，从而赋予他们的书法创作更多的"活水"，既有画家特有的造型能力，又有诗人特有的情趣天真，使得他们的书法作品别具风采，拓宽了书法的表现领域。

三、造型艺术的审美意义

对造型艺术进行审美，主要有以下几方面的意义。

（一）培养人的视觉审美能力

欣赏造型艺术，主要通过视觉。造型艺术最基本的特征就是造型性，艺术家运用一定的物质材料，塑造出欣赏者可以通过感官直接感受到的艺术形象。绘画艺术通过线条、色彩、构图等艺术语言在二维空间里创造形象，雕塑通过石、木、玉、泥等材料在三维空间里塑造形象，摄影通过画面构图、光线和影调等造型手段拍摄作品，书法通过用笔、用墨、结构、章法、韵律、风格等创造神采。可视的艺术形象，决定了造型艺术对培养人们的视觉审美能力，特别是形式感受能力，具有突出的作用。造型艺术通过线条感、色彩感、形体感等形式感受的培养，使欣赏者由视觉形象领悟审美内涵，提升审美能力。

(二) 陶冶人的情感

造型艺术直观的形象中蕴含着深厚的情感，这种情感又和人类文化精神与文化发展有密切的联系，这使得造型艺术作品具有情感的净化作用和道德的感化力量。比如，在中国传统文化中，兰花、梅花、竹子等植物，因其独特的自然属性，被用来赞美人们高洁的品德。这种思想常常体现到绘画作品中，历史上很多著名画家都画过相关的画作。欣赏这类作品，能够使我们在潜移默化中得到情感上的陶冶和净化。

(三) 深化人们对历史发展和社会生活的认识

造型艺术作品，不仅蕴涵着艺术家的思想情感，也传达着作品所处时代的文化背景。如果把世界上的造型艺术作品划分地域、类别，按照时间顺序进行排列，就可以形成一部形象的人类进化和社会发展的历史，一部人类求生存、求发展，自由自觉地进行创造，不断迈向理想境界的历史。对这部形象化的人类历史进行审美，能够加深人们对历史发展和社会生活的认识。

(四) 培养人的想象力

造型艺术有一个重要的审美特征，就是它具有瞬间性。不论是绘画艺术、雕塑艺术还是摄影艺术、书法艺术，从本质上讲，都是空间的静态艺术，不能完全表现出事物的运动发展过程，只能抓取事物发展变化的某一瞬间的形象，将它用物质材料和艺术语言固定下来。欣赏者需要通过对这一瞬间的感受想象出事物发展变化的前后过程。造型艺术的瞬间性，给欣赏者创造了广阔的想象余地，有利于想象力的培养和发展。

第二节 造型艺术赏析

欣赏造型艺术，需要注意以下几个方面的问题。

第一，学习造型艺术基本知识，注意欣赏造型艺术语言的美。造型艺术用到的艺术语言有线条、色彩、结构、明暗等。线条主要有三种类型，即直线、曲线和折线，它们的审美特性各不相同。直线给人以刚劲稳定之感；垂直线以挺拔使人感到上腾；水平线使人感到广阔宁静；曲线给人柔和、流动的感觉；折线转折突然、方向多变，给人以紧张之感。各类线条的有机组合，会让人产生不同的审美感受。色彩，同我们的生活息息相关，不同

的色彩常常与不同的情感相联系，比如橙色容易引起欢快、热烈的情感，白色容易引起干净、纯洁的情感，蓝色容易引起安宁、沉静的情感，黑色容易引起严肃、庄重的情感等。结构，主要是指各个事物或各个部分之间的关系、比例等。明暗，主要是指作品表现出的明暗层次对比，事物因受光、不受光而有亮面和暗面，明暗的对比能营造出视觉上的立体感。掌握造型艺术的相关知识，能够帮助我们更好地欣赏造型艺术。比如，西班牙画家毕加索的作品《格尔尼卡》（图4-11），该画是基于法西斯纳粹轰炸西班牙北部巴斯克的重镇格尔尼卡、杀害无辜平民的事件创作的一幅作品，画中各种线条的组合使用给人以锋利、紧张的感觉。单纯的黑、白、灰三色营造出低沉悲凉的氛围，渲染了悲剧性色彩。该画构图独特，将不同的受难的人整合到一起，画中右边有一个妇女举着双手，另一个妇女拖着受伤的腿，左边一个母亲抱着她已死的孩子，地上有一具尸体，一只断了的手臂上握着断剑，这与战争中人们四散奔逃、惊恐万状的混乱气氛相一致。画家以震撼人心的艺术语言，控诉了法西斯在战争中惨无人道的暴行，表现了战乱带给人类的灾难。

图4-11 ［西］毕加索《格尔尼卡》

第二，认真观察，仔细品味。虽然造型艺术是非常直观的，但是在欣赏造型艺术时不适宜一眼看过，走马观花。不少造型艺术作品，通过细微的面部表情、形体动作等塑造人物形象，传达人物的心理活动，我们在欣赏这类作品时，要仔细观看，反复品味，化静为动，想象出前后的活动，体会作品的主题和内涵。比如，俄国画家列宾的作品《伏尔加河上的纤夫》（图4-12），该画描绘了在伏尔加河的河岸上，一队蓬首垢面、衣

图4-12 ［俄］列宾《伏尔加河上的纤夫》

衫褴褛的纤夫拖着沉重的脚步拉着船,在炎炎烈日下精疲力竭地向前走。他们中有老有少,个个都衣着破烂、面容憔悴。领头的是一位老者,眼睛深陷,饱经风霜,表情愁苦。走在最后的纤夫低着头垂着手,麻木地随着队伍向前挪动,似乎已经习惯了这样日日苦役般的生活。队伍中还有一个较为突出的形象,是处在队伍中部的一位少年,他的肤色比其他人要白一些,可能刚开始做这份工作,还没有适应,直起腰想用手松一松肩头紧勒的纤绳。其余的纤夫都弯着腰低着头,似乎已没有多余的力气再表达些什么,在他们身上剩下的,唯有贫苦、艰难与无奈。画家通过描绘伏尔加河畔在沉闷压抑的气氛中奋力拉纤的纤夫群像,反映了俄国纤夫苦难的生活,寄托了画家对当时贫苦人民群众悲惨生活的同情。

第三,体会造型艺术的意境美。造型艺术的美是由多种因素构成的,不仅有形式美,也有整体的意境美。我们在欣赏造型艺术作品时,不仅要注意具体的艺术表现形式手段,也要看到作品整体上的神韵、气势和意境,尤其是在欣赏中国画时。写意性是中国画的重要特征,国画艺术家在创作作品时,非常注重所绘对象的精神气质和内在生命,重视表现所绘对象的意趣和神韵,寄托艺术家自身的主观精神和情感。在欣赏这类作品时,我们要让自己的心灵沉浸在意境美感中,通过作品与创作者进行跨时空的、精神上的沟通。比如清代著名画家石涛的作品《西津野航图》(图4-13),画作以河流为主,河畔有山石,有树木,有人家,河上有渡船,河水向远方延伸,这幅画作的构图,传达出了一种深邃、悠远的意境。

第四,掌握丰富的知识。欣赏造型艺术作品,尤其是绘画艺术和雕塑艺术,需要学习相应的历史知识,以便更好地结合时代背景体会作者想要传达的深刻内涵。

一、绘画艺术赏析

(一)东方绘画

东方绘画以中国画为代表,中国画按照格调可以分为宫廷画、文人画和民俗画,按照题材可以分为山水画、花鸟画、人物画等。我们

图4-13 [清]石涛《西津野航图》

主要介绍欣赏宫廷画、文人画和山水画。

1. 宫廷画

简单来讲，宫廷画就是历朝历代的宫廷画家们所画的画。宫廷画是宫廷文化的重要组成部分，广义地说，宫廷画是指围绕着封建帝王生活、行政而进行的绘画创作，以宫廷画家的创作为主体，亦包括帝王、后妃的画作，以及朝臣和地方官员向宫廷进献的画作。皇家是宫廷画的组织者，宫廷画服务于皇家的政治纪实、军事记事、文化娱乐等，反映了皇家的审美意识，是历代杰出艺术家绘画才智的集中体现。宫廷画中，除了有一般的人物、山水、花鸟等题材外，还有许多表现宫廷生活、仪礼、外交、军事等特殊内容的题材，因此，宫廷画的题材较之宫廷以外的绘画更为广泛。出于表现纪实场景的需求和满足皇家工整、精丽的审美要求，宫廷画常以工笔设色的写实风格为主，荣华富贵，富丽堂皇。

比如，唐代宫廷画家周昉的画作《簪花仕女图》（图4-14）。

周昉，字仲朗、景玄，京兆（今陕西西安）人，唐代著名画家。他出身显贵，先后任越州、宣州长史。周昉能书能画，长于文辞，同时擅画人物、佛像，其画风为"衣裳简劲，彩色柔丽，以丰厚为体"①。

图4-14　[唐]周昉《簪花仕女图》（局部）

他尤其擅长画贵族妇女，容貌端庄，体态丰腴，色彩柔丽，受到当时宫廷士大夫所喜爱。

《簪花仕女图》描绘了数位衣着华贵的妇人及其侍女赏花游园的画面。画作不设背景，以工笔重彩绘仕女五人，女侍一人，另有小狗、白鹤及辛夷花点缀其间。全图六个人物的主次、远近安排巧妙，景物衬托少而精。两只小狗、一只白鹤、一株辛夷花使原本显得孤立的人物产生了左右呼应、前后联系的关系。画作用笔和线条细劲有神，流动多姿。妇人们头发的勾染、面部的晕色、衣着的装饰，都极尽工巧之能事。她们身上的透明织衫，使人物形象显得丰腴而华贵。整幅画面中，妇人们游戏于花蝶鹤犬之间，神态闲适，容貌丰腴，衣着华丽，体现出贵族仕女娇奢雅逸的生活气息和女性柔软细腻的动人姿态。画作形神兼备，将人物的内心世界通过画面形象地表达了出来。作品渲染出的情绪和气氛，表现出了属于那个时代的贵族仕女的生活情态；在表面华丽雍容的物质繁华背后，也隐藏着人物内心的孤寂和幽怨。

2. 文人画

文人画，也称士大夫写意画、士夫画，泛指中国封建社会文人、士大夫的绘画，有别于民间绘画和宫廷绘画。作者作画多取材于梅兰竹菊、花鸟和木石等，借以抒发个人情感、抱负，讲求笔墨情趣，强调神韵，重视画中意境的表达。

---

① 丁牧. 中国绘画的历史[M]. 北京：中国商务出版社，2018：46.

例如，元代画家高克恭创作的《墨竹坡石图》（图4-15）。

高克恭，字彦敬，号房山，元代著名画家，官至刑部尚书。高克恭祖籍西域（今新疆），其先人来自西域，先定居于大同，后移居燕京（今北京）。他汉文化修养极高，在绘画方面颇有成就。高克恭的画以墨竹、山水著称，兼及兰梅菊。他作画喜用泼墨写意，画风形神兼备，气韵闲逸，元气淋漓。高克恭的画艺与他的好友赵孟頫齐名，时人诗称："近代丹青谁自豪，南有赵魏北有高。"① 意指赵孟頫与高克恭南北相对，为一代画坛领袖。高克恭在江南做官时，常与名士李仲芳、梁贡父、鲜于伯机、柳贯、虞集等人交游，切磋技艺，与赵孟頫尤称至交，经常挥毫合作。《墨竹坡石图》就是由高克恭作画、赵孟頫题诗的经典传世之作。

《墨竹坡石图》描绘的是烟雨蒙蒙中亭亭玉立的秀竹及山石。画面下部是一块山石，轮廓清晰，富于变化，晕染出的纹路显得石质坚韧，石面上的青苔点缀得十分自然。在山石后侧，烟雨中，两棵秀竹拔地而起，竹身劲健，竹叶用墨巧妙，浓淡相映。该画笔法沉厚挺劲，墨气清润，结构严谨，生动地画出了竹子在烟雨中挺秀潇洒的姿态，傲立的竹石也象征着君子高洁的品格。赵孟頫在《墨竹坡石图》中题诗曰："高侯落笔有生意，玉立两竿烟雨中。天下几人能解此，萧萧寒碧起秋风。"② 高克恭所画的墨竹，非常有个人特色，备受喜爱。后人有称："前朝画竹谁第一，尚书高公妙无敌。"③

3. 山水画

山水画，是描写山川水流等自然景色的画作。山水画有景有情，作者把自己的感情融入大自然的美景，通过艺术的手法表达出来。重视意境是山水画的一大特点，作画者和看画者共同身临其境，亲近自然，回归自然，陶冶情操，净化心灵，达到精神境界的升华。

比如，明末清初著名画家王鉴的《烟浮远岫图》（图4-16）。

图4-15　[元]高克恭《墨竹坡石图》　　图4-16　[清]王鉴《烟浮远岫图》

① 吴山明. 梅竹风骨[M]. 杭州：浙江摄影出版社，2019：46.
② 齐吉祥. 中国历代珍宝鉴赏辞典[M]. 郑州：文心出版社，1996：579.
③ 关传友. 中华竹文化[M]. 北京：中国文联出版社，2000：332.

王鉴，字元照、圆照，号湘碧、染香庵主，江南太仓人，明末清初画家。王鉴非常热爱绘画，自述"余生平无所嗜好，惟于丹青不能忘情"。王鉴出身于书香门第，是明代著名文人王世贞曾孙，家藏古今名迹甚富，丰富的家藏为王鉴学习临摹历代名画真迹提供了良好的条件。王鉴绘画功底深厚，笔法非凡，尤其擅长画山水。他的画缜密秀润，运笔出锋，用墨浓润，皴法爽朗空灵，匠心渲染，清雅的书卷气跃然纸上，受到盛赞。著名画家王时敏曾题王鉴画云："廉州画出入宋元，士气作家俱备，一时鲜有敌手。"

《烟浮远岫图》的画面中，溪水蜿蜒流过，山石上杂树丛生，远处的高峰峙于烟光岚影之间，缥缈淡远。画作皴染细致，墨色秀润，树木丛郁，后壑深邃，设色淡雅，自然生动，营造出秋山宁静、沉寂的意境氛围。此画要表现的是山间秋天宁寂的气氛，因此通幅设色极淡雅，以便极力突出墨韵。整幅画，山头都是单纯的同一类，山脉主要呈纵向向上伸延，树木则取法元人，树木取直干，分枝多作下偃式，以便加强山脉的纵势走向。整个画面气韵恬畅，自然生动。

（二）西方绘画

1.《蒙娜丽莎》（图4-17）

达·芬奇是文艺复兴时期意大利著名艺术家、科学家、工程师。他在绘画、雕塑、文学、音乐、建筑、科学等领域都有极高的造诣和成就，与米开朗琪罗、拉斐尔一起被称为文艺复兴三杰。达·芬奇被认为是世界有史以来最伟大的画家之一，对后世艺术发展影响深远。

油画《蒙娜丽莎》是达·芬奇的代表作品之一，现收藏于法国卢浮宫博物馆，是卢浮宫镇宫三宝之一。该画作塑造了女性典雅、恬静的典型形象，反映了文艺复兴时期人们对于女性美的审美理念和审美追求。

《蒙娜丽莎》最神奇的是画中人物的神秘微笑。临摹《蒙娜丽莎》的人不计其数，但是却很难把《蒙娜丽莎》临摹得很逼真，这是因为《蒙娜丽莎》是达·芬奇花了几年心血完成的作品，凝结着他个人的娴熟技法和深层情感。欣赏这幅作品时，能够感受到蒙娜丽莎表情的含义根据观赏者的情感变化而变化。当你感到悲伤时，她的微笑仿佛也是伤感的；当你感到开心时，她的微笑仿佛也是阳光的。画面中，蒙娜丽莎的面庞看起来十分和谐，体态也非常优雅。画面的背景里，有道路、河流、山峦等元素，而蒙娜丽莎的人物形象与背景的界限不太明晰，人物轮廓不那么明确，仿佛融入了背景之中。尤其是在该人物形象的眼角和嘴角处，作者是着意使用了"渐隐法"绘画技法，让眼角和嘴角渐渐融入柔和的阴影之中，从而造成了含

图4-17 ［意］达·芬奇《蒙娜丽莎》

蓄的艺术效果，极大地丰富了形象的意蕴。在达·芬奇神奇的笔法下，蒙娜丽莎的微笑和背景巧妙地融为一体，散发着梦幻而神秘的气息。

2.《红磨坊的舞会》（图4-18）

图4-18 ［法］雷诺阿《红磨坊的舞会》

印象派是西方非常重要的绘画流派，主张在户外阳光下直接描绘景物，揣摩光与色的变化，并将瞬间的光感依据自己脑海中的处理付之于画布之上。19世纪60年代，印象派绘画在法国兴起，19世纪七八十年代达到了鼎盛时期，其影响遍及欧洲，并逐渐传播到世界各地。19世纪后半叶到20世纪初，法国涌现出一大批印象派艺术大师，他们创作出大量至今仍令人耳熟能详的经典巨制，例如马奈的《草地上的午餐》、莫奈的《日出·印象》、雷诺阿的《红磨坊的舞会》等。

《红磨坊的舞会》是法国画家雷诺阿在1876年创作的一幅油画。

雷诺阿，1841年生于法国，印象派重要画家。以油画著称，亦作雕塑和版画。在创作上把传统画法与印象主义方法相结合，以鲜丽透明的色彩表现阳光与空气的颤动和明朗的气氛，独具风格。

《红磨坊的舞会》是一幅描绘人们在轻松愉快的环境下，尽情歌舞、聊天的画作。画中的背景是一处露天的歌舞厅。画面中，前面的人在悠闲地聊天，后面的人正在翩翩起舞。在画面的前景中，一个小姑娘坐在长凳上，脸朝外面，另一个年轻女子把手搭在她的肩上，与舞池外面的一位男士谈兴正浓。男士身边的桌上摆满了饮料，旁边一个小伙子正专注地盯着正在谈话的年轻女子，好像被那位女子的美貌深深吸引了。他的右侧是一个叼着烟斗吸烟的男士。舞池的转弯处，一个戴着黄帽子的男士正探着身子，向一位背靠在树上的女士搭讪。他们的背后是正在跳舞的人群。画中的人物都穿着时髦的服装，热诚、大方、愉快、现代。《红磨坊的舞会》构图十分复杂、庞大，色调和谐，一簇簇交谈、跳舞、聚会的欢愉的人群，热闹喧哗。画面上看不到天空，光线从树叶的缝隙中照射下来，撒在正在翩翩起舞的人们身上，形成交错的亮点，闪烁的光影仿佛正随着不断移动脚步的人们闪闪发亮。整幅画洋溢着无忧无虑，愉快和欢乐的气氛。

二、雕塑艺术赏析

（一）秦始皇兵马俑（图4-19）

秦始皇兵马俑，简称秦兵马俑、兵马俑或秦俑，位于今陕西省西安市临潼区秦始皇陵东侧的兵马俑坑内，于1974年被发现。1987年，秦始皇陵及兵马俑坑被联合国教科文组织批准列入《世界遗产名录》，并被誉为"世界第八大奇迹"，先后有数百位外国元首和

图 4-19 秦始皇兵马俑

政府首脑参观访问，成为中国古代辉煌文明的一张金字名片，被誉为世界十大古墓稀世珍宝之一。

兵马俑是制成兵马（战车、战马、士兵）形状的殉葬品，是古代墓葬雕塑的一个类别。在奴隶社会，实行人殉，奴隶是奴隶主生前的附属品，奴隶主死后奴隶要作为殉葬品为奴隶主陪葬。很多商代贵族大墓中都有殉人。周王朝吸取了殷商暴政的教训，强调"明德保民"，周礼的诞生和推行使得人殉现象得到很大程度的抑制，但并未根绝。到了春秋时期，列国争霸，时代动荡，人殉复燃。战国时期，诸侯各国先后废止了人殉制度。春秋战国之际的社会变革促使葬俗发生了变化，出现以俑殉葬，即用陶俑、木俑等来代替人殉。"俑"的本意就是人殉，当人殉逐渐淡出人们的视野之后，"俑"便成了墓葬中陶塑、石雕、人像的专有名词。兵马俑就是以俑代人殉葬的典型，也是以俑代人殉葬的顶峰。

兵马俑在规模、写实程度、制作工艺上都达到了相当高的水平。从身份上区分，兵马俑主要有士兵与军吏两大类，军吏又有低级、中级、高级之别。一般士兵不戴冠，而军吏戴冠，普通军吏的冠与将军的冠又不相同，甚至铠甲也有区别。其中的兵俑包括步兵、骑兵、车兵三类。根据实战需要，不同兵种的武士装备各异。俑坑中最多的是武士俑，大部分手执青铜兵器，有弓、弩、箭镞、铍、矛、戈、殳、剑、弯刀和钺，身穿甲片细密的铠甲，胸前有彩线挽成的结穗。军吏头戴长冠，数量比武将多。秦俑的脸型、身材、表情、眉毛、眼睛和年龄都有不同之处。兵马俑大部分是采用陶冶烧制的方法制成，先用陶模做出初胎，再覆盖一层细泥进行加工刻画加彩，有的先烧后接，有的先接再烧。火候均匀、色泽单纯、硬度很高。当初的兵马俑都有鲜艳和谐的彩绘，在发掘过程中，有的陶俑在刚出土时局部还保留着鲜艳的颜色，但是出土后由于被氧化，颜色消尽，现在能看到的只是残留的彩绘痕迹。

规模庞大、制作精良的兵马俑凝聚着秦朝工匠们的智慧。兵马俑的制作工匠是处于秦国社会下层的一批陶工。这些陶工有的来自宫廷的制陶作坊，有的来自地方的制陶作坊。在出土的陶俑、陶马身上的一些隐蔽处，考古工作者发现了一些刻划或戳印文字。陶文除了编号外，都是陶工名，这源于秦朝的"物勒工名"制度，是秦朝政府管理官府手工业、保证产品质量、控制和监督工匠生产的一种手段。这种手段运用于秦陵兵马俑的制作上，一方面加强了对工匠的控制与管理，另一方面也有利于作品质量的提高。

(二)《地狱之门》(图 4-20)

图 4-20 [法]罗丹《地狱之门》

罗丹，1840 年出生于法国巴黎，是世界著名的雕塑艺术家，他在欧洲雕塑史上的地位如同诗人但丁在欧洲文学史上的地位。罗丹的创作对欧洲艺术的发展有很大影响，许多艺术大师，例如布朗库西、杰克梅第、马蒂斯、孟克、毕加索以及席勒等，都受到罗丹的影响及启蒙。罗丹善于吸收优良传统，对于古希腊雕塑的创作手法理解非常深刻，细心研究多那太罗、米开朗琪罗等人的作品，形成了自己的独特风格，在凸显人物心理活动方面技法高超。罗丹是欧洲两千多年来传统雕塑艺术的集大成者，是西方雕塑史上一位划时代的人物。

罗丹创作了众多享誉世界的雕塑作品，《地狱之门》是他的代表作品之一。

1880 年，法国政府委托罗丹为即将动工的法国工艺美术馆的青铜大门做装饰雕刻。罗丹在构思这件作品时，想到了意大利雕刻家吉贝尔蒂为佛罗伦萨圣若望洗礼堂所做的青铜浮雕大门"天堂之门"，他决定以但丁《神曲·地狱篇》为主题，创作《地狱之门》。《地狱之门》的创作工程巨大，一直持续到 1917 年罗丹生命的完结。罗丹在这个大门上雕塑了一百多个各种各样的人物，表现出地域之门的情景。《地狱之门》的肖像人物表现得栩栩如生，充满个性色彩，观者能够感受到人物丰富的内心活动，显示了罗丹敏锐的观察力和高超的技巧。在《地狱之门》之前的建筑装饰雕刻，通常都是按照雕塑所表现的故事情节将构图进行平均分割，在布局上较为规整，而罗丹将《地狱之门》整体作为一个大构图，整个看去，有一种铺天盖地的感觉，一百多个人疾风暴雨般地交织在一起，在大门的每个角落都拥挤着落入地狱的人们。整个大门平面上起伏交错着高浮雕和浅浮雕，它们在光线照射下，形成了错综变幻的暗影，使整个大门显得阴森沉郁，充满无法平静的恐怖情绪。

三、摄影艺术赏析

(一)解海龙希望工程纪实系列摄影作品

解海龙是我国杰出的摄影家，他一直关注着中国贫困地区的基础教育状况，从 20 世纪 90 年代起，用镜头记录希望工程。他所拍摄的希望工程纪实系列照片，成了希望工程的标志。我们熟知的《大眼睛》是系列照片中一幅极具代表性的作品。《大眼睛》(图 4-21)在 1991 年拍摄于安徽省六安市金寨县，作品中小女孩的大眼睛，唤醒了不同地域、不同

阶层、不同国家民众的爱心，赢得了海内外各界人士对希望工程的关注，促使各界人士纷纷解囊相助，让很多贫困孩子得到资助，圆了求学梦。

希望工程纪实系列摄影作品中，还有一幅具有代表性的作品是《全校师生》（图4-22）。《全校师生》在1992年拍摄于山西省静乐县神峪沟乡，记录的是当地一位山村教师段计存和山村小学仅有的三名小学生在磨盘上上课的情景，作品发表后，广为传播，也曾被美国《时代周刊》选用，对希望工程起到了非常好的宣传作用。

图4-21 解海龙《大眼睛》

图4-22 解海龙《全校师生》

为了替贫困地区的孩子争取受教育的权利，摄影家解海龙用了十年的时间，走了两万多千米，进到中国26个省的128个贫困县，接触了100多个学校的孩子，拍摄了上万张珍贵的照片。他用影像的力量推动了国家对农村教育的投入，改变了几百万贫困孩子的命运。他的作品是一个时代的缩影，展现出整个社会的良心与真情。

解海龙拍摄的这一系列照片，通过构图、光线和影调三要素创作出了感人的画面形象，既反映了贫困山区孩子们对求学的执着与渴望、学习环境艰苦的客观现实，也表达了摄影者对帮助孩子们改善求学现状的主观情感和强烈诉求，同时也让人们感受到摄影所带来的巨大冲击力和感染力。

（二）《白求恩大夫》（图4-23）

《白求恩大夫》是摄影家吴印咸先生于1939年拍摄的一幅照片。

白求恩，共产党员，国际主义战士，著名医生，1890年出生于加拿大安大略省格雷文赫斯特镇，1935年加入加拿大共产党，后率领医疗队来到中国参与抗日战争，成为战地医生，1939年因病逝世。他的专业能力、责任心、牺牲精神均称模范，他的事迹受到中国人民的广泛赞扬。

吴印咸是我国著名的摄影师、导演。1939年，吴印咸随八路军总政治部延安电影团来到晋察冀抗日前线采访，遇上白求恩大夫正在为伤员做手术，他拿起照相机，按下快门，把这一感人情景记录了下来。这幅作

图4-23 吴印咸《白求恩大夫》

品不仅以独特的纪实性和完美的造型手段赢得了长久不衰的生命力，也为诸多表现白求恩大夫的文艺作品提供了权威的形象资料。

《白求恩大夫》的成功之处在于，它从位置、角度、用光和环境等方面对主体进行了十分细致的刻画。首先，白求恩大夫在画面上所处的位置使他成为画面的视觉中心，成为支配整个画面的结构支点。第二，拍摄者所选择的角度能够把白求恩大夫的头部、身躯和手所组成的动态线条充分地展现出来，不仅完美地表现了白求恩大夫聚精会神的工作状态，而且和其他人物建立起一定的交流关系。画面中几双手的汇聚点把人们的视线自然地引到手术上，恰当地表现了特定的事件，为塑造白求恩大夫的形象提供了有力的情节因素。第三，作品巧妙、充分地利用了自然光。这幅作品中，左侧方向的阳光照在白求恩大夫身上，恰到好处的角度使他获得最亮的影调，从背景中明显地突出出来。第四，典型的环境使这幅作品具有深沉的历史感。画面的背景是一所破旧的庙宇，房檐、壁画等富有独特的中国建筑风格，简陋的手术台说明了工作条件的艰苦。白求恩大夫就是在这样的环境中一丝不苟、严肃认真地工作着。这幅作品以高超的艺术技巧塑造了白求恩大夫这位崇高的国际主义战士的形象。

四、书法艺术赏析

书法是中国独有的一种传统艺术，是中华传统文化的瑰宝。中国书法，体现出博大精深的中华民族传统美学思想，体现出书法家本人的精神气质及美学追求。中国的汉字，是象形文字，不仅仅是一个符号，还有象形、指事、会意、形声、转注、假借等功能，在书法家的笔下，每一个汉字仿佛有了生命，从点、线、笔、画中，我们仿佛可见人的筋骨，感受到书法家的精神气质。

（一）《兰亭集序》

王羲之，字逸少，是东晋时期著名的书法家，有"书圣"之称。他的书法博采众长，自成一家，作为中国书法史上一座极具象征性的丰碑深远影响着中国的书法艺术，可以说，他是中国最为著名的、成就最高的书法家。

王羲之的书法风格平和自然，笔势委婉含蓄，遒美健秀。王羲之的代表作《兰亭集序》被誉为"天下第一行书"。

东晋永和九年（353年）农历三月三日，风和日丽之时，王羲之同谢安、孙绰等四十余人在绍兴兰亭集会，饮酒赋诗，王羲之即兴挥毫作序，记叙当天的景况，抒发感悟，成就了杰出的书法艺术作品。《兰亭集序》全文共28行，324字，章法、结构、笔法都十分流畅自如。作品的总体布局错落有致、疏密相宜，在连断的处理上很有特色，在章法上具有生动活泼的气韵。整幅作品变化无穷，充分体现出行书起伏多变、节奏感强、骨力劲健的气势和特色。《兰亭集序》中有二十个"之"字，无一雷同，各具风韵。《兰亭集序》不光在写法上美，在内容传达上也非常美，王羲之将当时的情景描写得非常生动，字里行

间都能让人感受到他潇洒肆意、酣畅淋漓的状态，这一点也能从书法行云流水的运笔上得到展现。

《兰亭集序》体现出鲜明的自然天性和人格风采，具有浓郁的魏晋风度。其笔势流畅，神采飞扬，淋漓畅快，含蓄有味，给人以变化莫测而有法度，清俊典雅又活泼的美感，将艺术家自己人格的风韵与书法的风韵融为一体。

王羲之把汉字书写从实用引入一种注重技法、讲究情趣的境界，他的作品受到盛赞，对后世影响很大。唐太宗称赞王羲之书法"尽善尽美"，"观其点曳之工，裁成之妙，烟霏露结，状若断而还连，凤翥龙蟠，势如斜而反直。玩之不觉为倦，览之莫识其端"。宋代书法家黄庭坚称赞《兰亭集序》"反复观之，略无一字一笔，不可人意"。明代书画家董其昌更是视之为"神品"。

《兰亭集序》的真迹已经失传，很多专家认为真迹应是在唐太宗或唐高宗的墓中。《兰亭集序》有摹本、临本传世，图4-24所示的作品是唐代书法家冯承素的摹本，用笔以中锋为主，间有侧锋，笔画之间的萦带，纤细轻盈，或笔断而意连，提按顿挫一任自然，整体布局天机错落，具有潇洒流利、优美动人的无穷魅力。

图4-24 ［唐］冯承素《兰亭集序》摹本（局部）

（二）《多宝塔碑》（图4-25）

《多宝塔碑》，全称为《大唐西京千福寺多宝佛塔感应碑》，是唐天宝十一年（752年）由当时的文人岑勋撰文、书法家徐浩题额、书法家颜真卿书丹、碑刻家史华刻石而成，是楷书书法作品。现保存于西安碑林第二室。

《多宝塔碑》宽一米左右，高近三米，共34行，满行66字，结构严整，主要内容是介绍西京龙兴寺禅师楚金创建多宝塔的原委和修建多宝塔的经过。碑文整体平稳端正，严谨庄重，点画圆整，秀美刚劲，清爽宜人，有简洁明快，字字珠玑之感。用笔丰厚遒美，腴润沉稳；

图4-25 ［唐］《多宝塔碑》（局部）

横细竖粗，对比强烈；起笔多露锋，收笔多回锋，转折多顿笔。结体严谨致密，紧凑规整，平稳匀称，字形稍方，端庄正气。

《多宝塔碑》碑版精良，是唐代"尚法"的代表碑刻之一，存字较多，学颜体者多从此碑入手。学子描红、士子举业、居士写经、坊间印书，竞相仿效。时至今日，《多宝塔碑》仍是适用范围很广、影响巨大的书法作品。

审美活动

本章提供了四个教学活动，分为课堂教学活动和课外教学活动两大类。教师需至少组织学生完成其中两项活动。教师选定教学活动后，需提前制订具体的教学活动方案。在活动开始前，教师要对学生说明活动的目标、要求和具体活动过程安排，学生要根据教师的要求完成教学活动，提交相关材料。在完成教师统一组织的教学活动之后，学生也可以根据自己的兴趣爱好，选择体验其他教学活动，和教师、同学、家长、好友等进行交流。

（一）课堂教学活动

活动一：造型艺术作品图片欣赏

活动目标：

学生了解什么是造型艺术，体会造型艺术的审美特征，感受造型艺术的审美意义。

活动准备：

教师需提前准备一系列造型艺术作品电子照片，尽量选择经典的、有代表性的作品。

活动过程与要求：

教师向学生展示一系列造型艺术作品照片，学生欣赏。教师可以根据学生人数将学生分组，每组学生需至少对一张照片进行审美和分析，说明这一作品体现了哪些审美特征，通过欣赏照片，感受到怎样的审美意义。小组交流之后，每组选择一名代表进行发言。

选择建议：

本教学活动引导学生感受、欣赏造型艺术，适合各专业学生选择。教学活动的准备与实施比较简单、方便，适合不方便外出的学生。

活动二：对造型艺术进行分类

活动目标：

学生掌握绘画艺术、雕塑艺术、摄影艺术、书法艺术的分类，能够结合实例说明造型艺术是如何分类的。

活动准备：

教师需提前准备一系列造型艺术作品电子照片，注意其中应尽量多包含不同类型的造型艺术作品。

活动过程与要求：

教师展示造型艺术作品照片，学生分辨教师展示的作品属于哪一类。

选择建议：

本教学活动帮助学生进一步理解和掌握造型艺术的分类，适合各专业学生选择。教学活动的准备与实施比较简单、方便，适合不方便外出的学生。

（二）课外教学活动

活动三：造型艺术作品欣赏

活动目标：

学生运用所学知识欣赏造型艺术，体会造型艺术的主要特征，感受造型艺术的审美意义。

活动准备：

教师需提前了解本地造型艺术作品陈列地点，为学生提供指导建议。

活动过程与要求：

教师需对学生进行分组，每组学生实地欣赏造型艺术作品，用电子设备拍摄照片或录像，实地欣赏后，组内先进行交流，选择一名代表介绍，分享拍摄的照片、视频，交流审美体会。学生将审美感受写成一篇文章交给教师。学生重点围绕造型艺术的特征、审美意义、如何欣赏造型艺术等撰写体会。

选择建议：

本教学活动是综合性教学活动，适合方便外出的学生，外出需注意安全，遵守相关规定。

活动四：作品创作

活动目标：

学生尝试创作绘画作品、雕塑作品、摄影作品或书法作品（可根据个人爱好进行选择）。

活动准备：

学生需提前准备创作工具、材料等。

活动过程与要求：

学生创作作品，向教师、其他同学分享创作的背景、目的和经历等，教师、同学进行欣赏。

选择建议：

本教学活动是综合性教学活动，适合时间比较充裕、有相关兴趣爱好的学生。

拓展资源

中国十大传世名画

中国十大传世名画（表4-1）分别是：《洛神赋图》《步辇图》《唐宫仕女图》《五牛图》《韩熙载夜宴图》《千里江山图》《清明上河图》《富春山居图》《汉宫春晓图》《百骏图》。十大传世名画，是中国美术史的丰碑，承载着古老东方民族独特的艺术气质，记录了中华民族的悠久历史和横亘万里的锦绣河山。

表4-1 中国十大传世名画

年代	作者	画名	存放
东晋	顾恺之（真迹已佚，现存四摹本）	《洛神赋图》	辽宁省博物馆 美国弗利尔美术馆 北京故宫博物院（两件）
唐代	阎立本	《步辇图》	北京故宫博物院
唐代	张萱、周昉	《唐宫仕女图》	《挥扇仕女图》北京故宫博物院 《虢国夫人游春图》辽宁省博物馆 《簪花仕女图》辽宁省博物馆 《宫乐图》台北故宫博物院 《捣练图》美国波士顿博物馆
唐代	韩滉	《五牛图》	北京故宫博物院
五代	顾闳中	《韩熙载夜宴图》	北京故宫博物院
北宋	王希孟	《千里江山图》	北京故宫博物院
北宋	张择端	《清明上河图》	北京故宫博物院
元代	黄公望	《富春山居图》	前段《剩山图》浙江博物馆 后段《无用师卷》台北故宫博物院
明代	仇英	《汉宫春晓图》	台北故宫博物院
清代	郎世宁	《百骏图》	台北故宫博物院

学习内容回顾

艺术分为五大类别，即造型艺术（绘画、雕塑、摄影、书法等），表情艺术（音乐、舞蹈等），实用艺术（建筑、园林、实用工艺等），文学艺术（诗歌、散文、小说、剧本等），综合艺术（戏剧、电影、电视等）。

造型艺术是指运用一定的物质材料（如颜料、纸张、泥石、木料等），通过塑造静态的视觉形象来反映社会生活、表现艺术家思想情感的一种空间艺术，也是一种静态的视觉艺术。造型艺术主要包括绘画艺术、雕塑艺术、摄影艺术、书法艺术等。

绘画艺术是使用一定的物质材料，运用线条、色彩和块面等艺术语言，通过构图、造型和色调等手段，在二维空间（平面）里创造出静态的视觉形象或情境的艺术。从体系来划分，绘画可以分为东方绘画和西方绘画两大体系。根据使用材料、工具和技法的不同，绘画可以分为中国画、油画、版画、水彩画、水粉画等；根据表现对象的不同，绘画可以分为肖像画、风俗画、风景画、静物画、历史画、宗教画、动物画等；根据作品形式的不同，绘画可分为壁画、年画、连环画、宣传画、漫画等。

雕塑艺术是一门直接利用物质材料，运用雕刻或塑造的方法，在立体空间中创造出具有实体形象艺术品的艺术。从表现手法和形式来区分，雕塑主要分为圆雕、浮雕、透雕等类型。从制作工艺来看，可以分为雕和塑两大类。雕，有石雕、木雕、玉雕等；塑，有泥塑、陶塑等。从体裁来区分，雕塑又可以分为纪念性雕塑、城市园林雕塑、宗教雕塑、陈列性雕塑等。从样式来区分，雕塑还可以分为头像、胸像、半身像、全身像、群像等。

摄影艺术是指采用摄影手段塑造可视画面、反映现实生活、表现主体审美情感的艺术，是一门现代的纪实性造型艺术。按感光材料和画面颜色，摄影可分为黑白摄影和彩色摄影；按摄影器材和技术，摄影又可分为航空摄影、水下摄影、全息摄影、红外线摄影等；按题材来分，摄影还可分为新闻摄影、肖像摄影、风光摄影、舞台摄影、体育摄影、生活摄影、建筑摄影等。

书法艺术是中华民族特有的一种传统艺术形式，通过用笔用墨、点画结构、行次章法等进行文字书写，结合字义造型，来表现人的气质、品格和审美情操。书法可以分为五种书体，分别是篆书、隶书、楷书、行书和草书。

绘画艺术的审美特征：追求视觉形式；具有瞬间延展性；具有形神兼备性。

雕塑艺术的审美特征：雕塑材料直接影响艺术形象的美感；以单纯的造型表现丰富的内涵。

摄影艺术的审美特征：直观纪实性；光影造型性。

书法艺术的审美特征：造型的规定性与创造性；形象意义的规定性与独创性。

对造型艺术进行审美的意义：培养人的视觉审美能力；陶冶人的情感；深化人们对历史发展和社会生活的认识；培养人的想象力。

欣赏造型艺术需要注意：学习造型艺术基本知识，注意欣赏造型艺术语言的美；认真观察，仔细品味；体会造型艺术的意境美；掌握丰富的知识。

主要参考书目

[1] 仇春霖. 简明美学原理 [M]. 北京：高等教育出版社，1987.

[2] 杨辛，甘霖. 美学原理新编 [M]. 北京：北京大学出版社，1996.

[3] 彭吉象. 艺术学概论 [M]. 4版. 北京：北京大学出版社，2015.

[4] 彭吉象，郭青春. 美学教程 [M]. 2版. 北京：国家开放大学出版社，2008.

[5] 赵洪恩. 当代大学生审美概论 [M]. 北京：东方出版社，1993.

[6] 苏和平. 艺术学原理 [M]. 北京：中央民族大学出版社，2006.

[7] 顾建华. 美育新编 [M]. 北京：北京出版社，1991.

自 测 题

一、填空题（共10分，每空2分）

1. 西方绘画在构图方法上多采用_____法，中国画在构图方法上多采用_____法。
2. 摄影艺术的主要造型手段包括_____、_____、_____。

二、选择题（共16分，每题4分）

1. 书法艺术属于（　　）。
   A. 造型艺术　　　　B. 实用艺术　　　　C. 文学艺术　　　　D. 综合艺术
2. 下列选项中（　　）不属于造型艺术。
   A. 绘画艺术　　　　B. 雕塑艺术　　　　C. 摄影艺术　　　　D. 园林艺术
3. 文艺复兴"画坛三杰"不包括（　　）。
   A. 达·芬奇　　　　B. 拉斐尔　　　　　C. 但丁　　　　　　D. 米开朗琪罗
4. 书法家王羲之的《兰亭集序》属于（　　）。
   A. 篆书　　　　　　B. 楷书　　　　　　C. 行书　　　　　　D. 草书

三、名词解释（共14分，每题7分）

1. 造型艺术
2. 雕塑艺术

四、问答题（共60分，每题12分）

1. 为什么说绘画艺术作品具有瞬间延展性？请举例分析。
2. 为什么说雕塑艺术作品对物质媒介的依赖性强？请举例分析。
3. 欣赏造型艺术有哪些意义？
4. 怎样欣赏造型艺术？
5. 结合所学知识，选择一个你喜欢的造型艺术作品进行赏析。

第五章 表情艺术之美

导入

　　表情艺术是艺术的一个重要类别。这里的"表情",是指表达感情、情意。作为一种艺术类别,"表情艺术"是指通过一定的艺术形式来直接表现人的情感、间接反映社会生活的艺术种类。表情艺术种类可以再细分为音乐艺术和舞蹈艺术。音乐艺术通过声音来表达感情,而舞蹈艺术通过人体动作来表达感情。本章我们将重点欣赏和体会表情艺术之美。

学习目标

1. 能够用自己的语言说明什么是表情艺术、音乐艺术、舞蹈艺术;
2. 结合实例说明表情艺术主要包括哪些类型;
3. 能够用自己的语言阐释音乐艺术和舞蹈艺术的审美特征;
4. 能够用自己的语言说明表情艺术的审美意义;
5. 能够应用所学的知识欣赏表情艺术。能够用自己的语言对孔雀舞、《c小调第五交响曲》等表情艺术作品进行赏析。

第一节 表情艺术基础知识

一、表情艺术的概念与分类

（一）表情艺术的概念

表情艺术，是指通过一定的物质媒介（音响、人体）来直接表现人的情感、间接反映社会生活的艺术种类。表情艺术主要包括音乐艺术和舞蹈艺术。

任何艺术类型都要表现情感，表情艺术不同于其他艺术类型的地方在于：表情艺术是直接的、纯粹的表达情感的艺术，是完全以表达情感为目的的，而其他艺术类型则不是直接地、单纯地表现情感。比如文学艺术是在再现现实社会生活的基础上表达作者的思想观点和情感的，实用艺术是在首先承载实用功能的基础上传达艺术家的情感的。音乐和舞蹈这两种表情艺术，却能够最直接、最强烈、最细腻地传达人的内心情感。

图 5-1 舞蹈纹陶盆

表情艺术是人类历史上最古老的艺术门类之一。考古发现表明，原始人在他们的狩猎活动和巫术活动中，就已经有了舞蹈与音乐。比如 1973 年在我国青海大通县孙家寨出土的"舞蹈纹陶盆"（图 5-1），是距今 5 000 多年前新石器时代后期陶器，现收藏于中国国家博物馆。盆高 14.1 厘米，口径 28 厘米，底径 10 厘米，呈橙红色。上腹部弧形，下腹内收成小平底。口沿及外壁以简单的黑线条作装饰，内壁饰三组舞蹈图案。舞蹈图之间以平行竖线和叶纹作间隔，上下则钩以弦纹，上部一道，下部四道，使舞蹈图看去如在舞台上演出一般。舞蹈图每组均为五人，舞者手拉着手，头面向右前方，踏着节拍，翩翩起舞，所着服装不易分辨，但每人头上均有一发辫状饰物，臂部亦斜向伸出一饰物。从画面看，五人动作协调，舞姿轻松自然，情绪欢快热烈，场面也很壮阔。三组舞蹈图案描绘的内容完全相同，人物动作也都一致，且有叶纹，竖线相间隔，似为同一画面的多次重复。彩陶盆上的舞蹈真实生动地再现了先民们群舞的热烈场面。

我国古代文献中也记录了原始人歌舞的场面，比如先秦典籍《尚书》写道"击石拊石，百兽率舞"，就是记录远古时期我国先民们敲打着石头伴奏、化妆成各种野兽跳舞的场面。再如在法国的"三兄弟"史前洞穴壁画上，有一个男性舞者形象，他身上披着兽皮，头上戴着鹿角，腰上缠着长须和马尾，跳着舞。

我国迄今为止发现的最早的乐器是浙江余姚河姆渡遗址出土的骨哨，距今已经有 7 000 多年的历史。这里出土的骨哨有 160 多把，都是用禽兽骨头制成的。世界上迄今为止发现的人类最早的乐器是乌克兰境内发现的 6 支由长毛象骨骼制成的不同乐器，这些乐器距今有近万年的历史。这些出土文物证明，音乐和舞蹈艺术在人类原始社会就诞生了。

表情艺术也是当代人们生活中最普及、最广泛的艺术门类。与其他艺术种类相比，音乐和舞蹈或许是除艺术家以外的普通人直接参与最多的艺术形式。音乐与舞蹈都具有广泛的群众性，现代科技的发展也加快了音乐、舞蹈的普及，听音乐、唱歌、跳舞，已成为现代人必不可少的日常生活内容。而专业的音乐艺术家和舞蹈艺术家需要经过长期的、艰苦的、严格的训练和培养，这说明音乐和舞蹈是两门具有高度科学性和技艺性的艺术种类。

表情艺术最基本的美学特征是抒情性、表现性、节奏感。抒情性是指音乐与舞蹈能够最直接、最强烈地抒发人的情感情绪，无须通过其他任何中间环节，直接撼动听众或观众的心灵。表现性是指音乐与舞蹈需要通过表演这个二度创作的过程，才能创造出可供人们欣赏的音乐形象或艺术形象，因此，表现性构成了表情艺术另一个重要的美学特征。节奏感是指音乐与舞蹈有一个鲜明的美学特征，这就是它们都具有强烈的节奏性和韵律美。

（二）表情艺术的分类

一般来讲，表情艺术主要包括音乐艺术和舞蹈艺术。

1.音乐艺术

音乐艺术是以人声或乐器声音为材料，通过有组织的乐音在时间上的流动来创造审美情境的表现性艺术。

音乐艺术主要以旋律、节奏、和声等作为表现手段构成音乐作品，传达人的不同情感。

旋律是音乐最主要的表现手段，旋律把高低、长短不同的乐音按照一定的节奏、节拍、调式、调性关系等组织起来，塑造音乐形象，表现特定的内容和情感。优美的旋律、激昂的旋律、躁动的旋律等都具有很强的艺术表现力，它可以表现出音乐的内容、风格、体裁，甚至还可以体现出音乐的民族特色和地域特征，比如大家熟悉的新疆舞曲旋律、印度舞曲旋律等。因此，人们常常把旋律称为音乐的灵魂。

节奏也是音乐最基本的表现手段，是指音响的长短、强弱、轻重等有规律地组合，它是旋律的骨干，也是乐曲结构的主要因素。节奏能够使乐曲体现出情感的波动起伏，增强音乐的表现力。我们熟悉的音乐节拍有很多种，不同的节拍构成的音乐节奏具有不同的抒情效果。

和声同样是音乐最基本的表现手段之一，它是指多声部音乐按照一定关系构成重叠复合的音响现象，和声产生的美感具有结构感、色彩感和立体感。

此外，复调、曲式、调式、调性以及速度、力度等也都是音乐的表现手段，都是通过有规律的变化与组合来塑造音乐形象，传达不同情感意象。

音乐艺术可分为声乐和器乐两大类。

声乐是指以人声歌唱为主的音乐。声乐作品就是由人演唱的歌曲。根据人们唱歌的特点，声乐可以分为男声、女声和童声三类，男声、女声又分别分为高音、中音和低音。根据演唱的方式，声乐可以分为独唱、齐唱、重唱、合唱、对唱、伴唱等多种形式。

我国声乐又被划分为民族唱法、美声唱法和通俗唱法三大类。民族唱法，在演唱方法上大多比较自然质朴，具有浓郁的民族风格和地方特色。美声唱法，源于意大利，它追求

声音效果，讲究发声方法，注意运用华彩和装饰唱法。通俗唱法，是现代工业社会电子传播技术广泛运用后出现的一种歌曲演唱法，一般需要演唱者手持话筒进行演唱，对演唱者本人的声乐训练没有太多严格的要求。

　　欧美声乐也被划分为多种题材，包括声乐套取、艺术歌曲、清唱剧、歌剧等。

　　器乐是指以乐器演奏发声为主的音乐。器乐作品就是人通过乐器演奏的器乐曲。

　　器乐的分类方法也有很多，根据器乐种类和演奏方法划分，可分为弦乐、管乐、打击乐和弹拨乐等。根据演奏方式划分，器乐可以分为独奏、重奏、伴奏、齐奏、合奏等多种形式。根据器乐体裁形式划分，器乐可以分为序曲（如《威廉·退尔序曲》）、组曲（如巴赫的《法国组曲》）、夜曲（如肖邦的《升F大调夜曲》）、进行曲（如柴可夫斯基的《斯拉夫进行曲》）、谐谑曲（如肖邦四手钢琴谐谑曲）、叙事曲（如勃拉姆斯的《爱德华》）、幻想曲（如康弗斯的《神秘的号手》）、狂想曲（如李斯特的《匈牙利狂想曲》）、随想曲（如柴可夫斯基的《意大利随想曲》）、舞曲（如约翰·施特劳斯的《蓝色多瑙河圆舞曲》）、协奏曲（如贝多芬的《D大调小提琴协奏曲》）、交响音画（如穆索尔斯基的《荒山之夜》）、交响曲（如贝多芬的《英雄交响曲》）等。

　　我国的音乐有着悠久的历史。早在原始社会，音乐就与氏族部落的祭祀仪式密切相关。西周时期，专门设立了掌管音乐和音乐教育的乐官，出现了由周王朝制定的"雅乐"和流行于民间的俗乐"郑、卫之音"。春秋战国时期，出现了许多著名的音乐家，如晏婴、师旷、俞伯牙等，俞伯牙觅知音的故事更是广为流传。这一时期，乐器也有了很大的发展。1978年，在湖北省随县曾侯乙墓出土了举世闻名的编钟（图5-2），它是战国早期曾国国君的一套大型礼乐重器，经测定，音色明亮，音域宽广，全部音域贯穿五个八度组，高音、低音明显，并已构成了完整的半音阶。战国曾侯乙编钟是中国迄今发现数量最多、保存最好、音律最全、气势最宏伟的一套编钟，代表了中国先秦礼乐文明与青铜器铸造技术的最高成就，它的出土被认为是世界音乐史上的重大发现。汉魏时期，是我国古代音乐史上的

图5-2 战国曾侯乙编钟

一个重要发展时期,当时北方的相和歌与南方的清商乐曾达到了很高的艺术成就。汉武帝时期正式建立了乐府这种音乐机构,乐府的工作内容为采集民歌民谣,制定乐谱,配乐演唱,培训乐工等。隋唐时代由于社会经济的发展变化与各民族文化的交流融合,在大量吸收西域音乐的基础上,出现了新俗乐(燕乐)和众多曲目,唐代的教坊成为当时天下音乐舞蹈精英的荟萃之地,长安的乐工曾经多达万人以上,隋唐的音乐专著多达400多卷。宋元明清时期,民间音乐有了较快的发展,元杂剧、南北曲、昆曲中蕴藏着中国传统音乐文化的宝贵财富。我国近现代音乐史奠基人之一的萧友梅于20世纪20年代在北京大学音乐传习所任教,后来在蔡元培的支持下,在上海筹建了我国第一所音乐学校——国立音乐院。现代音乐史上,还涌现出了刘天华、华彦钧(阿炳)、聂耳、冼星海等著名的音乐家,以及众多蜚声中外的优秀音乐作品。

西方音乐历史也很悠久。古希腊时期就已经形成了丰富的音乐文化,许多思想家都非常重视音乐理论的研究与音乐的教化功能。毕达哥拉斯学派从音乐与数学的关系出发,强调音乐是和谐的表现。柏拉图认为音乐的节奏与曲调有最强烈的力量,能浸入人心灵的最深处,通过音乐美的浸润能使人的心灵得到美化,因而他强调音乐教育比其他教育都重要。亚里士多德也认为音乐是一种令人愉快的艺术,他认为音乐具有教育作用、净化作用,以及精神享受的作用。欧洲中世纪,在教会的控制下,民间音乐与世俗音乐受到限制和扼杀,而教会则利用宗教音乐来宣传教义、扩大影响,使宗教音乐中的赞美歌、多声部合唱等均有了较大的发展。16世纪末,世俗音乐逐渐占据主导地位,器乐也得到了相当大的独立发展,特别是诞生了歌剧这一综合了音乐、戏剧、美术等艺术门类的新型艺术形式。也是从这个时期开始,西方音乐涌现出许多著名的音乐家和各种不同的音乐流派,创作出许多优秀的音乐作品。近现代欧洲音乐史上主要的音乐流派有古典乐派、浪漫乐派、民族乐派等。古典乐派,是从18世纪下半叶至19世纪初在维也纳形成的以古典风格为创作标志的音乐流派,以海顿、莫扎特和贝多芬三人为主要代表。这个流派推崇理性和情感的统一,追求艺术形式的严谨和完美,创作手法上注重戏剧的对比、冲突和发展,成为当时的典范。浪漫乐派是19世纪在欧洲兴起的音乐流派,浪漫乐派音乐最大的特点就是强调激情,强调抒发主观情感,强调表现个性。前期浪漫乐派的代表人物是德国作曲家舒伯特和舒曼、匈牙利的李斯特、波兰的肖邦、法国的柏辽兹等人,后期浪漫乐派的代表人物主要是德国的瓦格纳和勃拉姆斯、俄国的柴可夫斯基等。19世纪中叶以后,在欧洲各国又兴起和发展了民族乐派,民族乐派主张音乐应当具有鲜明的民族风格和民族特色,注意采用本国的民间音乐作为创作素材,将传统音乐成果与本民族音乐密切结合起来。民族乐派的主要代表人物包括挪威的格里格、捷克的德沃夏克,以及俄国"强力集团"的一批著名音乐家,如穆索尔斯基、里姆斯基-科萨科夫和鲍罗丁等。20世纪西方音乐更是流派繁多,难以尽数,其中主要有以法国音乐家德彪西为代表的印象派音乐,以奥地利音乐家勋伯格为代表的表现派音乐,以意大利音乐家布梭尼为代表的新古典主义音乐等,并且相继出现了爵士乐、摇滚乐、电子音乐等。

2. 舞蹈艺术

舞蹈艺术是以经过提炼加工的人体动作为主要表现手段，运用舞蹈语言、节奏、表情和构图等多种基本要素，塑造出具有直观性和动态性的舞蹈形象，表达人们的思想感情的一种艺术样式。

舞蹈艺术是人类历史上最古老的艺术之一。从舞蹈史的发展看，舞蹈艺术经历了由再现到表现、由具体到概括、由模仿到虚拟、由随意到规范、由娱神到娱人的转化过程，舞蹈逐渐摆脱了原始功能，向表情化、审美化发展。

远古时代，原始社会的先民们就已经开始了图腾舞蹈活动，并且把它作为图腾崇拜的重要内容。最早的舞蹈常常是歌、舞、乐三者合为一体，既是巫术礼仪，又是歌舞活动。我国商代的巫舞、周代的文舞与武舞、春秋战国的优舞以及汉代百戏中的舞蹈，均曾盛极一时。到了唐代，舞蹈更加兴盛，有豪华壮观的大型宫廷乐舞"立部伎"，精致典雅的小型宫廷宴乐"坐部伎"，还有著名的"健舞"，如胡腾舞、胡旋舞、剑器舞以及歌舞大曲，如著名的《霓裳羽衣舞》等。同时，唐代的民间舞蹈也十分普遍，逢年过节或丰收祭祀时都要举行舞蹈表演活动。宋代民间盛行的是综合性表演形式"舞队"。明清时期戏曲中的舞蹈表演，具有十分浓郁的民族特色。

在欧洲，舞蹈盛行于在宫廷和民间，不少国家将舞蹈作为普遍的风尚。1581 年，意大利籍艺术家们在法国宫廷排演了第一部真正的芭蕾舞作品《王后喜剧芭蕾》。之后，芭蕾舞迅速在欧洲各国传播开来，从 17 世纪开设了第一批芭蕾舞学校后，出现了许多职业性的芭蕾舞蹈艺术家。19 世纪堪称芭蕾艺术的黄金时代，芭蕾舞的技巧和一整套的训练方法日臻完善，逐渐形成了芭蕾艺术的意大利学派、法国学派和俄罗斯学派，具有各自鲜明的艺术风格和民族特色，出现了《吉赛尔》《天鹅湖》《睡美人》等一批闻名于世的优秀芭蕾舞作品。20 世纪初，以美国著名舞蹈家邓肯为先驱的现代舞，以自然的舞蹈动作打破了古典芭蕾传统的程式束缚，更加自由地表现内心情感。此外，世界各个地区和民族也都有许多各具特色的舞蹈，例如，印度的古典舞、印度尼西亚的巴厘舞、日本的盆舞、斯里兰卡的象舞、爱尔兰的踢踏舞、波兰的马祖卡舞，以及非洲大量力度很强的民间舞，使世界舞蹈艺术灿烂多姿。西方舞蹈中，还有许多在当今很受欢迎的，具有社交和娱乐功能舞蹈，如源自德国和奥地利的华尔兹、阿根廷的探戈、美国的狐步舞、迪斯科、霹雳舞等。

舞蹈从总体上可以分为生活舞蹈和艺术舞蹈两大类。

生活舞蹈，是指与人们日常生活联系密切的一类舞蹈，动作比较简单，容易学会，用于自娱或社交，具有广泛的群众性和普及性。生活舞蹈主要包括社交舞蹈、习俗舞蹈、宗教舞蹈、体育舞蹈、教育舞蹈、自娱舞蹈等。

艺术舞蹈，是指舞蹈家通过艺术创作在舞台上表演的艺术作品。这类舞蹈常常需要比较高的技艺水平，完整的艺术构思，鲜明的主题思想和生动的艺术形象。艺术舞蹈可以分为独舞（由一位演员表演的舞蹈样式，如芭蕾舞剧《天鹅湖》中就有白天鹅独舞与黑天鹅独舞）、双人舞（由两位演员表演，通常是一男一女合作表演的舞蹈样式，如我国舞剧《丝路花雨》中英娘和神笔张的双人舞）、三人舞（如《天鹅湖》的大天鹅舞）、群舞（也称集体舞，指四人或四人以上合作表演的舞蹈，如《红绸舞》）、组舞（将几个相对完整的舞段组织在一起，如《俄罗斯组舞》）、歌舞（将歌和舞组合，载歌载舞，如《编钟乐舞》）、歌舞剧（以唱歌和舞蹈为主要艺术表现手段来展现戏剧内容，如《茉莉花》）、舞剧（以舞蹈为主要艺术手段，综合戏剧、音乐、舞美等，表现戏剧内容，如大型古典芭蕾舞剧《睡美人》）等。

二、表情艺术的审美特征

（一）音乐艺术的审美特征

音乐艺术的审美特征可以概括为三个方面。

1. 丰富的情感性

音乐是声音的艺术，声音在表达情感上有着无限的潜力。与其他艺术形式相比，音乐艺术在表现情感方面具有突出的优势。《乐记》云："乐者，音之所由生也；其本在人心之感于物也。"黑格尔认为，"音乐所特有的因素是单纯的内心方面的因素，即本身无形的情感"，"音乐是心情的艺术，它直接针对着心情"。[①] 音乐中有组织的乐音，通过力度的强弱、节奏的快慢、幅度和能量的大小等多种方式，来表现人们繁复多样、深刻细腻的内心情感。正因为如此，我们可以感受到贝多芬作品的激情奔放，莫扎特作品的优美细腻，德彪西作品的朦胧伤感，柴可夫斯基作品的忧郁深沉。音乐艺术，不但能直接表现人类各种细微复杂的情感情绪，还能够直接触及人心灵的最深处，激发和宣泄人的激情。例如，白居易在著名的《琵琶行》中写道，听完琵琶女如怨如诉的演奏后，"凄凄不似向前声，满座重闻皆掩泣。座中泣下谁最多？江州司马青衫湿"。李斯特认为，音乐之所以被人称为最崇高的艺术，"那主要是因为音乐是不假任何外力，直接沁人心脾的最纯的感情的火焰；它是从口吸入的空气，它是生命的血管中流通着的血液"，"感情在音乐中独立存在，放射光芒"。[②] 音乐通过特殊的物质媒介和表现手段作用于人的听觉，直接传达和表现音乐家感情的起伏、变化和波动。音乐最基本的艺术功能就是表现情感。贝多芬的《田园交响曲》中，有器乐模拟和描绘的雷声、雨声、风声和鸟鸣声，但它们仍然是为了表现音乐家在生活中的感受，通过这种借景抒情或寓情于景的手法，来传达对于生活的情感体验。正如贝多芬本人所讲："田园交响曲不是绘画，而是表达乡间的乐趣在人心里所引起的感受，因而是描写对农村生活的一些感觉。"[③]

音乐直接带给人们的，是富有一定节奏、旋律、强度和音色的声音状态，当人们在接受声音的刺激时，会迅捷地、下意识地将自己的认知能力、审美意识与特有的声音状态相融合，使得声音状态在认知、评价和审美观照之下具有了情感色彩。这一特征也使得音乐

[①] 汪流等. 艺术特征论[M]. 北京：文化艺术出版社，1984：255.
[②] 汪流等. 艺术特征论[M]. 北京：文化艺术出版社，1984：264.
[③] 汪流等. 艺术特征论[M]. 北京：文化艺术出版社，1984：239, 246.

作品的情感内涵往往还具有多义性和模糊性，欣赏者的个人经历、审美感知不同，引起的联想和想象也不同。贝多芬的钢琴奏鸣曲《月光》据说是一位德国音乐批评家雷斯诺在贝多芬死后，根据他自己对这首奏鸣曲的体验和理解而命名的，但其他音乐理论家并不同意雷斯诺对这首乐曲的理解，很多人认为这首奏鸣曲主要表现了贝多芬对生活的幻想和探索，而且贝多芬本人也曾将这个作品称作"幻想曲式的奏鸣曲"。从这个例子可以看出，不同的听众对同一首曲子会产生不同的审美感受和情感体验。这从另外一个角度证明了音乐内容的非语义性和音乐表现情感的复杂性和模糊性，而这些朦胧或多义的情感常常是语言难以表现的。

2. 意义的象征性

象征性是音乐艺术的重要审美特性。与其他艺术相比，音乐具有独特的意味。它以声音作为实现象征意义的媒介，人们以自身的听觉器官所感知到的声音与客体事物相互对应，从而实现独特意义的呈示，即象征性。音乐的象征性主要取决于声音的特有属性，如力度的变化、音色、音高与音程的变化等。而象征意义的实现最终也在于声音的特有属性与所表达的情感与情绪之间的固定联系，这种固定联系是人们在长期审美实践过程中积淀而成的。比如人们常常用小号的声音象征光明，以铜管乐象征英雄凯旋等，均是这些乐器的声音属性与人的精神和情感的自然吻合。声音力度的变化具有很强的象征性，由弱到强和由强到弱的声音延宕，可以象征一场战斗的由起始而激烈和由惨烈而宁静，也可以象征队伍的由远及近和由近及远。音色的变化也是声音象征性的重要表现手段。音色是人声或乐器在音响上的特色，主要由其谐音的多寡及各谐音的相对强度所决定。音色与人的情感及客观物象并没有必然的联系，但一定的音色在其品质上可能与人的某种感情相吻合，因而便可以发生内在联系，并拥有一定的象征意义。不同的节奏也具有不同的表现作用，例如，进行曲一般都是偶数拍子，节奏鲜明，适用于行进场面，如《大刀进行曲》；而圆舞曲则旋律流畅、节奏明确，总是一种强弱弱的三拍结构，使得乐曲活泼欢快、富有朝气，如《多瑙河圆舞曲》。朱光潜先生认为："节奏是主观和客观的统一，也是心理和生理的统一。"[①] 一般来讲，节奏缓慢、沉重的音乐作品，传达给听众的情绪情感总偏于忧郁、悲伤，如柴可夫斯基著名的《悲怆交响曲》第四乐章"缓慢的柔板"，以缓慢沉重的节奏与不协和的和弦，表现出令人悲痛欲绝的剧烈哀伤，使听众产生强烈的情感共鸣。而那些节奏轻快、急促的音乐作品，传达给听众的情绪情感总偏于欢快、热烈，如贝多芬著名的钢琴奏鸣曲《黎明》，处处洋溢着朝气蓬勃的活力，明朗的曲调和清澈的音色体现出音乐家对大自然的热爱，对生活的赞美，对光明和幸福的向往。

3. 形象的模糊性

音乐形象看不见、摸不着，它需要欣赏者充分调动审美感受力，用心去体验、想象和联想，在内心唤起一定的情感意象，从而完成音乐形象的塑造。正因如此，音乐形象不具有空间性，却具有时间性，它与舞蹈、绘画、雕塑等具体直观的艺术形象不同，不占有空

---

① 朱光潜. 美学书简[M]. 上海：上海文艺出版社，1980：78.

间的位置。波兰音乐理论家丽莎曾经以生动的例子对此进行说明，"例如在听肖斯塔可维奇《第七交响曲》中希特勒匪徒进军的那段音乐时，我们听到了正在逼近的法西斯匪帮，感到它愈来愈近，甚至就在眼前，但是却没有一个听者会将这种逼近看成是正发生在他们听这部交响曲的音乐厅的空间里。同样，在听里姆斯基－科萨科夫的《席赫拉扎达》第一乐章时，人们清楚地感到由音乐展示出来的海浪的空间性，但是却没有一个人会把这种海浪看成是发生在音乐厅的空间里，或是发生在听收音机广播的自己的房间里。"①音乐形象不是静止的直观形象，而是欣赏者在欣赏音乐的过程中想象而成的艺术形象。声音作为音乐艺术的物质媒介，不能呈现具体的艺术形象，只是提供激发想象的基本手段和元素。正是那些具有一定组织形式的乐音，伴随着创作者和欣赏者进入自由想象的空间，创造出一个自由想象的灵性世界。在音乐想象的空间中，由于声音媒介并不与现实世界的具体实物相对应，其组织形式也难以具体描述一个完整的事件，因而其情感或形象都是不确定的。但这并不表明音乐艺术对客体世界的表现是漫无边际的，事实上，特定的乐音组织形式必然与一定力度、强度和色彩模式的情感状况相联系，艺术家和欣赏者正是依据乐音组织形式所限定的情感模式展开想象的。

尽管音乐的想象依据的物质媒体材料——声音，不表现具体的概念和思想，但在音乐流传的某个地域和民族中，一定的乐音组织形式却可以经过长期实践，在人们的审美心理中形成相对应的或比较贴近的情感模式，这是非常普遍的现象。艺术家和欣赏者的想象活动正是基于自身审美文化的特性，并受制于上述限定而展开的。即便如此，音乐家的想象空间和想象色彩仍然是非常自由和丰富的，他们的想象处在一种情感的世界，而不与客体世界的具体实物和概念直接对应，因而音乐家的想象享有更为广阔的自由度。不同的人欣赏同一首乐曲，由于各自不同的生活经历、文化修养和审美趣味，也经常会形成欣赏主体自由建构的艺术形象，听众的联想、想象和情感体验具有广阔的自由空间。

（二）舞蹈艺术的审美特征

舞蹈艺术的审美特征主要有三个方面。

1. 人体造型性

舞蹈被称作"活动的雕塑"，指的是舞蹈不仅具有雕塑般的造型效果，而且在运动中不断出现姿态造型，舞蹈在表演的空间和时间内，不断通过舞蹈者的动作和姿态以及色光造型等各方面的合理布局，形成舞蹈构图。舞蹈者或舞蹈队形的空间运动线具有很强的形式美感，如斜线的延续和纵深感、弧线的流畅和匀称感、曲线的跳动和游弋感等，均给人以不同的情绪感觉。舞蹈者的静态造型，如三角形的稳定和力度感、圆弧形的柔和与流畅感等，也可产生不同的意味。但运动线和造型本身并不具有确切的含义，只有当舞蹈者根据作品主题的要求，对运动和造型赋予一定的情感内涵，并将动作节奏与服饰、音乐、灯光、布景等整合为一体，在平衡、对称、动静、明暗等不断变化的运动性构图中实现整个作品的多样统一，才能使运动和造型富有鲜活的生命灵气，创造艺术意象和艺术形象。舞

---

① 卓菲娅·丽莎. 论音乐的特殊性[M]. 于润洋, 译. 上海：上海文艺出版社, 1982: 22.

蹈形象是指由人体的动作、姿态和造型，并借助其他艺术因素所构成的舞蹈思维的产物。除了一般人物形象外，包括一切舞蹈的动态形象，如单一的舞蹈动作的姿态造型、舞蹈动作组合、舞蹈场面调度等，它们不囿于单纯人物形象，而是越出人物形象的范围，重在表现那些具有一定舞蹈意象和意境的动态形象。比如在舞蹈表演中通过群体的舞蹈动作形象所形成的诸如群山、大海、燃烧的火焰、奔腾的江河等，是体现了丰富意象和深远意境的舞蹈形象。

2. 抒情性

舞蹈和音乐一样，以表现情感为主，但由于舞蹈是在空间与时间上的充分展示，且具有综合性艺术特色，因此比音乐的情感渲染和气氛烘托的色彩更为浓烈。这集中表现为其抒情与表现的统一。舞蹈艺术具有表达情感、表现情绪、表现意象和意境的特性，同时又是尽情抒发和渲染情感的艺术。《毛诗序》中说"情动于中而形于言，言之不足故嗟叹之；嗟叹之不足故永歌之；永歌之不足，不知手之舞之，足之蹈之也"，将舞蹈置于情感抒发的最高层次。与音乐相比，舞蹈有一定的再现性，舞蹈动作的虚拟化和程式化是介于表现和再现之间的艺术手段。随着舞蹈的发展，其表现性特色和精神性因素愈加突出。在现代舞蹈中，几乎找不到丝毫模拟或再现的痕迹。舞蹈与音乐类同，其艺术形式具有相对独立的意义，而艺术内容是丰富多样的，它表现一定的情感范围，但没有确定的形象和意义。在舞蹈表演中，舞者常常是以情带舞，以舞传情，凭借一系列能够表达审美情感的舞蹈动作、步伐、手势、姿态和表情等，将内心无形的情思，也即意象，外化为具体、生动且富有美感的动态形象，从而完成舞蹈创作的基本使命。如果在舞蹈中过分强调其表现观念性或精神性的使命，实际上是勉为其难。

3. 律动性

节奏是舞蹈艺术最基本的构成要素和表现手段。舞蹈节奏一般表现为人体的律动，即人体动作的力度强弱、速度快慢以及动作幅度的大小等，因此，舞蹈节奏常常体现为人体动作的韵律美。宇宙万物的运行都要遵循一定的规律，这种秩序就是节奏。人们以自然形态的生活动作为基础，予以提炼、加工和美化，创造出舞蹈动作的节奏性。可以说，舞蹈节奏实际上是人的生理与心理节奏的审美化表现。在人的机体内部，首先是人的生理机制本身具有规律性的运行节奏，这是维系人的生命活动的必要条件。与之相联系，人的心理机制也有一定的运行节奏。而当人的各种情绪和情感发生变化时，便会使机体内部产生各种不同节奏的变化。舞蹈是一种情感性活动，其情感变化所导引的内在节奏变化又会通过舞蹈动作的节奏变化表现出来。舞蹈节奏通常表现在动作的力度、速度和幅度这三个方面，力度的强弱、速度的快慢、幅度的大小，均可与特有的情感色彩相联系。舞蹈节奏与舞蹈者面部与肢体表情因素相结合，加上音乐等因素的配合，更可以表现出较为复杂和丰富的情感内容。一般来说，旋转的动作可以表现人物激动的情感，旋转力度的渐弱和速度的渐慢，也就意味着激情的渐渐平复；跳跃的动作常常用来表现喜悦和欢快的情绪，幅度较大的跳跃动作更可以表现人物的豪迈与奔放。某些现代舞蹈的动作节奏时常体现出对人的生理节奏的超越，或者心理节奏的放逐甚至紊乱，其动作节奏也就时常出现超乎寻常的律动，这与特定的心理和情感因素恰恰是相吻合的。而某些怪诞或杂乱的舞蹈节奏，也正是表现了舞者心理和情感的失谐。舞蹈动作节奏的起伏变化，不仅可以表达一定的内容，传达一定的情感，同时可以形成舞蹈的韵律美。例如大型民族舞剧《丝路花雨》，以举世闻名的敦煌壁画与丝绸之路为背景，通过唐代画工神笔张和女儿英娘的经历，歌颂了中外人民源远流长的传统友谊。剧中女主人公英娘的一段独舞，从"反弹琵琶"的造型开始，动作节奏由缓到急，动作幅度由小到大，展现了人物情感的起伏变化，塑造出优美动人的舞蹈形象。在这种情景交融的境界中，观众深深感受到舞蹈的韵律美。在舞蹈艺术中，音乐发挥着重要作用，没有成功的音乐就没有完美的舞蹈，而节奏正是它们结合的纽带。富有韵律美的舞蹈动作，建立在音乐节奏的基础之上；而音乐的节奏，又需要通过优美的舞蹈动作来形象地展现。正是节奏将舞蹈音乐与舞蹈动作紧紧地联系在一起，创造出完美的舞蹈作品。

三、表情艺术的审美意义

欣赏表情艺术，对调节人的情绪、陶冶人的情操、净化人的心灵、开发人的智能、增进人的身心健康具有重要作用。

（一）调节人的情绪

表情艺术在调节人的情绪，维护人的心理健康方面有重要作用。优美的音乐怡情悦性，能够帮助我们疏导情绪，化解心中的烦闷，我们常说"听听音乐放松一下"。不少心理学家也非常重视音乐对人的心理发展的作用，研究"音乐疗法"，通过设计各种专门的音乐行为，帮助人们经历独特的音乐体验，达到消除心理障碍，恢复或增进身心健康的目的。舞蹈艺术，以人体的姿态、表情、造型和动作表达思想情感，通过观赏舞蹈，我们可以在视觉上获得美的感受。欣赏表情艺术，可以帮助我们调节情绪，培养乐观的心态，豁达的胸怀。

（二）激发人的情感

音乐艺术、舞蹈艺术在抒发人的情感方面具有独特的力量，它们不但可以直接表现人类各种细微复杂的情绪、情感，还可以直接触及人心灵的最深处，激发和宣泄人的激情。表情艺术的这一特性，源于它们内在的本质属性和特殊的表现手段。音乐的音响节奏和舞蹈的人体律动，与人的情感的波动变化之间构成一种特殊的对应。我们可以感受到《金蛇狂舞》中的热烈，《二泉映月》中的哀怨，《春江花月夜》中的恬静，《百鸟朝凤》中的生机；也可以感受到《红绸舞》的欢快，《荷花舞》的幽静，《罗密欧与朱丽叶》的悲情。表情艺术所拥有的强烈的感染力和表现力，可以直接打动欣赏者的心灵，欣赏者仿佛可以聆听到表演者的诉说，进入表演者营造的虚拟世界。我们在欣赏音乐、舞蹈时，总是在还没有理性思考的情况下，首先从情绪上被吸引、被打动、被感染。通过欣赏表情艺术，可以净化人的情感中的杂质，陶冶人的情操。

（三）培养节奏韵律感受能力

在艺术领域里，节奏、韵律都是重要的艺术表现形式。对于表情艺术而言，节奏、韵律具有尤为重要的意义，可以说是表情艺术的生命所在。节奏和韵律是艺术家内在情感的外化，舒缓的节奏使人沉静，激烈的节奏使人振奋，沉重的节奏使人压抑，欢快的节奏使人陶醉。欣赏表情艺术，能够培养我们的节奏、韵律感受能力。

（四）培养联想、想象能力

表情艺术作品的情感内涵具有非语义性和模糊性，给欣赏者联想、想象和情感体验留下了广阔的自由空间。欣赏者需要进入表演者的内心世界，充分调动自身的联想和想象，用整个身心去感受和体验。提升联想、想象能力需要经常进行联想、想象活动，经常欣赏音乐艺术和舞蹈艺术，能够帮助欣赏者培养联想、想象能力。

第二节 表情艺术赏析

欣赏表情艺术，主要需要注意以下四个方面。

第一，学习表情艺术基本知识，了解表情艺术的艺术语言。不同的艺术门类有着不同的艺术语言，比如，绘画艺术用到的艺术语言有线条、色彩、形体等，摄影艺术用到的艺术语言有构图、光线、影调等。音乐艺术和舞蹈艺术也有自己特定的艺术语言。音乐艺术的艺术语言与表现手段主要包括旋律、节奏、和声、复调、曲式、调式、调性等。舞蹈艺术的基本要素有舞蹈语言、节奏、表情和构图等。对表情艺术的理解和欣赏，离不开对表情艺术语言的了解。

第二，培养对表情艺术的审美感受力。欣赏者审美感受力的高低对欣赏效果有直接的影响。欣赏音乐作品，主要依靠对音乐美的听觉感受力；欣赏舞蹈作品，主要依靠对人体动态美的视觉感受力。这两方面的感受力的高低，有天赋的因素，但更重要的是后天在审美实践中有意识地培养、训练的结果。在对表情艺术审美感受力的培养训练中，集中注意力是非常重要的。音乐艺术和舞蹈艺术的美，都是在时间中流动、变化着的，一些细节稍纵即逝。因此，在欣赏表情艺术时，需要全神贯注，保持注意力高度集中。经过长期的审美实践，人的审美感受力才能获得提升。

第三，把握表情艺术的主基调，展开联想。虽然表情艺术作品在展开的过程中复杂多变，但是每一个表情艺术作品都有一个艺术家想要表达的主基调。作品的主基调是构成作品的基础，决定着作品的总体风格和特色。我们在欣赏音乐、舞蹈艺术时，要抓住作品的主基调，并以此展开联想、想象，作为感受作品、理解作品的突破口。比如，我国民间乐曲《百鸟朝凤》，以表达、歌颂自然美为主基调，乐曲声中有莺歌燕舞，有鸟语花香，以热闹欢快的曲调营造出一派生机勃勃的大自然景象，听这支曲子，我们能感受到自然的美，也能感受到活泼的生活气息，感受到对自由美好生活的向往和追求。

第四，提高对表情艺术的欣赏层次。欣赏音乐艺术和舞蹈艺术不应只停留在表面，应该加深对作品的理解，不断提高欣赏层次，感受作品深层的美。在欣赏表情艺术时，要尽量选择品味较高的有代表性的作品。一般来说，作品的艺术水平越高，欣赏者从中感受到的审美震撼就越强，多欣赏优秀的作品，能够提升审美的境界。

一、音乐艺术赏析

（一）《黄河大合唱》

《黄河大合唱》作于1939年，以高超的技巧、深刻的内涵、崇高的境界、宏大的气魄著称于世，是我国影响最大的现代大型声乐作品之一。这部作品由诗人光未然作词，冼星海作曲，歌曲慷慨激昂，气势磅礴。《黄河大合唱》的创作以抗日战争为背景，以黄河为中华民族精神的象征，气势宏伟磅礴，热情地歌颂了中华民族源远流长的历史文化，形象地描绘了祖国辽阔壮丽的大好河山，痛诉侵略者的残暴，勾画出了中国人民保卫祖国、顽强抗击侵略者的壮丽画卷，表现出中国人民的英雄气概、坚强不屈的斗争精神和保卫祖国的必胜信念，传达出中华民族的伟大精神和不可战胜的力量。

《黄河大合唱》词作者光未然（图5-3），原名张光年，湖北人，中国共产党党员，著名诗人、文学评论家。他一生笔耕不辍，潜心学习中国古典文学，研究戏剧、音乐，创作了组诗《黄河大合唱》《五月的鲜花》《屈原》等著名作品。

《黄河大合唱》曲作者冼星海（图5-4），曾用名黄训、孔宇，祖籍广东，出生于澳门，中国共产党党员，著名作曲家、钢琴家，有"人民音乐家"之称。1926年进入北京大学音乐传习所学习，师从作曲家萧友梅和俄籍小提琴教授托诺夫。1928年进入上海国立音专学习音乐。1929年远赴巴黎勤工俭学，师从著名提琴家帕尼·奥别多菲尔和著名作曲家保罗·杜卡斯。1935年回国后，积极参加抗日救亡运动。1938年赴延安，后担任鲁迅艺术学院音乐系主任。1939年加入中国共产党。1945年因肺病在莫斯科病逝。冼星海音乐天赋极高，创作了大量具有感染力和传唱度的歌曲，如《救国军歌》《只怕不抵抗》《到敌人后方去》《在太行山上》《黄河大合唱》等各种类型的声乐作品，开拓了中国现代革命音乐的新局面，振奋了民族精神，成为中华民族抗敌救国的精神武器。

图5-3 光未然　　图5-4 冼星海

1938年，武汉沦陷后，诗人光未然从陕西宜川县的壶口附近东渡黄河，转入吕梁山抗日根据地，途中目睹了黄河船夫们与狂风恶浪搏斗的情景，聆听了高亢、悠扬的船工号子。1939年，光未然抵达延安，创作了朗诵诗《黄河吟》，冼星海听后乐思如潮，准备

创作《黄河大合唱》。同年3月,在延安一座简陋的土窑里,冼星海抱病连续写作六天,于3月31日完成了《黄河大合唱》的作曲。之后,他又完成了该作品八个乐章及伴奏音乐的全部乐谱。1939年4月13日,《黄河大合唱》首演于延安陕北公学礼堂,引起了巨大反响,并很快唱响全国。1939年5月11日,在庆祝延安鲁迅艺术学院成立一周年晚会上,毛泽东等中央领导人在观看了由冼星海亲自指挥的《黄河大合唱》后,连声称赞。周恩来题词称赞:"为抗战发出怒吼,为大众谱出呼声!"①

《黄河大合唱》在艺术上有着很高的成就。这部充满革命英雄主义气概的音乐史诗,分为《序曲》(管弦乐)、《黄河船夫曲》(混声合唱)、《黄河颂》(男声独唱)、《黄河之水天上来》(配乐诗朗诵)、《黄水谣》(女声合唱)、《河边对口曲》(对唱、轮唱)、《黄河怨》(女声独唱)、《保卫黄河》(齐唱、轮唱)和《怒吼吧!黄河》(混声合唱)。每个乐章都有独自的音乐形象,在开始都有配乐朗诵词。各个乐章既有相对的独立性,音乐形象和内容情节上又有密切的联系和鲜明的对比,从而将各乐章连接成一个有机的整体。全曲气势雄伟浩大,以清新、朴实、优美的旋律和刚健、雄浑、磅礴的和声效果震撼人心,将时代精神、民族气魄与大众艺术形式紧密结合,启迪人民保卫黄河、保卫华北、保卫全中国,反抗侵略者,讴歌了中华民族坚贞不屈、顽强抗争、保家卫国的斗争精神和夺取抗日战争胜利的坚定信念。这部作品的词写出了中华儿女的英勇气魄,音乐表现了浓郁的生活气息和鲜明的民族风格,强烈地反映了时代精神,其高度的思想性、象征性、艺术性为中国大型声乐创作提供了典范。

(二)《二泉映月》

《二泉映月》是一支中国民间二胡名曲,是中国民族音乐文化宝库中一首享誉海内外的优秀作品,也是中国民间器乐创作曲目中的瑰宝。

《二泉映月》是著名音乐家华彦钧的代表作。华彦钧(图5-5),小名阿炳,1893年出生于江苏省无锡市,民间音乐家,他自幼丧母,后因患眼疾而双目失明。阿炳天资聪颖,勤奋好学,自小学习音乐,练习鼓、笛、二胡、琵琶等乐器,他的琴艺十分高超,可将琵琶放置在头顶上弹奏,还可以用二胡模仿男女老少说话、叹息、欢笑以及鸡鸣狗叫的声音。阿炳双目失明,无法通过眼睛洞察世界,他用灵敏的耳朵聆听世界,用灵巧的双手抚摸世界,用善感的心灵感知世界,一生共创作和演出了两百多首民间乐曲。他的一生如戏剧般跌宕,也许命运给阿炳的磨难,正是成就他那些动人心魄乐曲的缘由。《二泉映月》这首传世名曲,是在阿炳失明后,以卖艺为生的时期创作的,这首曲子是阿炳坎坷不平、艰难沧桑、颠沛流离的人生写照。1950年,阿炳因病去世,现留存的著名作品有《二泉映月》《听松》《寒春风曲》等二胡作品和《大浪淘沙》《龙船》《昭君出塞》等琵琶作品。

图5-5 华彦钧

《二泉映月》是一首变奏曲式的作品,开始有一个短小的引子,

① 丁牧. 中国音乐的历史[M]. 北京:中国商务出版社,2018:152.

犹如一声感怀、叹息。几个小节后，娓娓流淌出凄楚而深沉的主题，主题由三个乐句组成，以八度大跳的"鱼咬尾"旋律连接方式发展而成。全曲将主题变奏五次，随着音乐的陈述、引申、展开，主题所表达的悲怆情绪得到更加充分的抒发，跌宕起伏的曲调隐藏着阿炳对自己凄苦生活的回忆，一次次激越的变奏仿佛在展示着一幕幕坎坷痛苦的往事，诉说着人世间的坎坷不平。由沉思，到忧伤、怒号，直至最后复归平静，这一系列复杂的内心情感，通过跌宕起伏的旋律酣畅淋漓地表达了出来。全曲虽然速度变化不大。但力度变化幅度大，每逢演奏长于四分音符的乐音时，阿炳用弓轻重有变，忽强忽弱，音乐时起时伏，扣人心弦。听毕全曲，仿佛见到一个刚直倔强的盲艺人在向人们倾诉他坎坷的一生。① 整首曲子委婉流畅，意境深邃，情调悲怆，呈现出行云流水般的起伏连绵的律动美感，表达了对辛酸现实的沉思，寄托了对美好生活的憧憬，具有强烈的感染力。

20世纪50年代初，音乐家杨荫浏先生根据阿炳的演奏，将《二泉映月》录音记谱整理，制成唱片。之后，《二泉映月》很快便风靡全国。这首乐曲流露出的是一位饱尝人间辛酸的盲艺人的思绪情感，展现了独特的民间演奏技巧与风格，显示出中国二胡艺术的独特魅力，也拓宽了二胡艺术的表现力，曾获"20世纪华人音乐经典作品奖"。

（三）《c小调第五交响曲》

交响曲，是由管弦乐队演奏的乐曲。它能够通过种种音乐形象的对比和发展来表现人们的思想心理、感情体验，揭示社会生活中的矛盾冲突，是一种规模庞大、音响丰富、色彩绚丽，富于戏剧性和表现力的大型管弦乐套曲。② 一般而言，交响曲按照四乐章的形式进行创作，也有乐章数多于或少于四个的交响曲，有些交响曲还带有合唱或独唱的人声演唱。

《c小调第五交响曲》，又名《命运交响曲》，是18世纪欧洲音乐家贝多芬最为著名的音乐作品之一，完成于1807年末至1808年初，该曲创作完成后，收到热烈反响，成为迄今为止演出次数最多、最有声望的交响曲之一。

贝多芬是举世闻名的钢琴家、作曲家，维也纳古典乐派代表人物。贝多芬的父亲是男高音歌手、钢琴与唱歌教师，他从小跟随父亲学习音乐，很早就显露了音乐才华，8岁登台演出，22岁赴维也纳深造，后定居于维也纳。贝多芬继承了古典主义乐派的传统，又开辟了浪漫主义音乐的先河，对世界音乐的发展做出了巨大贡献。他一生坎坷，二十多岁时听力衰退，晚年失聪，终生未婚。残酷的现实并没有使贝多芬消沉或退缩，他依然坚持创作了众多不朽名作。贝多芬经历了法国大革命前后欧洲社会的激烈变革，他的创作是时代和个性结合的产物。贝多芬音乐天赋和素养极高，他的作品几乎涉及当时所有的音乐体裁，数量众多。他的钢琴作品大大提高了钢琴的表现力，他的交响曲也成为直接反映社会变革的重要音乐形式。他极大地扩展了交响音乐的思想内容，内容的扩展导致表现手法的创新，他突破了传统的形式结构，动机型的主题运用和动力性的乐思发展，使音乐具有非

---

① 陈辉. 高山流水[M]. 杭州：浙江工商大学出版社，2016：36.
② 钱亦平，王丹丹. 西方音乐体裁及形式的演进[M]. 上海：上海音乐学院出版社，2017：273.

凡的气势和力量；建立在功能体系上的变音体系，成为他的和声风格特征；灵活的离调转调和大幅度的节奏对比和力度对比，对于刻画矛盾冲突和戏剧性发展起到重要作用。此外，对位法的运用，乐队音响的组合，钢琴音乐的写作都有鲜明的特点。①

贝多芬最初构思《c小调第五交响曲》是在1804年，当时，社会黑暗，经济萧条，他的听力逐渐衰退，他的恋人因为门第原因离开了他。一连串的遭遇让贝多芬备受打击，但这位坚强的音乐巨人并不想就此屈服于命运对他的捉弄，他想要与命运抗争、向大家证明，即使自己经历了无数挫折与不公，也依然可以创作出优秀的音乐作品，用音乐传达自己的思想和精神。

整部交响曲服从一个中心思想——不屈从于命运，通过斗争，获得胜利。为此，贝多芬灵活运动各种技巧和手法，使各乐章之间具有紧密的内在联系，赋予乐曲浑然一体的雄伟气概。全曲由相互呼应的四个乐章组成，前三个乐章分别以奏鸣曲式、变奏曲式和谐谑曲式展现了命运在敲门、命运与信心意志的较量和意志战胜命运的过程。第四乐章以极大的音量奏出辉煌而壮丽的凯歌，表现了最终战胜命运的胜利场面和巨大喜悦。

第一乐章，乐曲一开始，便出现极具震撼力的音型，具有强烈冲击的听觉效果，表现了这一乐章的主题：命运在敲门。乐队强有力的齐奏表现出作者内心的愤怒以及向黑暗势力挑战的决心。之后，出现了抒情优美的旋律，表现出作者对幸福生活的渴望和追求。第二乐章是双重主题变奏曲式，在反复的交替中展示出了人物内心世界的活动，有热情和力量，也有信心和信念。表现出光明战胜黑暗的内涵、英雄战胜宿命的信念。第三乐章表现出各种力量的较量，有奋斗有抗争，同时也为第四乐章的出现埋下伏笔，渲染出紧张的气氛。在第四乐章，最终光明战胜黑暗，表现出无与伦比的快乐和兴奋，显示出人们在这场命运决战中获得了最终胜利、唱响凯歌的场景。

整部作品音乐语言精练、简洁，结构严谨、统一，气势恢宏，充分发挥了乐队的交响性。全曲以震撼人心的节奏和旋律表现了作者扼住命运的咽喉、不向命运屈服，由黑暗到光明、由低谷到高潮、通过斗争走向胜利的艰难历程，表现出英雄的气概与风范和顽强抗争的精神，歌颂了以坚强意志战胜黑暗宿命的信念。贝多芬用自己的才华谱写了一首英雄论战胜宿命论、光明战胜黑暗的壮丽诗篇。德国思想家恩格斯对这部作品给予高度评价，他在写给妹妹的信中赞美道："如果你不知道这个奇妙的东西，那么你一生就算什么也没有听见。"②

（四）《e小调第九交响曲》

《e小调第九交响曲》，又称《自新大陆交响曲》《新世界交响曲》，是19世纪民族交响曲的代表作。

《e小调第九交响曲》是捷克作曲家德沃夏克创作的。德沃夏克，1841年出生于布拉格，是19世纪世界重要的作曲家之一、捷克民族乐派的代表人物之一。他自小家庭贫困，

---

① 沈旋，梁晴. 西方音乐史导学[M]. 上海：上海音乐学院出版社，2009：234.
② 张唯佳. 音乐鉴赏[M]. 上海：复旦大学出版社，2014：124.

通过不懈的努力考上大学，专攻音乐，并取得了很高的成就，在布拉格音乐学院担任作曲教授。德沃夏克的音乐创作范围非常广泛，几乎所有的音乐创作领域他都涉及。他创作的交响曲共九部，《e小调第九交响曲》是其中的第九部，也是影响最大、演奏最多的一部。1892年，51岁的德沃夏克已经享誉欧洲，美国纽约国家音乐学院邀请他担任院长，德沃夏克赴美后，接触到大量的美国民间音乐，并把这些素材运用于自己的创作，《e小调第九交响曲》诞生了。

《e小调第九交响曲》，表达了作曲家在美国工作生活的感受和作为一个在异国他乡的游子对自己家乡的思念之情。它一共分为四个乐章。

第一乐章的引子是慢板，乐器奏出舒缓的音调，仿佛在诉说作曲家初见新大陆时的心情。之后，管乐、弦乐和打击乐各声部奏出强烈、热情的节奏，暗喻美国紧张、忙碌的快节奏生活。紧接着，进入了乐曲的主部主题，昂扬奋进。随后而来的是副部主题，首先是副部第一主题，跳跃欢快，而后进入副部第二主题，显得甜美又有些伤感。几个主题巧妙地交融在一起，在乐队全奏中结束。第二乐章，旋律甜美忧伤，感人肺腑，向人们诉说着离愁别绪，饱含深情。不少人认为这是全曲中最打动人的一个乐章。第三乐章既有活泼轻快的印第安舞曲，也受捷克民间舞蹈的节奏和音调的影响，作者把它们巧妙地融汇在一起，使它们相映成趣。第四乐章气势雄伟宏大，这个乐章不仅有新的主题，也将前三个乐章的主题再现，这些主题经过变化发展，相互交织在一起，热烈的气氛中，以辉煌的高潮结束全曲。

整部作品诠释了作者在新大陆的感受、对新大陆的憧憬和对故乡的思念之情，首次演出就引起了轰动，为德沃夏克这位天才作曲家赢得了世界声誉。

二、舞蹈艺术赏析

（一）孔雀舞

孔雀舞，是我国傣族民间舞蹈中最负盛名的传统表演性舞蹈。傣族是一个具有悠久历史和特色文化的民族，傣族的乐舞文化早在两千多年前就已经有了相当高的水平。

在傣族人民心目中，孔雀是善良、智慧、美丽、吉祥、幸福的象征。在种类繁多的傣族舞蹈中，孔雀舞有着悠久的历史，是人们最喜爱、最熟悉的舞蹈之一。

孔雀舞以丰富的舞蹈语汇，模仿孔雀的一举一动，千姿百态，描绘出孔雀的活泼、伶俐、美丽。孔雀舞展现的内容很丰富，有孔雀飞跑、漫步、戏水、嬉戏、拖翅、晒翅、展翅、蹬枝、歇枝、开屏、飞翔等。除了表现孔雀的生活，孔雀舞也表现神话故事，比如傣族神话故事"召树屯与楠木诺娜"，这个故事被改编成大型舞剧，讲述勐海国的王子召树屯与孔雀国的公主楠木诺娜的动人爱情。

孔雀舞风格轻盈灵秀，情感表达细腻，舞姿婀娜优美，是傣族人民智慧的结晶，有很高的审美价值。孔雀舞有规范化的程式和要求，有相应的地位图和步法。孔雀舞舞蹈语汇丰富，服装造型独特，舞姿富有雕塑性，手形及手的动作也较多，呈现出特别的美感和意境。

舞蹈表演艺术家杨丽萍的《雀之灵》是孔雀舞中具有代表性的作品。在这支舞蹈作品中，她运用丰富的舞蹈语言表现出孔雀的各种优美姿态，通过手指的孔雀头造型和手腕、手臂、肩、胸、腿等部位的舞蹈动作，表现孔雀的寻觅、展翅、跳跃、飞翔、吸水等舞蹈意象，塑造了集真、善、美于一身的圣洁、美丽的孔雀形象，惟妙惟肖，形神兼似，具有强烈的艺术魅力。杨丽萍的舞蹈中含有一份自然的灵气和神韵，用舞蹈动作、姿态、造型的流动、发展、变化来塑造艺术形象，生动表现作品的情感意蕴，反映作者对客观世界的体验，也让观赏者能够从中感受到生命的美好与灵动。《雀之灵》通过表现孔雀的灵性、生命的活力，寄寓了人们对美好生活的向往和追求。

（二）《丝路花雨》

《丝路花雨》是中国舞剧史上的里程碑作品，由庞大的舞剧编导群体以举世闻名的丝绸之路和敦煌壁画为素材合力创作，于1979年首演，展现了画工神笔张和他的女儿英娘的艺术形象，描述了他们的悲欢离合以及与波斯商人伊努斯之间的情谊。1982年，《丝路花雨》在世界著名的意大利米兰斯卡拉歌剧院演出，深受好评，此后多年，此剧在各地久演不衰，作为20世纪中国舞蹈剧经典之作，载入中华民族艺术史册。

《丝路花雨》以中国大唐盛世为背景，以敦煌壁画舞姿为主要舞蹈语言，造型、舞技、配乐都堪称完美。它把故事性与艺术性完美地结合起来，描写了一个跌宕起伏的精彩故事，高度颂扬了中国和西域人民源远流长的友谊，再现了唐朝内政昌明，对外经济、文化交往频繁的盛况。在舞蹈结构上突出了独舞的空灵和群舞的恢宏，女主角英娘舞段中的"琵琶舞""波斯舞""盘上舞"等被认为是开创了"敦煌舞"的独特艺术流派。

（三）《天鹅湖》

芭蕾舞，是一种欧洲古典舞蹈，最重要的一个特征是女演员表演时以脚尖点地，故又称脚尖舞。芭蕾艺术孕育于意大利文艺复兴时期，17世纪后半叶开始在法国发展流行并逐渐职业化，到19世纪末期，在俄罗斯进入最繁荣的时代。芭蕾舞在近四百年的持久成长过程中，传布极广，对世界各国的舞蹈艺术发展影响都很大。

说起芭蕾舞剧，大多数人首先想到的就是著名的《天鹅湖》。1877年，《天鹅湖》在俄罗斯莫斯科首演，1895年，在圣彼得堡重排上演并大获成功。一个多世纪以来，《天鹅湖》以其优美圣洁的舞蹈形象、诗情画意的舞蹈段落、单纯凝练的故事情节，跨越了语言、性别、种族、年龄等各种障碍，征服了各国观众。

芭蕾舞剧《天鹅湖》由俄罗斯作曲家柴可夫斯基作曲。柴可夫斯基是浪漫乐派作曲家，毕业于俄罗斯圣彼得堡音乐学院，他继承了俄罗斯音乐的发展成就，同时又吸取西欧音乐文化发展的经验，把高度的专业技巧同俄罗斯民族音乐传统有机结合，创作出许多具有戏剧性冲突和浓郁民族风格的经典作品。

《天鹅湖》作于1876年，四幕，取材于民间童话，主要表现的剧情内容是：公主奥杰塔在天鹅湖畔被恶魔变成了白天鹅，王子齐格费里德游天鹅湖，爱上了奥杰塔。王子挑选新娘之夜，恶魔让他的女儿黑天鹅伪装成奥杰塔以欺骗王子。王子差一点受骗，最终及时发现，找回奥杰塔。奥杰塔恢复了公主原形，与王子结合。

舞剧《天鹅湖》一方面遵循了19世纪浪漫主义舞剧的传统，另一方面又以树立新的舞蹈美学为目标，创造了多层次、多结构的编舞形式。《天鹅湖》中的群舞、独舞和双人舞都极具特点，第二幕中四小天鹅的舞蹈，形象地描绘出了小天鹅在湖畔嬉游的情景，刻画了小天鹅天真活泼可爱的形象，深受观众喜爱，这段舞蹈也在各式各样的晚会中被搬上多个舞台。

（四）《大河之舞》

享誉世界的舞剧《大河之舞》是世界顶级演出之一，规模宏大，气势磅礴，具有极高的艺术性，堪称爱尔兰国宝。

爱尔兰舞剧《大河之舞》由百老汇制作人莫亚·多何第制作。在1994年的欧洲电视网歌唱比赛中，莫亚·多何第制作了七分钟的舞剧短片，令观众看得心醉神迷，意犹未尽。后来，他与著名作曲家比尔·惠南以及著名导演约翰·麦根共同策划，在充实了原始版本的构架后，完成了《大河之舞》的创作。

《大河之舞》以传统爱尔兰民族特色的踢踏舞为主，融合了热情奔放的西班牙弗朗明戈舞，并吸取古典芭蕾舞与现代舞剧的精髓，营造出一场气势如虹、异彩纷呈的绝世舞作，为观众奉上视觉、听觉盛宴。踢踏舞注重下肢的力量，舞者需要掌握趾尖与脚跟的复杂技巧，靠踢踏鞋发出踢踢踏踏的声音。舞蹈在快速却毫无杂音的踢踏声中不断变换队形，具有强烈的层次感和穿透力，整齐的舞步和声音给了观众视觉上的冲击力和听觉上的震撼力。舞剧的布景突出了爱尔兰传统的民族特色，表现了爱尔兰人民热爱自然、崇尚生命的精神，演员和布景完美地融合在了一起，达到了景中有情、情中有景的效果。[①]《大河之舞》犹如一部叙述爱尔兰祖先与大自然抗争，以及经历战争、饥荒等种种苦难后流离失所，重建家园的长篇血泪史诗，以特殊的方式撼人心魄。

1995年，《大河之舞》在爱尔兰都柏林的波音剧院首演，大获成功，引起轰动受到世界各地观众和媒体的一致好评，引燃了全球的踢踏舞热潮。之后，《大河之舞》在全球演出上万场，被推崇为当代最具爱尔兰民族风格的经典剧目。

审美活动

本章提供了四个教学活动，分为课堂教学活动和课外教学活动两大类。教师需至少组织学生完成其中两项活动。教师选定教学活动后，需提前制订具体的教学活动方案。在活动开始前，教师要对学生说明活动的目标、要求和具体活动过程安排，学生要根据教师的要求完成教学活动，提交相关材料。在完成教师统一组织的教学活动之后，学生也可以根据自己的兴趣爱好，选择体验其他教学活动，和教师、同学、家长、好友等进行交流。

---

① 盛文林. 舞蹈艺术欣赏[M]. 北京：北京工业大学出版社，2014：78.

(一)课堂教学活动

活动一　音乐艺术作品欣赏

活动目标：

学生欣赏音乐艺术，体会音乐艺术的审美特征，感受表情艺术的审美意义。

活动准备：

教师需提前准备音乐作品音频，应尽量选择经典的、有代表性的音乐艺术作品，如贝多芬创作的钢琴曲等。

活动过程与要求：

教师播放音乐作品音频，学生欣赏。教师可以根据学生人数将学生分组，每组学生需至少对一首作品进行审美和分析，说明这一作品体现出了哪些审美特征，通过欣赏作品，感受到了怎样的审美意义。小组交流之后，每组选择一名代表进行发言。

选择建议：

本教学活动引导学生感受、欣赏音乐艺术，适合各专业学生选择。教学活动的准备与实施比较简单、方便，适合不方便外出的学生。

活动二　舞蹈艺术作品欣赏

活动目标：

学生欣赏舞蹈艺术，体会舞蹈艺术的审美特征，感受表情艺术的审美意义。

活动准备：

教师需提前准备舞蹈作品视频，应尽量选择经典的、有代表性的舞蹈艺术作品，如杨丽萍的舞蹈、经典的芭蕾舞等。

活动过程与要求：

教师播放舞蹈作品视频，学生欣赏。教师可以根据学生人数将学生分组，每组学生需至少对一首作品进行审美和分析，说明这一作品体现出了哪些审美特征，通过欣赏作品，感受到了怎样的审美意义。小组交流之后，每组选择一名代表进行发言。

选择建议：

本教学活动引导学生感受、欣赏舞蹈艺术，适合各专业学生选择。教学活动的准备与实施比较简单、方便，适合不方便外出的学生。

(二)课外教学活动

活动三　观看音乐、舞蹈舞台表演

活动目标：

学生观看音乐、舞蹈舞台表演，运用所学知识欣赏表演，体会表情艺术的主要特征，感受表情艺术的审美意义。

活动准备：

教师需提前了解音乐、舞蹈舞台表演的地点、时间安排，为学生提供指导建议。

活动过程与要求：

教师需对学生进行分组，每组学生观看音乐、舞蹈舞台表演，欣赏结束后，组内先进行交流，选择一名代表进行介绍，交流审美体会。学生将审美感受写成一篇文章交给教师。学生重点围绕表情艺术的特征、审美意义、如何欣赏表情艺术等撰写体会。

选择建议：

本教学活动是综合性教学活动，适合方便外出的学生，外出需注意安全，遵守相关规定。

活动四　作品创作

活动目标：

学生尝试创作音乐作品、舞蹈作品（可根据个人爱好进行选择）。

活动过程与要求：

学生创作、表演作品，向教师、其他同学分享创作的背景、目的和经历等，教师、同学进行欣赏。

选择建议：

本教学活动是综合性教学活动，适合时间比较充裕、有相关兴趣爱好的学生。

拓展资源

西方"乐圣"贝多芬

贝多芬（1770—1827），维也纳古典乐派代表人物之一，举世闻名的作曲家、钢琴家。他创作了众多经典的音乐作品，通过强烈的艺术感染力和宏伟气魄，将古典主义音乐推向高峰，并预示了19世纪浪漫主义音乐的到来。

贝多芬创作的重要作品包括九部交响曲、一部歌剧、三十二首钢琴奏鸣曲、五首钢琴协奏曲、多首管弦乐序曲及小提琴、大提琴奏鸣曲等。因其对古典音乐的重大贡献，对奏鸣曲式和交响曲套曲结构的发展和创新，而被后世尊称为"乐圣""交响乐之王"。

贝多芬自幼跟从父亲学习音乐，很早就显露了音乐上的才华，八岁便开始登台演出。十七岁时，贝多芬去音乐之都维也纳学习，这一时期，他见到了著名音乐家莫扎特，受到莫扎特的赞赏。二十二岁时，贝多芬再次到维也纳深造，艺术上进步飞快。他创作了大量充满时代气息的优秀作品如《英雄》《命运》《田园》《合唱》《悲怆》《月光》《暴风雨》《热情》《黎明》等。

贝多芬一生坎坷，终身未婚，二十多岁时，听力渐渐衰退，五十岁左右耳朵完全失聪，只能通过谈话册与人交流。但是孤寂的生活并没有使他沉默和隐退，在进步思想都遭到遏制的年代，他依然坚守信念，崇尚自由、平等、博爱，反对封建专制，通过作品为理想而呐喊，在听力丧失后，依然创作了《命运交响曲》等不朽名作。

学习内容回顾

表情艺术，是指通过一定的物质媒介（音响、人体）来直接表现人的情感，间接反映社会生活的艺术种类，主要包括音乐、舞蹈这两门表现性和表演性艺术。一般来讲，表情艺术主要包括音乐艺术和舞蹈艺术两大类。

音乐艺术是以人声或乐器声音为材料，通过有组织的乐音在时间上的流动来创造审美情境的表现性艺术。音乐艺术可分为声乐和器乐两大类。

舞蹈艺术是以经过提炼加工的人体动作为主要表现手段，运用舞蹈语言、节奏、表情和构图等多种基本要素，塑造出具有直观性和动态性的舞蹈形象，表达人们的思想感情的一种艺术样式。舞蹈从总体上可以分为生活舞蹈和艺术舞蹈两大类。

音乐艺术的主要审美特征：丰富的情感性；意义的象征性；形象的模糊性。

舞蹈艺术的主要审美特征：人体造型性；抒情性；律动性。

欣赏表情艺术的意义：调节人的情绪；激发人的情感；培养节奏韵律感受能力；培养联想、想象能力。

欣赏表情艺术需要注意：学习表情艺术基本知识，了解表情艺术的艺术语言；培养对表情艺术的审美感受力；把握表情艺术的主基调，展开联想；提高对表情艺术的欣赏层次。

主要参考书目

[1] 仇春霖. 简明美学原理 [M]. 北京：高等教育出版社, 1987.
[2] 杨辛, 甘霖. 美学原理新编 [M]. 北京：北京大学出版社, 1996.
[3] 彭吉象. 艺术学概论 [M]. 4版. 北京：北京大学出版社, 2015.
[4] 彭吉象, 郭青春. 美学教程 [M]. 2版. 北京：国家开放大学出版社, 2008.
[5] 苏和平. 艺术学原理 [M]. 北京：中央民族大学出版社, 2006.
[6] 隆荫培, 徐尔充, 欧建平. 舞蹈知识手册 [M]. 上海：上海音乐出版社, 1999.
[7] 赵洪恩. 当代大学生审美概论 [M]. 北京：东方出版社, 1993.
[8] 李泽厚. 美的历程 [M]. 南宁：广西师范大学出版社, 2000.

自测题

一、填空题（共10分，每空2分）

1. 表情艺术主要包括_____、_____两大类。
2. 音乐艺术主要以_____、_____、_____等作为表现手段构成音乐作品。

二、选择题（共16分，每题4分）

1. 音乐艺术可分为声乐和器乐两大类。声乐唱法不包括（　　）。
   A. 合唱唱法　　　　B. 民族唱法　　　　C. 美声唱法　　　　D. 通俗唱法
2. 音乐艺术的主要审美特征不包括（　　）。
   A. 丰富的情感性　　B. 意义的象征性　　C. 声音的律动性　　D. 形象的模糊性
3. 芭蕾舞剧《天鹅湖》的作曲者是（　　）。
   A. 莫扎特　　　　　B. 莫亚·多何第　　C. 舒伯特　　　　　D. 柴可夫斯基
4. 华彦钧的代表作《二泉映月》是一首（　　）乐曲。
   A. 二胡　　　　　　B. 琵琶　　　　　　C. 三弦　　　　　　D. 小提琴

三、名词解释（共14分，每题7分）

1. 音乐艺术
2. 舞蹈艺术

四、问答题（共60分，每题12分）

1. 舞蹈艺术有哪些审美特征？
2. 为什么说音乐艺术形象具有模糊性？
3. 欣赏表情艺术有哪些意义？
4. 怎样欣赏表情艺术？
5. 结合所学知识，选择一个你喜欢的表情艺术作品进行赏析。

实用艺术之美 | 第六章

导入

你是不是以为：艺术似乎都应该不是实用的，而是用来欣赏和娱乐的？其实不然，有一类艺术，是以实用性作为必备要素的艺术，它们不仅具有实用性，还必须兼具鲜明而饱满的艺术性，这类把实用性和艺术性密切结合在一起的艺术品，就是我们本章要认识和赏析的艺术种类——实用艺术。那么我们熟悉的哪些东西属于实用艺术范畴呢？通常我们把建筑艺术、园林艺术、工艺美术三大类作品归为实用艺术范畴。本章我们将分别认识和欣赏建筑艺术、园林艺术、工艺美术这三类实用艺术。学习的主要内容包括实用艺术的概念、实用艺术的分类及其特征、实用艺术设计的基本法则、实用艺术的审美意义，同时我们要结合对著名的实用艺术作品的观摩和赏析，以及课堂活动，学会如何对实用艺术进行审美赏析和审美判断。

学习目标

1. 能够简要说明实用艺术的概念和分类；
2. 能够用自己的语言阐述实用艺术的审美意义和作用；
3. 能够解释说明建筑艺术、园林艺术、工艺美术的审美特征；
4. 能够理解并结合实例应用单纯、齐一、对称、均衡、调和、对比、比例、节奏、韵律、和谐等实用艺术法则；
5. 能够应用所学的知识赏析教材列举的实用艺术作品。

第一节 实用艺术基础知识

一、实用艺术的概念与分类

(一) 实用艺术的概念

什么是实用艺术呢?简单地说,是指实用性与审美性紧密结合在一起的艺术。实用艺术具有一定的实用功能,同时又具有较强的审美性。实用艺术能够满足人们物质生活的特定需求,同时又具有观赏性和装饰性。实用艺术作品是艺术家创作的赏心悦目的实用作品,同时还能够满足人们愉悦精神的审美需求。

实用艺术的实用性与审美性二者密不可分,如果缺少了其中的任何因素,就不能称之为实用艺术。实用艺术是人类文化史上最古老的艺术种类之一。中国原始社会遗留下来的大批彩陶,古希腊与古罗马遗留下来的巨大建筑(如雅典卫城和罗马大斗兽场)等都证明,人类在其早期的创造活动中,不仅使他们的作品具有直接的用途,而且也将自身的创造性才能对象化,使这些作品成为具有一定审美意义的艺术品。

实用艺术是所有艺术种类中最普及、最常见的一种,与人们的衣、食、住、行等日常生活关系最为密切。实用艺术与其他艺术的重要区别之一,就在于它不仅能够满足人们精神上的审美需要,而且还在一定程度上满足人们物质上的实用需要。

(二) 实用艺术的分类

关于实用艺术的界定和分类,目前学术界有比较多的不同观点。这里我们主要介绍学界公认的三种实用艺术种类:建筑艺术、园林艺术、工艺美术(或工艺)。

1. 建筑艺术

建筑艺术是指按照美的规律,运用形体、节奏、色彩、质感、空间组合等独特的艺术语言创造建筑形象,使建筑物既具有居住和活动场所等实用功能,又具有文化价值和审美价值的艺术。从古埃及大漠中的金字塔、古罗马的斗兽场到中国的古长城,从秩序井然的北京紫禁城、诗情画意的苏州园林到端庄高雅的希腊神庙、豪华炫目的法国凡尔赛宫,无不闪烁着人类艺术创造的光芒。

建筑起源于人类劳动实践和日常生活躲避群害、遮风挡雨的实用目的,是人类抵抗自然力的第一道屏障,与人类生活有着密切的联系,而高水平、高质量的建筑物,既能改善环境,又能满足人们高质量生存的基础条件。世界上杰出的建筑艺术作品都是最长久、最深刻、最鲜明的文化体现。不同文化圈的人群会有不同的建筑观念和思想,而建筑艺术手法、地域、时代、民族、阶级等因素的不同,使得建筑艺术作品呈现出各种各样的面貌,反映出千姿百态的文化差异。哲学家谢林说:"建筑是凝固的音乐。"[①]雨果称建筑是"石头的史书"。俄国作家果戈理称建筑是"历史的年鉴"来反映人类的文化及社会背景。建

---

① 聂洪达,方绪明.建筑艺术赏析[M].北京:华中科技大学出版社,2014:15-17.

筑的目的首先是为了"用"，而不是为了"看"，即使是纪念碑、陵墓也要考虑举行纪念仪式时人流活动的具体要求。早在两千多年前，古罗马建筑师维特鲁威就提出了建筑的三条原则：实用、坚固、美观。直到今天，这三条原则仍然是建筑师们遵循的基本原则。建筑的象征性是建筑艺术追求的最高境界，一座富含象征意义的建筑是时代精神的丰碑、民族或城市精神的标志、宗教教义的凝聚，具有巨大的精神感染力。优秀的建筑艺术作品都会综合运用多种实用艺术法则，通过整体外观形体、空间布局与组合、节奏、色彩、装饰等多种艺术语言，创造出别具一格的艺术风格和独特美感。

建筑艺术是以实用为目的、同时又具有较强的审美性的艺术种类。显然，并不是所有的建筑物都是艺术品，只有美的建筑才可以称为艺术作品。建筑艺术的类别复杂而繁多，可以从不同的角度分类。从时代风格上来区分有古典主义式、文艺复兴式、古希腊式、古罗马式、哥特式等；从民族风格上来区分有中国式、俄罗斯式、日本式、意大利式、伊斯兰式、英吉利式等；从使用的建筑材料来区分有砖石建筑、木结构建筑、钢木建筑、钢筋水泥建筑等；从流派上来区分有历史主义、新古典主义、野性主义、象征主义、高度技术等不计其数的流派；建筑根据功能的不同，大致可分为五种类型：

第一类，是我们最常见的民居建筑，如我国明清时代徽州黟县宏村的民居、福建的土楼、威尼斯水城、英国的乡村民居等，它们既满足人们的居住需求，又具有鲜明的民族特色，体现了民族文化和审美取向。

第二类，是公共建筑，如北京的人民大会堂、我国各城市的人民广场、体育场馆等，还有古罗马的角斗场、比利时的布鲁塞尔广场、英国的议会大厦等，它们既能满足人们进行公共活动的需求，又体现了不同时代、地域、国家和社会的集体追求、民族精神等。

第三类，宫廷建筑，如北京故宫、沈阳故宫、法国的凡尔赛宫、英国的白金汉宫、泰国的大皇宫等，它们的实用价值是作为皇宫满足皇家的生活居住和皇家各类活动的需求，同时又往往是汇集当时最优秀的艺术家们创造的精美建筑艺术作品，在整体设计、建筑材料、建筑特色等方面集中体现了当时的艺术水平和审美取向。

第四类，纪念性建筑，如天安门广场的人民英雄纪念碑、毛主席纪念堂、山东曲阜的孔庙纪念性建筑群、美国华盛顿的林肯纪念馆、为了迎接世界博览会和纪念法国大革命100周年而由法国政府修建的永久性纪念建筑埃菲尔铁塔、西班牙巴塞罗那的哥伦布纪念碑等，它们既能满足人们纪念重要事件和人物的需求，同时建筑本身也承载了强烈的人文精神，与事件和人物的事迹融为一体，激发人们对美的敬仰与追求。

第五类，宗教建筑，如北京的雍和宫、潭柘寺、戒台寺、天宁寺、白云观，山西的五台山寺庙、青海的塔尔寺、成都的青羊宫等，还有梵蒂冈的圣彼得大教堂、德国的科隆大教堂、麦加的大清真寺等，它们的实用价值在于满足开展宗教活动的需求，它们的艺术价值和审美价值在于建筑物整体和内外装饰物等集中体现了宗教艺术成就，具有较高的宗教文化传承和审美价值。

2. 园林艺术

园林艺术是表达人与自然关系最紧密、最直接的艺术形式，以自然、文化、政治、社

会经济的规律为载体,来创造、改造或改善园林,使其更自然、更符合当代社会艺术创造规律与人类审美要求,能够更好地与周围环境融为一体。园林是供人们休闲和观赏的景区,经由艺术设计,借助山水、花草、树木、建筑物、人行步道、空间组合等构建休闲和观赏景区。园林艺术不单纯是一种艺术表达形式,还是一种物质环境的体现。环境通过园林艺术理论与技巧的处理,形成了自然与园林相结合的实用艺术。在我国文化土壤上孕育出来的园林艺术,与我国的文化传承、艺术形式、文学、绘画等都有着密不可分的联系。中国园林艺术是自然环境、建筑、诗、画、雕塑等多种艺术的综合。园林艺术早在公元1631年就有其完整的理论体系,明代计成所著《园冶》一书中有明确的记载。该书流入日本,被誉为"夺天工",可见对其评价之高。中国园林"意境"的思想渊源可追溯到东晋,一直到唐宋年间的文艺思潮以崇尚自然为主,代表作主要体现在山水诗、山水画和山水游记中。不是所有园林都具备意境,然而具有意境的园林艺术更令人寻味、引兴成趣,因此园林意境是中国千余年来建筑大师追求的核心,也是中国园林艺术具有世界影响的魅力所在。

然而园林艺术经过历史长河的洗礼,因人们对审美的需求不同而发生改变,创作也发生了转折。在西方,园林已被认为是一门非常重要的,融各种艺术为一体的荟萃艺术,康德和歌德称园林艺术美为"第二自然"。[①]认为"园林可以分为两种类型,一类是根据绘画原则而创造的,一类是根据建筑原则而创造的"。前者主要以模拟大自然为基础,把令人心旷神怡的一种或多种自然风景组合成完美的整体;后者则是通过建筑方式来安排花草树木、喷泉、水池、道路、雕塑等,使其营造出的园林。

园林艺术风格多种多样,通常人们把世界园林体系划分为三大类:欧洲园林、阿拉伯园林和中国园林。

第一类:欧洲园林。欧洲园林又称西方园林,主要有法国古典主义园林和英国自然风景式园林两大流派,一方面,它们都属于欧洲园林,有共同特点,其基本特色是崇尚"人工美",崇尚"井然有序"。园林中的花草树木都是经过人工精心修剪、造型独特的,整体布局都遵循"对称"规则,中轴线两侧或陈列雕刻精美的大理石、花岗岩雕像,或为花木整形使其整齐排列,两侧有花坛、树木、草坪等均衡布局,如果中轴线不开路,则直接布局方形对称的花坛、水池等,而园林的尽头一般有喷泉或主体建筑,它们也以中轴线为中心。另一方面,欧洲园林的两大流派又各具明显的风格特征。其中法国古典主义园林也被称为规则式园林,其特征是人为控制下的几何图案美,园林多以中轴线来控制整体布局,前后左右对称。园林的主导游线多采用直线形,园林题材的配合在构图上呈几何体形式,构图均衡,严谨对称,花坛、雕像、喷泉等装饰丰富,体现庄重典雅,雍容华贵的气势。如法国的凡尔赛宫园林,凡尔赛花园是著名设计大师安德烈·勒诺特设计的,是欧洲园林体系中规则式园林的代表作。英国自然风景式园林的特征是园林与自然之间的界线相融合,充分利用原始地形、乡土植物、河流等自然风景为园林艺术的主景,园林不以轴线控制,而是以主导游线构成的连续构图控制全园。如英国伦敦的汉普顿宫花园。欧洲园林覆盖面

[①] 刘磊. 园林设计初步[M]. 2版. 重庆:重庆大学出版社,2015:45—47.

广,以欧洲本土为中心,势力范围囊括欧洲、澳大利亚、北美、南美等四大洲,对西亚、东亚、南非、北非等地区的园林艺术也产生了重要影响。

第二类:阿拉伯园林。与欧洲园林不同,阿拉伯园林是以十字形庭园为典型布局的,一般在十字形道路交叉处设长方形水池,水池是园林的中心,长形水池通常一直延伸到建筑(王宫)内,有用大理石板为泉水流经的小溪铺砌的水道,因而泉水顺着这些水道流向各处,在炎夏格外令人清爽。比如,印度泰姬陵园林(图6-1)、西班牙阿尔罕布拉宫园林(图6-2)、伊朗卡尚费恩庭院(图6-3)等。阿拉伯园林的这种布局来自伊斯兰教《古兰经》对乐园或天堂的描写:下临贯穿的河渠,果实长年不断,树荫岁月相继。因此,清澈的水流,累累的果实,繁茂的树木,构成了"天园"的优雅环境,长方形的偌大布局,极富几何美。阿拉伯人把他们信奉的伊斯兰教宗教思想深深地浸润到园林艺术中,形成了具有理想色彩的"天园"艺术模式。

图6-1 印度泰姬陵园林

图6-2 西班牙阿尔罕布拉宫园林

图6-3 伊朗卡尚费恩庭院

阿拉伯园林的主要特点包括:面积较小,封闭的空间,隐秘的氛围,以水体分割空间,多运用精美细密的建筑图案和装饰色彩对园林进行装饰,彩色陶瓷马赛克图案在庭园装饰中广泛应用。阿拉伯园林以两河流域及美索不达米亚平原为中心,以阿拉伯世界为范围,横跨欧、亚、非三大洲。印度、西班牙中世纪园林风格是阿拉伯园林的典型,影响着世界各国园林艺术的风格。代表作品阿尔罕布拉宫(图6-4),是中世纪摩尔人统治者在西班牙建立的格拉那达王国的宫殿。四周围墙用红色石块砌筑,沿墙筑有或高或低的方塔,墙内有许多院落,其中狮子院以其轻巧的券廊和雕有十二只狮子簇拥着的喷泉著称。整座宫殿的建筑风格富丽精致。

第三类:中国园林。中国园林的特色是以湖水为中心,堆山建岛,修建亭、台、楼、阁,形成一池三山的传统园林格局。中国园林崇尚自然,讲究"虽由人作,宛若天成"。中国古典园林艺术是人类文明的重要遗产,被公认为世界园林之母,其造园手法被西方国家模仿及推崇。中国园林是一个历史悠久,源远流长的园林体系,属于山水风景式园林范畴,以非规则式园林为基本特征,尊崇以自然和谐为美的生态原则,园林布局因地制宜,与山水环境有机融合,浑然一体,顺应自然,充分利用原有的地形、地貌加以适当改造,同时要体现时代精神、民族特色和地方风格。中国古典园林还非常讲究中华民族建筑艺术的形式美,并且十分注意把这些建筑物同周围的环境融为一体,追求自然美。经过历代造园艺术家们的继承和创新,现代中国园林艺术已把古典园林艺术进一步升华,充分体现艺术的魅力。

图6-4 阿尔罕布拉宫

中国园林可细分为北方园林和南方园林,我们熟知的苏州园林属于以私家园林为代表的中国南方园林。我国有四大名园:北京的颐和园(图6-5)、承德的避暑山庄(图6-6)、苏州的拙政园、留园。其中颐和园和避暑山庄是北方园林的典型代表。北方园林以皇家园林为代表,规模宏大,气势恢宏,豪华富丽。艺术大师们通过立体空间的整体构思,组成景象的序列,形成园林空间的层次和节奏感,把园林建成立体的画,无声的诗。而拙政园、留园是中国南方私家花园的典型代表。南方园林小巧玲珑,一座园林的建筑面积和空间往往不大,为了丰富游赏的内容,扩大景物的深度和广度,通常建筑师们运用借景、多样统一、对景、框景、迂回曲折、对比、渗透、层次等构图手法,融情于景,融意于情,收无限于有限之

图6-5 颐和园

图6-6 避暑山庄

中。借景是中国南方园林艺术的传统手法,有意识地把园外的景物"借"到园内,既展现自然美景,又传达意境和思想韵味,体现艺术的朦胧美。拙政园被称为中国园林之母,被列为世界文化遗产。

3. 工艺美术(工艺)

工艺美术,指美化生活的用品和美化生活环境的造型艺术,以实用为主要目的,物质生产与美的创造相结合是它最突出的特点,并具有审美特性,为造型艺术之一。中国工艺美术的历史悠久,是我国文化宝库中一颗璀璨的明珠。工艺美术发展历史可以追溯到百万年前,大多是劳动人民直接创造的,工艺美术经历了一个极其漫长的过程才逐渐形成,同物质生活和精神生活密切相关。工艺是以美术技巧制成的各种与实用性相结合,同时具有欣赏价值的工艺品。它通常具有双重性质:既是物质产品,又是审美性很高的艺术品。工艺美术的产生常因历史时期、文化技术水平、环境、民族、经济和审美观点不同而表现出不同的风格特色。它反映着不同的时代、物质和文化及生产水平,同时还可以反映不同时代人类的审美观。它各式各样的形象,如造型、色彩、装饰等,都会形成不同的实用艺术。

工艺美术的种类有很多,通常人们把工艺美术作品归纳为三大类。第一类是经过艺术处理的日常生活用品,如精致的暖瓶、杯子、茶具、绣花枕头、窗帘、被面、床单、各种灯具、竹编器具、蜡染织物等。这些用品以实用为主,装饰为辅,或者说,它们是在实用的基础上兼有观赏性。第二类是民间工艺美术作品,如泥塑、剪纸、草编工艺品、鼻烟壶、风筝等,它们采用的原材料一般比较普通,工艺比较简单,价格也比较便宜,既可供实用,又可供观赏。第三类是特种工艺美术作品,如象牙雕刻工艺品、玉器工艺品、金银摆件工艺品、艺术陶瓷等,它们采用的原材料比较珍贵,工艺非常精细,主要用于观赏和珍藏。

二、实用艺术的审美特征

(一)建筑艺术的审美特征

1. 环境特定性和空间延续性相结合

建筑具有空间延续性,它的艺术形象可以与周围的环境融为一体,另外还有一些建筑是靠环境才能构成完美的形象。建筑物一旦建成,除特殊情况外是无法移动的。如:人们正常的搬家,不会出现房子搬家、桥梁搬家的事,而一旦把原建筑物搬到其他地方,其审美效果也随之变化。我们想要看到建筑物的全貌,就只能围着建筑物移动,在移动位置的同时,审美感觉也随之变化,在空间的不断延续中获得审美感受。

2. 实用功能与审美功能相结合

建筑的实用性特点,影响着人们的审美观。建筑物对人类生活的功能影响,往往决定着人们观感的美与丑,因而建筑的审美意义取决于实用意义。即使是陵墓、纪念碑等都需要考虑举行仪式时人们参加活动的具体要求。对于其他艺术,美是唯一目的或主要目的,而建筑艺术的主要目的是实用,必须与实用性联系在一起。比如一座巧夺天工的桥梁,假如人们正常行驶就要倾倒,那么无论它技艺如何巧妙,人们也不会觉得这座桥梁美。相反,实用功能处理得好,即使外形简单一些,也会给人们美的感受。建筑的物质功能性的另一表现是耐久性。很多建筑物是造价可观的、巨大的实体物质,一旦建成,除特殊情况外,它会长期保留下来,不会被人们遗忘或丢失。比如我国的长城,还有古村镇如景德镇瑶里、吉安钓源古村等,这些建筑物都是为了人们的需要而建造的,但是到了今天却成了古迹,成了人们欣赏的历史文化。当然,建筑的实用功能性与审美功能性,会根据不同建筑对象的占比发生变化。有些实用性比重大,甚至占主要的地位,如:厂房、仓库等,它们的审美占比比较小,但是在建设时也会考虑位置、适当的高度,会结合人们的审美来建造;而审美性占主要地位的建筑物,如:游乐园、陵墓等,同时也对实用性有着相应的要求;还有一些占比大体相同的,如:医院、住宅、超市等,会综合考虑实用性及审美性。

3. 象征性与历史性相结合

图6-7 长城

建筑艺术中象征性意义很广泛,可以容纳很多内容,同时一些建筑物还是历史的见证者,昨日象征着军事防御工程,今日象征着我国历史文化,比如我国的长城(图6-7),是中国古代在不同时期为抵御塞北游牧部落侵袭

而修筑的规模浩大的军事防御工程，今天却成为我国著名的历史文物古迹。

建筑所反映的社会生活只能体现当时的社会文化、审美、习惯等，就建筑形象本身而言，是没有政治属性的。

（二）园林艺术的审美特征

园林艺术与其他艺术种类相比，具有三个审美特征：

1. 人化的自然美

园林是人们按照审美理想创造的景观和生活环境，是人工造就的自然美。园林的艺术价值和审美价值的高低，就在于它是否是按照美的规律设计建造的，是否体现了人们的审美理想。如中国园林追求体现"天人合一"的美好境界，欧洲园林追求秩序美感、伊甸园美感和天堂理想等。

2. 综合的文化美

园林通常汇集了文化、艺术、历史、宗教、哲学等多种文化因素，园区或陈列人物雕像，或以绘画描述历史故事与宗教教义，或有碑文题诗、门楣楹联，使人在闲暇游览、休息之余，得到文化的熏陶。

3. 景观的意境美

园林通常通过空间布局营造丰富的意境之美。尤其是中国园林艺术，追求"曲径通幽""山重水复疑无路，柳暗花明又一村"的意境美，追求湖光山色（或湖光塔影）交相映、虚实相生的意境美，追求一步一景，人在园中走，仿佛画卷逐渐打开的意境之美。

与其他园林艺术相比，我们大家熟悉的中国园林，以东方独有的文化及造园思想理论为基础，更具有独特的审美特征，主要表现为：

（1）本于自然，高于自然。中国园林的最重要的特点是本于自然而又高于自然，苏州留园（图6-8）以山川河流为地貌基础，以植物作为装饰。通过山、水、植物等构成山水风景式园林的基本要素。造园大师们绝非简单地模仿或一般地利用这些构景要素的原始状态，而是在造园过程中有意识地加以调整、改造、剪裁，甚至运用造景、借景等传统手法，表现一个精练概括的自然，一个典型化的自然。强调园林造作应顺应自然，使人为美融入自然美，成为大自然的一部分。虽是人工创造的艺术，但其呈现的景色必须真实，好像是天然造化生成的一般，从而达到"虽由人作，宛自天开"的审美旨趣。中国园林的意境和艺术效果是本于自然而又高于自然的，而将园林要素与

图6-8 苏州留园

中国文化内蕴相结合的特点，表现得尤为突出。

（2）建筑美与自然美相融合。中国园林建立在尊重自然的基础之上，将建筑美与自然美巧妙地结合，能够把自然界的山川河流、飞禽走兽、奇花异草等造园要素有机地组织在一系列风景画面之中，突出自然和谐美，限制彼此对立，相互补充积极面，相互排斥消极面，在园林总体构成上达到一种人工与自然高度和谐的"天人合一"与"自然和谐为美"的哲理境界。在原始时期人类就学会了与自然和谐相处，让人们生活得更加自然、舒适。建筑在园林艺术中被誉为"眼睛"，中国园林以自然山水为景观构建主体，以各式各样的建筑物为观赏，营造文化品位。建筑美与自然美相融合为中国园林的特殊形式，也是中国园林的另一风格特征。

（3）充溢着诗情画意。中国园林不仅在人工表现自然美上达到很高的水平，以文学、诗歌的情景造园是中国园林艺术的精髓，也是园林艺术构筑出的最高意境。中国园林艺术本质的特征及精髓，就在于所创造出来的意境，中国式园林，能够给人诗意的情景，"出繁华，入宁静"的释然。造园者集万物之灵气于一事一物一念中，在写意中由浅入深，充分地把"诗中有画，画中有诗"的意境体现得淋漓尽致。借鉴书画艺术，庭院布局亦体现为疏、密、曲、直，构成了有联系、过渡、转换这样丰富的空间序列。更为突出的是通过诗文、书画、戏曲等不同表现形式，把诗文中的境界、场景运用在园林中，以具体的形象展现出来，或运用景名、匾额、楹联等文学手段对园景作直接的点题。中国园林，又名"文人园"，人临其境，有诗有画，各臻其妙，能在世界上独树一帜。饶有书卷气的园林艺术，离不开中国诗文，每当人进入中国园林，便有诗情画意之感。

（4）独具魅力的意境涵蕴。意境，在中国传统造园中占有举足轻重的地位。匠心独运的专家们在喜欢自然、模仿自然、进而再现自然的基础上，创造出丰富多彩的园林景观，实现一种至高至美的理想意境，从而创造中国园林独有的意境。它崇尚自然，注重意境美，所体现的是"凝固的诗、立体的画"。中国传统文化理念中，优雅的环境具有怡情养性的功能，而环境之美，莫过于自然景色之美。"景"是园林的灵魂和生命，而园林"景"的灵魂则是意境，中国园林为了创造美不仅使用"悟"来达到意境美，而且还通过调动人们的五官活动来创造意境美。意境之美，其意境深远，自成体系，如苏州园林的沧浪亭（图6-9）。

图6-9 沧浪亭

（三）工艺美术的审美特征

归纳起来看，工艺美术的审美特征主要有以下两点：

1. 实用性与审美性的结合、统一

与纯粹的艺术品相比，绝大部分工艺美术作品都属于实用工艺品，其审美性寓于实用性当中。因此，实用工艺品总是按照实际使用的要求来进行设计、选材、造型、色彩装饰等。艺术加工和处理都要结合实用要求来考虑。实用工艺品一般具有适用、经济、美观等特点。

2. 技艺性与创造性的结合、统一

工艺美术作品是在科学技术和生产技艺基础上完成的，在一定意义上，工艺美术作品能够体现时代的科技水平和生产力水平。同时，工艺美术作品的艺术价值又鲜明地体现为制作者的创造性造型设计和对各种艺术手法、实用艺术法则的娴熟应用。

中国的工艺美术浸透着中华民族的文化精神和审美意识，同时富有工艺的实用性，与其他国家的工艺美术相比，我国的工艺美术具有如下的审美特征：

（1）和谐性。中国的工艺美术呈现出高度的和谐性，追求"和""宜"的理想意境。中国传统艺术主张"和""宜"的思想，重视艺与材、手与心、形与神、人与物、用与美、文与质等因素相互之间的关系，工艺美术既体现出内涵的精神意蕴，同时对外观的物质形态有着高度的要求，这使内涵的精神意蕴与外观的物质形态和谐统一；在实际的生活当中，工艺美术作品既要有实用性，还要满足人类的审美观，使得实用性与审美性和谐统一；工艺美术作品是以人类生活为灵感进行设计的，这使得材质工技与意匠营构和谐统一，同时还要保证感性关系与理性规范和谐统一。比如河北满城出土的西汉长信宫灯（图6-10）和近期在江西海昏侯墓出土的鱼鹰灯，既是造型独特的青铜器工艺品，又是经过科学设计、方便实用的生活用品。

图6-10 长信宫灯

（2）象征性。在我国工艺美术作品上虽然决定艺术性的因素甚多，但是，与其他艺术形态一样，造型和装饰设计仍然是首要的。它强调物用的感官愉快与审美的情感满足相互联系，同时要求这种联系符合我国历史文化规范。中国工艺美术作品通常含有特定的寓意，往往都是借助造型、色彩或纹饰等直观效果来象征性地喻示及体现中国文化内涵。

（3）灵动性。一幅具有灵动性的工艺美术佳作，是艺术家创作表现能力和素质能力的体现。从古至今，工艺美术家们一直在艺术上进行专心致志的苦练，增强艺术功力，因而时常有灵动的作品问世。随着生活质量的提高，人民对艺术品的需求也日益提高，同时对艺术家们创造的工艺美术作品是否含有灵动性也越来越重视。工艺美术作品在造型和装饰上保持着S形的结构范式，富有生命的韵律和循环不息的运动感，使中国工艺美术能够适应当今市场的激烈竞争，拓宽发展空间，从而走向世界。那么灵动的作品从何而来，是通过艺术家沉静修炼，产生创作智慧，与心物统一，满足"质则人身，文象

阴阳"的原则，使人的灵动性在造物上获得充分的体现。为此，灵动性作品是检验和评定工艺美术家们的创作、表现、素质等综合能力的指标，也是当今工艺美术家所要肩负的历史重任和时代使命。

（4）天趣性。中国工艺美术一贯注重工艺材料的自然品质，尊重材料的特性，善于利用或表现材料的天然丽质，即天趣性。中国工艺美术在造型或装饰上规定"材料先行，因材施艺"，并要求"相物而赋形，范质而施采"，充分体现出工艺美术作品的自然质朴、天真、恬淡优雅的意味和情致。

（5）工巧性。中国工艺美术非常重视和讲求工艺加工技术，并追求工巧的审美理想境界：即尽情雕镂画缋的工巧或稍加雕琢后浑然天成的工巧。工匠通过长年累月的实践注意到工巧性所产生的审美效应，并有意识地将两种或多种不同的趣味融合在一起，刻意雕琢成浑然天成的艺术品。这些工艺思想和审美取向是工艺美术的精神内核，也是追求工巧审美理想的最高境界。比如河北定州出土的狩猎纹车饰（图6-11）是我国现存的最精致的金银错工艺品，体现了我国汉武帝时期工艺美术和金银加工技巧达到的高超程度。唐代的"唐三彩"、宋代的精美陶瓷、明代的经典红木家具、清代富丽华贵的景泰蓝等，都向我们展现了不同时代的科技水平和生产力水平，以及那个时代的艺术水平与特色。

我国的工艺美术主要体现在青铜器、陶瓷、玉器、家具、建筑、金银器、中国古代染织品、雕塑等方面，无论是从它的历史性还是从它的延展性看都属于我国的经济与文化资源体。中国丝绸之路不仅把精美的丝织品传入西方，还有珍贵的织造技术和蚕种。陶瓷的外销不仅把我国伟大发明转化为全人类的文明财富和世界性生产产业，也影响了所到之地人民的生活方式和文化观念。作为中国传统艺术的一部分，工艺美术是华夏文明发展的载体及符号。中国工艺美术走向世界后，我国对工艺美术产业发展越来越重视，势必对世界文化发展产生深远的影响。

图6-11 狩猎纹车饰

三、实用艺术的审美意义

随着人类社会物质文明与精神文明的发展，实用艺术也取得了相当大的发展。尤其是现代社会，随着科学技术的飞速进展与人类社会的不断前进，人们对物质生活与精神生活都提出了更高的标准和要求，人们希望居住环境乃至室内装饰都更加符合美的标准，使得实用艺术比以往任何历史时期都显得更加普及和重要。随着社会的进一步发展，实用艺术的重要性也会越来越突出。实用艺术的审美意义主要表现为以下两点：

第一，实用艺术是实用性与审美性紧密地结合在一起的艺术，体现了物质生产与艺术创作的相互统一，具有物质的实用功能和现实意义。实用艺术不同于美术作品，美术作品是具有审美意义的平面或者立体的造型艺术作品，并没有限制这种造型艺术作品只能是为了观赏而存在，不能具有某种使用价值，而实用艺术既能满足人们的实用需求，又能满足人们的审美需求，融科学与美学、技术与艺术于一体。

第二，实用艺术大多为劳动人民所直接创造，同人们的物质生活和精神生活息息相关。它是一种最富有群众性的艺术形式，每时每刻都在潜移默化地影响着人们的审美观念、审美情趣、审美理想。在科学技术高度发展的现代社会里，随着人们日益增长的物质文明和精神文明的需要，实用艺术的美学价值和美育功能必将变得愈来愈重要、愈来愈突出，实用艺术在实用的基础上更加突出了作为艺术本质的审美意义。

实用艺术中的实用意义和审美意义，二者相互联系，有机统一。实用性是审美性的前提和基础，审美性反过来也可以增强实用性。因此，实用性和审美性二者相互促进，缺一不可，密不可分，它们构成了实用艺术最基本的原则和特征。尤其需要指出，随着社会生产力的不断发展和人民群众生活水平的不断提高，审美性在实用艺术中的比重越来越大，人们对实用艺术美的要求，比过去任何时候都更加广泛和迫切。

第二节 实用艺术法则

产生实用艺术的关键是物质生产与艺术创作相结合，既具有物质的实用功能，又具有审美功能，同时通过形式美的规律，有机组合的法则，也就是实用艺术法则。从本质上讲，实用艺术法则是人们在满足心理、生理需求的前提下，运用现实中形式美的法则反映人们对于美的形式规律的经验总结和抽象概括。从一般意义上讲，实用艺术法则是指在实用性的基础上添加形式美的色彩、线条、形体、声音等各种外在形式因素的组合规律。在现实世界中，色彩、线条、形体、声音等形式美因素往往不是单一存在的，而是多种因素组合在一起呈现的。人们把实用性事物的外在特征进行规律性地抽象概括，引用形式美因素组合的规律，创造实用艺术，从而逐渐概括形成了实用艺术法则。实用艺术的主要法则包括单纯、齐一、对称、均衡、调和、对比、比例、节奏、韵律、和谐。

一、单纯法则

单纯法则是简单的实用艺术法则，是最基本、最和谐的一种表现形式。这种法则是只用相同、相似的元素组合在一起，通过放大、强调、突出单一形式美因素所具有的美感。同时，单一元素构成的美，如单调的色调、简洁的形式等，往往会产生简约、庄重的美感。

以单一色彩为外在形式因素，用单纯这种实用艺术法则创造单一美，在现实生活和艺术活动中都很常见。在建筑艺术领域，为了放大、强化、突出建筑物的美感特质，同时也为了呈现由单一元素构成的美所具有的简约、庄重的美感，民用建筑外墙多用单一的灰色、

砖红等颜色，墙体突出简约、大方之美；而中国紫禁城外墙（图6-12）、俄罗斯的克里姆林宫等皇家建筑外墙则选择了单一的红色，以突出单一色彩具有的庄重、典雅之美。

在工艺美术领域，很多服饰、装饰艺术也是遵循单一法则设计的，具有简约、庄重的美感，如我们的白衣天使——医生、护士的工作服，无私无畏的勇士——军人的军装，还有我们身边的保安人员，或者是人们参加正式会议等都会选择单一颜色的服饰，以突出简约、庄重的美感。庆典婚礼的环境布置上，也经常会采用单一色彩作为背景来烘托气氛，比如一般婚礼场面的布置多用红色背景，突出某种审美感受的作用，还有一些常用的工艺品，如窗花、陶瓷工艺品、家具、生活用品外观设计中，也经常采用单一色彩，突显一种简约美感效果。再如教室或办公室室内装饰的纯白色墙面、办公桌椅、家具等，多是单一色彩；在现代化科技的快速发展中，很多高科技产品也是单一色彩，突显出新时代的简约美。

图6-12 中国紫禁城外墙

因此，单纯虽然是最简单的实用艺术法则，但却是应用非常普遍的法则，也是可以产生大美的法则。学会运用单纯法则去创造美，并不是一件简单的事。要真正学习领会这种法则的深刻内涵，需要我们不断观察哪些美学现象体现了单纯法则，哪些艺术创作运用了单纯法则；需要我们不断去欣赏单纯美，在欣赏过程中感悟单纯美的特征：我们只记住单纯美是由单一元素构成的美还不够，还要经常沉下心来面对单一元素构成的美，同时要学会运用单纯法则去创造美，还需要我们在日常生活和社会实践中，不断自觉运用单纯法则去尝试创造美，比如在日常着装选择、家具环境布置、装点办公桌时自觉按照单纯法则创造美，简单、和谐是美学领域所说的单纯之美。

二、齐一法则

齐一法则，也叫整齐一律法则，是指以特定形式因素组成一个单元，这个单元按照一个统一规律反复重复，从而产生一种整齐一律的实用艺术。齐一法则构成的美，需要具备两个要素：其一是一个特定形式因素，其二是一种复现规律，也就是特定形式因素按照统一规律反复出现。按照齐一法则构成的美具有整齐一律的美学特征。齐一法则构成的美，能够使人产生有秩序、有条理、令人心情愉悦或精神振奋的美感。

人类对实用艺术的认识和创造、运用，是逐步从简单发展到复杂的。前面讲的第一种实用艺术法则——单纯法则，是由单一元素构成的美，是最简单的实用艺术形态，是由单一元素直接呈现的美。而第二种实用艺术法则——齐一法则，是在单纯基础上，按"一生一"的结构构成的，是一种完整的外在形式因素不断被有规律地复制，形成整齐、秩序的美感。下面我们分别选取几种主要的因素来进一步认识齐一法则的特征，感受齐一法则产生的整齐一律美感。

（一）用单一线条或形体按照统一规律不断重复构成的美

人通过视觉能够感知的事物主要由色彩、线条和形体构成，线条和形体作为主要元素，按照"一生一"法则有规律地重复形成的美，就是齐一法则，简单地说，视觉上的齐一之美，就是整齐划一之美，给人以突出的条理感。可以将齐一之美的特征概括为：横看成行、竖看成列之美。在日常生活中，有很多司空见惯的事物，是人们习以为常地、不自觉地按照齐一这种实用艺术法则创造的产物。

在建筑艺术领域中，齐一法则被广为应用，比如北京故宫屋檐的瓦当、颐和园长廊的廊柱、天坛的梁柱架构、天宁寺古塔架构等，几乎无不采用齐一法则构建出整齐、秩序的美感。而在现代生活中最常见的，如马路两边的护栏、公园围栏等，都是由一根根材质、形状完全一样的栏杆有规律地排列组合而成的，这种整齐划一的排列也体现了齐一法则，是一种整齐一律的美。

在园林艺术领域中，齐一法则是园林设计最基本的手法。齐一法则的美常应用于如整齐划一的行道道路绿化、广场绿化和大型公共空间的绿化，或由灌木修剪形成的几何图案等，这些都属于这种美，虽然简单，只要运用得当，就会给人带来整齐的美感。

在工艺美术领域中，齐一法则的运用也非常广，像常用的横格信笺或笔记本，是单一线条这种形式元素在白纸上有规律地复制，是遵循"齐一"这种实用艺术法则创造的具有整齐美感的样式。在日常生活中最常见的是一种整齐划一的队列美。队列美的前提和基础是排成队列的元素是相同或没有明显差异的。比如我国的"秦始皇兵马俑一号坑"，这个坑以车兵为主体，车、步兵成矩形联合编队，是由整齐划一的军车和步兵队列等严格按照齐一法则构成的美。每个过洞内有四列武士，中间配有战车，每辆战车后有驭手一名，车士两名，都是相同的排列，而且都是按照同等距离排列的，也就是说，这些队列完全符合齐一法则。

齐一由一种元素构成，并且这种元素有规律地重复出现，齐一法则在工业艺术领域中应用最为广泛，如工业产品造型设计、商标等。摩托车链条（图6-13）就是按照规律重复出现，才能产生整齐一律之美。

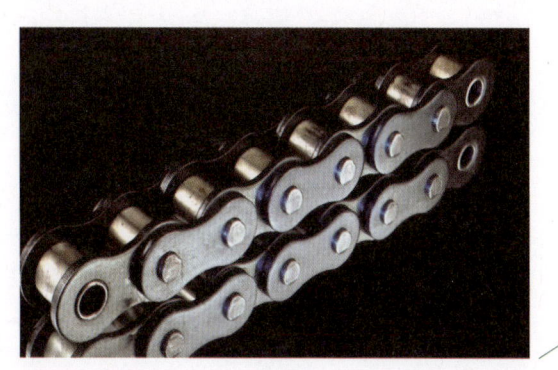

（二）用颜色组成一个单元，按照统一规律进行重复构成的美

这种方法通常是由一种颜色或两种以上不同颜色组成一个单元，按照"一生

图6-13 摩托车链条

一"结构进行有规律复制和重复,从而产生整齐划一的美,给人以条理、秩序、整齐的美感。

作为齐一法则中构成要件的、可以被复制和重复的单元,不都是由单一颜色组成的,更多的是由两种以上颜色组成的。只要这个单元中的颜色组合样式固定下来,成为一个单元,再被按照固定规律进行复制和重复,就是符合齐一法则的。用两种不同颜色构成一个方形图案或菱形图案作为一个单元,反复按照统一规律进行复制,就能构成整齐、秩序形式美特征的图案。园林艺术领域经常会考虑通过色彩,或将色彩与形体两种外在形式一同考虑,运用齐一法则营造整齐、秩序的美感效果,比如颐和园长廊(图6-14)常常用绿色的木柱、红色的围栏、精美的横梁等按照统一规律摆放,组成长廊的外形。

工艺美术领域,家具、工艺品、生活用品、瓷器等,也经常运用实用艺术法则——齐一法则。设计师们把竖条、格子、圆形或几何等图案,在不同底色上有规律地复制。按照这个图样加工制成的艺术品具有条理、秩序美感,比如红色竖条纹布料,就是以红色竖条为单元,在白色底色上按照等距离平行排列复制,设计出布料图样,是一种最常见的布料。这种图案设计的底色和竖条单元颜色可以任意变化,作为构图单元的竖条宽窄、粗细也可以任意变化。这种图案组合样式,与之类似的是一种颜色的同一横纹在不同底色上重复复制组成的图案,也几乎同样被普遍应用。再进一步,与之同理,由同一种颜色组成的方形图案在不同底色上有规律地复制,就形成了格子图案,这种图案印制成布料,就可以加工出我们常见的格子图案的床单、桌布、衣服等。诸如此类的图案设计经常见到,说明这种类型的图案组合被人们普遍接受和喜爱。

图6-14 颐和园长廊

为什么这么多日常生活中见到的事物都是整齐划一的?因为人类经过长期的审美实践积淀,在审美意识中确立了这样的观念:整齐一律是一种美,整齐一律这种形式是美的。人们看到这种形式,会感觉舒服,会感觉愉快。当然,事物的审美价值是与实用价值密切相关的,人们对事物的认识首先是实用性,后因时代的变更,人类会在实用性事物的基础上追求美。齐一法则在生活中被大师们自觉地应用到各个领域中,进行美的创造,让我们的生活中有更多美好。

三、对称法则

对称指以假设的中心点为依据,向两个方向或四个方向配置同形、同色、同量的纹样,呈现前后或上下等同的样子,使图形产生整齐、庄重、平稳的效果。前面讲过的齐一法则,是按照"一生一"结构规律进行同一个元素的复制,从而产生的美;"对称"则是按照

"一生二"的对称结构规律进行组合，从而产生的美。齐一法则产生的实用艺术具有整齐一律的特征，对称法则产生的实用艺术则具有在差异中保持一致的美学特征。齐一法则产生的美感是秩序、条理、整齐；对称法则产生的美感是两两相对的整齐、一致、平衡的美感。对称法则构成的美呈现两种形态：第一种对称形态是一个物体以一个中线为分界，左右或上下完全对称，如果折叠起来，是可以完全重合的；第二种对称形态是两个完全独立的物体，其形态完全相同，以一个中介物或一定空间相分隔，左右或上下对称分布。这两种对称的共同美感都是平衡之美。不同之处在于：前者的两两相对是一个物体的两部分整齐对应，后者的两两相对是两个独立物体整齐对应。对称形态是一个物体的两部分整齐对应呈现对称之美，这种对称之美首先体现于生命体。对称是生命体普遍具有的特征，一般来说，正常、健康的生命体都是对称的。

对称法则被广泛应用于建筑艺术、园林艺术、工艺美术、工业设计等具有一定实用性的艺术领域。无论是西方还是东方，无论是皇宫、庙宇、还是民居，绝大多数建筑的主体结构都是对称的。同时，建筑内外部的布局、细节、装饰物也有很多采用对称结构的。世界三大园林艺术种类中，除了中国园林是依山傍水造园，另外两种园林，伊斯兰园林体系和欧洲园林体系都是采用对称法则构建的。工业设计中，许多工艺美术设计、工业制造设计都离不开对称法则。工业制造设计中，如我们常见的桥梁、铁路、火车、汽车、轮船、飞机等主体结构及其内部结构都是对称的。

在建筑艺术领域中有很多著名的建筑物，都是运用实用艺术法则中的对称法则。如著名的印度泰姬陵（图6-15），全称为泰姬·玛哈尔陵，是莫卧儿王朝最伟大的陵寝，正中央是陵寝，在陵寝东西两侧各建两座式样相同的建筑，两座建筑对称均衡，左右呼应。大门与陵墓由一条宽阔笔直的甬道相连接，左右两边对称，布局工整。

人类认识自然的过程中，首先认识到很多对称的自然物是健康的、有活力的，从而是更具有实用价值的，久而久之，就总结概括出对称的事物是好的这种认识，再进一步，人们一看到具有对称这种美的事物，就会产生喜欢的心理反应，也就是产生美感。除了

图6-15 印度泰姬陵

人、动物，对称法则还体现在很多植物中，如很多植物的叶片是对称生长的，如枫叶、槐树叶、银杏叶以及大多数高粱、玉米、水稻等农作物的叶子，都是对称的。园林艺术设计中对称法则是欧洲园林的主要造园手法、以中央主轴线控制整体，左右辅之喷泉、雕像、园林小品等对称的装饰，既能够突出布局的几何性，又可以产生丰富的节奏感，从而营造出多变的景观效果。

人类很早就有了对称美的认识，并自觉按照对称法则创造美的事物。我国陶器时代之后陆续出现的青铜器、玉器、铁器、瓷器等工艺品，绝大多数都具有对称的美学特征，说明人类自远古时代以来一直把对称作为一种普遍认同的审美标准，几千年来，对称一直被认为是美的事物的一种普遍特征。俄国美学家普列汉诺夫说："野蛮人（而且不仅是野蛮人）在自己的装饰艺术中重视横的对称甚于直的对称。这说明人所固有的对称感觉正是由于人和动物的对称样式养成的。武器和用具仅仅由于它们的性能和用途，也往往要求对称的形式。"① 我们现在的日常用品也绝大部分都具有对称之美，比如现在我们每天用的锅、碗、瓢、盆、杯子、勺子等餐具厨具器皿都符合第一种对称法则：同一物体以中线为界的两部分是两两对应的，完全相同的。工艺美术中绝大多数的工艺品都具有对称的美学特征，人类一直把对称作为一种普遍认同的审美标准。如中国传统剪纸——喜花（图6-16），是中国汉族的传统民间艺术之一，是婚嫁喜庆时装点各种器物用品和室内陈设用的剪纸。喜花图案题材多强调吉祥如意、喜气洋洋的寓意。色彩为大红，外形样式有圆形、方形、菱花形、桃形、石榴形等，配置以各种吉祥的纹样如龙凤、鸳鸯、喜鹊、花草、牡丹等。

在当今的日常生活中工业设计的产品造型很多都是对称的。这种对称法则的应用实例，如腾讯黑鲨游戏手机3（图6-17），手机的背面将两个三角形对称放置在手机顶部和底部，通过X元素连接，造型极富科技感，采用绝对对称设计，让用户在握持时左右手感完全一致。

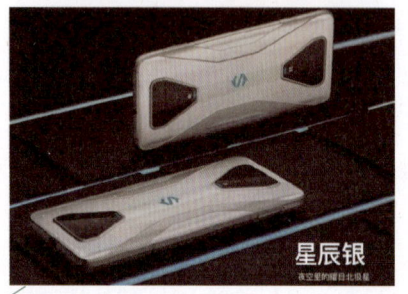

图6-16 中国传统剪纸——喜花
图6-17 腾讯黑鲨游戏手机3

四、均衡法则

均衡也叫平衡，体现两个不同的元素以一个元素为中界，呈现前后或上下均衡的样子。均衡法则也是一种"一生二"的结构形式规律，其特点也体现为"在差异中保持一致"。可以说，均衡是对称的变体，均衡法则与前面讲的对称法则有相同之处：对称与均衡法则构成的美感都是一种平衡感，二者都是由一组对立物来构成美感。均衡与对称的不同在

---

① 普列汉诺夫. 没有地址的信、艺术与社会生活[M]. 北京：人民文学出版社，1962：42-43.

于：构成对称的对立物完全相同，对称的两边绝对相同，对称的平衡是通过中界的两边对等放置完全相同的对立物来实现的；而构成均衡的对立物不同，均衡的两边有差异，均衡的平衡是通过中界的两边放置不同的对立物来实现的。从外在形式看，对称的两方是完全相同的物体，而均衡的两方不是完全相同的物体。对称对立的两面距离相同，整齐对应；而均衡对立的两面距离可以不相同，不能整齐对应。从美感来看，对称给人的美感是由相同物体对等对应所产生的具有整齐、秩序、静态的平衡美感；而均衡给人的美感是由不同物体不对等对应、在差异中保持对等所产生的趋于动态的平衡美感。对称和均衡虽然都有平衡美感，但对称给人的平衡美感是稳定的，不变的；均衡给人的平衡美感是不稳定的、瞬间的、趋于变化的，因此也是微妙的。这种微妙的平衡感潜藏着动感和不稳定感。在审美过程中，也会出现同样的审美心理反应。当我们看到的审美对象是平衡、对称的，就会产生平和、愉悦的审美心理反应，也就是说会产生美感。和对称一样，从呈现形态上，我们也可以把平衡之美区分为两种：一种是由同一物体的两部分构成的均衡之美，另一种是两个独立的物体组合构成的均衡之美。这两种形态也经常交织呈现。

在建筑艺术中，2008年北京奥运会国家体育场的主场馆——鸟巢（图6-18），是由赫尔佐格、德梅隆与中国建筑师李兴刚等合作完成设计的巨型体育场，形态如同孕育生命的巢，它更像一个摇篮，寄托着人类对未来的希望。设计者们对这个国家体育场没有做任何多余的处理，只是坦率地把结构暴露在外，自然形成了建筑的外观，把人文建筑与自然景观融为一体，最能够体现美学中的均衡之美。

图6-18 2008年北京奥运会国家体育场的主场馆——鸟巢

在园林绿地的布局中，由于受到功能、组成部分、地形等各种复杂条件制约，一般常采用不对称均衡的手法。不对称均衡的布置需综合衡量园林绿地构成要素的虚实、色彩、质感、疏密、线条、体形、数量等给人产生的体量感觉。不对称均衡的布置小至树丛、散置山石、自然水池，大至整个园林绿地、风景区的布局，广泛应用于一般游憩性的自然式园林绿地中。

工艺美术的均衡之美，常常体现在家居环境布置、生活用品、艺术品中。当我们追求更富有情趣的美感时，追求新颖变化形式，采用均衡法则来创造变化中的平衡美感。一般服装店往往整齐划一地摆放商品，而国际顶级品牌的服装、箱包专卖店等都会精心设计购物环境及商品的摆放，追求在差异中求统一，在变化中求均衡的展示效果，因此特别需要我们遵循均衡法则来选择布局，达成均衡美的效果。Christian Dior店（图6-19）的布置就是典型的均衡美，让顾客感觉到既别致又美观。

均衡是一切美学原理的基础，它符合我们最为朴素也最为古典的审美规范，最能使观看者的心理得到慰藉，感到舒适与安全，就像人们常说的那句话："稳定是压倒一切的

基础。"有了对称与均衡，美丽的基础就有了。其他的美学原理，都是在这一基础上产生的变异和衍生。可口可乐的平面广告（图6-20），除了设计要素齐全、主题突出外，还注意配图、色彩、文字长短的均衡，不断调整优化，并在瞬间自然产生三个步骤，即刺激、传达、印象的视觉心理过程，引观众发生兴趣。设计中遵循均衡原则，就会产生变化中的均衡美感，显得有情调。

图6-19 Christian Dior 店

图6-20 可口可乐的平面广告

五、调和法则

　　调和法则指两个或两个以上的构成要素间存在较大差异时，通过把相近似的东西并列、过渡、衔接，使人在微小变化中看到统一，给人的美感是融合、协调之美。理解这一法则需要把握两个关键特征，一是能够产生调和之美的构成元素是两个以上具有相似性的元素，也就是说这些元素是两个或多个，且它们不是相同的，是有差异的，但是差异非常小；二是这些元素并列呈现，使人在微小变化中看到统一，感觉它们之间有一种和谐统一的融合协调之美。调和与对比是人们生产、生活中广泛存在的普遍实用艺术法则，调和可以使不同事物产生类似一致性，对比才能突出相同事物中的个别现象。调和之美也可以细分为色彩调和之美、形体调和之美、线条调和之美等。色彩调和之美，是最常见实用艺术的形态之一，也是人们在日常生活中最常用的实用艺术法则。形体调和之美，是通过把两个以上相近似的形体相并列产生的协调之美，这种调和法则的应用也很普遍。线条调和之美，常常能够通过调和法则营造出协调之美，也就是说，相似的线条并列在一起，也能够产生调和之美。

　　建筑领域中常常采用调和法则，将相近的色彩这种形式元素进行组合，构成调和之美，利用色彩的物理性质及对生理、心理的影响，充分发挥色彩的作用。如北京上地百度大厦（图6-21）诠释简单与复杂的调和之美，采用简单与复杂的调和之美的设计风格。科学所呈现的简单与复杂的辩证法以及自然界的复杂与丰富都来源于最简单的图案或者元素，都精于心，简于形，设计师采用简单的解决方案绝不简单。

　　在园林设计中调和之美随处可见。园林中随处可见的装饰花卉，多由深、浅两种相近的颜色组成，二者融合在一起呈现出调和之美。杜甫的《江畔独步寻花》中云："桃花一簇开无主，可爱深红爱浅红？"诗中描绘了桃花之美，深红与浅红是两种相近的颜色，二者融合在一起呈现的桃花之美，就是调和之美。不仅桃花如此，其实很多装饰花卉都有调和之美，如月季花，大多数都是深红、浅红、粉红在一起构成调和之美；蔷薇花经常是深黄和浅黄色花朵搭配着开，构成调和之美；丁香花经常是深紫色和淡紫色花瓣簇拥在一起，构成调和之美。这样的例子不胜枚举。北京奥林匹克公园雕塑（图6-22），五位女子身着五色长裙，手举奥运火炬，精神饱满地向前奔跑，人物比例匀称，动感十足，构成协调之美，整体用钢筋塑成，并列在一起，构成了调和之美。五色是奥运五环的颜色，象征五大洲即全世界运动员欢聚在奥林匹克大家庭中，将"更快、更高、更强"的奥运拼搏精神发挥至极致。此雕塑久看不厌，令人奋发。

图6-21 北京上地百度大厦

中国传统美术艺术始终坚持色彩的对比、调和与和谐的色彩构成理念，以提升我国现代设计中色彩的精神内涵和民族特色。这种图案常常用于印染图案设计，条纹图案布料广泛用于衬衣、外衣、裤子、西服套装等各类服装。不同粗细的斜线、不同粗细的曲线并列组合，也能够产生协调之美，这种图案的面料更多用于鞋帽和窗帘等装饰性物品。悬挂的风铃、悬挂的装饰伞等也是通过高高低低的线条产生协调之美。

图6-22 北京奥林匹克花园雕塑

第六章 实用艺术之美

工业产品造型设计中的线主要是指产品的轮廓线、结构线、装饰线、风格线等,而落实到几何要素上则只有曲线和直线之分,因而线的调和与对比则多体现在曲与直、长与短、粗与细、横与竖等方面。产品若以直线为主,则转折部分只宜采用少量的弧线或小圆角过渡,形成以直线为主,又有直线与曲线对比的调和效果;若是突出竖线构成产品风格,则轮廓线、结构线、装饰线都应从属于这一风格,其他线型只能起烘托作用。

六、对比法则

对比法则是将矛盾对立的两种形式因素进行组合,从而产生醒目的、令人为之一振的生动美感。对比与前面讲的调和是两种相互关联的形式美法则,调和是在差异中趋向同,对比是在差异中趋向异。调和是把相近似的东西并列,使人在微小变化中看到统一,感到融合协调。对比是把两种鲜明对立的东西并列在一起,使人在鲜明对比中看到变化,感到醒目、振奋、生动。对比法则也是一种常用的实用艺术法则,进行对比的形式元素主要是具有鲜明对立性的色彩、具有鲜明对立性的形体。对比法则采用的两个或两个以上形式因素是差异非常大的,具有鲜明对立性。具有鲜明对立性的形式元素并列在一起,使人看到它们之间的鲜明差异,给人的美感是令人眼前一亮的醒目、振奋、生动之美。

色彩是对比法则中最常用的元素,两种或两种以上具有鲜明对立性的色彩组合在一起,就能够产生生动的美感。典型的色彩对比是冷色调色系与暖色调色系对比,也可以是具有较大差异的同色系不同色彩对比。比如北京的传统建筑——四合院(图6-23),几百年前便成功地演绎出灰色的高级质感,古雅端庄,平和内敛,历经岁月洗礼,依然魅力不减。形体对比是建筑物中把两个或两个以上具有鲜明对立性的不同形体组合在一起,形成鲜明对比,从而产生令人醒目、惊奇、兴奋、生动的美感,这种形体对比是对比法则的另一种表现方法。形体的对比组合有多种,一类是相同形状的形体可以对比组合,大小、高低、胖瘦、粗细、宽窄及不同形状的形体也可以对比组合,如院墙上开月亮门、三角窗、菱形窗,构成了长方形与圆形组合、长方形与三角形组合、方形与菱形组合等,很多地方都有类似的建筑。

了解了对比法则的特点和美感效果,我们在生活中自觉加以应用,城市园林中所采用的花坛样式多种多样,无论从何种角度分类都是以观赏功能为基本点,运用对比法则使其更好地组成生态景点。花坛的要点在于表现美,因此花坛的各个部分在形式、色彩、风格等方面都要遵循美学原则。特别是花坛的色彩布置,既要互相协调,又要有对比。同时各个花坛既要有统一,又要有变化,如此才能实现良好的装饰效果。比如国庆活动时天安门广场上的"花篮"(图6-24)是花坛艺术的一种,表现出庄重的同时不失生动的活力;花篮里插放有红掌、梅花、康乃馨、向日葵、兰花、月季等富有吉祥寓意的仿真花朵,花篮里最重要的花被称为"焦点花",用形如红心的红掌组成,寓意红心向党、团结凝聚在一起。

图 6-23　北京的传统建筑——四合院

图 6-24　天安门广场上的"花篮"

在艺术创作中，我们也可以自觉应用对比法则来创作生动的艺术形象。像编织、十字绣、绘画、摄影等，都可以尝试一下色彩对比法则，看看是不是能够创造出不同以往的生动美感。比如摄影时，可以选择蓝天、白云、绿草、红花等色彩对比鲜明的自然风景，呈现不同事物组成一个镜头的画面，也可以选择动物作为拍摄对象，创作出更为生动的作品，这些都充分利用了对比法则。通过不同色彩的鲜明对比组合，产生想要达到的醒目、振奋、生动的美感效果。同时也有通过应用形体对比法则，创设生动的美感。如在家居装饰、橱窗设计、商品陈列、展厅布置等很多领域，都可以应用形体对比法则，比如博物馆陈设，常常把出土的大型器物与小型器物对比陈列，不至于让人感觉枯燥、单调；美术馆里的作品展览往往错落有致地展出大幅和小幅作品。

工业设计造型时将对比法则应用于技术领域这一实践之中，是技术与艺术相结合而产生的美。技术与艺术本是相通的，技术偏于理性，艺术偏于感性，它们都是创造性的工作。总体上说，技术主要追求功能美，艺术主要追求形式美。而工业产品中色彩及形体的运用，就非常普遍。通过塑造鲜明对比的形象产生引人入胜的审美效果。如工程机械设计中主要考虑色彩的运用，拖拉机多会选择鲜艳的色彩，产生振奋的效果。

七、比例法则

比例法则是指一件事物整体与局部、局部与局部之间的比例关系符合一定的实用艺术法则要求。实用艺术中的比例法则，要求人们在美的创造过程中按照事物的内在尺度来确定比例关系，同时根据创造意图突出个别比例关系。比例法则主要适用于形体这种外在形式，任何形体都有比例关系。经过长期的探索，人们发现了一些特定的比例关系的美，并把它们固化、传承下来，形成了实用艺术法则中的比例法则。

人类在长期的审美实践中，形成了对事物的实用性的美感，其中包括事物整体和局部的比例关系。经过长期的审美实践，黄金分割律成为最为广泛的比例法则，即黄金分割比

例，其基本含义是：把一个整体分为两部分，这个整体的长段与短段之比恰恰等于整条线与长段之比，$a:b=(a+b):a$，其数值约为 1：0.618。黄金分割比例是西方美学家总结概括出来的实用艺术比例。随着对黄金分割律进一步深入研究，其应用也越来越广泛，比如图书版本、报纸版本的长与宽之比，网站页面设计的分区与比例，以及建筑、园林、工艺美术等艺术领域都被广泛采用，目前还被扩展应用到了工农业生产和社会经济管理领域、医学领域、生物学领域、科学实验等方方面面。

在建筑领域中，巴特农神殿（图6-25）就是按照黄金分割比例来进行建造的，它的立面高与宽的比例是 19：31（接近黄金分割比例）。它被公认为现存的古代建筑中最具均衡美感的伟大杰作。还有著名的埃菲尔铁塔、埃及金字塔、巴黎圣母院、希腊雅典卫城中的柱子、上海的东方明珠广播电视塔等都体现了黄金分割比例的应用。

图6-25 巴特农神殿

园林设计中运用比例法则，可以在功能得到基本满足之余，还能最大限度地满足人们的审美。园林艺术中多采用比例法则，而黄金分割比例法则在我国古代园林（图6-26）的建筑中得到广泛运用。

工艺美术中的黄金分割比例，体现在家居装饰、橱窗设计、商品陈列、展厅布置等很多方面。同时，很多艺术大家都把比例法则运用到他们的作品中，如意大利著名画家达·芬奇在他的绘画中十分擅长采用黄金分割律，比如《维特鲁威人》《最后的晚餐》（图6-27）等经过人们分析，都完全符合黄金分割比例。

在日常生活中并不一定要求我们遵循一个固定的比例关系来构成美，更不是说只有符合这个比例关系的才是美的。不同的比例关系给人的视觉感受不同，在特定条件下，一些特别的比例关系会产生特别的美感。雕塑艺术

图6-26 中国古代园林
图6-27 最后的晚餐

家和画家经常为了达到某种艺术效果或创作意图，故意违反黄金分割比例，突出某种比例关系，比如哈哈镜的原理，也是故意通过凹凸镜使人体影像变形，产生滑稽可笑的影像。工业设计作品中为了表达特殊的创作意图，也会有意改变常规的比例关系。艺术家们也经常会带着一定的创作意图，有意破坏一般比例，去创作富有另外艺术美内涵的作品。

八、节奏法则

节奏法则指把运动中的强弱变化有规律地组合起来，并反复运用。节奏主要由两个因素构成：一是时间关系，指必须包含运动过程；二是力的关系，指必须包含强弱的变化。在生活中，我们经常会用到节奏这个词，节奏往往是用来说明速度快慢或力量强弱的，同时这种快慢和强弱关系又是在运动过程中有规律延续的。节奏法则普遍存在于自然、生活和艺术等领域中，它是客观规律的一种表现形式。在自然界，年有春、夏、秋、冬四时更替的节奏；月有月亮圆缺的节奏，天有日夜交替的节奏。看到事物的外在形式有节奏感，便会觉得它们是美的，以此来创造美、享受美。

色彩构成的节奏是可见的节奏，是用眼睛读出来的节奏，引申的节奏。通过不同色彩有规律地组合重复，也能产生节奏感。比如我们把建筑上的栏杆涂成红黄蓝、红黄蓝、红黄蓝组合重复的样子，看上去就如同乐谱可以唱出"do re mi" "do re mi"一样，产生节奏美感。节奏这种实用艺术法则不仅被用于音乐，也经常被用于绘画、书法、建筑等艺术种类中，比如我国著名建筑学家梁思成就曾经指出过建筑艺术中窗与柱子排列的节奏感，他说："一柱一窗地排下去，就像柱、窗，柱、窗的2/4的拍子。若是一柱两窗排列就有点儿像柱、窗、窗，柱、窗、窗，柱、窗、窗的圆舞曲。"因此看着它们，可以读出音乐和舞蹈的节奏。

园林的营造法式中凝聚着空间的节奏、旋律，人们在园林中可以体会到如音乐一般的美。园林营造的节奏形式，会把人逐渐带入一种境界，使人乐在其中。园林艺术设计中，节奏美感的实现主要是通过园林里的路、桥、亭三项基本建设来实现的，通过这方面来理解园林的节奏。园林艺术中的园路呈现出一种曲径通幽处的旋律，在路两旁放置上园石，山石间的体量感及石与石之间的高度，会产生规则、有节奏的旋律。桥常常是苏州园林的焦点，像拙政园小飞虹廊桥（图6-28），木结构的交互穿插，形成一种错落的旋律。园林美景中必不可少的亭子，在园林规划中起点缀调节的作用，让整个旋律更有特点。

节奏在现实世界中也普遍存在，工艺美术中运用节奏法则制作

图6-28 拙政园小飞虹廊桥

的工艺品，得到很多人的认可。如青铜器上的云雷纹（图6-29）本身是一种回旋式的结构，具有一定的发散性，给人一种空间感，笔直弯曲的线条走势本身就带有节奏感，存在着均匀有规律的持续变化现象，就像音乐中交替出现的有规律的强弱、长短一样。节奏的运用体现在纹样的编排上，排列上遵循由一点沿直线向外发散的空间布置，产生一种由小变大的节奏变化，产生一种流畅有序的节奏感，形成主次分明、强弱得当的节奏感。

工业设计也通过节奏这种实用艺术法则来提高工业产品的美感。在平面设计的作品中，不同的表现提供画面运动的变化方式，造成一定的节奏感，从而使得处于静态的画面产生动感。作品中呈现给我们视觉上的起伏，犹如地平线上托起的群山，起伏中充满了视觉上的节奏效果，就像交响乐一般，每个乐段周期性有规律延续，强弱的循环往复，不断交替，平面设计作品是对视觉神经的冲击，让人过目不忘。如大众奥迪A7（图6-30），有生动的节奏之美。

图6-29 青铜器上的云雷纹

图6-30 大众奥迪A7

九、韵律法则

韵律原指音乐、诗歌的声韵和节奏。韵律法则是指通过在节奏的构成因素基础上附加其他起衬托作用的形式因素，在节奏感之外更增加一种韵味和情调。通过高低、轻重、长短的组合，匀称间歇或停顿，利用同韵同调的音相加以加强诗歌的音乐性和节奏感，这就是韵律的运用。单纯的单元组合重复易于单调，由有规则变化的形象或色群间以数比、等比处理排列，使之产生音乐、诗歌的旋律感，称为韵律。有韵律的构成具有积极的生气，有加强魅力的能量。

韵律这种实用艺术法则不仅体现在诗词、音乐中，还体现为各种物体运动的有规律的变化节律，比如舞蹈的律动产生的韵律之美、微风摇曳杨柳产生的律动之美，水波荡漾产生的韵律之美等。甚至在凝固的建筑艺术中，也能通过建筑造型体现凝固的韵律之美，比如北京水立方（图6-31）、悉尼歌剧院等，都具有律动之美。实用艺术中的韵律法则，可

图6-31 北京水立方

以提高我们发现韵律之美的能力，让我们在欣赏诗歌、音乐、建筑等艺术的过程中，增加对韵律之美的感悟，丰富我们的审美感受。

　　园林中的渐变韵律是由各要素在体量大小、高矮宽窄、色彩深浅、方向、形状等方面有规律地增或减，形成渐次变化的统一而和谐的韵律感。有规律地增加或减少间隔距离、弯曲弧度、线条长度等，可以形成一种动态变化。这种具动式的旋律作品的构图，有强烈的动态节奏感，曲线优美富有动感，在运用动态韵律时结合渐变韵律、交替韵律共同表现。

　　艺术美术的插花艺术以其自身的特点与韵味越来越受到人们的喜欢。在插花艺术中，韵律运用非常广泛，出来的艺术品有很大的不同，有的非常明显、典型，有的比较隐蔽、含蓄。在插花构图中，倘若只注意协调与均衡忽视了韵律感，花枝一样高、花朵同样大、花色皆相同，结果必导致构图枯燥无味，毫无美感可言。构图韵律，是一种有规律的变化，要创作出生动活泼、引人入胜的作品，必须遵循宾主分明、相互呼应、有虚有实、有藏有露、简繁结合、疏密有致。

　　在工业产品设计中使用的构图韵律非常多，如包装设计中使用的连续韵律，是以一种或几种要素连续重复排列，保持各要素之间恒定的关系与距离，可以无休止地连绵延长，往往可以给人规整、整齐的强烈印象。一般在构图中呈点、线、面并列排列，犹如音乐中的旋律，对比较轻，往往在内容上表现同一物象，并且以相同的规律重复出现。如包装袋上面的图案设计，由大小相同、颜色一致的竖条连续使用和重复出现及连续排列（图6-32），形成整齐规整的效果。

图6-32　包装袋

十、和谐法则

　　和谐就是指多样统一，多样是指各个事物都具有千差万别的个性特征；统一是指配合在一起的各个事物之间具有的整体联系是协调一致的。和谐法则的核心是将复杂的、多样化的事物进行有机组合，形成完美的整体感。和谐是实用艺术的高级法则，我们通常把多样统一的结果叫作"和谐"。和谐是指实用艺术美中由多种因素按照富于变化而又具有规律的结构组合的法则。它体现了生活和自然界中多种因素对立统一的规律，整个宇宙就是一个多样统一的和谐整体，大千世界是和而不同的多样统一。多样体现了各个事物个性的千差万别，统一体现了各个事物的共性或整体联系。这一法则在现实生活与艺术创造中被广泛运用，尤其在艺术美的创造中起着重要作用。

　　艺术具有线条美、和谐美、形神兼备等特征，和谐是美学的基本范畴之一，审美对象在外在形态上协调，要使多种多样的因素达到统一。第一，确立主从关系，即在许多因素中要有一个中心，使各种形式因素组成围绕这一中心的、有秩序的结构。这种有中心、有主次、有规律的结构方式能够使纷繁多样的因素中心突出、秩序井然、统一在一起。这样能够使因素杂而不乱，多而不散。第二，确立生发关系。即多样统一的美中，是从一个中

心点一级一级地生发开来的,其中各级因素的生发关系可以一致,也可以在变化中求和谐,但必须要有一定规律。

多样统一是客观事物本身的特性。事物本身的形具有大小、方圆、长短、曲直、正斜等特性；质具有刚柔、粗细、强弱、润燥、轻重等特性；势具有疾徐、动静、聚散、抑扬、进退、升沉等特性。这些对立的因素统一在具体事物上面,形成了和谐。多样统一法则的形成是和人类自由创造内容的日益丰富相联系的,人们在创造一种复杂的产品时要求把多样的因素有机组合在一起,既不杂乱,又不单调。多样统一使人感到既丰富,又单纯；既活泼,又有秩序。和谐法则中包含了单纯、齐一、对称、均衡、对比、调和、比例、节奏、韵律等单一法则,是单一法则的综合运用。通常人们在进行艺术作品创作时,往往不能只遵循一种形式美法则,而是融汇多种形式美法则,创造出具有既丰富多样又和谐统一的作品。

建筑与空间的和谐,也是建筑与自然环境二者的和谐统一；建筑与文化的完美结合,使建筑具有了美感,具有了生命力,样样都蕴涵着劳动人民的智慧与创造力,这些特色不仅让建筑物美在表面,更突出了建筑的生命力、文化的生命力。随着社会的发展,物质技术不断进步,对美的要求越来越高,为了满足人的审美需求,建筑也越来越注重审美价值的体现,建筑作为实用艺术在我们身边随处可见,展示着审美价值,给人以和谐美的享受,这都是建筑艺术与社会和谐发展的产物。如天灵地秀的和谐统一——新徽派建筑（图6-33）。新徽派建筑是中国建筑中的重要流派之一,汇聚了自然与人文融合了风俗文化与当地的气候特点,取其平衡。人们对新徽派建筑,非常喜爱,是因为新式徽派住宅充分尊重了当地的自然特色,因地制宜,并且在平面设计上灵动多变,空间上讲究节奏与功能之美。青瓦白墙和马头墙的元素自然是必不可少的精华,提取的必要象征性元素,给所见之人以返璞归真之感。新徽派住宅讲究自然原有的情趣,享受自然而然的雅致"天人合一"的传统哲学思想,毫无保留地体现在人与建筑、建筑与环境、建筑与文化和谐统一,人为干预却又保留自然之法之间的协调。

中国古典园林作为融多种艺术形式为一体的一门综合艺术,把和谐美作为造园准则,处处体现和谐之美,在一个有限的空间内通过艺术的技能,再现大自然、超越大自然及体现与大自然的和谐。我

图6-33 新徽派建筑

国一直追求人与自然的和谐，达到天人合一的境界。中国园林艺术一开始便以大自然为审美对象，通过人与景有机的联系，园林内部各要素之间、园林与自然、人与园林、人与自然之间处处呈现着一种和谐共生之美。天、地、人融为一体，从而将有限的园林景观寓于无限的宇宙天地之中，体现和谐而永恒的宇宙观。中国古典园林中所体现的真、善、美的和谐统一，揭示了和谐美，给建构现代和谐社会以及整个生态系统的和谐提供了精神文化资源，并为人们诗意地栖居提供启悟和深思。园林艺术作品的代表：北京故宫的御花园（图6-34）。御花园位于紫禁城中轴线上，坤宁宫后方，明代称为"宫后苑"，清代称御花园。始建于明永乐十八年（1420年）。御花园原为帝王、后妃们休息、游玩而建，后经增修，也有了祭祀、颐养、藏书、读书等用途。园内主体建筑是钦安殿，坐落于紫禁城的南北中轴线上，御花园以钦安殿为中心，向前方及两侧铺展水榭、亭台、楼阁、树木、花草、山石、曲径等。从实用艺术法则的运用分析，其一，建筑局部多处采用对称法则，如主体建筑钦安殿的门、窗、廊柱等，浮碧亭和澄瑞亭、万春亭和千秋亭两对亭子东西对称排列等；其二，建筑整体布局采用均衡法则，有对称感但又不是生硬、呆板的对称，而是在变化中求均衡。钦安殿两边均衡地布置各式建筑近20座，玲珑别致，疏密合度；其三，园中奇石罗布，佳木葱茏，水流潺潺、彩石铺路，各个景区细节设计均匠心独运，综合运用了单纯、齐一、对比、调和、节奏、韵律、比例、和谐等实用艺术法则，形成了妙趣无穷的园林之美。

工艺美术的"美"是追求技术与艺术的和谐、功能与审美的和谐。工艺制品的和谐感体现在色彩和谐、大小适度、布局合理，以及与环境搭配的恰当等方面，这是工艺美术的最高境界和谐。《广绣鹤鹿同春图》（图6-35），这件绣品在色彩搭配上体现了多样统一的和谐：从局部来看，松树的枝叶搭配采用了相近颜色，是调和之美；鹿的全身颜色搭配采用了相近颜色，也体现了调和之美；而绣品中的山石、花草、仙鹤等又采用了与松树、鹿等形成鲜明对比的颜色，整幅绣品还通过色调的明暗对比与变化表现了景物的远近和立体感。从绣品的构图来看，松枝舒展、仙鹤飞翔，富有韵律感；双鹤栖息富有对称感；双

图6-34 故宫的御花园

图6-35 广绣鹤鹿同春图

鹿对望，你呼我应，富有节奏感；整体构图上，采用了均衡法则和比例法则。因此，整个绣品体现了多样统一的形式美法则，产生了气韵生动的和谐美感。

工业设计主要是针对一些工业产品的设计，构建工业设计和谐性，是当下我国机械制造、生产和使用行业发展的根本要求。从社会的角度来说具有和谐性的工业产品设计能够降低社会生产成本，为社会创造更多的价值和意义，而且具有环境保护的功能；从企业自身的发展来说工业产品设计的和谐性能够提升企业的生产效率，提升企业经济效益。工业设计具有时代性、科学与艺术的结合性，才能够真正实现工业设计的和谐性。在进行产品设计过程中，和谐性的分析可以提高设计的效率和质量。如密斯·凡·德·罗设计的椅子（图6-36），虽然坐上去缺乏一定的舒适感，但是至今还被珍藏于一些著名设计公司和时尚商店的室内。不同的设计师会根据环境的不同对产品采用不同的设计理念，同时要求设计人员对和谐性进行详细分析，并对其中存在的问题采取有效的预防和解决措施，从而提高产品设计的效率。

图6-36 密斯·凡·德·罗设计的椅子

多样统一是客观事物本身所具有的特性，整个客观世界就是一个多样统一的和谐整体。世界由万事万物组成，万事万物千差万别：形有大小、高低、方圆、曲直之分，质有刚柔、粗细、强弱、轻重之别；局部的事物之间有的相近相似、相互融合；有的相互矛盾对立、水火不容；但正是这些千差万别的事物在世界上共生共处，才形成了丰富多彩的宇宙之大美。正如布鲁诺所言："这个物质世界如果是由完全相像的部分构成的，就不可能是美的了，因为美表现于各种不同部分的结合中，美就在于整体的多样性"。[①] 理解了实用艺术和谐法则，大家在游览名胜古迹或园林时，就可以通过观察它在整体设计和局部设计当中采用了哪些形式美法则，更深刻地感悟它们是如何产生和谐之美的。在欣赏交响乐时，看画展或陶瓷艺术展时，欣赏一幅书法作品时，就可以尝试感悟并讲出艺术作品的和谐之美了。

本节的核心内容是实用艺术的法则。掌握了实用艺术法则，可以进一步提高我们的审美能力，帮助我们在生活的衣食住行各个方面，用实用艺术的法则创造美，自觉按照实用艺术的规律去生活，去创造、去体验，使我们的人生更加美好。创造实用艺术过程中，逐渐概括形成了实用艺术法则。实用艺术法则是艺术形式的一般法则的构成规律，单纯、齐一、对称、均衡、调和、对比、比例、节奏、韵律、和谐法则，在建筑艺术、园林艺术、工艺美术、工业设计领域中得到广泛运用。

[①] 杨辛，甘霖，刘荣凯. 美学原理纲要[M]. 北京：北京大学出版社，1989：146.

第三节　实用艺术赏析

一、建筑艺术赏析

（一）故宫（图6-37）

图6-37　故宫

"巍巍故宫，竦峙苍穹，雕梁画栋，巧及人工，文华武英，太和乾清，体象天地，寔丽且宏。"故宫旧称"紫禁城"，是中国明清两代的皇家宫殿，历代宫殿都"象天立宫"以表示君权"受命于天"，由于君为天子，天子的宫殿如同天帝居住的"紫宫"禁地，故称"紫禁城"。故宫位于北京中轴线的中心，是中国古代宫廷建筑之精华。故宫始建于明成祖永乐四年，以南京故宫为蓝本营建，建成于永乐十八年，故宫严格按《周礼·考工记》中"前朝后市，左祖右社"的帝都营建原则建造，呈长方形城池，南北长961米，东西宽753米，四面围有高10米的城墙，城外有宽52米的护城河。故宫宫殿建筑均是木结构、黄琉璃瓦顶、青白石底座，饰以金碧辉煌的彩画。故宫有4个门，正门名午门，东门名东华门，西门名西华门，北门名神武门。面对北门神武门，有用土石筑成的景山，满山松柏成林。

故宫的建筑依据其布局与功用分为"外朝"与"内廷"两大部分。"外朝"与"内廷"以乾清门为界，乾清门以南为外朝，以北为内廷。故宫外朝、内廷的建筑气氛迥然不同。外朝以太和、中和、保和三大殿为中心，是皇帝举行朝会的地方，也称为"前朝"。是封建皇帝行使权力、举行盛典的地方。此外两翼东有文华殿、文渊阁、上驷院、南三所；西有武英殿、内务府等建筑。内廷以乾清宫、交泰殿、坤宁宫后三宫为中心，两翼为养心殿、东、西六宫、斋宫、毓庆宫，后有御花园。是封建帝王与后妃居住之所。内廷东部的宁寿宫是当年为乾隆皇帝退位后养老而修建。内廷西部有慈宁宫、寿安宫等。此外还有重华宫，北五所等建筑。

故宫建成后，经历了明、清两个王朝，到1911年清帝逊位的约五百年间，历经了明、清两个朝代二十四位皇帝。是明清两朝最高统治核心的代名词。明清宫廷五百多年的历史，包含了帝后活动、等级制度、权力斗争、宗教祭祀等。1911年辛亥革命后，紫禁城宫殿本应全部收归国有，但按照那时拟定的《清室优待条件》，逊帝爱新觉罗·溥仪被允许"暂居宫禁"，即"后寝"部分。1924年，冯玉祥发动"北京政变"，将溥仪逐出宫禁，同时成立"清室善后委员会"，接管了故宫。于1925年10月10日宣布故宫博物院正式成立，对外开放。1925年以后紫禁城才被称为故宫。

(二)卢沟桥（图6-38）

"无定河边晓月凉，石狮见证寇倭狂。深深车辙深深恨，警示中华莫忘殇。"卢沟桥位于北京市西南约15公里处，丰台区永定河上。是北京市现存最古老的石造联拱桥。卢沟桥为十一孔联拱桥，拱洞由两岸向桥中心逐渐增大，拱券跨径从12.35米至13.42米不等，桥身中央微微突起0.94米，坡势平缓。河面桥长213.15米，加上两端的引桥，总长266.5米。桥身总宽9.3米。桥面宽7.5米。桥两侧雁翅桥面呈喇叭口状，入口处宽32米。桥面两侧设置石栏，南侧有望柱140根，北侧有141根。望柱间距约1.8米至2米，柱高1.4米。柱间各嵌石栏板，栏高约0.85米。

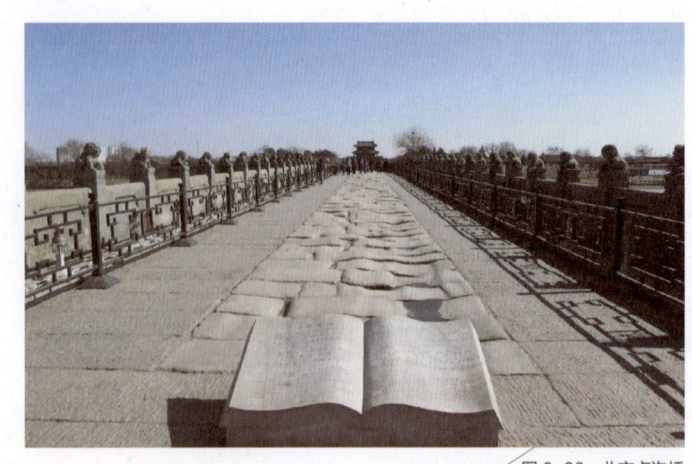

图6-38 北京卢沟桥

卢沟桥在大定二十八年决定修建，不过当时尚未动工金世宗就病逝了，第二年卢沟桥开始修建，于明昌三年三月完工。两侧石雕护栏有望柱，柱头上均雕有石狮，形态各异，据记载原有627个，现存501个。石狮多为明清之物，也有少量的金元遗存。"卢沟晓月"从金章宗年间就被列为燕京八景之一，因桥身跨越卢沟，被称为卢沟桥，是北京现存最古老的石拱桥。1937年7月7日，日军驻华部队以搜寻失踪士兵为名，挑起了震惊中外的"卢沟桥事变"，这一历史事件，拉开了中国人民全面抗战的序幕。桥东岸现有中国人民抗日战争纪念馆，永远纪念这场伟大的民族复兴之战。

二、园林艺术赏析

（一）颐和园（图6-39）

图6-39 颐和园

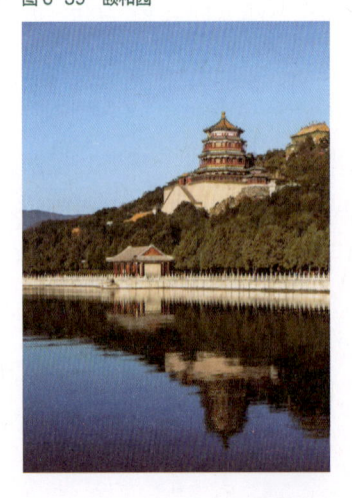

"春湖落日水拖蓝，天影楼台上下涵，十里青山行画里，双飞百鸟似江南。"颐和园，清朝时期皇家园林，坐落在北京西郊，距城区15千米，占地约290公顷，与圆明园毗邻。它是以昆明湖、万寿山为基址，以杭州西湖为蓝本，汲取江南园林的设计手法而建成的一座大型山水园林，也是保存最完整的一座皇家行宫御苑，被誉为"皇家园林博物馆"。

北京西北郊原有瓮山，为燕山余脉，山下有湖，金朝贞元元年，金主完颜亮在此设置金山行宫。元朝定都北京后，水利学家郭守敬开辟上游水源，引昌平白浮村神山泉水及沿途流水注入湖中，使水势增大，成为保障宫廷用水和接济漕运的蓄水库。明朝弘治七年，明孝宗乳母助圣夫人罗氏在瓮山前建圆静寺，此后瓮山周围园林逐渐增多，形成四座大型皇家园林。

　　乾隆十五年，乾隆帝拦截西山、玉泉山、寿安山来水，并在西湖西边开挖高水湖和养水湖，以此三湖作为蓄水库，将西湖更名为昆明湖，将瓮山改名为万寿山，形成了从现清华园到香山长达20千米的皇家园林区。乾隆二十九年，建成清漪园，清漪园内以中国古代神话中"海上三仙山"为蓝本，在昆明湖及西侧的两湖内建造三个小岛：南湖岛、团城岛、藻鉴堂岛，以比喻海上三山：蓬莱、方丈、瀛洲。

　　咸丰十年，清漪园被英法联军焚毁。光绪十四年重建，改称颐和园，作消夏游乐地。光绪二十六年，颐和园又遭"八国联军"的破坏，珍宝被劫掠一空。清朝灭亡后，颐和园在军阀混战和国民党统治时期，又遭破坏。1961年3月4日，颐和园被公布为第一批全国重点文物保护单位，与同时公布的承德避暑山庄、拙政园、留园并称为中国四大名园，1998年11月被列入《世界遗产名录》，2007年5月8日，颐和园经国家旅游局正式批准为国家5A级旅游景区。2009年，颐和园入选中国世界纪录协会中国现存最大的皇家园林。

（二）凡尔赛宫（图6-40）

　　凡尔赛宫位于法国巴黎西南郊外伊夫林省省会凡尔赛镇，是巴黎著名的宫殿之一，是人类艺术宝库中一颗灿烂的明珠，在1979年被列入《世界遗产名录》。凡尔赛宫宫殿为古典主义风格建筑，立面为标准的古典主义三段式，即将立面划分为纵、横三段，建筑左右对称，造型轮廓整齐、庄重雄伟，被称为理性美的代表。其内部装潢则以巴洛克风格为主，少数厅堂为洛可可风格。

　　正宫前面是一座风格独特的法兰西式的大花园，园内树木花草别具匠心，使人看后顿觉美不胜收。而建筑群周边园林亦世界著名。它与中国古典的皇家园林有着截然不同的风格。它完全是人工雕琢的，极其讲究对称和几何图形化。王宫长达580米，王宫整体由法式花园、宏伟的城堡、庄严的镜殿组成，宫殿和城堡的内部巴洛克式陈设和装潢是世界艺术殿堂上的瑰宝。宫殿中的五百多间大小殿厅坐落有致，装修得富丽堂皇；五彩的大理石墙壁光彩夺目；巨型的水晶灯如瀑布般倾泻而下；内壁和宫殿圆顶上布满的西式油画仿佛在诉说着昔日国王的战功赫赫，油画里神话故事被讲述得栩栩如生。宫殿以西是一座修葺整齐的法式公园，公园绵延长达3千米，花园里景色秀美，一花一草、一水一池都让人惊叹，不愧为"跑马者的公园"。

图6-40　法国凡尔赛宫

如果凡尔赛宫的外观给人以宏伟壮观的感觉，那么它的内部陈设及装潢就更富于艺术魅力，室内装饰极其豪华富丽是凡尔赛宫的一大特点。500余间大殿小厅处处金碧辉煌，豪华非凡：内壁装饰以雕刻、巨幅油画及挂毯，配有17、18世纪造型超绝、工艺精湛的家具。大理石院和镜厅是其中最为突出的两处，除了上面讲到的室内装饰外，太阳也是常用的题目，因为太阳是路易十四的象征。有时候还和兵器、盔甲一起出现在墙面上。除了用人像装饰室内外，还用狮子、鹰、麒麟等动物形象来装饰室内。有的还用金属铸造成楼梯栏杆，有些金属配件还镀了金，配上各种色彩的大理石，显得十分灿烂。天花板除了像镜厅那样的半圆拱外，还有平的，也有半球形穹顶，顶上除了绘画也有浮雕。宫内随处陈放着来自世界各地的珍贵艺术品。

从艺术上讲，凡尔赛宫宏伟壮丽的外观和严格规则化的园林设计是法国封建专制统治鼎盛时期文化上的古典主义思想所产生的结果。几百年来欧洲皇家园林几乎都遵循了它的设计思想。

三、工艺美术赏析

（一）马踏飞燕（图6-41）

马踏飞燕1969年在甘肃武威雷台东汉墓中出土。这件古代青铜作品，作于公元220年前后，高34.5厘米，长45厘米。这件两千年前制作的铜奔马造型生动，铸造精美，比例准确，四肢动势符合马的动作习性，令中外的许多考古学家和艺术家叹为观止。奔马正昂首嘶鸣，举足腾跃，一只蹄踏在一只飞翔的燕子身上。从力学上分析，《马踏飞燕》以飞燕为重心落点，构成稳定性。这种浪漫主义手法烘托了骏马矫健的英姿和风驰电掣的神情，给人们丰富的想象力和感染力。既有力的感觉，又有动的节奏。《马踏飞燕》是中国青铜艺术的奇葩。

骏马粗壮圆浑的身躯显示了它强大的力量，但其动作又是如此轻盈，以至于人们似乎忘记了它只是通过一足就将全身重量都放在了一只小小的龙雀身上。它嘶鸣着，额鬃、尾巴都迎风飘扬，充满了天马行空的骄傲；龙雀似乎正回首而望，惊愕于同奔马的不期而遇。

图6-41 马踏飞燕

这简直就是古人"扬鞭只共鸟争飞"诗句的真实再现！马踏飞燕，不论其神采的表现，抑或是铸造工艺之高明均不必说了，更令人折服的还有其创作构思的绝妙。众所周知，塑造一匹健美的好马形象这并不太难，然而要将一件静物表现出它的动感，特别是要表现一匹日行千里的良马神速，这就不那么容易了。然而我们的无名艺术家们却能独运匠心，大胆夸张地进行巧妙构思，让马的右后蹄踏上一只凌空飞翔的燕子。

骏马体型的每一部分都异常完美而匀称，姿

态动感强烈，同时也保持着精确的平衡。雕塑的重心显然经过了极其周密的计算，稳稳地落在踏鸟的一只足上。作为具有三维空间的圆雕作品能取得如此非凡的艺术效果，作者想象力之卓越、构思之新颖以及铜铸工艺运用之巧妙，都令人惊叹不已。《马踏飞燕》是汉代艺术家高度智慧、丰富想象、浪漫主义精神和高超艺术技巧的结晶，是我国古代雕塑艺术的稀世之宝。

中国古代匠师运用现实主义与浪漫主义相结合的艺术手法，以丰富的想象力，精巧的构思，娴熟的匠艺，把奔马和飞鸟绝妙地结合在一起，以飞鸟的迅疾衬托奔马的神速，造型生动，构思巧妙，将奔马的奔腾不羁之势与平实稳定的力学结构凝为一体，它所具有的蓬勃的生命力和一往无前的气势，更是中华民族的象征。

（二）红陶兽形壶（图6-42）

工艺巧妙的陶器一直是不可忽视的早期文明瑰宝，是大汶口文化时期先民们注重实用性和审美的产物，先民们把对生活的向往与工艺美相结合，造就了陶器中的国宝——红陶兽形壶。

红陶兽形壶出土于1959年山东泰安大汶口遗址，是来自遥远的新石器时代大汶口文化的"代言人"。在新石器时代发现的陶器中较为罕见，造型生动，属于实用型器皿。红陶兽型壶是鼎、豆、尊、单耳杯、觚形杯等器型中的一种，是以泰山地区为中心，东起黄海之滨，西到鲁西平原东部，北至渤海南岸，南至安徽淮北一带的大汶口文化代表性手工制陶作品。这件作品高21.6厘米、长22厘米、宽14厘米，它通体遍施红色陶衣，陶衣色彩鲜亮油润，夹砂红陶质，为避免沙粒和蚌末引起的粗糙，通体磨光对外表进行加工，使整个器身光润亮泽。造型憨态可掬、生动传神，近似猪形，圆面耸耳，张口拱鼻，耳穿小孔，身体肥壮，短尾上翘，背装弧形提手，尾根筒形注水口，嘴可出水，可受水，全器构思巧妙，不失艺术情趣。

红陶兽形壶历经6 000年而完好无损，是难得的艺术珍品。兽形壶自然生动，惟妙惟肖，无一牵强做作之处，是我国新石器时代兽形器的佳作。从兽形器的外观造型上可体现出，大汶口先民们高超的制陶水平，准确地突显动物各部位的比例结构和体形特征。"红陶兽形壶"背部抓手便于提放，腹部鼓起、腿部粗壮加大容积，四足鼎力便于加热，嘴部的张开角度等都已经超过对动物形象的模仿，是一种实用性的创作，也是一种艺术之美。作品结构匀称、凹凸有致、线条流畅，构成了形、质、色、韵的调和之美。兽形壶采用单一色彩，突显一种简约美的效果。兽形壶实用而不简单，把美发挥得淋漓尽致，匠心独具的艺术构思，不知不觉地寓于其中。无论从何种角度观赏兽形壶，都会感受到朴拙简约的艺术之美。

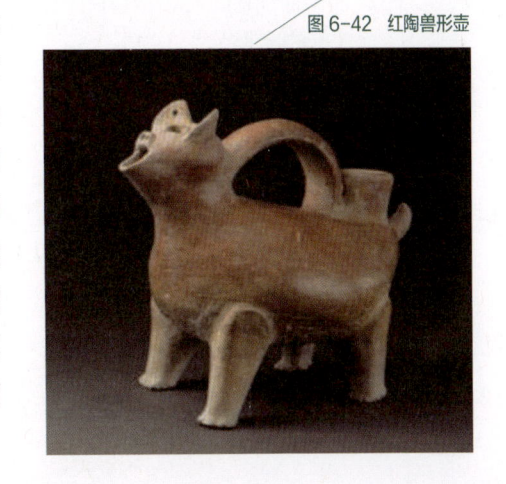

图6-42 红陶兽形壶

审美活动

本章提供了四个实用艺术教学活动,分为课堂教学活动和课外教学活动两大类。教师需至少组织学生完成其中一项活动。教师选定教学活动后,需提前制订具体的教学活动方案。在活动开始前,教师要对学生说明活动的目标、要求和具体活动过程安排,学生要根据教师的要求完成教学活动,提交相关材料。在完成教师统一组织的教学活动之后,学生也可以根据自己的兴趣爱好,选择体验其他教学活动,和教师、同学、家长、好友等进行交流。

(一)课堂教学活动

活动一:实用艺术作品图片欣赏

活动目标:

学生了解什么是实用艺术,体会实用艺术的主要特征,感受实用艺术的审美意义。

活动准备:

教师需提前准备一系列实用艺术作品的电子照片,也可以由学生根据自己的审美兴趣自行准备,提供给教师。

活动过程与要求:

教师向学生展示一系列实用艺术作品的电子照片,学生欣赏实用艺术作品照片。教师可以根据学生人数将学生分组,每组学生需至少对一张照片进行审美和分析,说明这一实用艺术作品体现了实用艺术的哪些特征,通过欣赏照片,感受到怎样的审美意义。小组交流之后,每组选择一名代表进行发言。

选择建议:

本教学活动引导学生感受实用艺术的美,欣赏实用艺术在生活中的普遍性,适合各专业学生选择。教学活动的准备与实施比较简单、方便,适合不方便外出的学生。

活动二:对园林进行分类

活动目标:

学生掌握实用艺术法则,可以区分园林包含哪些实用艺术法则,能够结合实例说明园林的体系。

活动准备:

教师需提前准备一系列园林的电子照片,注意其中应包含欧洲园林体系、阿拉伯园林体系和中国园林体系的作品。

活动过程与要求:

教师展示三大体系的园林电子照片,学生分辨教师展示的园林作品属于欧洲园林体系、阿拉伯园林体系和中国园林体系的哪个体系,同时说出该园林体系的特征。

选择建议:

本教学活动帮助学生进一步理解和掌握实用艺术法则在园林艺术中的运用,适合各专业学生选择。教学活动的准备与实施比较简单、方便,适合不方便外出的学生。

活动三:工艺美术设计

活动目标:

学生了解什么是实用艺术,体会实用艺术的主要特征,充分利用实用艺术法则。

活动准备:

教师需提前准备由实用艺术法则创造的工艺美术作品,为学生提供指导建议。

活动过程与要求:

教师向学生展示由实用艺术法则创造的工艺美术作品后,根据学生人数将学生分组,每组学生对作品进行审美和分析,说明这些作品体现了实用艺术的哪些特征,含有什么实用艺术法则。小组交流之后,围绕实用艺术的特征、实用艺术法则的规律,共同策划、设计出一个或多个工艺美术作品,并且将该作品使用了哪些实用艺术的特征、法则、感受写成一篇文章交给教师。

选择建议:

本教学活动引导学生感受实用艺术、欣赏实用艺术,适合各专业学生选择。本教学活动的准备与实施比较简单、方便,适合不方便外出的学生。

（二）课外教学活动

活动四：实地参观建筑艺术或园林艺术

活动目标：

学生欣赏实用艺术的美，体会实用艺术的主要特征，感受实用艺术法则的运用，能够综合所学知识，用自己的语言流畅地表达自己的审美感受。

活动准备：

教师需提前了解本地的著名建筑艺术或园林艺术，为学生提供文献、参考书目和指导建议。

活动过程与要求：

教师需对学生进行分组，每组学生实地参观建筑艺术或园林艺术，用电子设备拍摄照片或录像，学生结束实地参观后，组内先进行交流，选择一名代表分享本组拍摄的照片、视频，交流审美体会。学生将审美感受写成一篇文章交给教师。学生重点围绕实用艺术的特征、实用艺术在该风景名胜中运用哪些法则、如何欣赏实用艺术、如何向他人介绍实用艺术等撰写体会。

选择建议：

本教学活动是综合性教学活动，建议旅游类专业（包括旅游管理、导游、旅行社经营管理、景区开发与管理等）学生选择。本教学活动适合方便外出的学生，外出游览需注意安全，遵守相关规定。

学习内容回顾

实用艺术是指实用性与审美性紧密结合在一起的艺术。

实用艺术的主要种类包括：建筑艺术、园林艺术、工艺美术（工艺）等。

建筑艺术审美特征是：环境特定性和空间延续性相结合；实用功能与审美功能相结合；象征性与历史性相结合。

园林艺术的审美特征是：人化的自然美；综合的文化美；景观的意境美。

中国园林的独特审美特征是：本于自然，高于自然；建筑美与自然美相融合；充溢着诗情画意；独具魅力的意境涵蕴。

工艺美术的审美特征是：实用性与审美性的结合、统一；技艺性与创造性的结合、统一。

中国工艺美术独特审美特征是：和谐性、象征性、灵动性、天趣性、工巧性。

实用艺术的主要法则包括单纯、齐一、对称、均衡、调和、对比、比例、节奏、韵律、和谐。

主要参考书目

[1] 聂洪达，方绪明. 建筑艺术赏析 [M]. 武汉：华中科技大学出版社，2014.

[2] 夏惠. 园林艺术 [M]. 北京：中国建材工业出版社，2007.

[3] 彭明福. 实用美学与审美鉴赏 [M]. 2版. 重庆：重庆大学出版社，2015.

[4] 李艳，张蓓蓓. 工业设计概论 [M]. 北京：化工工业出版社，2017.

[5] 彭吉象，郭青春. 美学教程 [M]. 2版. 北京：国家开放大学出版社，2008.

[6] 郭青春. 艺术概论 [M]. 北京：高等教育出版社，2018.

自 测 题

一、填空题（共28分，每空2分）

1. 实用艺术的主要种类包括：_____、_____、_____。
2. 实用艺术的基本特征是：_____、_____、_____。
3.《马踏飞燕》是汉代艺术家_____、_____、_____和_____的结晶，是我国古代雕塑艺术的稀世之宝。
4. 凡尔赛宫宏伟壮丽的_____和_____的园林设计是法国封建专制统治鼎盛时期文化上的古典主义思想所产生的结果。
5. 本书中建筑艺术赏析的代表建筑是_____和_____。

二、选择题（共20分，每题4分）

1. 以下不属于实用艺术的是（　　）。
   A. 建筑艺术　　　　B. 工艺美术　　　　C. 造型艺术　　　　D. 园林艺术
2. 目前世界园林体系划分为三大体系：欧洲园林体系、（　　）和中国园林体系。
   A. 西方园林体系　　B. 阿拉伯园林体系　　C. 法式园林体系
3. 著名的印度泰姬陵，全称为泰姬·玛哈尔陵在建筑艺术领域中运用实用艺术法则是（　　）。
   A. 对称法则　　　　B. 对比法则　　　　C. 调和法则　　　　D. 比例法则
4. 红陶兽形壶属于（　　）。
   A. 建筑艺术　　　　B. 工艺美术　　　　C. 造型艺术　　　　D. 工业艺术
5. 园林艺术赏析中颐和园属于（　　）体系。
   A. 古典园林　　　　B. 中国南方园林　　C. 中国北方园林　　D. 苏州园林

三、名词解释（共12分，每题6分）

1. 实用艺术
2. 实用艺术法则

四、问答题（共40分，每题10分）

1. 实用艺术分为哪几类？北京水立方属于哪一类，运用了什么实用艺术法则？
2. 中国工艺美术体现了中华民族文化精神和审美意识，同时富有实用性，审美特征主要体现在哪几个方面？
3. 园林艺术与其他艺术种类相比，具有哪些审美特征？主要表现在哪些方面？
4. 实用艺术法则主要包括什么？概括"对比"与"调和"的区别与联系。

第七章 文学艺术之美

导 入

　　本章的主要内容是文学艺术之美赏析，在这一章的学习中，我们要了解和掌握关于文学艺术的基本知识，包括文学艺术是什么、文学艺术的审美特征、文学艺术的分类和文学艺术的审美意义等。我们还要学习如何欣赏文学艺术，提高语言理解和表达能力，徜徉在文学艺术的世界，从文学之美中汲取精神食粮。

学习目标

1. 能够用自己的语言说明什么是文学艺术；
2. 能够用自己的语言阐释文学艺术的审美特征；
3. 能够结合实例说明文学艺术主要包括哪些类型；
4. 能够用自己的语言说明文学艺术的审美意义；
5. 能够理解诗歌、散文、小说、戏剧等文学体裁的审美特征，了解部分经典作品的基本内容和审美意义。

第一节 文学艺术基础知识

一、文学艺术的概念与分类

（一）文学艺术的概念

文学是语言的艺术，文学以语言为材料表达思想感情，构筑艺术形象，并以渗透着情感的形象来反映社会生活。在当今社会，文学依然有着非常广泛的影响，许多优秀文学作品塑造的形形色色的典型形象世代相传，家喻户晓，对于提高人的文化艺术修养和思想道德水平具有重要的、不可替代的作用。文学具有审美作用，人们在欣赏文学作品时得到情绪上、感觉上和精神上的满足。文学具有认识作用，人们可以从文学中认识社会、认识人生，提高观察和理解生活的能力。文学具有教育作用，文学作品可以帮助人提高思想境界，净化灵魂，增强生活的信心和力量。曹丕在《典论·论文》中说："盖文章，经国之大业，不朽之盛事。"将文学作品的作用提升到极高的程度，说文章是治理国家的重大事业，是流传万代的不朽之事。

欣赏文学艺术，首要问题是探讨文学是什么？然而，关于这个问题却很难有一个公认的结论。不同的历史阶段，人们对文学有不同的定义；不同的理论学派，对文学内涵的阐述也有差异。

有的学者强调文学是对外部世界的再现。古希腊哲学家亚里士多德认为，文学艺术是对现实世界的反映，文学艺术的目的是揭示事物的普遍性和必然性，揭示事物内在的美。强调文学对现实能动的反映和再现，揭示社会生活的本质规律，形成了现实主义文学。

除了再现客观世界，文学显然也有表现主观情感的作用。作家在创作过程中总是在字里行间传达出个人主观的情感、好恶，将自己的人生观、价值观等表达于文学作品。强调主观情感的呈现、内心体验的表达，突出作者的个性和想象，形成了浪漫主义文学。

然而，所有对文学的定义都面临一个困境，就是无法用一个清晰的标准，来判断一个作品是否为文学。比如春秋战国时期百家争鸣，散文是各学派表达自己主张的重要方式，许多精彩的作品对后世有深远影响，流传至今。《论语》中的"己所不欲，勿施于人"，《孟子》中的"得道者多助，失道者寡助"，《荀子》中的"青，取之于蓝，而青于蓝"，至今仍是指导人们生活的深刻人生哲理。《史记》被称为"史家之绝唱，无韵之离骚"，其文学性毋庸置疑，但是如果将《史记》归为文学，那么《史记》作为二十四史之首，其后的系列史书是否都应当被认定为文学？可能会比较牵强。1953年，丘吉尔凭借《第二次世界大战回忆录》获得了诺贝尔文学奖，该书虽然以记录第二次世界大战期间的重大国际事件为内容，但语言细腻，生动再现了战争起始、演变、结束的全过程，文学成就得到了评审委员会的认可。再比如新闻报道由于强调真实性，通常不被认为是文学，但是一些深度报道如《谁是最可爱的人》，作者以饱含深情和诗意的笔触，真诚地赞美、歌颂朝鲜前线的中国人民志愿军，体现了精湛的文学技巧。如果说这样的作品不属于文学，显然并不妥当。文学、历史、哲学的区分经常是不容易的。在我国，自古就有"文史哲不分家"的传统，至今还有一个叫《文史哲》的杂志深受读者的喜爱。但这种局面，使人们对文学作品做出判断的时候面临困境。

由于文学的创新性，每个文学作品的创作都具有独特性。这种独特性决定了文学作品的个性和差异性。要从无数的独特性中抽象出共同的属性，从而直接给出一个唯一的、终极的定义，适用于一切文学现象，是一个难以完成的任务。同时，文学与非文学之间的区分并不清晰，一些非文学的作品也具有文学性。因此，要加深对文学的了解，更加可行的做法是转换一个角度，对文学的特征进行总结，当某种文本具备了这些特征时，倾向于将其视为文学。

(二) 文学艺术的分类

现代以来常用的文学分类方法是"四分法"，即把文学艺术分为诗歌、散文、小说、戏剧文学和影视文学四种。

1. 诗歌

诗歌是世界上最古老、最基本的文学形式。在艺术起源时期，诗歌与音乐、舞蹈三者是融为一体的，后来才逐渐发展成不同的独立艺术形式。中国古代曾把不合乐者称为诗，合乐者称为歌，现在一般统称为诗歌。我国流传下来的最早的一部诗歌总集是《诗经》，它记录了自西周初期至春秋末期的诗歌，是我国现实主义诗歌的源头。战国时期屈原的《离骚》开创了我国浪漫主义诗歌的先河。西方流传至今最早的文学作品是诞生于公元前8世纪左右的古希腊荷马史诗，即《伊利亚特》和《奥德赛》，这两大著名史诗对后来诗歌的发展产生了很大影响。

诗歌以抒情的方式，高度凝练、集中地反映社会生活，用丰富的想象，富有节奏感、韵律美的语言和分行排列的形式来抒发思想情感。按照作品的性质和塑造形象的方式不同，诗歌可分为抒情诗和叙事诗。抒情诗是通过直接抒发作者的思想情感、袒露诗人的内心世界来间接地反映社会生活。抒情诗注重个人情感的抒发，不注重艺术形象的塑造，即使诗中有关于生活形象和自然景物的描写，也主要是为了托物言志或借景抒情，来表达自己的感受与情绪。例如我国汉乐府诗《上邪》："上邪！我欲与君相知，长命无绝衰。山无陵，江水为竭，冬雷震震，夏雨雪，天地合，乃敢与君绝。"叙事诗是通过描述故事或塑造人物来间接反映诗人对生活的认识、评价、愿望和理想。叙事诗不直接抒发诗人自己的情感，而是将诗人的感情融入叙事之中。例如我国文学史上著名汉乐府长篇叙事诗《孔雀东南飞》，叙述了焦仲卿、刘兰芝夫妇情深意笃、誓死相随的故事，千百年来深受广大读者喜爱。

诗歌用有节奏、韵律的语言反映社会生活，表达思想感情。按照语言有无格律规范，诗歌又可分为格律诗和自由诗。格律诗是指按照一定的字句格式和音韵规律写出的诗歌作品。无论中国还是外国，格律诗都是古代形成的诗体。如中国古典诗歌中的五绝、七绝、五律、七律等，都是格律诗，每首诗的对仗、平仄、押韵等都有严格的规定，每句诗的字

数也有严格的限制。自由诗又称新诗，是与格律诗相对而言的，指那些只求节奏韵律和谐、但在句式、行数、字数、音韵上没有严格固定限制的诗歌。一般认为，19世纪美国诗人惠特曼是西方自由诗的创始者，他的代表作是诗集《草叶集》。五四运动前后，自由诗开始在我国流行，郭沫若、胡适、刘半农、徐志摩等在此期间创作了大量自由诗，在我国文学史上，这时期的自由诗也被称作"新诗"。

2. 散文

散文是诗歌之后又一种重要的文学体裁。我国的散文创作源远流长。春秋战国时期，散文蓬勃发展。先秦历史散文叙事写人生动形象，语言也富于文采，有较强的文学性。诸子百家争鸣，各流派通过散文表达自己的观点和主张（孔子提倡仁、义、礼、乐，风格平易含蓄；墨子主张兼爱、非攻，风格质朴明快；庄子主张自然无为，文思奇幻；韩非子倡导法、术、势，论辩透彻精辟）。先秦散文在思想和创作上，对后世的政治制度、文化艺术等都产生了极为深远的影响。唐宋时期的古文运动是我国散文创作的又一高峰。针对当时文坛骈文盛行、形式僵化、内容空洞的弊端，以韩愈、柳宗元、欧阳修为代表的文人提倡学习秦汉古文的文体改革运动，主张文章关注现实，文以载道，用质朴自由的语言反映现实生活，表达真情实感。古文运动中成就最高的散文作家分别是唐代的韩愈、柳宗元和宋代的苏轼、苏洵、苏辙、欧阳修、王安石、曾巩，被称为"唐宋八大家"，他们在散文创作中取得了辉煌的成就，开创了散文写作的新局面，成为后世文人写作散文的楷模。到现代，散文更是成为作家描述现实生活、记录观点感情、表达社会主张的重要文学体裁。

与诗歌、小说、剧本相比，散文是一种自由灵活、不受拘束的文学样式。散文以"形散而神不散"为突出的艺术特色，表面形态的"散"与内在精神的"不散"，形成辩证的统一。优秀的散文，可能看起来是不拘一格的，旁征博引或随意点染，然而作者的意图总是明确而突出的。

散文的题材也几乎不受限制，从重大社会历史事件到日常生活中的小感触，以至一花一草，都可以成为散文表现的对象。散文在表达方式上也毫无局限，叙述、描写、议论和抒情，都可以任意利用；一篇作品可以侧重使用其中一种，也可以同时交替使用。散文能够迅速地表现作者的生活感受，真实地反映社会生活。鲁迅的《记念刘和珍君》一文，既有对青年烈士的生平和壮烈行为的叙述和描写，也有作者本人内心感情的抒发，更有揭露和抨击反动当局的强有力的议论。

根据主要的表达方式，散文又可以分为叙事散文、抒情散文和议论散文三种类型。

叙事散文侧重叙述人物、景物或事件，尤其是现实生活中的真人真事，并且将作者的情感蕴藏在对于人物景物或事件的叙述之中。如唐代柳宗元的山水游记《小石潭记》、东晋陶渊明的《桃花源记》、现代朱自清的《背影》。

抒情散文注重表现作者主观的感受与情绪，抒发作者的情感，将浓郁的思想感情融汇在动人的生活画面之中。如革命烈士方志敏1935年5月2日写于狱中的《可爱的中国》、茅盾的《白杨礼赞》、朱自清的《荷塘月色》、冰心的《往事》等。

议论散文将论说性和文学性结合在一起，特点是运用形象生动的比喻和幽默、讽刺等手法，通过精辟深刻的说理和妙趣横生的议论，使散文既具有以理服人的理论说服力，又具有以情感人的艺术感染力。议论性散文在我国有着悠久的历史，战国时代诸子百家的著作就具备了杂文的特征。在现代文学中，鲁迅的杂文更具有鲜明的政论性和强烈的战斗性，以思想性和艺术性的高度统一成为现代杂文的典范。

3. 小说

小说是一种以叙述故事、塑造人物形象为主的文学体裁，是艺术家在生活素材的基础上用虚构的方式来再现生活的文学作品。小说作品的三要素是人物、情节和环境。小说中的人物、情节、环境都是艺术家虚构的，它们源于生活，有的有生活原型，但都不是完全写真，而是经过艺术家主观认识、想象、再创造之后形成的艺术形象。

具有鲜明个性特征的典型人物形象，是小说的核心构成要素，也是小说最重要的特征。创造鲜明生动的人物形象，历来是小说的首要任务。小说通过语言描写，运用各种艺术表现手法，刻画人物形象：或描绘人物的外貌、举止；或叙述人物的对话、描摹人物的行为；或深入人物的内心世界，通过深层心理描写来塑造有血有肉的人物形象。小说优于散文、诗歌等文学体裁的特点在于，它可以把人物放在错综复杂的社会生活中来描写，从而再现纷繁复杂的社会生活以及生活于其中的鲜活人物形象，塑造出具有丰富审美内涵的典型人物。比如鲁迅的小说《祝福》塑造的祥林嫂，《阿Q正传》塑造的阿Q，都是具有鲜明个性特征和有丰富审美内涵的典型人物。

情节是小说另一个基本的构成要素。个性鲜明的人物形象和生动的故事情节密不可分，二者作为小说创作的基本要素和基本手段，构成小说的最明显的、最基本的特点。古今中外优秀的小说塑造的形形色色的人物深入人心，各种各样动人的故事脍炙人口。这也是小说能赢得众多读者的原因。比如我们在读小说《红楼梦》时，一方面会被小说塑造的贾宝玉、林黛玉等众多鲜活的人物形象吸引，另一方面也沉浸在小说描写的贾家由盛转衰的一系列生动故事情节之中。波澜起伏的情节不仅可以引人入胜，对读者产生强烈的感染力，还是展现人物性格、表达作品主题的重要手段。

环境也是小说一个基本的构成要素。人物的生活环境和故事情节发生的周围环境，是塑造人物和展现情节所必需的。比起其他的文艺作品，小说的环境描写要更加细致、详尽、广阔、复杂。环境是形成人物性格并开展其活动的特定场所。具体生动的环境描写给人身临其境之感。小说中的环境描写，可以交代社会背景，为情节发展奠定基础；可以烘托角色心情，揭示人物性格。作者对环境的描写，自觉或不自觉地把主观感情融入其中，寄情于景，常常能够起到表达中心思想的作用。

小说中的人物、情节和环境，虽然源于社会生活，从生活中提取素材和原型，但是又不是写真人、真事、真地点、真环境，而是要进行虚构和典型化的创造，这是小说的另一特点。《三国演义》虽然有历史上的人物和事件作为依据，但是有相当比例的虚构和创造。作品中的人物和故事，比实际生活要典型得多，集中得多。鲁迅说他的小说中的人物，是从生活中"杂取种种人"或者"专用一个人做骨干"，经过艺术加工创造而成的。

小说有多种分类方法，最常用的分类方法是根据篇幅大小、简单复杂程度、人物多寡

等把小说分为短篇小说、中篇小说和长篇小说。短篇小说容量小、人物少，情节和环境相对集中，往往通过人物的一段经历或生活的一个片段，从某个特定的角度或侧面来再现生活的局部。长篇小说容量大、篇幅长，包含着复杂曲折的情节和数量众多的人物形象，可以反映广阔复杂的社会生活。中篇小说的状况基本是介于长篇小说与短篇小说之间。它可以展示一个较完整的生活面貌；对于人物的刻画、情节的开展，有较多的回旋余地；除了主要人物之外，有可能塑造较多的人物。

4. 戏剧文学和影视文学

戏剧文学和影视文学主要指戏剧和影视剧的剧本。电影、电视剧本与戏剧剧本一样，也属于语言艺术，是一种文学体裁，可供读者阅读。

戏剧是一种综合的舞台艺术，借助文学、音乐、舞蹈、美术等艺术手段塑造舞台形象，揭示社会矛盾，反映现实生活。因此作为戏剧艺术基础的戏剧文学，必须充分考虑戏剧表演的需要，必须适合舞台演出，要考虑时空限制，把发生在不同地点和较长时间的事情在有限的舞台和两三个小时的时间里集中表现出来；要通过集中尖锐的矛盾冲突，合乎人物身份特征的语言和动作，推进剧情，表达思想。

戏剧文学历史悠久。两千多年前的古希腊悲剧是西方最早的戏剧，源于古希腊城邦的崇拜仪式。古希腊悲剧都是诗剧，题材严肃，庄重大气。亚里士多德在《诗学》中指出，悲剧的目的是要引起观众对剧中人物的怜悯和对变幻无常之命运的恐惧，由此使感情得到净化。索福克勒斯的《俄狄浦斯王》被认为是古希腊悲剧的典范。生活于16世纪末到17世纪初的戏剧文学家莎士比亚将戏剧创作带到了空前绝后的高峰，他的戏剧被认为是代表英语世界最高的文学成就，他创作的《哈姆雷特》《奥赛罗》《李尔王》《麦克白》被公认为四大悲剧，至今常演不衰。中国戏曲的根源也可以追溯到先秦时期，元代是戏剧文学大放异彩的阶段。戏剧作家关汉卿创作了大量戏剧作品，其中《窦娥冤》《单刀会》《西蜀梦》等至今还是脍炙人口的剧本。在当代，戏剧依然受到文学爱好者的欢迎。我国现代剧作家曹禺创作的《雷雨》，老舍创作的《骆驼祥子》《四世同堂》《龙须沟》等剧本，都是优秀、经典的戏剧文学作品。

影视剧本主要是为拍摄电影和电视剧提供的脚本，因为引入了声、光、电等现代科技表现手段，与戏剧文学有明显的区别。主要区别有：第一，影视剧本突出视觉的效果，直接描写和塑造视觉画面形象，以便于拍摄和银幕展现；第二，影视剧本内容结构要适应影视作品蒙太奇的表达方式，按蒙太奇的组接方式进行架构；第三，人物对话应少而精，戏剧剧本主要由人物台词构成，而影视剧本则注重画面刻画，人物对话应少而精，且高度性格化。

进入网络社会，由于沟通互动的机会大大增加，影视剧的制作与欣赏都出现前所未有的局面。在影视剧的欣赏过程中，受众不再像之前那样被动接受，而是通过弹幕等方式发表意见。受众通过弹幕表达的看法甚至成为影视作品的重要内容。更新奇的是，由于受众的意见能够比较快捷地收集、反馈，一些电视剧的制作甚至以观众的意见为基础，在播放的过程中收集意见，并根据观众的意见进行后续的创作，从而更加精准地、有的放矢地满足观众的需求,电视剧的创作与欣赏形成了良性的互动局面。美国政治悬疑剧《纸牌屋》对用户行为进行大数据分析,用户每一次登录、点击、播放、暂停、回放、关闭视频等行为,都会作为数据进入后台分析,然后根据用户的观影习惯、偏好,制作符合观众期待的电视剧。也可以说,是观众真正导演了电视作品。这样制作出来的作品,能够完美地匹配观众的期待,因此收获了超高的收视率。

二、文学艺术的审美特征

(一)文学是语言的艺术

文学之所以成为文学,首先是因为语言运用的精妙。胡适说:"语言文字都是人类达意表情的工具;达意达得好,表情表得妙,便是文学。"文学作品灵活运用各种修辞手法,如鱼得水、如虎添翼、冷若冰霜等成语运用比喻,使事物形象生动,特点突出,说理浅显易懂,使人容易接受。夸张的修辞手法对事物的形象、特征、作用等刻意进行扩大或缩小,突出事物的特征,烘托气氛,增强感染力,增强语言生动性,如李白用"蜀道之难,难于上青天"形容四川的道路崎岖难行。再如福斯塔夫是莎士比亚作品《亨利四世》中的一个人物,作品中对人物进行了这样的描写:"身体肥胖,自己看不见自己的膝盖,他走过的地方,贫瘠的土地上就像涂了一层牛油。"这段话不仅夸张地表现了福斯塔夫的肥胖,而且传神地表达了作者对这个人物的复杂情感:赞赏其乐天直率,谴责其粗俗丑恶,嘲讽其滑稽可笑。排比把结构相同、意思相关、语气一致的词语或句子成串地排列,形成加强语势的效果,如:幸福是"临行密密缝,意恐迟迟归"的牵挂;幸福是"春种一粒粟,秋收万颗子"的收获;幸福是"采菊东篱下,悠然见南山"的闲适……白描不求细致,只求传神,常常只是几句话、几个动作,就能画龙点睛地揭示人物的性格。《史记》中的项羽和刘邦,他们二人在观看秦始皇出巡时发出不同的感叹,项羽说:"彼可取而代也。"刘邦说:"嗟乎!大丈夫当如此也!"短短两句话,生动地表现出二人志向远大的人物个性,为呈现他们后来的英雄壮举埋下了伏笔。《世说新语》中记载了七步诗的故事。三国时,曹丕担心弟弟曹植威胁自己的地位,就故意刁难,要求他在七步之内做出一首诗,做不出来就要除掉他。结果,曹植七步之内应声成诗:煮豆燃豆萁,豆在釜中泣。本是同根生,相煎何太急?这首诗巧妙地运用了比喻、拟人和反问等修辞手法,表达了诗人对手足相残的悲愤。谢灵运对曹植深为佩服,说:"天下才有一石,曹子建独占八斗,我得一斗,天下共分一斗。"据不完全统计,文学中的修辞手法超过六十种,这些手法的运用使得文学描写事物恰如其分,表达思想感情细致入微,刻画人物栩栩如生。

文学语言表达的精准,除了源于作者的语言天赋,更离不开作者对文字运用的用心、讲究,精益求精。文学史上流传着很多文学创作中在遣词造句方面字斟句酌的佳话。陶渊明《饮酒》中的"采菊东篱下,悠然见南山",之前的版本是"悠然望南山",但苏轼认为"望"字不如"见"字更能表达作者闲适的心境,因此修改为"悠然见南山"。传说唐代诗人贾岛作诗,得到"鸟宿池边树,僧敲月下门"两句。第二句的"敲"字又想改用"推"

字，犹豫不决，就用手做推、敲的样子，碰上了韩愈，韩愈认为用"敲"字更好。后人就用"推敲"来比喻斟酌字句，反复琢磨。贾岛在另一首诗里写下"两句三年得，一吟双泪流"的诗句，说明好诗佳句得来不易，也表达了诗人艺术创作的艰辛。

(二) 文学是表达思想感情的艺术

与其他艺术相比，诗歌、散文、小说、戏剧文学和影视文学等文学艺术最能够细腻、充分、生动地传达作者的思想感情，揭示作品中人物形象的内心世界，读者在阅读文学作品时，常常因为相同的经历、遭遇、心理反应等与艺术作品传达的情感产生共鸣，从而被感动，沉浸在感人的审美体验之中。文学作品的情感性越浓烈，越能感染读者，就越富有艺术魅力。《毛诗序》中讲："诗者，志之所之也，在心为志，发言为诗。情动于中而形于言。"[①] 狄德罗强调："没有感情这个品质，任何笔调都不可能打动人的心。"[②]

诗词作品往往以蕴含浓郁的感情色彩、以情动人见长。如北宋词人柳永的代表作《雨霖铃·寒蝉凄切》，以日暮雨歇的冷落秋景，抒发了恋人依依惜别的真挚而痛苦的感情，将凄凉惆怅之情融于景色之中，使天光水色仿佛也染上了一层离愁别绪，浓郁深沉的情感使这首词成为千古传诵的抒情名篇。

叙事类文学如小说和报告文学等，同样蕴藏着作家炽热的感情，只不过在这类作品中一般不常由作者出面来直接抒情，而是作者将情感蕴藏在文学形象之中，通过作品中的人物和事件描绘来传达情感。如《红楼梦》第二十七回中"黛玉葬花"的情景，描写林黛玉这位多愁善感、天资聪慧的弱女子，在父母双亡后寄人篱下，看到落红飘满地，不禁感伤花容月貌的自己，若他日香消玉殒，会落到何种境地。她一边葬花一边沉吟："侬今葬花人笑痴，他年葬侬知是谁？"作者以细腻的笔触描写了黛玉悲悼自怜的复杂内心情感。读者通过作者细腻的描写，能够产生与林黛玉的情感共鸣，感觉心有戚戚焉。

(三) 文学是形象的艺术

文学用语言作为表达工具。而语言是人们为了便于交流而产生的约定俗成的符号，文学呈现在读者眼前时，只是一连串抽象字符，不像其他艺术那样通过色彩、线条、声音等表达意思，可以让人容易、直接地接受。文学需要读者调动自己的生活积累，通过联想和想象，最终在头脑中形成生动、具体的形象。这就是文学形象塑造的间接性。文学形象不是直接诉诸感官，而是诉诸想象，只能存在于想象之中，因而也被称为"想象艺术"。

由于文学艺术的形象具有间接性的特点，文学艺术家在创作文学作品时，必须善于通过逼真、生动、细腻、传神的语言描绘，将人物和事件具体地呈现在读者的面前，使读者读后能够借助想象产生如见其人或如历其事的审美感受。同时文学审美也成为有较高门槛的活动。欣赏文学作品，必须有一定的语言文字功底和文化水平，还要有一定的生活阅历及丰富的想象能力。在文学艺术审美过程中，由于每个人的生活阅历、知识积累不同，同

---

① 北京大学哲学系美学教研室. 中国美学史资料选编：上册 [M]. 北京：中华书局，1980：130.
② 文艺理论译丛编辑委员会. 文艺理论译丛：第1期 [M]. 北京：人民文学出版社，1958：149.

一部文学作品的文学形象,会在不同读者头脑中产生不同的具体形象。这也就是人们常说的"一千个读者有一千个哈姆雷特"。

(四)文学是源于生活又高于生活的艺术

文学表现社会生活。文学的题材与内容广阔,用语言来表现现实生活,能够突破客观时空,实现时间和空间的自由延伸,全方位、多角度地展示广阔而复杂的社会生活,有着最大的自由,具有极大的容量,真可以说是"观古今于须臾,抚四海于一瞬"。无论是浩瀚的大海还是茫茫的太空,无论是悠久的过去还是遥远的未来,凡是人类思维能够到达的时间或空间,都是作家描绘的广阔天地。

文学的广阔性更表现在它不仅能够描绘外部世界,而且能够深入人的内心世界,直接揭示各种人物复杂、丰富的精神世界。例如,屈原的《离骚》,李白的《蜀道难》《梦游天姥吟留别》等浪漫主义诗作,能够带我们自由驰骋在作品的想象空间和时间里,体味各种不同的景象和情感。哥伦比亚作家马尔克斯的长篇小说《百年孤独》采用魔幻现实主义的手法,带我们领略了加勒比海沿岸小镇马孔多100多年的兴衰历史。由于语言表现的广泛性和自由性,我们可以在阅读文学作品时,跟随作者的笔触,遨游于天地之间,驰骋于世界之巅,窥探人物内心深处,体味情感细微之末。

文学源于生活,依赖于生活,但并不停留于生活本身,而是从具体的生活引申出无穷的意味,达到深邃悠远的韵味美。如苏轼的《题西林壁》:"横看成岭侧成峰,远近高低各不同。不识庐山真面目,只缘身在此山中。"这首诗不仅是诗人歌咏庐山的奇景奇观,同时也是苏轼用哲人的眼光去得出对真理的认识。这首诗从自然风景引申出深刻的哲理,它教会我们看问题不能只看一个角度,要从多个角度分析问题,不能固化自己的思维。诗中描写的奇秀形象,给人以美感,同时,诗中蕴含的哲理耐人寻味,意味深长。

艺术形象是个别性与普遍性的统一,这是文学高于生活的重要表现。典型形象以个体的形式出现,但同时具有代表性和普遍性,能够体现社会历史的意蕴。典型形象以感性呈现,但又包含某种大于其本身的含义,为读者感悟人生的普遍意义提供某种启迪。鲁迅笔下的阿Q,处于社会最底层,但是他对自己的失败命运与奴隶地位采取辩护与粉饰态度,用精神胜利法麻痹自己,表现出复杂、扭曲的性格,懦弱卑怯、奴性十足,同时又妄自尊大、争强好胜、欺软怕硬。阿Q不仅是一个落后的、不觉悟的、带有精神病态的农民形象,同时又代表着旧中国广大愚昧的、不觉悟的农民。鲁迅通过阿Q这个典型形象,集中表现了国民的劣根性,唤醒旧中国苦难的民众重建健康的民族性格,为建立新生活而奋斗。

三、文学艺术的审美意义

(一)文学艺术的审美能够提高语言表达能力

经常阅读文学经典名著,能够有效提高我们的语言表达能力,提高写作水平。因为文学作为语言艺术,是最能够提供语言表达示范的一种艺术。古今中外的文学艺术家,比如

我国古代的文学家屈原、李白、韩愈、苏轼、曹雪芹，现代的文学家鲁迅、曹禺、冰心、徐志摩、三毛等，外国的文学家莎士比亚、歌德、托尔斯泰、雨果、狄更斯、毛姆、J.K.罗琳等，他们每个人都有鲜明的语言风格，都是语言艺术家。阅读他们的作品，背诵名著的精彩段落、经典台词、名人名言，感受他们在遣词造句方面的艺术造诣、体会他们丰富的语言表达方式，会让我们在不知不觉中掌握语言应用于表达的精髓，从而提高我们用语言描述情景、叙述故事、表达情感和感受的能力和水平。

（二）文学艺术的审美能够提升文学鉴别能力

文学艺术通过塑造生活中的各类典型形象，让我们更加深刻地认识形形色色的人物和社会想象，清晰地看出假、恶、丑的本质特征，跟着作者一起去憎恶它们，嫌弃它们，进而在自己的人生中努力摒弃它们。比如鲁迅笔下的阿Q，鲁迅通过这个艺术形象，集合了清末国民性中许多消极、麻木、不觉醒的典型特征让许多人都能从中看到自己的影子，比如阿Q的"精神胜利法"，愚昧、圆滑、自轻自贱又自大、憎恶权势又趋炎附势等。人们在阅读《阿Q正传》这部小说时，会从中放大地看出假、恶、丑的品质，同时在笑的过程中认出什么是假、恶、丑，并产生对这些品质的憎恶之情，进而从反面陶冶人的情操。

（三）文学艺术的审美能够提升文学欣赏能力

文学艺术通过真、善、美的艺术形象传达艺术家的审美理想，并通过感人的典型形象引导读者追求并向往真、善、美。文学艺术源于生活，文学艺术形象感人的前提是让人感觉到真实，是仿佛见过的场景或似曾相识的人物。同时文学艺术又高于生活，文学作品不是写实的，而是虚构的，是艺术家在观察、体验、理解客观现实生活的基础上，通过再创造形成的艺术作品，文学艺术作品中蕴含着艺术家的审美理想和鲜明的爱憎情感。文学作品塑造的典型形象源于生活，但又不是生活原型，而是经过艺术家提炼、整合之后形成的有个性特征的艺术形象，能够更加鲜明、集中地体现艺术家的审美理想，比如陶渊明的《桃花源记》，他所描绘的桃花源是不存在的，这是他的社会理想，桃花源是他的一种审美理想，用语言描绘出来，让我们在阅读过程中深受感动，跟着他认同、向往他的社会理想。

（四）文学艺术的审美能够影响读者的人生观、价值观

文学典型形象经常体现为典型人物形象，比如文学艺术中的英雄人物形象往往能够激发我们的崇敬、爱戴等美好情感，并在欣赏过程中潜移默化地影响我们的人生观和价值观。苏联作家邦达列夫曾经这样描绘文学对人的影响："当一个人打开书的时候，他可以仔细地端详第二种生活，就像是看到一面镜子的深处，他寻找着自己心目中的英雄人物，寻找着自己思想的答案，并且不由自主地以别人的命运、别人的勇气去衡量自己的性格特点，他惋惜、怀疑、懊恼，他笑、他哭、他同情，他参与着主人公的活动——书的影响力就在这里产生了。"我们往往会在文学阅读中，对照作家按照自己的审美理想塑造的比较完美的典型人物重新认识自己，鼓舞自己，以美的理想和美的规律去创造新的生活。

第二节 文学艺术赏析

一、诗歌赏析

（一）《诗经》赏析

《诗经》是我国第一部诗歌总集，收集了西周初年至春秋中叶五百多年间共 305 篇诗歌。

《诗经》按内容题材和音乐不同分为三类：《风》出自各地的民歌，内容包括对爱情、劳动等美好事物的赞美，也有对故土、征人的思念及反压迫、反欺凌的悲愤；《雅》分《大雅》《小雅》，多为反映贵族阶级生活和思想感情的作品；《颂》则为宗庙祭祀用的诗歌，祭祀是当时社会的重要活动，这些用于祭祀的诗歌，对于研究当时的社会、历史有重要价值。《诗经》主要运用赋、比、兴的表现手法。朱熹在《诗集传》中说："赋者，敷陈其事而直言之也。"赋，就是直接叙述、形容、描写，如《采薇》中表现戍卒思归的情怀，如"昔我往矣，杨柳依依。今我来思，雨雪霏霏"。比，就是比喻，如《卫风·硕人》写庄姜的美貌用了一连串的比喻，如"手如柔荑，肤如凝脂"用柔嫩的白茅芽、冻结的油脂比喻美人的手指、肌肤，非常形象。兴，是借助其他事物引出要表现的事物，即："兴者，先言他物以引起所咏之词也。"如《桃夭》："桃之夭夭，灼灼其华，之子于归，宜其室家。"从鲜艳的桃花写起，引申出富有青春气息的少女。风、雅、颂与赋、比、兴，合称《诗经》六义。

《诗经》在中国文学史上有崇高的地位，在《诗》《书》《礼》《易》《春秋》五经中名列首位。历史学家顾颉刚先生曾经说："《诗经》这部书，在中国所有的书籍里面，是最有价值的一部。《诗经》在中国文学史上有深远的影响，其关注现实的热情，积极的人生态度，直接影响后世诗人的创作，许多内容成为文学典范，为历代文人学习和效仿。《秦风·蒹葭》甚至被台湾作家琼瑶稍加改动，再配上曲调，成为一首流行歌曲。

《诗经》的诗篇客观地揭示了周人的生活风貌和情感世界，其中反映婚姻爱情生活的作品占很大比重。《周南·关雎》是广为流传、大众熟知的诗作，表达了男子对女子的爱慕之情：

关关雎鸠，在河之洲。窈窕淑女，君子好逑。
参差荇菜，左右流之。窈窕淑女，寤寐求之。
求之不得，寤寐思服。悠哉悠哉，辗转反侧。
参差荇菜，左右采之。窈窕淑女，琴瑟友之。
参差荇菜，左右芼之。窈窕淑女，钟鼓乐之。

这首诗表现了一个男生追求女生的过程：美丽又贤淑的好姑娘，是小伙子的好配偶。小伙子得不到好姑娘心里苦恼，晚上翻来覆去睡不着觉；追求成功后开心，奏起音乐来庆贺。这首诗巧妙运用了起兴的表现手法，从雎鸟相依相恋、相向合鸣写起，联想到男女青

年恋爱中的甜蜜浪漫、婚姻中的幸福美满。

《魏风·硕鼠》等诗篇则表达了劳动者对贪得无厌的剥削者的痛恨以及对美好生活的向往。

硕鼠硕鼠，无食我黍！三岁贯女，莫我肯顾。

逝将去女，适彼乐土。乐土乐土，爰得我所。（节选）

诗中以硕鼠比喻剥削者，老鼠形象丑陋又狡黠，以窃取人们的食物为生，借来比拟贪婪的剥削者十分贴切，也表现诗人对其愤恨之情。这首诗反映了奴隶社会剥削与被剥削的社会现实，把剥削者比喻为人人憎恶的大老鼠，表现了被剥削阶层的觉醒。"乐土"则表达了劳动者对美好生活的憧憬。

（二）唐诗赏析

在中华文化宝库中，唐诗是一颗璀璨耀眼的明珠。唐代，诗歌达到全面繁荣，成为中国古典诗歌发展的黄金时代，产生了李白、杜甫、白居易等伟大诗人。唐诗讲究格律，其音节和谐、文字精练的艺术特色达到了一个前所未有的高度，成为中国古代诗歌的典型形式。清朝康熙年间编校的《全唐诗》共收录诗作四万八千九百余首，作者二千二百余人，标志着唐代为中国古典诗歌创作的高峰。

唐诗数量众多，社会生活的方方面面都成为唐诗表现的对象，从内容分析，可以分为山水田园诗、思乡送别诗、咏怀诗、边塞诗等。

1. 山水田园诗

山水田园诗以写景为主，侧重于表现自然景物中的山水田园。但是作者写自然景物，通常都会融入主观情感，或借景抒情，或情景交融。唐朝形成了山水田园诗派，主要诗人有王维、孟浩然等。

王维《鸟鸣涧》

人闲桂花落，夜静春山空，月出惊山鸟，时鸣春涧中。

这首诗通过描写花落、月出、鸟鸣这些动态的景物，营造出春天山谷中的一片生机，而这些动态更衬托出一片静谧的意境，以动衬静，韵味无穷。这首诗是王维青年时代的作品，创作于唐玄宗"开元盛世"时期，体现了盛唐时代和平安定的社会氛围。

王维《山居秋暝》

空山新雨后，天气晚来秋。明月松间照，清泉石上流。

竹喧归浣女，莲动下渔舟。随意春芳歇，王孙自可留。

这首诗将空山雨后的清幽美景、松间明月的光照、石上清泉流动的声音和浣女归来竹林中的喧笑和谐完美地融合在一起，描绘出一幅恬静优美的图景，勾勒了心中理想的社会境界，表达了对自己隐居生活的满意之情。

孟浩然《过故人庄》

故人具鸡黍，邀我至田家。绿树村边合，青山郭外斜。

开轩面场圃，把酒话桑麻。待到重阳日，还来就菊花。

诗中描绘了山村美丽的风光，绿树成荫，青山环绕；田园生活平静悠闲，面对场院菜圃，把酒闲谈庄稼，富于山村生活的简朴情趣。主人热情好客，客人欢欣喜悦，平淡中体现了生活的美好。这首诗用语平淡无奇，叙事自然流畅，景物描写清新恬静，有一种"清水出芙蓉，天然去雕饰"的自然情趣。

2. 思乡送别诗

诗歌以抒情见长，而离愁别绪是人类共同的情感，自然成为唐诗的重要主题。其中的经典诗句特别具有感人的力量，常常被后人用于表达送别的惆怅、分离的相思，具有长盛不衰的感染力。

李白《静夜思》

床前明月光，疑是地上霜。举头望明月，低头思故乡。

这是小孩启蒙时都会学习的经典诗作。诗人在寂静的月夜思念家乡。皎洁的月光射到床前，带来阵阵寒意。"霜"字既形容了月光的皎洁，又表达了气候的寒冷，还烘托出诗人漂泊他乡的凄凉心情。诗人写客观景物，是为了表现内心的情感。霜与月营造出了寒冷、孤独的氛围，衬托了作者孤寂、困顿的心情。由月光联想到霜，诗人在院落里徘徊，不断地举头望明月，低头思故乡。这种不断地举头和低头的举动，将他对故乡的思念表现得淋漓尽致。

唐诗的代表人物首推李白。李白是唐代伟大的浪漫主义诗人。他才华横溢，个性张扬，诗作风格豪迈奔放。杜甫对他的描写是："李白斗酒诗百篇，长安市上酒家眠。天子呼来不上船，自称臣是酒中仙。"（《饮中八仙歌》节选）

他善于描绘自然景色，表达对祖国山河的热爱；他又同情人民疾苦，蔑视权贵。他的诗作语言自然，韵律和谐，想象丰富，风格豪放，艺术成就达到了唐诗的巅峰。

孟郊《游子吟》

慈母手中线，游子身上衣。临行密密缝，意恐迟迟归。谁言寸草心，报得三春晖。

慈祥的母亲为即将远游的孩子赶做新衣，临行时忙着缝衣服，担心孩子此去要很久才能返回。谁说像小草那样的孝心，可以报答春晖一般的慈母恩惠？这首诗歌颂了慈母的厚爱，开头两句写母与子相依为命的骨肉之情，中间两句通过"密密缝"这一动作，表达对孩子长久不会归来的忧虑，表现了母亲对儿女深挚的爱。以小草比喻游子，以春天三月的阳光来比喻慈母的恩惠，悬绝的对比、形象的比喻，寄托者赤子对慈母发自肺腑的炽烈的情感。

3. 咏怀诗

唐诗在创作方法上尽管是现实主义与浪漫主义并举，但关注现实、积极入世是诗人普遍的态度。从关注个人命运到同情民众疾苦，进而关注国家命运，表达爱国情怀，大量的诗歌抒写诗人的内心世界，有的直抒胸臆，有的从生活的细节借物抒情，有的利用历史典故借古讽今。

李白《将进酒》（节选）

君不见黄河之水天上来，奔流到海不复回。

君不见高堂明镜悲白发，朝如青丝暮成雪。

人生得意须尽欢，莫使金樽空对月。

天生我材必有用，千金散尽还复来。

《将进酒》是最能体现李白豪放的浪漫主义风格的诗作。"君不见黄河之水天上来，奔流到海不复回。"黄河落差巨大，如从天而降，一泻千里。夸张的语言描绘了波澜壮阔的景象。"君不见高堂明镜悲白发，朝如青丝暮成雪。"从壮观的景色到内心的伤感，巨大的反差表达出人生短暂、个人渺小的脆弱。然而个体的渺小并没有使作者陷入悲观，反而是充满自信，桀骜不驯，"人生得意须尽欢，莫使金樽空对月。天生我材必有用，千金散尽还复来。"这些表面上看似宣扬及时行乐，其实透露了作者怀才不遇、渴望入世的积极态度。

李白《月下独酌》（节选）

花间一壶酒，独酌无相亲。举杯邀明月，对影成三人。

李白政治理想不能实现，心情是孤寂苦闷的。但他面对黑暗现实，没有沉沦，没有同流合污，而是追求自由，向往光明，因此在他的诗篇中多歌颂太阳和吟咏月亮之作。在这首诗中，诗人写自己在花间月下独酌的情景。"对影成三人"，构思奇妙，表现了他孤独而豪放的情怀。这首诗突出写一个"独"字。李白有抱负，有才能，想做一番事业，但是既得不到统治者的赏识和支持，也找不到知音和朋友。诗人在月夜花下独酌，清静冷落。诗中运用丰富的想象，表现孤独与不孤独两种状态交替的复杂感情。以月亮和影子为伴，愈发凸显一个孤独灵魂的苦闷与彷徨，表现了诗人怀才不遇的寂寞孤傲以及其狂放不羁的性格，也表达了对不合理社会的抗议以及对自由与解放的渴望。看似自得其乐，其实极度凄凉。

杜甫是唐代现实主义创作的代表。杜甫忧国忧民，人格高尚，诗艺精湛，一生写诗一千五百多首，其中很多是传颂千古的名篇，比如"三吏"和"三别"："三吏"为《石壕吏》《新安吏》《潼关吏》，"三别"为《新婚别》《无家别》《垂老别》。杜甫与李白被称为唐诗的"双子星"。

公元 756 年，杜甫去投奔新继位的唐肃宗，路上被叛军俘获，因为官职卑微没有被囚禁，次年 3 月他写下了《春望》：

杜甫《春望》

国破山河在，城春草木深。感时花溅泪，恨别鸟惊心。

烽火连三月，家书抵万金。白头搔更短，浑欲不胜簪。

作品以写景开头。春天原本应当是春光明媚的时候，但是国都沦陷，山河破碎。不仅没有明媚的春光，反而是一派荒芜的景象，满目疮痍，令人触目惊心。花鸟原本是没有情感的事物，但是在伤感的人眼里，花也溅泪，鸟亦惊心。作者寄情于物，托感于景，为全诗营造了悲凉的气氛。所有这些景物，诗人都望在眼里，视线由远及近，从山河到花鸟，逐步转入到内心世界，自然地过渡到对家人的思念。烽火连天，战火纷飞中，一封家信，胜过万金，作者盼望家人音讯的迫切心情跃然纸上。

杜甫《闻官军收河南河北》

剑外忽传收蓟北，初闻涕泪满衣裳。却看妻子愁何在，漫卷诗书喜欲狂。
白日放歌须纵酒，青春做伴好还乡。即从巴峡穿巫峡，便下襄阳向洛阳。

此诗作于唐代宗元年春。安史之乱结束，杜甫听到消息不禁欣喜欲狂。诗的前半部分写初闻喜讯的惊喜；后半部分写诗人手舞足蹈做返乡的准备，突显了急于返回故乡的欢快之情。这首诗感情奔放，痛快淋漓地抒发了作者无比喜悦的心情。诗作的节奏明快、热烈，感情奔放淋漓。动词很多，且是瞬间的动作、连贯的动作，一个动作还没结束就接下一个动作，体现了诗人内心的激动，思想感情出自胸臆，奔涌直泻。后代评论家都极为推崇此诗，称赞其为"杜甫生平第一首快诗"。此诗除第一句叙事点题外，其余各句，都是抒发诗人忽闻胜利消息之后的惊喜之情。

杜牧《过华清宫·其一》

长安回望绣成堆，山顶千门次第开。一骑红尘妃子笑，无人知是荔枝来。

华清宫是唐玄宗为了与杨贵妃寻欢作乐修建的行宫。相传杨贵妃喜欢吃荔枝，唐玄宗便命人用快马从南方运来。这首诗是杜牧经过骊山华清宫时有感而作，通过送荔枝这一典型事件，鞭挞了唐玄宗与杨贵妃骄奢淫逸的生活。诗中没有明说皇帝荒淫好色、贵妃恃宠而骄，而是用"一骑红尘"与"妃子笑"两个鲜明的画面，见微知著，收到比直接描写更好的艺术效果。"妃子笑"三个字另有深意，让人联想到西周末期周幽王为博妃子一笑，烽火戏诸侯，导致国破身亡。"荔枝来"与"无人知"，也隐晦地表达了谴责的含意，批判皇帝为了讨宠妃欢心无所不为的荒唐。全诗朴素自然，寓意丰富，含蓄有力。

4. 边塞诗

唐代是中国历史上最为鼎盛的时代，文治武功都达到了极高水平，国家的疆域也有很大的拓展。因此，边关的征战自然成为文学表达的内容，而且在风格上也体现出一往无前的豪迈气概。

王昌龄《出塞》

秦时明月汉时关，万里长征人未还。但使龙城飞将在，不教胡马度阴山。

这首诗用很小的篇幅表达了丰富的内容，对边塞战争生活做了高度的艺术概括。"秦时明月汉时关"7个字就展现出壮阔的图画，一轮明月照耀着边疆关塞，渲染了萧条、苍凉的气氛，把写景、叙事、抒情与议论紧密结合，使诗的意境深远，既激动人心，又耐人寻味。"万里长征人未还"既叙事又抒情，表达对长期驻守边关的士卒的同情。持续不断的战争，无数战士镇守边关，他们中的许多人血洒沙场，有的甚至永远留在了战场。诗人借助悠久的时空意象，表现战争给人民带来的痛苦和灾难。"但使龙城飞将在，不教胡马度阴山"融抒情与议论为一体，抒发了诗人的愿望，希望有像飞将军李广那样的名将，率领战士打败敌人获取胜利，使敌人不敢再来侵犯；展示了巩固边防、保家卫国的壮志，洋溢着爱国激情和民族自豪感，同时也隐含了诗人对朝廷用人不当、将帅无能的不满。

(三)宋代诗词赏析

1. 宋诗赏析

宋代文化全面繁荣,高度发展。宋诗在唐诗的基础上继续发展,呈现出理性化、议论化的独特风格,许多诗作深入哲学的领域进行哲理的探讨,出现以诗议论、以诗记事的倾向,但是在抒情方面逊于唐诗。

苏轼《题西林壁》

横看成岭侧成峰,远近高低各不同。不识庐山真面目,只缘身在此山中。

这是苏轼与友人同游庐山写下的诗。该诗描写了庐山变化多姿的面貌,并借景说理,指出观察问题应客观全面,如果主观片面,就得不出正确的结论。它启迪人们认识为人处事的一个哲理——由于人们所处的地位不同,看问题的出发点不同,对客观事物的认识难免有一定的片面性;要认识事物的真相与全貌,必须超越狭小的范围,摆脱主观成见。

陆游《冬夜读书示子聿》

古人学问无遗力,少壮工夫老始成。纸上得来终觉浅,绝知此事要躬行。

诗的前两句赞扬了古人刻苦学习的精神,只有少年时养成良好的学习习惯,竭尽全力地打好扎实基础,将来才能成就一番事业。诗人语重心长地告诫儿子,趁着年少精力旺盛,抓住美好时光奋力拼搏,莫让青春年华付诸东流。诗的后两句强调书本知识是前人实践经验的总结,不能纸上谈兵,"要躬行"。只有经过亲身实践,才能把书本上的知识变成自己的实际本领,强调实践的重要性。"要躬行"包含两层意思:一是学习过程中要"躬行",力求做到"口到、手到、心到";二是获取知识后还要"躬行",通过亲身实践化为己有,转为己用。一个既有书本知识又有实践精神的人,才是真正有学问的人。

2. 宋词赏析

宋词是宋代最有代表性的文学,是宋代文人智慧的精华。词作为新兴的诗歌形式,从隋唐开始发展,至宋代进入鼎盛时期。唐圭璋先生所编《全宋词》收词人千家以上,词作二万首。从表面上观察,词与诗有明显的差异,就是句子长短不齐,因此,词也称为长短句。这是为了适应音乐,也是为了表达复杂情感的需要。其实,词的创作也有严格的格律要求。词通常有词牌名,规定词的音律,对字数、声音、韵脚都有严格的规定,不能随意更改。从内容上看,诗歌通常表达政治抱负、人生理想、身世功业等严肃话题,而词经常表现儿女情长、身边琐事等非正式话题,因此有"诗庄词媚"的说法。

宋词创作中存在以柳永、李清照为代表的婉约派与以苏轼、辛弃疾为代表的豪放派两种截然不同的风格,婉约派主要写伤离送别、男女恋情、花前月下之类,辞藻华美,抒情则委婉含蓄;豪放派则以广阔的社会人生为表现对象,写景大笔勾勒,朴实明快,抒情直写胸臆,形成一种开阔、豪迈的艺术境界,给人一种积极向上的力量。南宋俞文豹《吹剑续录》记载:"东坡在玉堂曰,有幕士善歌,因问:'我词何如柳七?'对曰:'柳郎中词,只合十七八女郎,执红牙板,歌杨柳岸晓风残月。学士词,须关西大汉,执铜琵琶,铁绰板,唱大江东去。'公为之绝倒。"这则故事生动地表明两种不同词风的对比。

◆ 婉约词赏析

李清照《一剪梅》

红藕香残玉簟秋。轻解罗裳，独上兰舟。

云中谁寄锦书来？雁字回时，月满西楼。

花自飘零水自流。一种相思，两处闲愁。

此情无计可消除，才下眉头，却上心头。

这首词表现了作者李清照与丈夫离别之后的相思之情。"红藕香残玉簟秋"，词人目睹池塘中的荷花衰败，回房靠着竹席颇感凉意，原来秋天已至。表面上写秋天在不知不觉间来临，实际是写自夫君走后，神不守舍，对环境变化浑然无觉。"红藕香残"的画面，"玉簟"的凉意，也衬托出作者的冷清与孤寂。"轻解罗裳，独上兰舟"，闺中无法排遣相思之苦，便乘舟出外解闷。然而"独上兰舟"，不仅无法消除相思之苦，反更显怅惘和忧郁。"云中谁寄锦书来？雁字回时，月满西楼。"词人独坐舟中，多么希望此刻有北雁南飞，捎回夫君的书信。"月满西楼"表达他日夫妻相聚，临窗望月共话彼此相思之情的渴望。下半部分"花自飘零水自流"，词人的思绪又由想象回到现实，眼前的景象是落花飘零，流水自去。从盼望书信，到眼前的流水落花，无可奈何的伤感油然而生，两个"自"字的运用表露了词人对现状的无奈。"一种相思，两处闲愁"，写词人思念丈夫，想象丈夫同样在思念自己，表达了夫妻之间的相知相爱、心有灵犀。结尾三句，"此情无计可消除，才下眉头，却上心头。"描述自己不仅无法排遣相思之情，反而陷入更深的思念境地。两个副词"才""却"的使用，真切形象地表现了词人挥之不去、无计可消除的相思之情。词人淋漓尽致的离愁别绪，突显夫妻恩爱的甜蜜，也表现出对生活的热爱。

苏轼《水调歌头·明月几时有》

明月几时有？把酒问青天。不知天上宫阙，今夕是何年。我欲乘风归去，又恐琼楼玉宇，高处不胜寒。起舞弄清影，何似在人间。

转朱阁，低绮户，照无眠。不应有恨，何事长向别时圆？人有悲欢离合，月有阴晴圆缺，此事古难全。但愿人长久，千里共婵娟。

这是一首脍炙人口的中秋词，为词人醉后怀念弟弟苏辙之作。开篇"明月几时有？把酒问青天"，通过向青天发问，把读者的思绪引向浩渺的太空。"不知天上宫阙，今夕是何年"，迂回曲折，跌宕起伏。"我欲乘风归去，又恐琼楼玉宇，高处不胜寒"三句，写词人对月宫仙境产生的向往和疑虑，寄寓着词人面对"出世"与"入世"的抉择犹豫不决的困惑心态。"起舞弄清影，何似在人间"，天上虽有琼楼玉宇也难比人间的幸福美好，词人的入世思想战胜了出世思想，表现了执着人生、热爱人间的感情。下半部分化景物为情思，表现词人对人世间悲欢离合的感悟。"转朱阁，低绮户，照无眠"三句，实写月光照人间的景象：月光转过朱红的楼阁，低低地穿过雕花的门窗，照着屋里失眠的人，由月引出人，暗示出词人的重重心事。"不应有恨，何事长向别时圆"两句，抒发"月圆人不圆"的惆怅，表达对亲人的怀念之情。"人有悲欢离合，月有阴晴圆缺，此事古难全"三句，写词人对世事的感慨：世事不完美是常态，虽然令人遗憾但要坦然面对，把人间的悲

欢离合与月亮的阴晴圆缺这些自然现象联系在一起，求得内心的平静。"但愿人长久，千里共婵娟"，表达了对远方亲人的思念，也是一种祝福，既富于哲理，又饱含感情。宋代《苕溪渔隐丛话》给这首词以极高的评价：中秋词自苏轼《水调歌头》出，余词尽废。

◆ 豪放词赏析

苏轼《念奴娇·赤壁怀古》

　　大江东去，浪淘尽，千古风流人物。故垒西边，人道是，三国周郎赤壁。乱石穿空，惊涛拍岸，卷起千堆雪。江山如画，一时多少豪杰。

　　遥想公瑾当年，小乔初嫁了，雄姿英发。羽扇纶巾，谈笑间，樯橹灰飞烟灭。故国神游，多情应笑我，早生华发。人生如梦，一尊还酹江月。

　　这首词是豪放词最杰出的代表，是宋词中流传最广、影响最大的作品，被誉为"千古绝唱"的名作，在现代人整理的《宋词排行榜》上也名列第一。开篇写赤壁景色，气势恢宏隐喻周瑜的非凡气概。"故垒"两句，点出这里是传说中的古赤壁战场，借怀古以抒情。"乱石"三句，集中描写赤壁雄奇壮阔的景物：陡峭的山崖散乱地直插云霄，汹涌的骇浪猛烈搏击着江岸，滔滔的江流卷起千万堆雪浪，宏伟的景观令人惊心动魄，把奔流不息的大江与历史人物联系起来，将读者带入历史的沉思之中。"小乔初嫁了"以美人烘托英雄，"雄姿英发""羽扇纶巾"，从仪态上描写周瑜装束儒雅，风度翩翩，也表现作为指挥官的周瑜从容临战，成竹在胸，稳操胜券。"谈笑间，樯橹灰飞烟灭"，突出了赤壁之战火攻水战的特点，精确地概括了整个战争的胜利场景，"灰飞烟灭"形象地表现了曹军惨败的情景。随后，由凭吊周郎而联想到自身，表达了词人壮志未酬的感慨。"多情应笑我，早生华发"为倒装句，应当是"应笑我多情，早生华发"。此句感慨生命短促，人生无常，年华虚掷。但作者并没有沉溺在伤感中自怜自艾，而是把周瑜和自己都放在整个江山历史之中进行观照：当年声名盖世的周瑜不也被大浪淘尽了吗？普通人在功业上无法与周瑜这样的英雄媲美，但从整个人类的发展规律和普遍命运观察，其实也没有实质的差别，因此才有"人生如梦，一尊还酹江月"的感慨。

辛弃疾《破阵子·为陈同甫赋壮词以寄之》

　　醉里挑灯看剑，梦回吹角连营。八百里分麾下炙，五十弦翻塞外声，沙场秋点兵。

　　马作的卢飞快，弓如霹雳弦惊。了却君王天下事，赢得生前身后名。可怜白发生！

　　辛弃疾极力主张收复中原，却屡遭排斥打击，长期不得任用。这首词抒写了他梦寐以求抗敌救国的理想，抒写了壮志不酬的悲愤心情。醉梦里挑亮油灯观看宝剑，渴望着重上前线，挥师北伐。带着思念和渴望入梦，恍惚间又回到了当年的军营，嘹亮雄壮的号角声接连不断地响起。把烤好的牛肉分给部下，让乐器奏起雄壮的军乐鼓舞士气。这是秋天在战场上阅兵。战马像的卢马一样风驰电掣，弓箭像惊雷一样震耳离弦。一心想替君主完成收复失地的大业，取得世代相传的美名。一梦醒来，可惜已是白发人！壮阔盛大的军容，金戈铁马的战斗，辉煌的胜利与功名，不过全是梦境。强烈的爱国主义和战斗精神，无论在醒时还是在醉里、梦中都不能忘怀，抒写力图恢复国家统一的爱国热情，倾诉壮志难酬的悲愤。

◆ 爱国诗词赏析

宋代，中原农耕民族在与北方游牧民族的对抗中经常处于下风，北宋末年被金国入侵，靖康之难之后退居江南。南宋在江南苟延残喘100多年后，被蒙古大军灭亡。民族危亡的时刻，爱国志士不断涌现，他们的事迹可歌可泣，他们的作品成为流传千古的爱国经典。宋代文学中贯穿着爱国主义精神，从北宋苏轼到南宋陆游、辛弃疾再到南宋灭亡前后文天祥等人的作品里，都充满着爱国忧国之情，这种爱国主义精神一直熏陶着后来的读者，成为宋代文学的重要特色。

岳飞《满江红·写怀》

怒发冲冠，凭栏处、潇潇雨歇。抬望眼，仰天长啸，壮怀激烈。三十功名尘与土，八千里路云和月。莫等闲，白了少年头，空悲切！

靖康耻，犹未雪。臣子恨，何时灭！驾长车，踏破贺兰山缺。壮志饥餐胡虏肉，笑谈渴饮匈奴血。待从头、收拾旧山河，朝天阙。

这首词的背景是北宋被金国入侵，大片国土被金国侵占，岳飞的家乡也被金兵占领。因此，第一句就写"怒发冲冠"，在潇潇的雨声停歇的时候，倚着高楼上的栏杆，抬头遥望远方，仰天放声长啸，表现出强烈的愤怒情感。"三十功名尘与土"，作者悔恨自己没有像样的功名，成就还与尘土一样不值一提。"八千里路云和月"，不论昼夜，不分阴晴，转战南北，在为收复中原而战斗，表现了作者为国家建立功业的急切心情。"莫等闲，白了少年头，空悲切"，反映积极进取的精神。作品下半部分的内容分为三个层次："靖康耻，犹未雪。臣子恨，何时灭！"指1127年北宋京城汴京沦陷，徽宗、钦宗两个皇帝被金人俘虏北去的奇耻大辱，报仇雪恨是国人的普遍愿望；"驾长车，踏破贺兰山缺。壮志饥餐胡虏肉，笑谈渴饮匈奴血。"表达了对金国掠夺者的深仇大恨；"待从头、收拾旧山河，朝天阙。"等到收复中原、统一祖国的时候，就去报捷，表达了统一祖国的殷切愿望和忠于祖国的赤诚之心。

（四）现代诗赏析

"五四"白话文运动之后，白话文代替文言文成为文学创作的基本语言。在形式上，现代新体诗突破了旧体诗的格律限制，不讲究严格的押韵，也没有字数、句数的约束，不追求整齐排列，而是错落有致；在内容上，直白地描写社会生活，自由地表达思想感情。

徐志摩《再别康桥》（节选）

轻轻的我走了，正如我轻轻的来；我轻轻的招手，作别西天的云彩。

那河畔的金柳，是夕阳中的新娘；波光里的艳影，在我的心头荡漾。

全诗以离别康桥时感情起伏为线索，用轻盈柔和的语言，抒发了对康桥依依惜别的深情；用虚实相间的手法，细致入微地将诗人对康桥的爱恋，对往昔生活的怀念，对眼前离别的淡淡忧伤，表现得真挚、浓郁。"轻轻的我走了，正如我轻轻的来；我轻轻的招手，作别西天的云彩。"三个"轻轻"营造了在宁静中离别的氛围：舒缓的节奏，轻盈的动作，缠绵的情意，同时又怀着淡淡的哀愁。"西天的云彩"，为后面的描写渲染了绚丽明亮的

色彩，也为整首诗定下了一个基调。"那河畔的金柳，是夕阳中的新娘；波光里的艳影，在我的心头荡漾。"这节诗实写的是康河的美，同时，柳树是古诗里的经典意象，有惜别挽留的含义，它给诗人留下了深刻的印象，多少的牵挂用"在我的心头荡漾"，把牵挂表现得非常形象。他运用的手法是比拟（拟人、拟物）。

艾青《我爱这土地》
假如我是一只鸟，
我也应该用嘶哑的喉咙歌唱：
这被暴风雨所打击着的土地，
这永远汹涌着我们的悲愤的河流，
这无止息地吹刮着的激怒的风，
和那来自林间的无比温柔的黎明……
——然后我死了，
连羽毛也腐烂在土地里面。
为什么我的眼里常含泪水？
因为我对这土地爱得深沉……

《我爱这土地》写于 1938 年 11 月 17 日。1938 年 10 月，武汉失守，日本侵略者的铁蹄猖狂地践踏中国大地。作者满怀对祖国的挚爱和对侵略者的仇恨写下了这首诗。诗人把自己想象成"一只鸟"，不知疲倦地围绕着祖国大地飞翔，不停歇地为祖国大地歌唱，既唱出大地的苦难与悲愤，也唱出大地的欢乐与希望；即使死了，连"羽毛"也要"腐烂在土地里面"，表达一种刻骨铭心、至死不渝的伟大、深沉的爱国主义感情。全诗表现出"忧郁"的感情色彩，这种情感源自对灾难深重的祖国的爱，源自对民族苦难的忧患意识，体现博大的历史襟怀，饱含浓烈的爱国真情。这首诗篇幅短小，构思精巧，运用丰富的意象表达深沉的情感："土地"是祖国的象征、中华文明的象征，承载着作者对祖国和大地母亲深深的爱，诗人选择它作为抒情的对象、倾诉的对象；"鸟"象征作者，他对祖国怀着至死不渝的爱；"黎明"代表作者坚信在人民风起云涌的斗争中必将迎来曙光，迎来胜利。

（五）外国诗歌赏析

诗歌通常都是有韵律要求的，外国的诗歌也不例外，但是由于语言的阻隔，即使翻译家们在把外国诗歌翻译成中文的时候，努力按照"信、达、雅"的要求尽量还原诗歌的原貌，毕竟不是同样的语言，读者无法通过中译本直接体验外国诗歌原本的韵律美。但是，读者依然可以通过其中美妙的想象、深邃的思想、真挚的情感，体验外国诗歌的文学艺术魅力。

叶芝《当你老了》
当你老了，头白了，睡思昏沉，
炉火旁打盹，请取下这部诗歌，

慢慢读，回想你过去眼神的柔和，
回想它们过去的浓重的阴影；
多少人爱你青春欢畅的时候，
爱慕你的美丽，假意或者真心，
只有一个人爱你那朝圣者的灵魂，
爱你衰老了的脸上痛苦的皱纹；
垂下头来，在红光闪耀的炉子旁，
凄然地轻轻诉说那爱情的消逝，
在头顶的山上它缓缓踱着步子，
在一群星星中间隐藏着脸庞。

爱尔兰诗人叶芝的这首诗细腻深沉，向恋人表达热烈的爱情，感人至深。在诗的第一节，诗人想象：当你年老鬓白睡意沉沉的时候，你将从我的诗里看到我对你的永不泯灭的爱，你将忆起那梦幻般的青春岁月，你将看到你昔日的双眼中的温柔和阴郁。诗人表达了对恋人的倾慕之情，倾心于恋人的美貌与温柔以及其优雅的神态。诗的第二节指出，有多少人爱慕你，只是爱你的青春美貌，有的真心，有的假意，只有一个人爱你圣洁的心灵，一直爱你到衰老，至死不渝。诗的第三节虚拟恋人年老时弯着腰在熊熊的炉火旁，哀叹和懊悔那已逝去的爱。那爱已经消失在高山之巅和繁星闪烁的天宇。诗人向心上人倾诉忠诚炽烈的爱、经久不衰的爱，对读者也是一个爱情观的启发：真正的爱，不能只关注表面的容颜，而是要深入内心，只有内心的共鸣，才是纯洁高尚、持久永恒的爱情。

普希金《假如生活欺骗了你》
假如生活欺骗了你，
不要悲伤，不要心急！
忧郁的日子里须要镇静：
相信吧，快乐的日子将会来临。
心儿永远向往着未来；
现在却常是忧郁：
一切都是瞬息，一切都将会过去；
而那过去了的，就会成为亲切的怀恋。

普希金，19世纪俄国的伟大诗人，被高尔基誉为"俄国文学之始祖"。他反对专制农奴制度，热爱并追求自由，因此遭到沙皇政府的迫害。普希金的作品形式多样、题材广泛，诗体小说《叶甫盖尼·奥涅金》是他的代表作。《假如生活欺骗了你》是一首哲理抒情诗，写于普希金被沙皇流放的日子里。当时俄国革命如火如荼，诗人却被迫与世隔绝。面对这样的艰难困苦，诗人仍没有丧失希望与斗志，他热爱生活，执着地追求理想，相信光明必来，正义必胜。诗中阐明了积极乐观的人生态度：面对暂时的困难，不必消沉、忧郁；在苦恼之时要善于忍耐，一切都会过去，未来是幸福、美好的。同时要用变化发展的观点看待生活，正视理想与现实的矛盾，一切艰难险阻都是暂时的，坚持美好的信念和进

取的态度才能更好地把握住现实；当越过艰难困苦之后，再回首往事，曾经的困难也会变得美好起来。这是诗人人生经验的总结，也是生活的真谛。

二、散文赏析

散文在先秦时期就发展成为成熟的文学样式。先秦诸子中，孟子、庄子、荀子、韩非子这些人不仅是思想家，也是散文家，散文正是他们表达观点、传播思想的主要工具。他们在散文里阐述的思想，不仅对当时的社会具有指点迷津的作用，而且对后世两千多年的历史产生深远影响，甚至在当今社会依然具有指导意义。

荀子《劝学》（节选）

君子曰：学不可以已。青，取之于蓝，而青于蓝；冰，水为之，而寒于水。木直中绳，𫐓以为轮，其曲中规。虽有槁暴，不复挺者，𫐓使之然也。故木受绳则直，金就砺则利，君子博学而日参省乎己，则知明而行无过矣。

吾尝终日而思矣，不如须臾之所学也；吾尝跂而望矣，不如登高之博见也。登高而招，臂非加长也，而见者远；顺风而呼，声非加疾也，而闻者彰。假舆马者，非利足也，而致千里；假舟楫者，非能水也，而绝江河。君子生非异也，善假于物也。

积土成山，风雨兴焉；积水成渊，蛟龙生焉；积善成德，而神明自得，圣心备焉。故不积跬步，无以至千里；不积小流，无以成江海。骐骥一跃，不能十步；驽马十驾，功在不舍。锲而舍之，朽木不折；锲而不舍，金石可镂。蚓无爪牙之利，筋骨之强，上食埃土，下饮黄泉，用心一也。蟹六跪而二螯，非蛇鳝之穴无可寄托者，用心躁也。

荀子在《劝学》里阐述了教育思想，论证了学习的重要性和学习的方法等。作者开门见山提出文章的中心论点："学不可以已。"强调学习是不可停止的，进而用"青出于蓝""冰寒于水"两个比喻，说明事物在运动中得到提高和发展。任何人通过发愤学习都能进步，今日之我可以胜过昨日之我，学生也可以超过老师；又以"木直中绳，𫐓以为轮，其曲中规。虽有槁暴，不复挺者，𫐓使之然也"做比喻，强调后天改造的决定作用。同样的，后天的学习对人的发展具有决定性意义。然后用"木受绳则直，金就砺则利"两个例子做进一步论证，只有按照"绳墨""硎砺"的要求进行加工改造，事物才会变得合乎要求，更加有用；而"君子"也只有通过"博学而日参省乎己"，即不断广泛学习，反省和改造自己，才能变得更加完美，达到"知明而行无过矣"的境界。

文章接着论述了学习的作用。"终日而思矣，不如须臾之所学"；"跂而望矣，不如登高之博见"，分别把"思"与"学"、"望"与"登高"进行对比，是否借助外物，效果迥异，从而得出假物（学习）的重要作用。作者继续用"登高而招""顺风而呼""假舆马""假舟楫"四个日常生活实例做比喻，说明人的自然本性并没有差异，即使"臂非加长""声非加疾""非利足""非能水"，但如果有所利用和借助，就可以收到"见者远""闻者彰"的效果，达到"致千里""绝江河"的目的，进一步阐明人只有通过学习才能进步的道理，得出"君子生非异也，善假于物也"的结论。"君子"之所以能在知识才干、品德修养方面超出常人，并非先天素质不同，而是因为后天善于利用客观条件，善于借助学习提高自己。

文章的第三段讲学习的方法和路径。作者先通过比喻引出论点："积土成山，风雨兴焉；积水成渊，蛟龙生焉；积善成德，而神明自得，圣心备焉。"说明学习要注意积累。圣人也是不断学习而成的，人只要努力学习，"积善成德"，就可以具备圣人的思想。强调"积善"的作用，这与开头提出的"学不可以已"也是一脉相承、遥相呼应的。文章又进行申述："故不积跬步，无以至千里；不积小流，无以成江海。"从反面说明积累的重要。文章又反复设喻对比：先以"骐骥一跃，不能十步"与"驽马十驾，功在不舍"相比，再以"锲而舍之，朽木不折"与"锲而不舍，金石可镂"相比，充分显示出"不舍"的重要作用，而学习要注意积累的道理，也得到了进一步的证明。当然，学习要做到"不舍"，要不断积累，那就必须专一，不能浮躁。因此，文章再以"蚓无爪牙之利，筋骨之强"能够"上食埃土，下饮黄泉"与"蟹六跪而二螯"却"非蛇鳝之穴无可寄托"进行对比，说明学习必须专心致志，不能心浮气躁。这两个比喻，强调了学习必须坚持不懈，并呼应了上文的层层论述。通过这一段的层层比喻，可以清楚地理解学习必须持之以恒。至此，开篇提出的"学不可以已"的中心论点，已得到了深入的阐发和充分的证明。

左丘明《烛之武退秦师》（节选）

夜缒而出，见秦伯，曰："秦、晋围郑，郑既知亡矣。若亡郑而有益于君，敢以烦执事。越国以鄙远，君知其难也，焉用亡郑以陪邻？邻之厚，君之薄也。若舍郑以为东道主，行李之往来，共其乏困，君亦无所害。且君尝为晋君赐矣，许君焦、瑕，朝济而夕设版焉，君之所知也。夫晋，何厌之有？既东封郑，又欲肆其西封，若不阙秦，将焉取之？阙秦以利晋，唯君图之。"秦伯说，与郑人盟。使杞子、逢孙、杨孙戍之，乃还。

本文选自《左传》。公元前 630 年，秦晋两国进攻郑国。郑国大臣烛之武采取分化瓦解的方法，结合当时的形势，利用秦晋矛盾，说明了保存郑国对秦有利、灭掉郑国对秦不利的道理，最终说服了秦伯。秦国不但撤走了围郑的秦军，反而派兵保卫郑国，迫使晋国不得不撤兵，从而消除了郑国的危机。烛之武临危受命，不畏艰险，机智善辩，显示了高超的外交才能。烛之武说服秦伯，运用了高明的攻心术，先抑后扬，以退为进，上来先说郑国面临秦晋的强大攻势，难逃灭亡的命运；然后阐明利害关系，晓以利害。从秦的利害上立言，反复陈述己见：先说亡郑对秦无益，再说亡郑对秦有害，三说舍郑对秦有益，四举事例说明晋曾负秦，五说晋得郑后必将"阙秦"。因为烛之武说得有理有据，而且层层深入，委婉透彻，所以秦穆公心悦诚服，不但撤兵，而且与郑结盟，还派兵助郑防晋。这个故事生动地表明，要想争取到对方的支持，不能只考虑自己的需要，最好的方法是从对方的利益出发进行分析，从有利于对方的角度得出结论，将对方的利益与自己的目标统一为一体，才是实现自己目标的最佳方式。

进入现代社会，散文发展成为最重要的文学样式之一，通过对现实生活中的某些片段或生活事件的描述，表达作者的观点、感情并揭示其社会意义。散文并不一定具有完整的故事情节和人物形象，其着重表现作者的生活感受，选材构思灵活，不受韵律的拘束。

罗素《我为什么而活着》

对爱情的渴望，对知识的追求，对人类苦难不可遏制的同情，这三种纯洁而无比强烈的感情支配着我的一生。这三种感情就像飓风一样，在深深的苦海上，肆意地把我吹来吹去，吹到濒临绝望的边缘。

我寻求爱情，首先是因为爱情给我带来狂喜，它如此强烈以至我经常愿意为了几小时的欢愉而牺牲生命中的其他一切。我寻求爱情，其次是因为爱情解除孤寂——那是一颗震颤的心，在世界的边缘，俯瞰那冰冷死寂、深不可测的深渊。我寻求爱情，最后是因为在爱情的结合中，我看到圣贤和诗人们所想象的仙境的神秘缩影。这就是我所寻求的，虽然它对人生似乎过于美好，然而最终我还是得到了它。

我以同样的热情寻求知识，我希望了解人的心灵。我希望知道星辰为什么闪闪发光，我试图理解毕达哥拉斯的思想威力，即数字支配着万物流转。这方面我获得一些成就，然而并不多。

爱情和知识，尽其可能地把我引向云霄，但是同情心总把我带回尘世。痛苦的呼号的回声在我心中回荡。饥饿的儿童，被压迫者折磨的受害者，被儿女视为负担的无助的老人，以及充满孤寂、贫穷和痛苦的整个世界，都是对人类应有生活的嘲讽。我渴望减轻这些不幸，但是我无能为力，而且我自己也深受其害。

这就是我的一生，我觉得我活着值得。如果有机会的话，我还乐意再活一次。

这篇短文是英国哲学家、文学家罗素晚年为自传写下的序言，简短的文字是他对自己一生的总结，"爱情""知识""同情"构筑了人性和社会的基础。"爱情"是一种可以让一个人发生彻头彻尾地改变的精神力量，可以瞬间扫除情绪的阴霾，让心情达到兴奋高亢；关于"知识"，培根说，知识就是力量，掌握了知识的人，具备了辨别是非和掌握事物本质的能力，有了睿智和聪慧，同时也就有了不断进步的原动力；关于"同情"，培根还曾经说过："同情是一切道德中最高的美德。"同情心是暗发于内心深处，它能让人与人之间和平、友好地相处，并且还能以极大的热情去帮助和关怀需要帮助的人。三种追求的内在联系是：对人类苦难不可遏制的同情是追求爱情和知识的内在动力，体现了一个伟大思想家拯救人类苦难的良知。他追求爱情是因为那是人类所梦想的天堂；追求知识，是因为他愿意把自己所有的智慧奉献给人类、造福人类，这一切都源于他内心对人类的关爱。

海伦·凯勒是美国盲聋女作家和残障教育家。她小时候因猩红热失去了视力和听力。然而她并没有失去生活的勇气，在黑暗而又寂寞的世界里，她以超人的毅力学会了读书和说话，并且以优异的成绩毕业于美国拉德克利夫学院，成为一个学识渊博，掌握英、法、德、拉丁、希腊五种文字的著名作家和教育家。她走遍世界各地，把自己的一生献给了盲人福利和教育事业，是影响世界的伟大女性之一，她自己也被美国《时代周刊》评为20世纪美国十大英雄偶像。《假如给我三天光明》是她最重要的作品，被誉为"世界文学史上无与伦比的杰作"。在这本书里，作者以散文的形式回顾了自己的主要经历，在结尾部分，她为自己虚构了三天视力正常的生活，实际是赞美了人们生于斯、长于斯的大自然，歌颂了人类沸腾的生活和灿烂的文化，集中表达了对生命的热爱。此处节选她虚构的三天生活的第一天：

第一天，将会是忙碌的一天。我将把我所有亲爱的朋友都叫来，长久地望着他们的脸，把他们内在美的外部迹象铭刻在我的心中。我也将会把目光停留在一个婴儿的脸上，以便能够捕捉到在生活冲突所致的个人意识尚未建立之前的那种渴望的、天真无邪的美。

我还将看看我的小狗们忠实信赖的眼睛——庄重、宁静的小司格梯、达吉，还有健壮而又懂事的大德恩，以及黑尔格，它们的热情、幼稚而顽皮的友谊，使我获得了很大的安慰。

在忙碌的第一天，我还将观察一下我的房间里简单的小东西，我要看看我脚下的小地毯的温暖颜色，墙壁上的画，将房子变成一个家的那些亲切的小玩意。我的目光将会崇敬地落在我读过的盲文书籍上，然而那些能看的人们所读的印刷字体的书籍，会使我更加感兴趣。在我一生漫长的黑夜里，我读过的和人们读给我听的那些书，已经成为一座辉煌的巨大灯塔，为我指示出了人生及心灵的最深的航道。

在能看见的第一天下午，我将到森林里进行一次远足，让我的眼睛陶醉在自然界的美丽之中，在几小时内，拼命吸取那经常展现在正常视力人面前的光辉灿烂的广阔奇观。自森林郊游返回的途中，我要走在农庄附近的小路上，以便看看在田野耕作的马（也许我只能看到一台拖拉机），看看紧靠着土地过活的悠然自得的人们，我将为光艳动人的落日奇景而祈祷。

当黄昏降临，我将由于凭借人为的光明看见外物而感到喜悦，当大自然宣告黑暗到来时，人类天才地创造了灯光，来延伸他的视力。在第一个有视觉的夜晚，我将睡不着，心中充满对于这一天的回忆。

作者在书中想象：假如有光明，她第一天首先要看到亲友，可见亲情在她的心里是最重要的，这些善良、温厚与心怀感动的人们，是鼓励她生活下去的重要力量，是海伦称为"再塑生命的人"。其次她要看看身边的小动物，它们给了她宝贵的友谊，使她感到莫大的安慰。她还要仔细观察身边那些无生命的物件，特别是那些盲文书籍，它们像灯塔一样照亮了她暗夜一样的生命。她还想陶醉在自然里，森林、小路、马……这些平常人司空见惯的景物在她的眼里都是广阔奇观。所有这些人与事，都给她莫大的喜悦，以至于当夜晚来临的时候，她都会因为喜悦而不能睡去。

作家对外在生活的刻画与她内在精神世界的深度是不可分的，作家在阐释外部世界时也阐释了自己的心灵。海伦，一个身残志坚的柔弱女子，以对生活的热爱，告诫身体健全的人们应珍惜生命。沐浴在幸福中的人往往感受不到幸福的存在和快乐，失去了才懂得珍惜。身边平凡的事物都是美好的，而美好的时光总会过去，珍惜和善待身边的一切，才是正确的生活态度。海伦以她那颗坚强不屈的心战胜了命运的黑暗，最终为自己迎来了光明，也给读者一个深刻的启示：无论面临多大的困难，都不要失去勇气和梦想，一个人无论面临多大的困难，身处多么黑暗的境地，心中的光明总能使她战胜一切。

朱自清《荷塘月色》（节选）

曲曲折折的荷塘上面，弥望的是田田的叶子。叶子出水很高，像亭亭的舞女的裙。层层的叶子中间，零星地点缀着些白花，有袅娜地开着的，有羞涩地打着朵儿的；正如一粒粒的明珠，又如碧天里的星星，又如刚出浴的美人。微风过处，送来缕缕清香，仿佛远处高楼上渺茫的歌声似的。这时候叶子与花也有一丝的颤动，像闪电般，霎时传过荷塘的那边去了。叶子本是肩并肩密密地挨着，这便宛然有了一道凝碧的波痕。叶子底下是脉脉的流水，遮住了，不能见一些颜色；而叶子却更见风致了。

月光如流水一般，静静地泻在这一片叶子和花上。薄薄的青雾浮起在荷塘里。叶子和花仿佛在牛乳中洗过一样；又像笼着轻纱的梦。虽然是满月，天上却有一层淡淡的云，所以不能朗照；但我以为这恰是到了好处——酣眠固不可少，小睡也别有风味的。月光是隔了树照过来的，高处丛生的灌木，落下参差的斑驳的黑影，峭楞楞如鬼一般；弯弯的杨柳的稀疏的倩影，却又像是画在荷叶上。塘中的月色并不均匀；但光与影有着和谐的旋律，如梵婀玲（音译 violin 小提琴）上奏着的名曲。

荷塘的四面，远远近近，高高低低都是树，而杨柳最多。这些树将一片荷塘重重围住；只在小路一旁，漏着几段空隙，像是特为月光留下的。树色一例是阴阴的，乍看像一团烟雾；但杨柳的丰姿，便在烟雾里也辨得出。树梢上隐隐约约的是一带远山，只有些大意罢了。树缝里也漏着一两点路灯光，没精打采的，是渴睡人的眼。这时候最热闹的，要数树上的蝉声与水里的蛙声；但热闹是他们的，我什么也没有。

节选部分是对荷塘和月色的景致的描写。作者从视觉、嗅觉、听觉、味觉、触觉等角度去表现对象的形状、色彩、质地、大小、数量、气味、声音以及它们的运动和变化，为读者描绘了一幅鲜活、生动的荷塘月色。最先扑入眼帘的是满塘荷叶。文中用"亭亭"一词表现了荷叶的风姿秀丽，"舞女裙"描摹了荷叶临风摇曳的姿态。荷花在万绿丛中点点开放，盛开的袅娜喜人，含苞待放的流露着勾人情思的娇羞；"明珠"是写近处荷花的玲珑剔透，"碧天里的星星"是写远处的荷花在满塘荷叶衬托和月光的辉映下闪烁迷离。作者以歌声做比喻，用时断时续、若有若无的远处歌声，把听觉和嗅觉两种感觉沟通起来，传神地表现了荷花的"缕缕清香"。在静态描写之后，又捕捉荷塘的动态，清风徐徐，荷叶的一丝颤动化为一道碧痕，荡向荷塘的岸边。接下来一段描绘荷塘的月色。作者把月光和形态各异的景物结合在一起进行描写，就使月色有了光影的变化。"远远近近""高高低低"等重叠词语的运用，造成了树木错落有致的层次感。

《荷塘月色》是现代抒情散文的名篇，写作于1927年"四一二"反革命政变之后。革命陷入低潮，作者作为爱国知识分子，陷入苦闷与彷徨。文中写了荷塘月色美丽的景象，"但热闹是它们的，我什么也没有"，含蓄而又委婉地抒发了作者不满现实、渴望自由、想超脱现实而又不能的复杂感情。

三、小说赏析

在漫长的文学史上,小说一直存在,先秦时有寓言故事,魏晋时期有志怪小说,唐朝有传奇体小说,但是小说一直不是文学的正统。直到18世纪,印刷术的成熟,为大量印刷小说作品提供了工具;经济的发展,使人们在满足物质需求的基础上开始追求更多的精神层面的享受;教育的发展使更多的人具备了欣赏文学作品的能力。由于鲜活的人物形象、曲折的故事情节、丰富的矛盾冲突等方面的优势,小说逐渐受到越来越多的读者欢迎,成为与诗歌、散文等同样重要的文学形式。在外国文学里,小说也是重要的文学形式,产生了许多影响深远的作家、作品和人物形象,如中国读者耳熟能详的作家司汤达、巴尔扎克等,作品《红与黑》《欧也妮·葛朗台》等和人物形象于连、守财奴等。

中国古代四大名著通常是指《三国演义》《水浒传》《西游记》《红楼梦》。

《三国演义》是一部形象化的三国兴亡史,描写了从东汉末年到西晋初年近百年的历史风云,反映了三国时代的政治军事斗争和各类社会矛盾的发展转化,塑造了一批叱咤风云的英雄人物。小说开始于刘、关、张桃园三结义,结束于司马氏晋朝建立。《三国演义》生动地讲述了汉末群雄争霸的故事,表达了"顺民心、得人才、有谋略者得天下"的思想。小说采用浅近的文言,明快流畅,雅俗共赏;设计了宏伟的结构,把百年兴衰中纷繁复杂的事件和众多人物组织得完整严密,叙述得有条不紊、环环紧扣。

《水浒传》以历史上真实发生的宋江起义为蓝本,描写梁山好汉从个体觉醒到小规模联合,最终发展为波澜壮阔的农民起义的全过程,塑造了农民起义英雄的群体形象,阐释了"官逼民反"这一封建时代的必然规律。作者肯定了绿林好汉除暴安良的正义行为,赞扬他们敢于造反、敢于斗争的革命精神。但是由于农民思想上的局限性,他们在起义发展到巅峰的时刻选择妥协、招安,最终走向失败。《水浒传》的情节曲折动人,通过一个个的细节逐步发展,一步步推向高潮,扣人心弦,景阳冈打虎、杨志卖刀、智取生辰纲等,都是读者津津乐道的经典。

《西游记》是中国古代第一部章回体长篇小说,讲述唐僧师徒西天取经的故事,塑造了勇敢机智的孙悟空、懒惰贪吃的猪八戒、任劳任怨的沙僧和诚实怯懦的唐僧等生动的形象,他们一路上历尽艰险,降服妖魔,克服九九八十一难,终于完成了西天取经的任务。小说里讲述了大闹天宫的故事,反映了封建社会人民的反抗,表现了作者的进步思想,悲剧性的结局也掩盖不了叛逆者的英雄形象。取经的成功也表现了这样一个思想:要实现美好的理想,完成伟大的事业,一定会遇到许多困难,必须战胜这些困难才能取得成功。小说描绘了一个色彩缤纷的幻想世界,曲折地反映了世态人情,表现了鲜活的人间智慧,具有独特的艺术魅力。

《红楼梦》以贾、史、王、薛四大家族为背景,故事情节由主次两条矛盾线索构成:一条以贾宝玉、林黛玉的爱情为中心,是贯穿全书的主线,表现他们个性解放的思想同封建制度、封建礼教之间的矛盾,以二人最后对封建制度和封建礼教的彻底背叛和爱情的悲

剧结局而告终；另一条以贾府及其亲族的兴衰为线索，揭露封建阶级的压迫、等级制度的腐朽、封建贵族阶级生活的荒淫糜烂，揭示封建制度自身的矛盾，以贾府及其亲族的一一衰败为结局，与主线殊途同归，鞭笞了封建制度的罪恶。

鲁迅《药》（节选）

老栓也向那边看，却只见一堆人的后背；颈项都伸得很长，仿佛许多鸭，被无形的手捏住了的，向上提着。静了一会，似乎有点声音，便又动摇起来，轰的一声，都向后退；一直散到老栓立着的地方，几乎将他挤倒了。

"喂！一手交钱，一手交货！"一个浑身黑色的人，站在老栓面前，眼光正像两把刀，刺得老栓缩小了一半。那人一只大手，向他摊着；一只手却撮着一个鲜红的馒头，那红的还是一点一点的往下滴。

老栓慌忙摸出洋钱，抖抖的想交给他，却又不敢去接他的东西。那人便焦急起来，嚷道，"怕什么？怎的不拿！"老栓还踌躇着；黑的人便抢过灯笼，一把扯下纸罩，裹了馒头，塞与老栓；一手抓过洋钱，捏一捏，转身去了。嘴里哼着说，"这老东西……"

"这给谁治病的呀？"老栓也似乎听得有人问他，但他并不答应；他的精神，现在只在一个包上，仿佛抱着一个十世单传的婴儿，别的事情，都已置之度外了。他现在要将这包里的新的生命，移植到他家里，收获许多幸福。

鲁迅的小说是中国自有小说以来解剖国民性最为犀利的小说。鲁迅的代表作之一——《药》，标志着鲁迅在中国小说史上独一无二的思想高度，标志着鲁迅在中国小说史上独一无二的独特风格，标志着鲁迅在中国小说史上独一无二的悲悯情怀。

《药》以华老栓买革命者夏瑜的鲜血给儿子当药吃的情节，揭示了民众的愚昧、麻木和冷酷；深刻地揭示出启蒙者鲜血的"药"并没能唤醒愚昧、麻木和冷酷的灵魂；还以象征性的意象进一步表现出，尽管自己的牺牲和鲜血很难唤醒愚昧、麻木和冷酷的灵魂，启蒙者还是要以伟大的牺牲精神去殉道。夏瑜牺牲的意义在于启蒙，在于殉道，在于唤醒民众。夏瑜"关在牢里，还要劝牢头造反"，还慨叹打他的狱卒红眼睛阿义"可怜可怜"。这就是夏瑜启蒙精神、殉道精神的体现。鲁迅以夏瑜的鲜血象征了一种"药"，先驱者、启蒙者夏瑜以自己的鲜血为药，一种唤醒不觉悟、愚昧、麻木、浑浑噩噩、沉睡不醒的灵魂的药，去唤醒、惊醒酣睡不醒的民众，去疗救他们精神的愚昧和麻木。"药"还是华老栓们思想愚昧、精神麻木的象征。夏瑜以自己的鲜血为"药"，去唤醒愚昧、麻木的民众，但民众却以他喷出的一腔热血作为医治痨病的药，这具有极为荒诞的讽刺意味。华老栓是不觉醒的愚昧麻木的老中国人的形象象征。他们不知道夏瑜的牺牲是为了他们，他们不知道夏瑜是以自己的鲜血为药在唤醒他们沉睡和麻木的灵魂，他们不知道怎样才能改变自己的悲剧命运，他们更不知道以夏瑜的人血馒头为药医治孩子的病是对启蒙者最大的讽刺和最大的亵渎。与夏瑜精神隔膜的，还有刑场上的那些"看客"。在夏瑜就义的刑场，他们像看戏一样鉴赏着夏瑜的牺牲：他们"颈项都伸得很长，仿佛许多鸭，被无形的手捏住了的，向上提着"。"看客"是被一只"无形的手捏住了的"，这"无形的手"就是一种不觉悟、愚昧、麻木和冷酷的精神，是它"捏住了"民众的灵魂，使他们与启蒙者的精神隔膜、遥远，格格不入，把夏瑜庄严、伟大、神圣的牺牲看成一出荒诞不经、荒谬绝伦的滑稽剧。《药》揭示了群众的愚昧无知、麻木落后，也隐晦地批判了当时革命党人脱离群众的缺点。

欧·亨利《麦琪的礼物》（节选）

吉姆从大衣口袋里掏出一包东西，把它扔在桌上。

"别对我有什么误会，德拉。"他说，"不管是剪发、修脸，还是洗头，我对我姑娘的爱情是决不会减低的。但是只消打开那包东西，你就会明白，你刚才为什么使我愣住了。"

白皙的手指敏捷地撕开了绳索和包皮纸。接着是一声狂喜的呼喊；紧接着，哎呀！突然转变成女性神经质的眼泪和号哭，立刻需要公寓的主人用尽办法来安慰她。

因为摆在眼前的是那套插在头发上的梳子——全套的发梳，两鬓用的，后面用的，应有尽有；那原是在百老汇路上的一个橱窗里，为德拉渴望了好久的东西。纯玳瑁做的，边上镶着珠宝的美丽的发梳——来配那已经失去的美发，颜色真是再合适也没有了。她知道这套发梳是很贵重的，心向神往了好久，但从来没有存过占有它的希望。现在这居然为她所有了，可是那佩带这些渴望已久的装饰品的头发却没有了。

小说讲述了一对穷困的年轻夫妇忍痛割爱互赠圣诞礼物的故事。吉姆是一位薪金仅够维持生活的小职员，德拉是一位贤惠善良的主妇。他们生活贫穷，但各自拥有一样珍贵的宝物。吉姆有一块祖传的金表，德拉有一头美丽的瀑布般的秀发。为了能在圣诞节送给对方一件礼物，吉姆卖掉了金表为妻子买了一套梳子；德拉卖掉了长发为爱人买了一条白金表链。他们都为对方舍弃了自己最宝贵的东西，而换来的礼物却因此变得毫无作用了。

虽然双方买的礼物都不能直接发挥功用，但他们却都充分表达了对对方的爱。虽然是阴差阳错，直接的目的不能实现，却收到了更好的效果。正如作者在后文所说的那样："他们极不明智地为了对方而牺牲了他们最宝贵的东西。不过，让我们对现今的聪明人说最后一句话，在一切馈赠礼品的人当中，那两个人是最聪明的。"

小说赞美了主人公善良的心地和纯真爱情，也给读者深刻的启示：生活的幸福不在于物质条件的优越，而在于内心情感的共鸣，真心相爱的人们，即使在艰难的生活环境里也能够收获幸福。对他人的付出，表面上看是牺牲自己，但从长远的角度观察，其实也有丰厚的回报。利己与利他，其实是一体的。与人相处，如果一味地考虑利己，恰恰会让自己陷入困境；多考虑利他，在让他人得到支持和便利的同时，也给自己赢得了支持，创造了更大的空间。

审美活动

文学作品赏析

活动目标：
　　学生运用所学知识欣赏经典文学作品，感受文学的审美意义。文学体裁不限。

活动准备：
　　教师需提前准备经典的、有代表性的文学作品，或者由学生自行准备喜欢的作品。

活动过程与要求：
　　学生选择喜欢的文学作品进行赏析。教师可以根据学生人数和兴趣将学生分组，每组学生需至少对一个作品进行审美和分析，说明这一作品体现出了文学艺术作品的哪些审美特征，通过欣赏感受到了怎样的审美意义。小组交流之后，每组选择一名代表进行发言。

学习内容回顾

　　文学是以语言作为材料和手段来塑造形象和反映现实的艺术，也被称为语言艺术。

　　我国现代以来常用的文学分类方法是"四分法"，把文学艺术分为诗歌、散文、小说、戏剧文学和影视文学四种。

　　文学艺术的主要审美特征：1. 文学是语言的艺术；2. 文学是表达思想感情的艺术；3. 文学是形象的艺术；4. 文学是源于生活又高于生活的艺术。

　　文学艺术的审美意义主要体现在：1. 提高语言表达能力；2. 提升文学鉴别能力；3. 提升文学欣赏能力；4. 影响读者的人生观、价值观。

主要参考书目

[1] 仇春霖. 简明美学原理 [M]. 北京：高等教育出版社，1987.

[2] 杨辛，甘霖. 美学原理新编 [M]. 北京：北京大学出版社，1996.

[3] 周宪. 美学是什么 [M]. 北京：北京大学出版社，2002.

[4] 顾建华. 美育新编 [M]. 北京：北京出版社，1991.

[5] 彭吉象，郭青春. 美学教程 [M]. 2版. 北京：国家开放大学出版社，2008.

[6] 王晓旭. 美学原理 [M]. 上海：上海人民出版社，2000.

[7] 陶东风. 文学理论基本问题 [M]. 北京：北京大学出版社，2007.

[8] 王兆鹏等. 宋词排行榜 [M]. 北京：中华书局，2012.

[9] [英] 福斯特. 小说面面观 [M]. 朱乃长，译. 北京：中国对外翻译出版公司，2001.

自测题

一、填空题（共 10 分，每空 2 分）

1. 文学艺术也被称为_____。
2. 文学艺术的主要类型包括_____、_____、_____、_____。

二、选择题（共 16 分，每题 4 分）

1. 最早的文学样式是（　　）。
   A. 诗歌　　　　　B. 散文
   C. 小说　　　　　D. 剧本
2. 下列选项中（　　）不属于文学艺术。
   A. 戏剧文学　　　B. 小说
   C. 书法艺术　　　D. 诗歌
3. 流传下来的我国最早的诗歌作品是（　　）。
   A.《奥德赛》　　　B.《大风歌》
   C.《观沧海》　　　D.《诗经》
4. 下列"唐宋八大家"出自唐朝的是（　　）。
   A. 苏轼　　　　　B. 韩愈
   C. 王安石　　　　D. 曾巩

三、名词解释（共 14 分，每题 7 分）

1. 文学艺术
2. 诗歌

四、问答题（共 60 分，每题 15 分）

1. 为什么欣赏文学作品可以提升读者的审美鉴别能力？
2. 欣赏文学艺术有哪些意义？
3. 文学艺术的主要审美特征有哪些？
4. 结合所学知识，选择一个你喜欢的文学艺术作品进行赏析。

综合艺术之美

第八章

导入

　　综合艺术，顾名思义，不是单一的艺术种类。那么，什么是综合艺术呢？综合艺术是指那些综合运用多种艺术形式的新艺术种类，我们熟悉的电影艺术、电视艺术、戏剧艺术等都是综合艺术。回想一下，当我们走进电影院看电影时，是不是首先会听到片头曲？许多优秀电影的片头曲、片尾曲、插曲、背景音乐、配乐等，都是广为流传的经典音乐作品；同时，电影是以电影文学剧本为基础拍摄的，电影中的台词也经常包含可以诵读的、脍炙人口的诗篇或语录；影片中的场景搭建和布景设计经常涉及绘画艺术、建筑艺术、园林艺术、实用艺术等；许多影片还会包含舞蹈艺术……我们把像电影这样运用多种艺术手段和方式进行综合创作的艺术种类，称为综合艺术。从表现形式来看，综合艺术将时间艺术与空间艺术、视觉艺术与听觉艺术、再现艺术与表现艺术、造型艺术与表演艺术等融合到一起，具有更强烈的艺术感染力。产生最早的综合艺术是戏剧艺术，电影艺术与电视艺术则是现代科学技术与艺术相结合的产物，它们之间又存在着许多差异，具有各自的特点。综合艺术都很重视文学性，对于戏剧、电影来讲，优秀的剧本常常是作品成功的前提；但与此同时，表演艺术又是综合艺术的中心环节，表演性具有极其突出的地位和作用。当然，紧张激烈的戏剧性冲突和真切感人的情感冲击力，也是综合艺术的共同特征。显然，由于综合艺术具有以上许多审美特性，才使它具有了巨大的艺术魅力。

学习目标

1. 能够用自己的语言说明什么是综合艺术；
2. 能够结合实例说明综合艺术主要包括哪些类型；
3. 能够用自己的语言阐释综合艺术的审美特征；
4. 能够运用所学的知识欣赏综合艺术。能够阐述《俄狄浦斯王》《罗密欧与朱丽叶》《天堂电影院》《霸王别姬》等综合艺术作品的特征和审美感受。

第一节 综合艺术基础知识

一、综合艺术的概念与分类

（一）综合艺术的概念

综合艺术是戏剧、电影、电视等一类艺术的总称，综合艺术的特征是运用语言艺术、造型艺术、表情艺术、实用艺术等多种艺术种类进行艺术创作，从而形成了具有独特审美特征的艺术门类。

戏剧艺术是产生最早的综合艺术。戏剧离不开语言艺术，因为戏剧创作首先需要有剧本、有台词；戏剧也离不开造型艺术和实用艺术，因为戏剧表演需要搭建可供演员表演的舞台、布景、道具、服装等；戏剧更离不开表情艺术，因为戏剧表演，尤其是我国传统的戏剧、戏曲和西方的歌剧、舞剧，都离不开音乐和舞蹈。

电影艺术和电视艺术是伴随着现代科学技术诞生的新艺术种类。这两种艺术的综合性更强。我们留意看一下每部电影的演职员名单，就会知道一部电影的创作，绝不是单单几个演员和导演的事，而是由一个分工负责的创作集体共同创作完成的。戛纳电影节、柏林电影节、威尼斯电影节等世界电影节评选奖项，经常设有最佳导演奖、最佳剧本奖、最佳男演员奖、最佳女演员奖、最佳摄影奖、最佳音乐奖等，近年来又设立了VR作品单元奖等。由此我们也可以看出电影艺术的综合性。电视艺术和电影艺术类似，任何一部电视艺术作品都是由剧本创作、导演、演员、舞台设计、音乐作曲、服装道具等一大批演职人员共同创作完成的，综合了剧本创作等文学艺术，导演和演员表演艺术，摄影艺术，舞台布景的造型艺术和实用艺术，音乐配乐等表情艺术。

（二）综合艺术的分类

综合艺术的主要种类包括戏剧艺术、电影艺术和电视艺术。

1. 戏剧艺术

从广义上讲，戏剧包括戏曲、话剧、歌剧、舞剧、音乐剧等。从狭义上讲，戏剧主要是指话剧。我们这里采用的是广义的戏剧概念。在世界上，古希腊戏剧、印度梵剧和中国戏曲，被称为三种古老的戏剧艺术。下面我们重点了解一下戏曲和话剧这两种戏剧艺术。

（1）戏曲艺术。戏曲艺术是中国传统的戏剧形式的总称。戏曲艺术具有悠久的历史和深厚的传统。中国戏曲起源很早，在原始时代的歌舞中萌芽，渊源可以追溯到秦、汉时期的乐舞、俳优、百戏。唐代，戏曲有了较大的发展，出现了歌舞戏和参军戏，"戏"和"曲"进一步融汇，表演形式也更为多样。宋、金时期，即12世纪末期，戏曲艺术形成，宋杂剧和金院本都能演出完整的故事，剧中角色也较前增多，初步形成了我国戏曲表演分行当的体系。元代戏曲创作和演出空前繁荣，涌现了一批杰出的剧作家和作品，元杂剧在中国戏曲史上占有重要的地位，不少作品在思想性和艺术性上都取得了较高的成就，其中，以关汉卿的《窦娥冤》和王实甫的《西厢记》最为著名，堪称世界戏剧艺术的不朽作品。明、清时期，是中国戏曲史上又一个繁荣时期，特别是传奇作品大量涌现，包括中国戏曲史上划时代的浪漫主义杰作——汤显祖的《牡丹亭》等，以及清代、民国时期出现的一系列著名昆曲和京剧作品——《定军山》《锁麟囊》《赵氏孤儿》《空城计》等。戏曲还先后出现了不同的地方剧种，据不完全统计，目前我国有三百多个地方剧种，如豫剧、越剧、粤剧、川剧、秦腔、河北梆子、评剧等。

中国戏曲是我国传统文化的集中体现。作为长期农业社会的产物，中国戏曲受儒家文化、民俗文化，乃至宗教文化的深刻影响，与此同时，又深刻地折射出中国传统艺术精神与美学追求。

中国戏曲艺术有很多独有的艺术特征，比如在形式美上"以一求多"，以"一"为起点，戏曲的角色行当上是"一行多用"（生、旦、净、丑），表演动作上是"一式多用"（唱、念、做、打），戏曲声腔与音乐上是"一曲多用"（基本曲牌），舞台布景上是"一景多用"（如一桌两椅），服饰脸谱上是"一服多用"，等等。此外，在表演艺术上，还有"一人千面"（一套程式，万千性格）、"一曲百情"、"一步千态"、"一笑百媚"等。

概括起来讲，中国戏曲艺术的特征突出表现在综合性、程式化、虚拟性这三个方面。综合性是指戏曲是唱、念、做、打融为一体，歌、舞、念白高度综合。程式化是指戏曲演员的角色行当（生、旦、净、末、丑及其细分）、表演动作和音乐唱腔（曲牌、板式）等都有特殊的规则。虚拟性是指戏曲演员表演时多用虚拟动作，不用实物或只用部分实物，依靠某些特定的表演动作来暗示出舞台上并不存在的实物或情境；舞台时空也具有虚拟性。

（2）话剧艺术。狭义的戏剧专指话剧，话剧艺术是在舞台上由演员以对话和动作为主要表现手段，为观众当场表演故事情节的一门综合艺术。

典型的话剧艺术产生于西方，最早产生于古希腊时期。古希腊戏剧题材大多来自神话传说与英雄史诗，创作了《被缚的普罗米修斯》《阿伽门农》等戏剧作品的埃斯库罗斯被称为"悲剧之父"。古希腊戏剧都是以话剧形式演出的。15世纪的英国著名戏剧艺术家莎士比亚最初是一名话剧演员，还是话剧剧团合伙人，他后来写的剧本大多是给国王剧团演出用的。他创作的戏剧《亨利六世》《理查三世》《罗密欧与朱丽叶》《仲夏夜之梦》《威尼斯商人》《哈姆雷特》《奥赛罗》《李尔王》等都先后在伦敦剧场演出。我国在新文化运动之后开始出现现代话剧艺术。

话剧艺术是二度创作的艺术。话剧艺术，按照作品容量大小，可以分为多幕剧和独幕剧；按照作品题材，可以分为历史剧、现代剧、儿童剧等；按照作品的样式类型，可以分为悲剧、喜剧和正剧。

悲剧的特点是通过正义的毁灭、英雄的牺牲或主人公苦难的命运，显示出人的巨大精神力量和伟大、崇高人格。正如鲁迅所说："悲剧将人生的有价值的东西毁灭给人看。"悲剧通过正义的无情毁灭来造成观众心灵的巨大震撼，产生强烈的悲愤之情，使人们从悲痛中更加深刻地感悟崇高的理想和人格，从而产生敬慕、仰望之情，净化人的心灵、升华

人的精神境界。古希腊另一位著名悲剧家索福克勒斯的《俄狄浦斯王》表现的是"命运悲剧"，反映出这个历史阶段中社会力量与自然规律作为一种不可理解和不可抗拒的命运与人对立，结果导致悲剧的结局。莎士比亚的著名悲剧《哈姆雷特》表现的是"性格悲剧"，体现了人文主义理想与黑暗现实的尖锐冲突。到了资本主义社会，应运而生的"社会悲剧"揭露了各种不合理的社会现象和罪恶，具有鲜明、强烈的批判精神，如法国作家小仲马根据他本人创作的同名小说改编的悲剧《茶花女》。我国的戏剧家曹禺创作的话剧《雷雨》、老舍创作的《骆驼祥子》等也属于悲剧。

喜剧的特点是通过展示令人发笑的、无价值的东西的毁灭，来嘲弄和讽刺生活中的落后事物与丑恶现象，在诙谐可笑的艺术形式中体现深刻的社会内容，达到"寓庄于谐"的审美效果。由于作品所反映的内容不同、性质不同以及艺术手法的差异，使得喜剧具有多样性的表现形式，其又可以划分为讽刺喜剧、幽默喜剧、诙谐剧、闹剧、喜剧小品等。喜剧同样诞生于古希腊，阿里斯托芬是著名的古希腊喜剧家，被称为"喜剧之父"。相传他写有四十四部喜剧，现存《阿卡奈人》《骑士》《和平》《鸟》《蛙》等十一部。莎士比亚创作了《威尼斯商人》《第十二夜》等多部著名喜剧。法国剧作家莫里哀更是以喜剧著称于世，其代表作品有《太太学堂》《唐璜》等。此外，不朽的喜剧作品还有意大利哥尔多尼的《一仆二主》、法国博马舍的《费加罗的婚礼》、果戈理的《钦差大臣》等。我国的《救风尘》《玉簪记》《炼印》等都是优秀的喜剧作品。

正剧，又称"严肃戏剧"，与其他戏剧类型相比，出现在世界各国舞台上的时间晚了许多，经过18世纪法国思想家狄德罗和剧作家博马舍的大力倡导，直到19世纪，正剧作为一大戏剧类型才广泛出现，并且得到了迅速发展，获得了戏剧类型的正宗地位，如我国抗战时期的著名话剧《放下你的鞭子》、中华人民共和国成立后的著名话剧《霓虹灯下的哨兵》（由沈西蒙、漠雁、吕兴臣集体创作）等现当代的许多话剧都属于正剧。

话剧是最有代表性的戏剧，其艺术特征主要包括戏剧性、交互性、表演性。戏剧性是指话剧通过演员扮演的角色之间的冲突来展开剧情、刻画人物，借以吸引观众，实现其艺术效果和审美作用的特性。构成戏剧性的中心环节是戏剧冲突。话剧必须通过角色之间的对话和动作来展开激烈的冲突和交锋，使戏剧情节得以进展，人物性格得以展现，在富于戏剧性的矛盾冲突和曲折起伏的情节中，在舞台上塑造出具有鲜明性格的人物形象。交互性是指话剧需要演员在舞台上为观众进行现场表演，现场观众是话剧演出的组成部分，人们常把剧本、演员和观众称作话剧的三要素，观众的现场反馈对话剧演员的演出效果会产生直接影响。表演性是指话剧是通过演员在剧场的现场表演来创作的艺术，演出的过程就是话剧创作的过程，一场成功的演出就是一个成功的话剧作品。话剧表演的过程既是创作的过程，也是观众欣赏的过程。话剧在演出时，剧场中演员与观众的感情可以直接交流，观众一方面欣赏舞台上演员的精彩表演，另一方面又以自己的情绪、情感的反应直接影响着演员的表演，这种当堂反馈的现象构成了话剧的重要特点。

2. **电影艺术和电视艺术**

电影艺术和电视艺术是现代科学技术与艺术相结合产生的，是20世纪最重要的艺术种类。

（1）电影艺术。电影艺术是通过画面、声音和蒙太奇等电影语言，在银幕上创造感性直观的形象和感人故事的艺术。电影诞生在音乐、舞蹈、绘画、雕塑、戏剧、建筑之后，因此常被人们称作"第七艺术"。电影的发展经历了从无声片到有声片、从黑白片到彩色片、从普通银幕到宽银幕的演变。通常人们把电影分为故事片、纪录片、科教片、美术片四大类。

在迄今为止的所有艺术种类中，只有电影和电视是人们知道其诞生日期的两门艺术。1895年12月28日晚，法国人卢米埃尔兄弟在巴黎一家大咖啡馆的地下室里，放映了他们自己拍摄的《火车进站》《水浇园丁》等短片，这一天被人们定为电影正式诞生的日子，标志着无声电影时代的开始。1905年，北京丰泰照相馆拍摄了第一部国产片《定军山》，由著名京剧演员谭鑫培主演，严格意义上讲这是一部戏曲舞台纪录片。中国第一部故事片是1913年演出的影片《难夫难妻》。有声电影诞生的标志，是1927年美国的《爵士歌王》，这部影片其实是在无声片中加进四支歌、一些台词和音乐伴奏。中国第一部有声片，是1931年的《歌女红牡丹》。电影的第二次大变革是从黑白到彩色。1935年，使用彩色胶片拍摄的美国影片《浮华世界》诞生，这是世界上第一部彩色电影。电影的第三次大变革，发生在20世纪90年代，计算机三维动画、数字技术、多媒体技术和虚拟现实等高科技手段增强了电影艺术的魅力。现代科学技术的迅猛发展，不仅为电影提供了越来越丰富的技术手段和艺术语言，而且直接影响电影美学各个流派的产生和发展。声音引入电影，促成了戏剧化电影美学观的诞生；轻便摄影机、高速感光胶片和磁带录音机的出现，使意大利新现实主义电影实现了"把摄影机扛到大街上"的美学追求。尤其是计算机技术的引入，给电影美学带来了崭新的课题。

电影的主要艺术语言包括画面（镜头）、声音、色彩、蒙太奇、长镜头。

画面主要是指通过摄影（像）机的镜头拍摄记录下来的片段，对于影视来讲，景别（包括远景、全景、中景、近景、特写等）、焦距（包括标准镜头、长焦镜头、短焦镜头、变焦镜头等）、镜头运动（包括推、拉、摇、移、跟、降、升等几种基本形式和运动镜头等）、角度（包括平视镜头、俯视镜头、仰视镜头等），以及光线、色彩和画面构图等，共同组成了画面造型。

声音是指电影叙事中的人声（包括对话、独白、旁白等）、音乐、音响这三大类型，它们共同组成了声音造型，并且与画面相互配合，极大地增强了影视艺术的表现力和感染力。

色彩是指通过光线、色彩等构成的光影和影像形象。

蒙太奇是法文montage的音译，原为建筑学用语，意为装配、组合、构成等，在影视艺术中，这一术语被用来指画面和声音的组织结构方式。蒙太奇的完整概念，应当包括以下三层含义：其一，从技术层面上讲，蒙太奇就是剪辑；其二，从艺术层面上讲，蒙太奇应当是电影的基本结构手段和叙事方式，不但镜头与镜头、段落与段落，甚至画面与声音均可构成蒙太奇组合关系；其三，从美学层面上讲，蒙太奇是影视艺术独特的思维方式，也是一种创作方法。蒙太奇不仅体现在后期剪辑，而且也体现在前期的文学剧本和分镜头

剧本，乃至各个创作部门合作完成的整个创作拍摄过程之中。从这个意义上讲，蒙太奇思维是影视艺术独特的思维方法。

长镜头是指影视作品中时间值在30秒以上的单镜头。常规影视作品一般都是由数百个镜头构成的，有的单个镜头的时间值可能是几秒钟。长镜头是指30秒以上的画面，可能长达几十秒、几分钟，甚至更长。在长镜头中，虽然没有镜头与镜头之间的组合关系，但存在场景与场景之间的组合关系。因此，我们也可以说长镜头是蒙太奇的一种特殊形式，是一种镜头内部的蒙太奇，或者说是单镜头的蒙太奇。

（2）电视艺术。电视艺术作为电视节目的重要组成部分，主要是指电视屏幕上播出的各式各类文艺节目，其中包括：电视剧、电视综艺节目、电视艺术片、电视专题文艺节目、音乐电视、电视文艺谈话类节目、电视娱乐节目（如游戏类、益智类，乃至新近出现的真人秀节目）等。与此同时，电视艺术还应当包括直播或播映的电视文学、电视音乐、电视舞蹈、电视曲艺杂技、电视戏曲、电视戏剧、电视电影，乃至于诸多艺术类型的电视节目如艺术体操、冰上舞蹈、时装表演等。电视剧是电视艺术的主要类型，电视剧的品种较多，主要包括单本剧、连续剧、系列剧或小品等。

电视与电影、广播相比，是更为年轻的传播工具，然而它的发展之快、影响之大，却是此前其他传播媒介所无法比拟的。1936年11月2日，英国广播公司在伦敦郊外的亚历山大宫，播出了一场规模盛大的歌舞，标志着世界上第一座电视台正式开播。此后，法国于1938年，美国与苏联于1939年相继开始正式播出电视节目。世界电视事业的真正发展，是在第二次大战结束以后。1954年，美国正式开办彩色电视节目，成为世界上第一个播出彩色电视节目的国家。我国第一座电视台、中央电视台的前身——北京电视台，于1958年5月1日开始实验播出，标志着中国电视事业的开端，同年6月15日又播放了我国第一部电视剧《一口菜饼子》，中国电视艺术也从此诞生。一般认为，电视具有传播新闻信息功能、文艺娱乐功能、社教功能和服务功能，但主要是前两种。

电视与电影作为姊妹艺术有许多相同之处。它们都是综合艺术，又都是现代科学技术的产物，都采用画面、声音、蒙太奇等艺术。在艺术表现手法上也有不少相似或相同的地方。电视自己独具的特征主要包括：

第一，电视和电影分别采用了两种完全不同的技术原理，加上电视荧屏较小，清晰度较差，难以表现众多的人物和较大的场面，在镜头运用方式上多用中、近景和特写，少用远景和全景，场景转换不宜太快，以便让电视观众弄清人物和剧情。

第二，电视的介入性形成了这门艺术的观赏特点，观众可以随意选择收看并当场评论，电视剧应当照顾到观众的兴趣，调动各种艺术手段来吸引观众，在情节、场景、表演等方面根据观众的审美心理做特殊的艺术处理，给观众以想象的空间和介入的机会，尽量使观众对剧中人物产生移情和共鸣。

第三，电视的迅速性形成了这门艺术更加生活化的特点，许多电视节目和晚会可以现场直播；电视剧制作周期短，成本较低，又具有轻便灵巧的技术设备，室内戏较多等特点，因而能够深入生活，及时将现实生活中人们关心的问题用艺术形式表现出来。与此同时，电视剧在剧情内容、演员表演、服装道具、环境布置等方面，都要求更加亲切、自然和生活化，直接和逼真地反映生活。

总之，由于电视的传播特性、技术特性和艺术特性，以及电视观众独特的收视环境、收视条件和收视行为，尤其是电视艺术是电视节目的重要组成部分之一，使得电视艺术从创作、传播到接受都有许多与众不同的特点，值得人们认真加以研究。

二、综合艺术的基本特征

戏剧、电影和电视等综合艺术都有自己独特的艺术规律和表现手法，话剧和戏曲历史悠久、源远流长，电影和电视则新兴年轻、活力四射，但作为综合艺术，它们又具有共同的审美特征，主要表现在以下几点：

（一）综合性与独特性

综合艺术首要的审美特征就是综合性，而这种综合性体现在两个层次上。首先，从艺术层次上讲，综合艺术吸收了各种艺术门类中的多种元素，将它们有机融汇在自己的表现手段之中，从而大大丰富了自己的艺术表现力。例如，中国的戏曲艺术就综合了文学、音乐、舞蹈、美术、武术、杂技等许多艺术种类的精华，形成了自己独特的表现手段和独特的审美特点，集中表现在依靠戏曲表演程式将"诗""歌""舞""剧"有机地综合在一起。其次，从美学层次上讲，戏剧、电影、电视的综合性绝不仅限于各类艺术元素的有机融合，而是更加集中地体现在它们将时间艺术与空间艺术、视觉艺术与听觉艺术、造型艺术与表演艺术综合在一起，实现了美学层次上的高度综合，使它们能够将视与听、时与空、动与静、再现与表现集于一身，从而具有了巨大的综合表现能力，极大地扩展和丰富了观众的审美感受，成为最具有群众性的艺术门类。

综合艺术既有综合性，又有独特性，虽同为综合艺术，但无论是作为古老传统艺术的戏曲或话剧，还是新兴年轻的电影、电视，它们之间的区别是一目了然的。例如，西方的话剧和中国戏曲，虽然都是综合性舞台艺术，话剧注重再现生活，因此，话剧的舞台艺术大都是写实的，包括布景、化装、服装、灯光效果、道具等都力求真实地创造出使观众仿佛身临其境的舞台气氛，在舞台上形象地展现出社会生活环境；而戏曲注重表现生活，戏曲的舞台美术基本上是写意和抽象的，戏曲的布景和道具都很简单，全凭演员的虚拟表演来表现，演员手中的一根鞭、一支桨，都让观众想象到剧中人物正在前进。西方的话剧注重写实，中国的戏曲注重写意，造成二者在表演艺术上的巨大区别。

（二）情节性与典型性

作为综合艺术的话剧、戏曲、电影、电视，都十分注重通过生动、感人的故事情节塑造具有鲜明个性特征的典型人物，情节和主人公是综合艺术的核心要素。综合艺术一般都具有故事情节，并以矛盾冲突作为情节发展的主要线索，在紧张激烈的矛盾冲突中，塑造具有典型意义的人物形象。

对于综合艺术来讲，情节具有十分重要的意义和作用。综合艺术的情节包括戏剧性情节和非戏剧性情节。

戏剧性情节是指具有强烈的冲突和曲折的故事情节，在创作戏剧性情节时，要大量运用巧合、悬念等艺术技巧。戏剧性情节在结构上有开端、发展、高潮、结局。例如曹禺的话剧《原野》、莎士比亚的《罗密欧与朱丽叶》，都是矛盾冲突激烈，人物关系复杂，故事曲折离奇，步步深入，引人入胜、扣人心弦。

非戏剧性情节是指更接近于现实生活本身的故事情节，它不追求情节的戏剧性、冲突性、曲折性，而追求情节的真实性、自然性、生活化。电影和电视往往既采用戏剧性情节，也采用非戏剧性情节，注重从生活中提炼情节，注重发掘人物内心的情感冲突，使故事情节更接近现实。在这点上电视连续剧表现尤为突出，电影比较有代表性的影片如《秋菊打官司》《一个都不能少》等。

话剧、戏曲、电影、电视等综合艺术无论采用戏剧性情节或非戏剧性情节，都是要通过情节塑造人物形象，刻画人物性格，从这种意义上讲，综合艺术作品中的主人公形象具有重要的审美价值，主人公是指综合艺术作品中的主要人物（或中心人物），主人公形象的塑造是综合艺术作品的核心，矛盾冲突、情节开展都是为了塑造生动、富有个性的主人公形象。正是由于综合艺术的主人公具有如此重要的审美价值，因此话剧、戏曲、影视作品中的主人公常被称为主角，饰演主人公的男女演员被称为男主角或女主角。

（三）文学性与表演性

综合艺术的另一个共同特征是它们必须经过二度创作才能产生舞台形象、银幕形象或荧屏形象。综合艺术的一度创作是文学剧本，二度创作为表演艺术，因此文学性与表演性在综合艺术中占有重要地位。

文学性是综合艺术的基础。戏剧影视作品的创作，必须以文学剧本为基础。只有在文学剧本的基础上，导演、演员和其他艺术工作者才能进行二度创作。戏剧文学要考虑舞台、场景，演出时间应具有集中性，通过尖锐激烈的矛盾冲突和波澜起伏的剧情，紧扣观众心弦；影视文学则应考虑拍摄需要和影视效果，应尽量将剧本中的人物和事情转化为可见视觉形象，充分运用画面、声音和蒙太奇手法，通过影视手段直接作用于观众感官。在所有艺术门类中唯有综合艺术与文学关系最为密切，这种关系是实用艺术、造型艺术、表情艺术无法比拟的。

表演性是综合艺术的突出特征。戏剧、电影、电视均属表演艺术。综合艺术之所以能把各门艺术的众多元素综合在一起，就是因为表演将各种艺术有机地融合在一起了。表演是指演员按照剧本表现情境和角色的思想感情，在导演指导下进行二度创作，运用语言、动作创造人物形象。表演艺术的关键在于解决演员与角色间的矛盾，在表演艺术中体验与体现二者是有机的统一关系。成功的戏剧、影视作品，既离不开优秀的文学剧本，也离不开卓越的表演艺术，它们是集体创作的结晶。

第二节 综合艺术赏析

一、戏剧赏析

戏剧是由演员扮演人物、当众展示故事情节的艺术门类。演员扮演人物、当众表演和展示故事情节这三个条件结合在一起,就使戏剧形成自己特有的品质,既区别于其他表演艺术,也区别于电影故事片和电视剧。因为其他表演艺术如舞蹈和声乐,演员并不扮演具体的人物,也没有故事情节;如果有了具体人物和故事情节,也就有了戏剧的性质,甚至成为舞剧和歌剧了。电影故事片和电视剧,虽然有人物也有故事,但不是当众表演的,演员的表演只是在摄影机或摄像机的镜头前完成。

通常认为戏剧有四个要素,即演员、导演、剧本和舞台美术。早期的戏剧没有专门的导演,由有经验的演员兼司此职。中国戏曲也长期都是这种情况。剧本是不可缺少的,甚至被认为是"一剧之本",是基础性的东西。舞台美术包括布景、灯光、服装、化妆和道具,不同的剧种有不同的要求。例如中国传统戏曲布景是象征性的,十分简单,而服装、化妆和道具特别受重视。但是这四个要素并非戏剧所独有,至少在电影故事片和电视剧中也是同样要有的,只是其中的舞台美术要改为电影美术或电视美术。歌剧、舞剧也具有这些要素,不过歌剧的台本不只是文字,更要包括音乐总谱;舞剧的文字台本比较简单,只是规定主题、人物和情节的框架等,因为在舞台上实际体现出来的舞蹈语言还要由编导者来创作。

(一)戏剧的主要特征

上文已经指出,演员扮演人物、当众表演和展示故事情节三者结合起来,就是戏剧,也才能成为戏剧。这是戏剧的总体特征。戏剧还有其他几个特征,例如视听结合的感受方式;综合性,因为它综合了文学、表演、美术、音乐等因素;剧场性,因为它需要在剧场或相应的场合来演出;等等。这些特征确实是戏剧所具有的,却不是独有的。视听结合的艺术还有歌舞表演和电影、电视等;在综合性方面,电影、电视除了包含戏剧所有的因素之外,至少还要增加摄影或摄像;在剧场演出,也是其他一些表演艺术所需要的条件。

那么,从戏剧的内在本质来看,有什么根本性的特征呢?应该说是两点,即戏剧行动和戏剧冲突。

1. 戏剧行动

在戏剧中,行动是最基本的表现形式与手段。戏剧的一切内容,包括人物、情节和主题等,都必须通过演员的直接行动来体现。离开行动,戏剧作品就不能成为现实。因此,戏剧创作的整个过程,都把这种行动的实现作为枢纽。例如在创作剧本时,就必须掌握文学语言要能够转化为舞台行动的原则,即著名戏剧导演焦菊隐所说"要写出有行动性的词",否则剧本就不能成为真正的剧本,而是一种仅供阅读的文学作品。

戏剧行动也叫戏剧动作,因此也可以把"动作性"看成是戏剧的特点之一。戏剧行动

就是演员扮演的剧中人物的所作所为，包括语言、动作、表情、态度等，既包括外部的、形体的动作，也包括内部的、心理的活动。因此，戏剧行动首先是与剧中人物的性格直接关联的；行动是性格的外在表现，性格是行动的内在依据。如现代英国小说家和剧作家约翰·高尔斯华绥所说："真正的戏剧行动是性格的行动。"① 在戏剧中，不仅是人物性格，而且是全部内容，其中还包括故事情节、思想和主题等都只能依靠人物在舞台上的具体行动表现出来，不能依靠叙述和描写，这是戏剧与文学的重要区别。戏剧大师斯坦尼斯拉夫斯基说："动作、活动是戏剧艺术、演员艺术的基础。"②

戏剧行动还必须符合戏剧艺术特定的要求。戏剧中人物的语言、动作等必须对其他有关人物产生影响，即产生情感上以至行为上的反应，例如情人之间的互相吸引、对手之间的互相较量等。俄国理论家别林斯基说："戏剧就是由这许许多多人物的动作和反应所构成的。"③ 互不产生影响的对话、动作等，不是戏剧所需要的。19世纪德国理论家奥·威·史雷格尔说："如果剧中人物彼此间尽管表现了思想和感情，但是不影响对话的另一方，而双方的心情始终没有变化，那么即使对话的内容值得注意，也引不起戏剧的兴趣。"④

2. 戏剧冲突

戏剧情节内容的特点是冲突，因此产生了这样一种说法："没有冲突就没有戏剧。"这是一种极为普遍的观点。高尔基在谈到剧本的写作时说："可以说，除了文学才能以外，戏剧还要求有造成愿望或意图的冲突的巨大本领，要求有用不能反驳的逻辑来迅速解决这些冲突的本领……"⑤ 英国戏剧理论家威廉·阿契尔在他的《剧作法》中说，戏剧的本质特征是"激变"（又译作"危机"）；他认为戏剧是一种"激变"的艺术，而小说是一种"渐变"的艺术。这也强调了戏剧所特有的冲突性。戏剧冲突表现为人与人之间、人与社会力量或自然力量的对抗和斗争，是戏剧情节发展的基础。戏剧冲突源于现实生活中的矛盾冲突，但是它必须高度集中和典型化。而且，这种冲突应当朝着既定的目标不断地向前发展，一直推向高潮。有人说戏剧冲突必须达到"危机"的程度，认为"一场不能达到危机程度的斗争是没有戏剧性的"。当然，戏剧冲突的结果，应当是根据剧情和人物关系得到符合逻辑的解决。戏剧冲突与戏剧行动是相互依存、相互作用的。戏剧冲突要靠戏剧行动来体现，同时又为戏剧行动确定了目的和发展方向。

戏剧这一概念，经常与话剧等同起来，成为话剧的同义语。但是在科学的意义上，它应当包括一切具有戏剧特征的艺术种类和样式，即除了话剧之外，还有戏曲、歌剧、舞剧和音乐剧等。上文论及的这些特征，是各种戏剧所共有的。但是，除话剧外，其他种类的戏剧又有各自独特的艺术形式和手段，因此又会附加上某些特点。关于歌剧和舞剧，已经在论及音乐和舞蹈的段落中分别阐述过了。这里只就戏曲和音乐剧再做一些说明。

---

① 中国社会科学院外国文学研究所外国文学研究资料丛刊编辑委员会. 外国现代剧作家论剧作[M]. 北京：中国社会科学出版社，1982：52.
② 斯坦尼斯拉夫斯基. 斯坦尼斯拉夫斯基全集：第二卷[M]. 史敏徒，等，译. 北京：中国电影出版社，1958：56.
③ 别林斯基：《诗的分类》，载《艺术特征论》[M]. 北京：文化艺术出版社，1986：35.
④ 奥·威·史雷格尔：《戏剧性与其他》，载《古典文艺理论译丛：第十一集》[M]. 北京：人民文学出版社，1966：229.
⑤ 高尔基：《给大剧院剧目组》，载《艺术特征论》[M]. 北京：文化艺术出版社，1986：485.

戏曲是中国的传统戏剧形式。包括京剧和各种地方戏曲。戏曲除了具备戏剧的基本要素和特征之外，还有形式手法的特殊性。近代著名学者王国维下了这样一个定义："戏曲者，谓以歌舞演故事也。"①他还进一步论证，如果歌舞和戏剧两者没有结合起来，就不能成为戏曲，而是别的艺术门类。当代京剧艺术大师程砚秋也说，中国戏曲的表演形式"基本上是一种歌舞形式"。应该说，戏剧表演的歌舞化，是戏曲艺术最为突出的一个特征。戏曲中的"歌舞"，包括唱、念、做、打四种类型，而这些都有特定的规范，是高度程式化的。除了演员的表演之外，角色行当的划分（生、旦、净、末、丑）、化妆（脸谱、翎子等）、服装和道具（刀枪、马鞭等）、音乐唱腔（西皮、二黄等），也都具有一定的程式规范。这种程式化，也是戏曲的一个鲜明特征。再进一步看，由于歌舞化和程式化，舞台形态与生活形态产生了较大的距离，注重形式美和抒情性，因而也较多地表现出虚拟性和象征性的特点。例如骑马、划船、开门等，都不能追求逼真；一般的细节、过程、场景，例如饮酒、行军、布阵等，也只是"点到为止"；剧中的环境一般也没有实景，只是通过演员的表演，在想象中呈现出来的。

音乐剧起源于欧洲的通俗歌舞剧，19世纪中叶之后在美国纽约得到发展，逐渐成为富有商业性的大众化的艺术品种，并流传到世界各地。音乐剧是音乐、舞蹈与戏剧的结合。它通常有一个单纯而有趣的剧情，在戏剧表演中充分发挥歌唱和舞蹈的作用，把歌唱和舞蹈作为塑造人物和表现内容的重要手段。音乐剧在20世纪前期达到成熟，并陆续出现了不少有影响的优秀作品。就20世纪在美国上演的剧目而言，40年代的《俄克拉荷马》，50年代的《窈窕淑女》《西区故事》《音乐之声》，70年代的《合唱班》，80年代的《猫》《歌剧魅影》，90年代的《西贡小姐》等，都颇有影响；其中有一些改编成电影并获得奥斯卡奖。

（二）戏剧的类型

戏剧类型的划分，一般是从话剧着眼的。传统的观点，将戏剧分为悲剧、喜剧和正剧三大类。在现代，戏剧分类也有单以题材为标准的，分为历史剧、现代剧、神话剧、童话剧等。如果根据演出形式来划分，除剧场的戏剧之外，还有街头剧、广场剧等。戏剧是一门综合性很强的艺术，而且形式、手法和艺术观念都在不断地发生变化，有些类型也不可能是固定不变的。下面对在戏剧史上影响很大的悲剧、喜剧和正剧三种类型做简要介绍。

1. 悲剧

悲剧起源于古希腊。它的思想内涵一般是表现正义斗争在一定条件下不可避免地遭受挫折或失败，以及美好理想的破灭，斥恶扬善，给人以激励和启迪。鲁迅说："悲剧将人生有价值的东西毁灭给人看。"因此它总是令人遗憾、促人思考、具有教育作用的。古代悲剧大都以神话、传说为题材，或者以王公贵族为主人公；近现代悲剧比较接近现实生活，揭露社会矛盾和人民疾苦。悲剧由于题材范围的不同，又分为四种类型。

---

① 王国维：《戏剧考源》，载《艺术特征论》[M]. 北京：文化艺术出版社，1986：510.

（1）英雄悲剧：表现英雄人物在政治的、民族的、阶级的或为人类利益的斗争中遭到失败或毁灭，歌颂他的崇高精神和伟大人格。《被缚的普罗米修斯》就属于这一类型。普罗米修斯因把天上的火种送到人间，被天神宙斯捆缚在高加索山上并受到兀鹰啄食。

（2）性格悲剧：是指由于人物内在性格的矛盾或弱点所导致的悲剧。莎士比亚的《哈姆雷特》《奥赛罗》属于这一类型。丹麦王子哈姆雷特决心担起复仇重任，除掉杀父篡位的叔父。但由于耽于沉思，优柔寡断，一再失去时机，导致与仇敌同归于尽的结果。

（3）命运悲剧：是指人的意志逃避不了恶劣的命运而产生的悲剧。古希腊的《俄狄浦斯王》就属于这一类型。俄狄浦斯是一位有作为的国王，但却不自觉犯了杀父娶母之罪，并使城邦遭到天降的灾难。他发现这些缘由之后，刺瞎双眼，自我放逐。

（4）社会悲剧：是指由于社会生活中存在的深刻矛盾所造成的悲剧。如莎士比亚的《罗密欧与朱丽叶》，中国传统戏曲《牡丹亭》《梁山伯与祝英台》就属于这一类型。这类悲剧具有普遍的社会意义。例如梁山伯与祝英台的故事，就是封建社会压迫女性并造成无数爱情悲剧的一个缩影。

2. 喜剧

喜剧源于古代希腊的狂欢歌舞和滑稽戏。中国唐宋的参军戏也具有喜剧因素。喜剧必须具备的素质是给观众以快感，或者具有可笑性。优秀的喜剧具有深刻的社会内容，如鲁迅所说："喜剧将那无价值的撕破给人看。"① 也就是说，喜剧能够把生活中的丑恶、落后和缺陷暴露出来，用讽刺和嘲笑加以否定。喜剧也可以是善意的嘲笑，劝谕人们认识和改正缺点。法国剧作家博马舍的《费加罗的婚礼》被看作是反对封建既存秩序的檄文。身为仆人的费加罗准备结婚时，为了使伯爵不能实现他的"初夜权"，想出了各种办法，并发动群众起来斗争，最终取得了胜利。俄国作家果戈理认为"高级喜剧"应该是社会的"镜子"。在他的剧作《钦差大臣》中，轻浮的纨绔子弟赫列斯达科夫从都城来，被市里的达官显贵误认为是钦差大臣。市长大献殷勤，并以女儿为诱饵以求升官晋爵，其他官僚也争相行贿。直到邮政局长私拆了赫列斯达科夫的信，官僚们才发现自己的愚蠢。作品深刻揭露了19世纪沙皇制度下俄国上层社会的腐朽。喜剧的类型有讽刺喜剧、幽默喜剧、欢乐喜剧、正喜剧和闹剧等。讽刺喜剧一般是对社会的腐朽势力进行揭露和讽刺，比较具有政治色彩，《钦差大臣》就是这样的一个例子。在幽默喜剧中，人物所追求的目的可能是正当的、积极的，但是可笑的行动却与目的相去甚远，《堂吉诃德》的喜剧性就有这样的特点。元代杂剧《李逵负荆》也属于这种类型：两个歹徒冒充宋江和鲁智深，抢了店主王林的女儿，正直而粗暴的李逵得知此事赶回梁山，大闹聚义堂，强迫宋江和鲁智深下山对证，结果发现是误会，于是负荆请罪，并捉住两个歹徒，救了王林父女。欢乐喜剧给人以轻松愉快和美好的感觉，具有乐观精神。例如莎士比亚的《第十二夜》中，一对年轻兄妹在海难中分离，先后来到一个城市，经历了一连串的误会与巧合，最后终于相会，并各自找到了心上人，皆大欢喜。正喜剧是以喜剧的形式和手法，不仅嘲笑和否定腐朽势力，而且主要在于赞美进步势力和高尚人格，《费加罗的婚礼》就属于这种类型。闹剧特别追求喜剧

---

① 鲁迅. 鲁迅全集：第一卷[M]. 北京：人民文学出版社，1956：297.

效果，手法高度夸张，人物漫画化，情节可以离奇怪诞，演出过程中能收到使人不断开怀大笑的效果。

3. 正剧

正剧是出现较晚的戏剧类型，起初遭到古典主义者的否定。16世纪意大利剧作家巴蒂隆·仙里尼为推动它的发展，进行了很大的努力。他在《悲喜剧诗体论纲》中称它为悲喜剧，说它"可以兼包一切剧体诗的优点而抛弃它们的缺点，它可以投合各种性情、各种年龄、各种兴趣"。正剧由于不拘泥悲剧和喜剧的划分，灵活地利用了两者的有利因素，加强了表现生活的能力，适应了戏剧发展的需要。在莎士比亚的戏剧中，除了悲剧与喜剧之外，还有正剧，像《一报还一报》（一译《请君入瓮》）就是这样的作品。18世纪，法国思想家狄德罗和剧作家博马舍称这种戏剧为"严肃剧"，并进行大力倡导。到19世纪，正剧得到广泛、迅速的发展，取代了悲剧和喜剧的地位成为剧坛的主流。

正剧贴近社会现实。博马舍在为自己的剧作《欧也妮》写的序言《论严肃剧剧种》中，指出这种戏剧"取材于日常生活"，表现了人与人之间的真实关系。这是正剧的一个重要特点，也是它新的生命力之所在。剧中的人物和情节具有更加普遍的典型意义。19世纪以来，不少有影响的戏剧作品，例如易卜生的《玩偶之家》、契诃夫的《三姐妹》、曹禺的《日出》、老舍的《茶馆》等，都属于这种类型。

（三）西方戏剧经典作品

1. 人与命运的冲突：《俄狄浦斯王》

《俄狄浦斯王》是古希腊时期戏剧大师索福克勒斯的戏剧代表作之一，是古希腊悲剧的典范作品。作品取材于希腊神话传说，展示了富有典型意义的希腊悲剧——人与命运的冲突。作品赞颂了人为了对抗命运而进行的不屈努力，同时对最终仍无法脱离命运掌控的结局发出悲叹。亚里士多德高度评价了《俄狄浦斯王》的结构，把它视为古希腊悲剧的典范。

◆ 剧情：

在瘟疫肆虐下的忒拜城郊，走投无路的人们把求生的希望寄托在国王俄狄浦斯身上，于是聚集到王宫前向他乞援。俄狄浦斯曾因答出了困扰忒拜城的妖怪的谜题而解救了城邦并娶了城邦先王拉伊俄斯的寡妻伊俄卡斯忒，是忒拜人心目中天灾和人祸的救星。俄狄浦斯派出妻舅克瑞翁亲王到阿波罗神庙求神示关于拯救黎民的办法，克瑞翁带回了阿波罗的神示：把藏在城里的污垢清除出去，严惩杀害先王的凶手，瘟疫方会消除。克瑞翁还提议请来了忒拜城的先知。先知却预言俄狄浦斯就是他要寻找的杀人凶手。俄狄浦斯怀疑先知可能与克瑞翁共谋想要篡权夺位，于是他赶走先知，并与克瑞翁发生了激烈的冲突，王后伊俄卡斯忒闻声而出，她以亲身经历为例来劝慰丈夫。原来，当年先王曾经得到一个神谕，说他命中注定将死在他与她亲生的儿子手中，可先王是在三岔路口被一伙强盗所杀，他们的儿子早在出生的第三天就被钉住脚跟丢弃了，可见先知的话不可相信。俄狄浦斯闻言大惊失色。他详细询问了先王的相貌、被杀的地点和出行的人数，浑身战栗，惊惧不安。他请求王后务必找到那唯一活着回来的侍从。王后不明白俄狄浦斯何以如此，于是俄狄浦斯

披露了自己的经历。俄狄浦斯是科任托斯国王的儿子，在一次宴会上，由于一个醉酒的人骂他是冒名的儿子，并且他得到神的预言，说他将有杀父娶母的可怕而悲惨的命运。为了躲开父母，逃避命运的安排，他流落飘零，浪迹天涯，旅途中曾来到众人所说的拉伊俄斯国王遇害的地方，因与一些路人发生冲突而杀死了他们。此时科任托斯城的报信人来到忒拜，给伊俄卡斯忒带来了科任托斯国王死亡的消息，王后高兴极了，她欣喜地叫出俄狄浦斯，告诉他所害怕的事永远不会应验的好消息。报信人为安慰俄狄浦斯，说出了他并非科任托斯国王的亲生儿子，而是自己从一个牧人手中得到并转送给科任托斯国王的孩子，这孩子当时两只脚跟被铁钉钉在一起。伊俄卡斯忒陡然面容惨白，她已经明白一切了，眼前她的丈夫俄狄浦斯正是当年她与丈夫为逃避神谕而抛弃的儿子，而现在却成了自己的丈夫。她发疯了。牧人被带来与报信人对质，他说出实情：俄狄浦斯就是拉伊俄斯和伊俄卡斯忒为逃避命运、将他抛到山里的那个孩子。一切都应验了。俄狄浦斯疯狂叫着冲进卧房，发现伊俄卡斯忒已经悬梁自尽。他从她的尸体上摘下金别针，刺瞎了自己的双眼。他托克瑞翁照看儿女，并按自己的诅咒，请求克瑞翁将他驱逐出忒拜。

索福克勒斯是古希腊时期伟大的悲剧作家，他的创作令古希腊悲剧进入到成熟阶段。在索福克勒斯的悲剧创作中，他十分善于描写理想化的英雄人物与命运的冲突，但终究不能挣脱命运的摆布而走向毁灭的悲剧结局。《俄狄浦斯王》便是其中的一部经典之作。

《俄狄浦斯王》情节整一、结构严密、布局巧妙，堪称希腊戏剧的典范。剧中的主角俄狄浦斯王是一位堂堂正正的英雄，他刚毅勇敢，体贴民众，敢于承担。这样的一位英雄和受人民爱戴的领袖，却仍旧无法逃脱命运的桎梏。俄狄浦斯竭力逃避神谕所示的命运，而这逃避本身恰恰在实践着神谕。尽管如此，剧中依然在赞颂这位悲剧英雄对真相的探寻：我是谁？我的身世是怎样的？这种探寻正如人类对真理的追求，剧中俄狄浦斯虽然发现真正的杀父娶母者就是自己，但他在痛苦中毅然惩罚自己——亲手刺瞎双目，自我流放。作品在结局极其惨烈的悲剧力量中展示着古希腊文明乃至其后几千年的西方文明对真理孜孜以求的特征。

2. 浪漫的爱情悲歌：《罗密欧与朱丽叶》

五幕话剧《罗密欧与朱丽叶》是文艺复兴时期著名戏剧大师莎士比亚的著名戏剧作品之一。这部充满青春浪漫气息的爱情悲剧中的两个主要角色：年轻英俊、为爱不顾一切的罗密欧与美丽善良、痴情执着的朱丽叶，已成为爱情故事中的经典人物形象。而这部作品也是世界各地上演莎士比亚名剧次数最多的作品。

莎士比亚是一位天才的剧作家，他的戏剧创作，题材之广泛、体裁之多样、手段之灵活、风格之多变、语言之优美，是空前绝后的。可以说，是他促成了文艺复兴时代戏剧艺术的繁荣。

◆ 剧情：

凯普莱特和蒙太古是一座城市的两大家族，这两大家族有很深的世仇，经常械斗。蒙太古的儿子罗密欧品学优秀，是个大家都很喜欢的小伙子。在一次宴会上，罗密欧被凯普莱特的独生女儿朱丽叶深深吸引住了，罗密欧上前向朱丽叶表达了自己的爱慕之情，朱丽叶也对罗密欧有好感。当他们知道对方的身份后，罗密欧仍然不能摆脱自己对朱丽叶的爱慕。夜晚，他翻墙进了凯普莱特的果园，正好听见了朱丽叶在窗口情不自禁呼唤罗密欧的声音。第二天，罗密欧去见附近修道院的神父，请帮忙，神父觉得这是能化解两家矛盾的一个途径。罗密欧通过朱丽叶的乳娘把朱丽叶约到了修道院，在神父的主持下结成了夫妻。这天中午，罗密欧在街上遇到了朱丽叶的堂兄提伯尔特，提伯尔特要和罗密欧决斗，罗密欧不愿决斗。但罗密欧的朋友觉得罗密欧没了面子，于是自己和提伯尔特决斗，结果被提伯尔特借机杀死。罗密欧大怒，拔剑为朋友报仇，因此提伯尔特被罗密欧杀死了。经过多方协商，城市的统治者决定驱逐罗密欧，下令如果他敢回来就处死他。这天晚上，罗密欧偷偷爬进了朱丽叶的卧室，度过了新婚之夜。第二天天刚亮，罗密欧就不得不开始了他的流放生活。罗密欧刚一离开，出身高贵的帕里斯伯爵再次前来向朱丽叶求婚。凯普莱特非常满意，命令朱丽叶下星期四就结婚。朱丽叶去找神父想办法，神父给了她一种药，服下后就像死了一样，但四十二小时后就会苏醒过来。神父答应朱丽叶派人叫罗密欧，会很快挖开墓穴，让她和罗密欧远走高飞。朱丽叶依计行事，在婚礼的头天晚上服了药，第二天婚礼自然就变成了葬礼。神父马上派人去通知罗密欧，可是，罗密欧收到了错误的消息。他在半夜来到朱丽叶的墓穴旁，杀死了阻拦他的帕里斯伯爵，掘开了墓穴，他吻了一下朱丽叶之后，就掏出随身带来的毒药一饮而尽，倒在朱丽叶身旁死去。等神父赶来时，罗密欧和帕里斯已经死了。这时，朱丽叶醒过来了。朱丽叶见到死去的罗密欧，也不想独活于人间，她没有找到毒药，就拔出罗密欧的剑刺向自己，倒在罗密欧身上死去。两家的父母都来了，神父向他们讲述了罗密欧和朱丽叶的故事。失去儿女之后，两家的父母才清醒过来，可是已经晚了。从此，两家消除积怨，并在城中为罗密欧和朱丽叶各铸了一座金像。

《罗密欧与朱丽叶》情节曲折复杂，一对有情人在种种阴差阳错中先后自杀，作品在对爱情悲歌进行极具戏剧张力地渲染时，也把这对恋人的形象塑造成了爱情题材戏剧的典范。这是莎士比亚戏剧作品中为数不多的以爱情为主要题材的作品，莎士比亚在剧中以优雅美丽的语言描述着恋人间的爱以及为得到爱而经历的痛苦，如第二幕第二场中，罗密欧与朱丽叶在朱丽叶家阳台上的一番深情对白，即恋人浪漫爱情的生动体现："不要指着月亮起誓，它是变化无常的，每个月都有盈亏圆缺；你要是指着它起誓，也许你的爱情也会像它一样无常。"

二、电影艺术和电视艺术赏析

电影和电视是最年轻的艺术，同时又是发展最快、影响最大的艺术。它们不断地使用现代高新科学技术手段，使自己获得了无与伦比的表现能力，拥有了较多的受众。

电影是在摄影的基础上发展起来的。1889年，狄克逊在美国拍摄了一小段连续的画面，只是表现一个人打喷嚏的短暂过程，被看作是电影的萌芽。初期电影只是生活片段的简单记录，还不具备艺术的性质。进入20世纪，有情节的戏剧内容才被引入电影。1927年有声电影出现，使电影突破了单纯依靠视觉的局限，成为一种视听艺术。

电视在第二次世界大战后才进入实际应用，但是它依靠最新的录制和传播手段，以惊人的速度进入人们的生活，甚至对电影形成巨大冲击。电视涵盖极广，包括新闻、知识传播、市场信息等诸多方面的内容；具有艺术属性的只是其中的一部分，例如电视剧等。这里所要论述的也就是这一部分，因此在这里使用的电视这一概念，应当理解为"电视艺术"。

（一）电影与电视的主要特征

电影和电视毕竟是两个门类，但是在艺术特征方面又存在许多近似甚至相同的方面，因此这一问题就带有一定的复杂性，甚至存在差异很大的意见：有人认为它们之间有着"根本区别"，也有人认为它们是"同一种艺术"。说有"根本区别"，理由主要是由于供观众观看的方式不同，如电视观看的方式是单独的、家庭式的，电影观看的方式是集体的、剧场的，从而导致艺术要求的诸多不同。说是"同一种艺术"，主要理由是它们的表现力在本质上是相同的。如苏联的罗·尤列涅夫认为，"电影与电视是同一种艺术"，它们的"画面服从于同一种艺术规律"。英国的欧纳斯特·林格伦认为电视不过是电影的"延伸"，"并没有形成任何新的基本原则"。另外，电影可以在电视上播映，也是被用来证实电影与电视没有根本区别的根据之一。应该说，电影与电视之间，从艺术特征来说，基本是相同的。但是由于传播方式和接受环境的不同，有些方面也存在一定的差异。下面来分析它们的共同特征及差异之处。

1. 运动的画面语言

电影与电视主要是以画面为表现形式的。由画面构成的艺术语言，是它们的第一要素。电影在早期，是无声的"默片"，完全依靠诉诸视觉的画面来表达一切。影视画面是运动的，与绘画、摄影的静止性的画面不同，它们不是通过瞬间来反映生活，而是可以直接反映生活的某些过程。

电影在发展的过程中，利用拍摄成的胶片可以任意组接这一优势，创造了蒙太奇这种手法。蒙太奇是从法国建筑学上借来的名词，原意是把各种材料按照总的计划安装在一起，使它们各自的作用上升到更高的境界。蒙太奇是电影构成画面语言的重要手法之一，它可以使镜头之间通过组接，获得更多更深的含义，产生"1+1＞2"的效果。例如一个英雄在战斗中倒下的镜头，接上一个青松高耸入云的镜头，就不仅有两个镜头单独的内容，而且进一步象征了英雄的伟大与不朽。长镜头也是构成画面语言的重要手段之一。它采用较长时间不间断地连续拍摄，比较充分而且更具有真实感地交代出一段情节或一个场面。随着摄影技术条件的不断改进，例如追随摄影、空中摄影等，以多种方式使用长镜头具有更大的可能性。电视在处理画面语言的时候，同样采取这些手法。

2. 声画结合

有声电影的出现，把画面同声音结合起来了，使电影成为视听艺术，表现力得到极大提高。电视没有经过"默片"阶段，一开始就是声画结合的。声音与画面相结合，也是影视艺术所独有的特点，既不同于美术、摄影，也不同于戏剧等表演艺术。影视中的声音，包括对话、音乐和自然音响等。声画结合有两种方式：声画合一与声画分立。声画合一是比较平常的方式，是对生活实际的模拟。例如画面上人在说话时同时出现话音；汽车行驶过程中出现发动机声响等。这种结合方式除了使内容更明确、更充实之外，还可以增加真实感和感染力。声画分立的处理方式，使画面同声音有一定的间距，两者相对独立又相互配合、相互补充。英国电影理论家林格伦为此举过这样一个实例："银幕上的画面出现监狱教堂中的囚犯们在讲台的阴影中传递武器，但是配合这个画面的声响却是牧师的声音：'你们不要杀人。'"[①] 这种处理是符合规定情境和人物心理的。影视中的音乐同画面的关系，通常也处于这种状况。它不是直接来源于画面中的事物，而是相对平行，又与画面融汇在一起，对于渲染气氛、刻画心理、创造意境发挥着重要作用。林格伦把这种音画关系比喻为"二重奏"，两部曲调合奏起来能够成为一支完整的曲子。当然，在影视艺术中除音乐电视等特殊样式外，画面的地位始终是最重要的，但是经过正确处理的声音会大大丰富和增加画面的容量。

3. 时空转换的自由性

电影、电视和表演艺术如戏剧等，都需要同时占有一定的时间与空间来完成形象的展示，而且也要求表现空间与时间的自由性。例如戏剧，在一幕或一场之中，总要演出一段在一定场合、一定时间内发生的故事。但是剧情的发展往往涉及不同的时间和地点，这就需要在舞台上表现出时间与空间的转换。分幕、分场等方式就可以解决这个问题，表现出极大的空间或时间的跨度也不困难。但是由于戏剧在一幕、一场中舞台场景相对固定，时空转换的自由就要受到较大的限制。电影与电视则不然，运动的画面随时可以跨越空间与时间的界限。只要内容需要，天南地北、昼夜古今可以在瞬息之间相继出现在画面上。这种全新的时空现象被称为"电影新时空"。影视实现时空自由转换主要依靠蒙太奇。影视的时空转换主要有两种结构形式：顺序式结构与交错式结构。顺序式结构是依照故事情节发生、发展的顺序，以时间的先后来组织不同的画面，自然地表现出生活的流程。交错式结构打破了时间的先后次序，让有关的场景互相穿插，出现交替、倒叙、闪回等。

4. 追求真实

追求真实是艺术本性的要求。"真实是艺术的生命"，这是公认的真理。因为艺术反映生活，必须是真实地反映，不能虚假。但是这里所说的，是指本质的真实，而不是表面形态的逼真。"逼真"不是一般的艺术所追求的，而且为一些艺术门类和样式所避免。例如对中国戏曲来说，既不能不像也不能太像，"不像不成戏，太像不是艺"。中国水墨画也力图把握在"似与不似之间"。外部形态上比较接近于实际生活的话剧，演员的台词和动作也要有适当的夸张，因为他的任何动作、表情，他的对白即使是耳语，都要让观众在与他距离不变的情况下看得见、听得清。影视则不然，它可以通过近景和特写等手段，把需要强调的细节送到观众眼前。它不需要夸张，夸张在这里会显得虚假。影视艺术特别求

---

① 欧纳斯特·林格伦. 论电影艺术[M]. 北京：中国电影出版社，1979：99.

"真"，选择演员也有特殊的标准。著名电影导演谢晋说，演员"第一是形象、气质，第二才是演技"，"这与话剧大不相同"。因为首先要使观众相信人物是真实的。影视不仅在表演上要求"生活化"，而且一切场景也要贴近生活真实。摄影棚中水池里模拟的海战，银幕效果也必须像真的一样。已经采用和试图采用的一些新的技术手段，例如彩色片的出现、立体影像的试验、穹顶似的球幕电影、圆周形的环幕电影以及电脑制造的 3D 电影等，都是力求加强逼真性。当然，影视艺术毕竟不是现实生活本身，同戏剧一样具有一种假定性。银幕和屏幕上的人物是由演员扮演出来的，即使采用实景拍摄，也不过是把所选择的实际地点假定为作品中所构想的地点。在这里，真实性与假定性是统一起来的。

电影与电视除了上述这些独特的方面之外，还有与其他一些艺术门类相同的方面。例如综合性，戏剧以及舞蹈等也都是具有的，只不过影视在综合的程度上更大，除了包含文学、表演、美术、音乐等要素外，还纳入了摄影、摄像；有时还要借助于建筑。另外，影视所具有的视听结合的特点，也是戏剧所具有的。

电影与电视虽然基本特征是一致的，但是由于观赏条件有所不同，也导致艺术上的一些差异。电影需要在电影院集体观赏，观众的精神是专注的，一部影片也应当一次放映完毕。形式手法就要适应这些要求。因此，篇幅有比较严格的限制，影片长度一般控制在一小时四十分或两小时左右，结构紧凑，描述简练；由于画面大，有利于呈现场面和渲染气氛。电视是直接送进家居之内，个人可以随意观看，因此篇幅可以更长，分集播映，二十集以上也是比较平常的，这样情节也可以充分展开。又由于与观众有如面对面单独交谈，画面较小，采用中景和近景较多，表演上更加平易。也应该看到，电影与电视技术手段发展很快，形式也在不断变化。特别是电视，屏幕加大、清晰度提高等，势必对其艺术发展带来新的影响。

（二）电影与电视的类型

1. 故事片

故事片是电影艺术的主要类型。它以叙事的方式，通过特点鲜明的人物形象和描述生动的故事情节，来反映生活，表达思想感情，具有广泛的群众性和强大的艺术感染力。故事片的创作以剧本为基础，对于导演和演员也有很高的要求；摄影、电影美术和音响等也是重要的构成因素。

故事片根据内容的需要采取不同的叙事手法与结构形式，又可以分为戏剧式电影、小说式电影和散文式电影。戏剧式电影具有较强的戏剧性，矛盾冲突表现得很突出，冲突的开端、发展、高潮和结局显得明晰、紧凑。一些由戏剧改编成的电影可以作为比较明晰的例证。小说式电影讲究情节，重视人物性格的刻画，但矛盾冲突并不显得十分集中和激烈。散文式电影也有故事，但不强调情节性，更重视营造抒情气氛，这类电影有的也被称为"诗电影"。故事片由于题材和受众的不同，又可分为历史题材片、现实题材片、战争片、武打片、科幻片、儿童片等。

2. 美术片

美术片的人物造型和背景绘制，首先要根据导演的统一构思，采取美术的手段来进行创作。例如动画片要用绘画，木偶片要用雕塑等。然后在这个基础上，把一个动作分解成一系列画面，用逐格拍摄的方法一一拍摄下来。到放映时，就形成了活动的电影画面。近年来，画面绘制常采用电脑技术，发展迅速。美术片从内容来看，也可以说是一种故事片，注重刻画人物形象和表现故事情节。但它不需要真人来扮演角色，人物造型和环境、景物等都给予创作者发挥想象的极大自由。夸张、变形是它常用的手法；童话、神话、民间故事、科学幻想故事等是它的主要题材。这种影片特别为少年儿童所喜爱。

美术片由于在美术造型方面使用手段的不同，又分为动画片、木偶片等。动画片的英文译名是卡通片，它的人物造型是使用绘画手段绘制的。

早在20世纪20年代，美国人沃尔特·迪士尼创造了米老鼠和唐老鸭生动奇特的形象，就使得动画片为世人所熟知。中国动画片也有较长的历史，实践过程中还使用了中国绘画的形式和技法，甚至采用了水墨画，形成了鲜明的民族风格，优秀作品有《大闹天宫》等。木偶片是在木偶戏的基础上摄制成影片的，但是打破了场景和时空的界限，表现领域要广阔得多；而且拍摄时不一定由人操作木偶人物直接进行表演，也可以把人物动作进行分解逐格拍摄。优秀的木偶片，如中国的《阿凡提》等，形象夸张，幽默风趣，富有魅力。

3. 科学教育片与新闻纪录片

科学教育片以传播科学知识和推广技术经验为目的，内容包括一般科学原理与常识、科学技术领域新的发现与发明、新技术的应用等方面。根据具体内容和受众的不同，又分为科学普及片、教学片、科学技术推广片和军事科学片等。新闻纪录片是一种新闻报道的直观形式，能够直接、及时地拍摄新闻发生现场的实际情况，具有很强的说服力和感染力。在电视出现之前，这种形式有独特的作用。科学教育片和新闻纪录片虽然都要求绝对客观地反映事实，但是在思想与结构的构思、形象表现与画面构图等方面，也要努力追求艺术性，否则会削弱影片的力量。

电视出现之后，可以更加简便地完成原来由电影所担负的一些任务，特别是对新闻纪录报道有更大的优势。现在电视报道整天都在世界各地的电视台进行着，甚至实行现场直播，成为最有影响力、最快捷的一种新闻手段。在传播科学知识和推广技术经验方面，电视也更加得心应手；美术片的制作也越来越多地采用了电视手段。因此，在电视艺术的类型中，自然也和电影一样，存在新闻纪录片、科学教育片和动画片。另外，电视中的艺术性文献片的发展，远远超过了电影。电视剧与电影故事片是有一系列共同点的，上文已经有所提及，但是它也有自己的特点，这里可以做进一步论述。音乐电视也是一个全新的品种，原先在电影中没有类似的形式。这个问题在上文已经涉及。由于电视表现的灵活性，还出现了一种小品类型的东西，性质有些接近文学中的散文小品，一花一草、一山一水，或一人一事，都可以纳入题材内容；夹叙夹议或重在抒情，也悉听尊便。其中有的就是文学中的散文或诗歌与电视艺术的结合，使散文、诗歌的内容更加形象化，称为电视散文、

电视诗歌。这类新的样式还在成长过程中，它们的特点和规律有待进一步探讨和总结。鉴于上述情况，下面只就电视剧和电视文献片做一些说明。

4. 电视剧

电视剧是迄今为止最年轻的艺术形式，它首先是在1930年由英国广播公司播映的。前期的电视剧由于还没有掌握录像技术，是采取直播的方式，只能在演员演出时同步播映，因此在表现手法上受到很大的局限，比较接近于舞台剧。使用录像技术之后，电视剧的面貌发生了很大变化。由于可以事先录制好再进行播映，就不再受场景和时间的限制，而且可以采取电影的一切表现手法，例如闪回、切入、倒叙、特写等，时空可以自由转换；同电影一样，蒙太奇成为电视艺术语言的重要表述方式。再加上电视剧可以直接送入千家万户，使它具有巨大的优势，成为观众最多的艺术。

电视剧虽然在形式和手法上比较接近于电影的故事片，但也有区别于电影故事片的特点。上文已经提到，电视剧的画面大小和观赏方式都是不同于电影的。由于画面小，就不适于像电影那样表现宏大的场面；而且较多采用中景、近景和特写，较少采用全景和远景。由于在家中观看，而且观看时不必完全停止一般日常活动，因此剧情节奏不宜太快，以免偶尔疏忽而看不明白；同时，也便于采取"细细道来"的方式，把篇幅延长。另外，为了适应这种观看方式，电视剧的表演更加重视与观众面对面地交流，表演比较平易，贴近生活。

电视剧的类型有连续剧、系列剧、单本剧、短剧和小品等。连续剧是将一个完整的故事分截为许多集，陆续播映。例如电视连续剧《红楼梦》《水浒传》等就属于这种类型。当前连续剧数量最多，影响最大，位置也最突出。系列剧也是把一部作品分集陆续播映，所不同的是各集之间剧情并不连贯，而是各自具有一定的独立性。例如美国的《神探亨特》、中国的《编辑部的故事》等就是这样的作品。单本剧篇幅较短，不分集或者只分为上下集等，可以一次播映完毕，但是一般都有很完整的情节。短剧篇幅更短一些，播映时间也许不到三十分钟，情节不必十分完整，一般表现一个生活片段。小品更为短小，人物也很少，情节十分单纯而集中，内容较多地带有讽刺或幽默意味。

21世纪后，电视已经进入数字时代，其方便快捷也给了电视剧艺术提升的巨大空间。如今的数字电影、电视电影等，已经成为一种影视合一的新的影像艺术形式。

5. 电视文献片

电视文献片有如电视艺术中的报告文学，它一般以实际生活中有意义的真实的人物、事件或其他事物为题材，围绕一个主题来进行摄制，内容可以涉及历史、人文、风光、政治、经济等诸多方面。例如大型文献片《长江之歌》用许多典型的镜头反映了有关的地理、历史、文化和当代的变革等，歌颂了这条抚育中华民族成长的母亲河。1998年播映的政论性文献片《邓小平》，收集了大量文献资料，并对许多有关的重要人物进行了专访，集中地、有力地表现出了这位伟人功勋卓著而又朴实无华的一生。电视文献片由于形象直观、手段便捷、反应及时，往往能够取得巨大的社会效果。

(三)电影作品赏析

从1895年电影诞生之日算起,影视艺术仅有一百多年的历史,但是在这短短的一百多年间,影视艺术的发展速度却是惊人的。一百多年里,影视艺术为人类奉献了数不清的优秀作品,下面为大家介绍几部影视艺术作品中的代表作。

1. 穿越时空的寻找:《天堂电影院》

电影《天堂电影院》是意大利著名导演朱塞佩·托纳托雷完成于1988年的重要作品。影片曾获得1989年欧洲电影节两项大奖、1989年戛纳国际电影节评委会特别奖、1990年第62届美国奥斯卡最佳外语片奖、1990年第47届金球奖最佳外语片奖、1991年英国电影与电视艺术学院奖五项大奖等荣誉。这部影片与托纳托雷导演的另外两部影片《海上钢琴师》《西西里的美丽传说》一起被称为"时空三部曲"。因为这三部影片所表现的都是一个共同的主题:在时空流变中的寻找。

朱塞佩·托纳托雷是意大利新现实主义电影的新锐力量。他一方面继承了意大利新现实主义的精髓,在他的电影中,把普通人的悲欢离合表现得淋漓尽致。他的影片中的主人公基本都是平民,但是导演真实细致地把握住了他们的真实情感。另一方面,朱塞佩·托纳托雷又超越了传统意义上的新现实主义,他把浓浓的艺术性带入了电影。他的影片具有在写实基础之上的浓郁的情感色彩与写意特征。

◆ **剧情:**

影片《天堂电影院》是以倒叙的手法开始的。在意大利罗马,一位电影导演萨尔瓦多深夜回到家中,从妻子口中得知母亲来电话告知,阿尔弗莱多去世了,悲伤的萨尔瓦多彻夜难眠,往事在他脑中一幕幕重现……第二次世界大战期间,西西里的一个小镇上,有一座电影院名为"天堂电影院"。童年的托托不仅喜欢到这里看电影,还喜欢看放映师阿尔弗莱多"剪"电影:在(20世纪)40年代的这个意大利小镇上,电影在放映之前都要经由牧师检查,把认为观众不宜看的镜头(比如接吻)严格地剪掉之后,才可以放映。因此,观众每当发现接吻镜头又被剪去了的时候,就会全场起哄,甚至吐口水;而放到煽情的段落,观众们又会集体号啕大哭,总之电影院里总是热闹非凡。托托把那些带来神奇影像的胶片视若珍宝,他的理想就是成为像阿尔弗莱多那样的电影放映师。不过,阿尔弗莱多劝托托离开小镇,去寻找更远大的前程。托托还是每天来放映室跟阿尔弗莱多学习电影放映。好心的阿尔弗莱多为了让更多的观众看到电影,搞了一次露天电影,结果胶片着火了,托托把阿尔弗莱多从火海中救了出来,但阿尔弗莱多双目失明了,托托成了小镇唯一会放电影的人,他接替阿尔弗莱多成了小镇的电影放映师。托托渐渐长大,他爱上了银行家的女儿艾莲娜。但是一对小情侣的海誓山盟被艾莲娜父亲的阻挠给隔断了,托托去服兵役,而艾莲娜去念大学。伤心的托托在阿尔弗莱多的劝说下,从此离开小镇,追寻自己生命中的梦想……三十年后,已成为一名著名电影导演的托托重回小镇,看到残破的天堂电影院,也遇到了往日的恋人。托托收到阿尔弗莱多留给他的一份礼物,这是一盘被剪掉的电影胶片,当初被剪去的接吻镜头都被接在一起。当托托一个人坐在现代化的电影院里观看这部影片最后的谢幕时,他心底最终的回忆伴随着影片接踵而至,又随着电影一一告别。

《天堂电影院》是一部"关于电影的电影",导演借托托的成长以及电影放映师阿尔弗莱多的生命历程,向我们展示了一段电影的兴衰史;同时,也展现了一个普通人对于梦想、爱情的追求以及经历世事沧桑之后的感慨。影片中的主人公带着我们穿梭在不同的时空中,我们既看到了电影院全盛时代人们对电影的喜爱与痴迷,也看到了电影院逐渐破落之后甚至即将被推倒改建停车场的无奈,而托托的命运正是在这个大环境中不断地随之起伏。在这部影片中,"天堂电影院"是一个充满象征意义的符号,它象征着在战争年代里一个美好空间的存在,这个"天堂"是所有小镇人们的天堂,它象征着爱与梦想。影片使用不同的时空表述来展示剧中的主人公托托——也代表着本片创作者在时空历程中的回忆,回忆那些曾陪伴我们一同走过的人们。

2. 戏梦人生的华丽绝唱:《霸王别姬》

电影《霸王别姬》改编自作家李碧华的同名小说,由陈凯歌执导,于1993年上映。影片曾获1993年第46届戛纳国际电影节最佳影片金棕榈奖,成为首部获此殊荣的中国影片。此外,该片还获得1994年第51届金球奖最佳外语片奖、1994年第47届英国电影与电视艺术学院奖最佳外语片奖、1994年第67届美国奥斯卡最佳外语片及最佳摄影奖提名等多项大奖。1994年,该片主演张国荣凭借此片获得第4届中国电影表演艺术学会特别贡献奖。

陈凯歌作为具有国际知名度的中国电影导演,自1984年拍摄《黄土地》之后,就开始了他作为中国第五代导演在影坛叱咤风云的历史征程。他善于通过电影对中国历史文化进行阐述,并对历史大潮中人的命运发出自己的思考。

◆ 剧情:

民国十三年,青楼女子艳红狠心将9岁儿子小豆子的骈指一刀剁下后,送入喜福成戏班学戏。生性软弱的小豆子初到戏班倍受同伴欺侮,只有师兄小石头处处同情并关照他。学徒们在关师傅严厉训诫中逐渐长大。十年后,师兄小石头取艺名段小楼,演生角;小豆子在度过了苦练、逃跑、复归等艰难的学戏生涯后,终于认同了自己在戏中的女性身份,取艺名程蝶衣,演旦角,并与师兄段小楼约定合演一辈子《霸王别姬》。经过寒霜酷暑的苦练,二人终于红极一时,成为誉满京城的名伶。此后,因演虞姬而以虞姬自况的程蝶衣也将师兄当成了自己人生和情感的依托。他难以接纳段小楼迎娶妓女菊仙的事实,决定不再与段小楼合演《霸王别姬》。后在关师傅的召唤下,二人再次合作。抗战胜利后,程蝶衣因曾为热爱京剧的日本军官唱过堂会而以汉奸罪名被抓,为营救他四处奔走的段小楼和菊仙不能容忍他"如果青木(当时的日本军官)不死,京剧也许早就传到日本去了"的不识时务的言论,二人再度分手。"文化大革命"中,他们被逼迫互相检举、揭发"罪行",段小楼被迫与菊仙划清界限,致使无辜的菊仙因难以承受段小楼的情感背叛而上吊自杀。"文化大革命"结束后,二十二年没有在一起演出《霸王别姬》的师兄弟二人再次重逢在久违的舞台,戏中的虞姬唱罢最后一句,终于拔出他曾送给段小楼的那把宝剑自刎。现实中的程蝶衣在师兄段小楼的怀中结束了自己的生命,成为艺术舞台和人生舞台上真正的虞姬。

这部影片历来为评论者首肯的是，片中展现出的浓烈的史诗品格。影片以一对伶人的人生悲欢来反映时代变化，并在时代变换中为观众展示了一幅深沉厚重的超过半个世纪的中国近现代历史进程。《霸王别姬》将主角确定在"历史"和"小人物"两个方面，突出小人物在反复无常的历史大潮中，犹如被玩弄于股掌的玩偶，渺小、无力而无助，这是让人忍不住慨叹甚至落泪的。影片以写实的手法展现了民国到"文化大革命"后，中国多个大动荡时代的社会状况与身处其中的人们的命运沉浮，对那些时代的影像表达，在每个观者心中都会成为引发深刻记忆的画面。另外，影片中对于人物形象的塑造也十分独特，勇猛威武、富有爱心的段小楼，尽管敢于承担，却仍敌不过时代的逼迫而不得不放弃原则，向社会低头；细腻执着、外柔内刚的程蝶衣虽然看似分不清真正的生活与舞台上的故事，实际体现的却是自己对人生理想的执着追求。

审美活动

本章提供了四个教学活动，教师需至少组织学生完成其中两项活动。教师选定教学活动后，需提前制订具体的教学活动方案。在活动开始前，教师要对学生说明活动的目标、要求和具体活动过程安排，学生要根据教师的要求完成教学活动，提交相关材料。在完成教师统一组织的教学活动之后，学生也可以根据自己的兴趣爱好，选择体验其他教学活动，和教师、同学、家长、好友等进行交流。

活动一　戏剧艺术作品欣赏

活动目标：

学生欣赏戏剧艺术,体会戏剧艺术的审美特征。

活动准备：

教师需提前准备戏剧艺术作品，应选择经典的、有代表性的作品。

活动过程与要求：

教师播放戏剧艺术作品，学生观看欣赏（或学生自行安排时间观看）。教师可以根据学生人数将学生分组，学生交流作品体现了哪些审美特征，通过欣赏作品，感受到了怎样的审美意义。小组交流之后，每组选择一名代表进行发言。

选择建议：

本教学活动引导学生感受、欣赏戏剧艺术，适合各专业学生选择。教学活动的准备与实施比较简单、方便，适合不方便外出的学生。

活动二　电影艺术作品欣赏

活动目标：

学生欣赏电影艺术,体会电影艺术的审美特征。

活动准备：

教师需提前准备电影艺术作品，应选择经典的、有代表性的作品。

活动过程与要求：

教师播放电影艺术作品，学生观看欣赏（或学生自行安排时间观看）。教师可以根据学生人数将学生分组，学生交流作品体现了哪些审美特征，通过欣赏作品，感受到了怎样的审美意义。小组交流之后，每组选择一名代表进行发言。

选择建议：

本教学活动引导学生感受、欣赏电影艺术，适合各专业学生选择。教学活动的准备与实施比较简单、方便，适合不方便外出的学生。

活动三　电视艺术作品欣赏

活动目标：

学生欣赏电视艺术,体会电视艺术的审美特征。

活动准备：

教师需提前准备电视艺术作品，应选择经典的、有代表性的作品。

活动过程与要求：

教师播放电视艺术作品，学生观看欣赏（或学生自行安排时间观看）。教师可以根据学生人数将学生分组，学生交流作品体现了哪些审美特征，通过欣赏作品，感受到了怎样的审美意义。小组交流之后，每组选择一名代表进行发言。

选择建议：

本教学活动引导学生感受、欣赏电视艺术，适合各专业学生选择。教学活动的准备与实施比较简单、方便，适合不方便外出的学生。

活动四　作品创作

活动目标：

学生尝试创作综合艺术作品（可根据个人爱好进行选择）。

活动过程与要求：

学生创作、展示作品，向教师、其他同学分享创作的背景、目的和经历等，教师、同学进行欣赏。

选择建议：

本教学活动是综合性教学活动，适合时间比较充裕、有相关兴趣爱好的学生。

学习内容回顾

综合艺术是戏剧、电影、电视等一类艺术的总称，综合艺术的特征是运用语言艺术、造型艺术、表情艺术、实用艺术等多种艺术种类进行艺术创作，从而形成了具有独特审美特征的艺术门类。

综合艺术的主要种类包括戏剧艺术、电影艺术和电视艺术。戏剧艺术是产生最早的综合艺术。电影艺术和电视艺术是伴随现代科学技术而诞生的新艺术种类。

戏剧，从广义上讲，包括戏曲、话剧、歌剧、舞剧、音乐剧等；从狭义上讲，主要是指话剧。戏剧的根本性特征是戏剧行动和戏剧冲突。

戏曲艺术是中国传统的戏剧形式的总称。中国戏曲艺术的特征突出表现在综合性、程式化、虚拟性这三个方面。

话剧艺术是在舞台上由演员以对话和动作为主要表现手段，为观众当场表演故事情节的一门综合艺术。艺术特征主要包括戏剧性、交互性、表演性。

电影艺术是通过画面、声音和蒙太奇等电影语言，在银幕上创造感性直观的形象和感人故事的艺术。

电视艺术作为电视节目的重要组成部分，主要是指电视屏幕上播出的各类文艺节目。

电影与电视的主要特征为：运动的画面语言、声画结合、时空转换的自由性、追求真实等。

综合艺术的基本特征包括：综合性与独特性、情节性与典型性、文学性与表演性。

主要参考书目

[1] 仇春霖. 简明美学原理 [M]. 北京：高等教育出版社，1987.

[2] 杨辛，甘霖. 美学原理新编 [M]. 北京：北京大学出版社，1996.

[3] 周宪. 美学是什么 [M]. 北京：北京大学出版社，2002.

[4] 顾建华. 美育新编 [M]. 北京：北京出版社，1991.

[5] 彭吉象，郭青春. 美学教程 [M]. 2版. 北京：国家开放大学出版社，2008.

[6] 王晓旭. 美学原理 [M]. 上海：上海人民出版社，2000.

自测题

一、填空题（共10分，每空2分）

1. 通常认为，戏剧有四个要素，分别是：_____、_____、_____、_____。
2. 从狭义上讲，戏剧主要是指_____。

二、选择题（共16分，每题4分）

1. (　　)常被人们称作"第七艺术"。
   A. 音乐艺术　　　　B. 戏剧艺术
   C. 文学艺术　　　　D. 电影艺术
2. 下列选项中(　　)不属于电影"四大片种"之一。
   A. 故事片　　　　　B. 科学教育片
   C. 爱情片　　　　　D. 美术片
3. 下列选项中(　　)属于悲剧作品。
   A.《钦差大臣》　　　B.《堂吉诃德》
   C.《第十二夜》　　　D.《奥赛罗》
4. 下列选项中(　　)属于喜剧作品。
   A.《费加罗的婚礼》　B.《一报还一报》
   C.《茶馆》　　　　　D.《玩偶之家》

三、名词解释（共14分，每题7分）

1. 话剧艺术
2. 电影艺术

四、问答题（共60分，每题12分）

1. 为什么说综合艺术首要的特征是综合性？
2. 电影艺术与电视艺术的共同特征主要有哪些？
3. 综合艺术的基本特征包括哪些？
4. 悲剧主要包括哪些类型？
5. 结合所学知识，选择一个你喜欢的综合艺术作品进行赏析。

后 记

感谢我的同事们协助我完成本书的编写。具体分工如下：我负责教材编写纲目、体例、框架的制订以及全书的统稿、定稿，撰写第一章；国家开放大学杨玉茗编写样章，撰写第二、四、五章并负责书稿合成、修改等工作；国家开放大学谢军撰写第三章；国家开放大学徐刚撰写第六章；谢军与我、首都师范大学杨旸撰写第七章；我与杨旸、杨玉茗撰写第八章。

国家开放大学 郭青春

2021 年 11 月